高等学校经济管理类专业
应用型本科系列规划教材

GAODENG XUEXIAO JINGJI GUANLILEI ZHUANYE
YINGYONGXING BENKE XILIE GUIHUA JIAOCAI

# 管理学

GUANLIXUE

主　编　季　辉
副主编　王　冰　唐心智　秦　俭
　　　　梅会英　李　璐

*Economics and management*

重庆大学出版社

## 内容提要

本书以反映管理最一般规律为基本主线,高度概括表达了管理一般原理和一些共性问题及管理的职能。全书分为两个部分,共 11 章。第一部分包括 1—4 章,主要介绍了管理的基本概念、管理方法、西方管理思想的发展、管理的基本原理、组织环境;第二部包括 5—11 章,主要介绍了管理所具有的决策与计划、组织、领导、控制与创新等具体职能。每章辅以管理格言、大量案例、阅读资料、管理法则及练习题,以帮助读者理解和运用相关理论。

本书主要为应用型本科或高职高专经济管理类专业教学编写,也可供经济管理干部和其他人员学习管理科学之用。

**图书在版编目(CIP)数据**

管理学 / 季辉主编 . 一重庆:重庆大学出版社,
2017.1(2025.7 重印)
高等学校经济管理类专业应用型本科系列规划教材
ISBN 978-7-5689-0336-3

Ⅰ.①管…  Ⅱ.①季…  Ⅲ.①管理学—高等学校—教材  Ⅳ.①C93

中国版本图书馆 CIP 数据核字(2017)第001170号

### 管理学

主 编 季辉
副主编 王 冰 唐心智 秦 俭
梅会英 李 璐
策划编辑:顾丽萍

责任编辑:杨 敬 邓桂华 版式设计:顾丽萍
责任校对:张红梅 责任印制:张 策

*
重庆大学出版社出版发行
社址:重庆市沙坪坝区大学城西路 21 号
邮编:401331
电话:(023) 88617190 88617185(中小学)
传真:(023) 88617186 88617166
网址:http://www.cqup.com.cn
邮箱:fxk@ cqup.com.cn(营销中心)
全国新华书店经销
重庆新生代彩印技术有限公司印刷
*
开本:787mm×1092mm 1/16 印张:20. 25 字数:505 千
2017 年 2 月第 1 版 2025 年 7 月第 3 次印刷
ISBN 978-7-5689-0336-3 定价:49.00 元

# 序　言

管理学是对管理最一般规律的高度抽象和概括。无论任何组织,只要存在集体活动,就存在着管理问题。而无论任何类型组织管理都有相通之处,都要遵循共同的规律。管理学主要讲述了管理的基本理论与管理职能。管理学是为各项专业管理奠定管理科学知识的一门管理理论基础课。

近些年各出版社出版的管理学教材颇多,但大多教材理论性太强、篇幅过大、内容烦杂,一方面学生在管理学学习中感觉枯燥、抽象、乏味;另一方面各个学校因为学时限制、教学类型的限制,内容够用合适的教材又不多。本书主要是针对应用型本科、少学时、二专业本科教学需要编写的。在编写中本着"教师好用、学生易学,注重管理学本身内容,反映管理知识和管理实践的最新发展"宗旨来编写。在每章开始之前加上管理格言,让学生提纲挈领地对本章涉及内容有所感悟;每章开始有内容结构、重要性指数,能够让学生知道各部分的重点内容;在书中穿插了大量案例、背景资料,以增强学生对所学部分的兴趣,增加教材实用性、生动性,有助于学生对相关知识的掌握与理解;在书中根据所阐述内容,插入即问即答、课堂讨论、思考,增强学生对所学关键问题的认识理解,而且所提问题尽可能贴近学生生活与社会实际,让学生觉得管理不再遥远,与己无关;在各章后面附有小结、阅读资料,使学生对本章主要内容可以概括掌握,附有练习与思考,便于学生掌握考试题型,方便学生备考与学习。

全书分为两个部分,共 11 章。第一部分包括 1—4 章,主要介绍了管理的基本概念、管理方法、西方管理思想的发展、管理的基本原理、组织环境;第二部分包括 5—11 章,主要介绍了管理所具有的决策与计划、组织、领导(激励)、控制、创新等具体职能。

本书在参考国内外有关教材的基础上,融合我们多年的教学经验和成果,体现应用型本科教学的特点,试图在本课程的内容、体系等方面进行新的尝试,力求特色。

参加本书编写的同志以及编写章节的顺序分别是:季辉(第 1、2、3 章),王冰(第 4、11章)、秦俭(第 5、6 章)、梅会英(第 7 章)、唐心智(第 8、9 章)、李璐(第 10 章)。本书大纲由季辉提出,在分工编写的基础上,最后由季辉负责统稿和定稿。在编写中我们参考和吸收了前人和时贤的研究成果借以充实内容,谨在此表示感谢。

由于我们水平有限,编写时间仓促,加之管理科学不断发展,本书难免存在不少缺点和错误,恳请批评指正。

编　者
2017 年 1 月

# 目 录

# 第7章 组 织

# 第8章 领 导

# 第9章 激 励

# 第10章 控 制

# 第11章 管理创新

# 参考文献

# 第 1 章

# 概　述

**管理格言:管理就是让别人完成事情。**

| 本章内容结构 | | 重要性指数 |
|---|---|---|
| 1.1　管理与管理学 | 1.1.1　什么是管理 | ★★★★★ |
| | 1.1.2　管理的性质 | ★★★ |
| | 1)管理的自然属性与社会属性 | |
| | 2)管理的科学性与艺术性 | |
| | 1.1.3　管理过程 | |
| | 1)管理目标 | ★★★ |
| | 2)管理的职能 | ★★★★ |
| | 3)管理对象——组织资源 | ★★★★ |
| | 1.1.4　管理学 | |
| | 1)管理学的概念 | ★★★ |
| | 2)管理学的研究内容 | ★★★ |
| | 3)管理学的特点 | |
| 1.2　管理者 | 1.2.1　管理者的概念与分类 | |
| | 1)管理者的概念 | ★★★★ |
| | 2)管理者的分类 | ★★★ |
| | 1.2.2　管理者的群体结构 | ★★★ |
| | 1.2.3　管理者的角色与技能 | |
| | 1)管理者的角色 | ★★★★ |
| | 2)管理者的技能 | ★★★★ |
| 1.3　管理的方法 | 1.3.1　管理方法 | ★★★ |
| | 1.3.2　行政方法 | |
| | 1)行政方法的特点 | ★★★★ |
| | 2)行政方法的作用 | ★★★★ |
| | 3)行政方法的局限性 | ★★★ |
| | 4)行政方法的适用范围和条件 | ★★★★ |
| | 1.3.3　法律方法 | |
| | 1)法律方法的特点 | ★★★★ |
| | 2)法律方法的作用 | ★★★ |
| | 3)法律方法适用的范围和条件 | ★★★★ |
| | 4)法律方法的局限性 | ★★★ |
| | 1.3.4　经济方法 | |
| | 1)经济方法的特点 | ★★★★ |
| | 2)采用经济方法的基本原则 | ★★★★ |

续表

| 本章内容结构 | | 重要性指数 |
|---|---|---|
| 1.4 管理的基础工作与管理信息化 | 1.4.1 管理的基础工作<br>1)管理的基础工作的概念与特点 | ★★★★ |
| | 2)管理的基础工作的内容 | ★★★★ |
| | 1.4.2 管理信息化的概念<br>1)管理信息化 | ★★★ |
| | 2)企业管理信息化的内容 | ★★★★ |
| | 3)企业管理信息化的作用 | ★★★ |
| | 4)企业管理信息化应具备的条件 | ★★★ |

## 【案例导入】

20世纪90年代曾在国内叱咤风云的百龙矿泉壶"壶主"孙寅贵[①],在一次对下属的批评当中指出:"真正的管理者,他的职责应该是研究政策、建立制度。然而你们却把大量的精力用在谈客户和酒席桌上,你们应该降职。这不是说你们偷懒,是因为你们享受着高层的待遇,却干着基层的工作,而没有抓住管理者应该做的事。我现在之所以有时间写书,是因为我自己觉得已经把很多制度研究制订得差不多了,同时我能够以一个清醒的头脑、很宽松的时间来审视你们,好告诉你们有什么地方做得不对。设想一下如果我也整天和客户谈判,累得四脚朝天,我又如何才能监督、评价你们的工作呢?一个劳动模范式的管理者绝不是一个成功的管理者。"

其实,"事必躬亲"和"以身作则"是两回事,"管理者"并不应成为"拼命三郎",典型的案例在《三国演义》中就有。诸葛亮绝顶聪明,却为什么六出祁山一无所获反命丧五丈原,而屡战屡败的司马懿却笑到了最后?就在于司马懿抓住了管理的真谛:管理者最需要的并不是自己去拼杀,而是建立起井然有序、行之有效的制度,让它自己顺畅地运转。而连军士的灶坑如何去挖都要过问的诸葛亮则在"事必躬亲"中拖垮了自己、耽误了事业。他死之后,流尽了泪水的蜀军上下忽然发现自己连最基本的工作都不会做,因为自己以前从没机会去做,丞相全包了。没有制度,光靠聪明与激情,是害己更害人的。

因此,孙寅贵认为:"越是上层,弄明白自己到底该干什么就越是重要。我觉得如果一个热爱自己企业的老板能使自己轻松起来,乃至有些无事可做,那这个企业就会很有希望。"

矿泉壶项目失败后,孙寅贵掌管着十几个下级企业,并且在青岛投资建立了亚洲最大的塑钢企业,在国内塑钢产业居遥遥领先的地位。他现在又是如何管理这么多企业的呢?

"管理企业,第一靠领导人,第二靠领导人,第三还是靠领导人:这个领导应该有理想、有道德。在我认真地检讨自己如何做人后,我觉得总经理除了要具备懂专业、有经验、会管理等条件外,还得加上很重要的一条:人品好。

选好后,如果经过考核他胜任这个位子,接着就要实行鸳鸯政策。你不能让他不吃'鱼','不吃'他就不'抓'了;也不能让他'吃饱','吃饱'他也不'抓'了。你要从他创造的

---

① 北京百龙绿色科技企业总公司总裁,第一批入选福布斯杂志亿万富翁排行榜的内地企业家,更详细内容可见百度百科孙寅贵词条。

利润中给他适当的提成,但过高的待遇会导致短期行为。百龙的待遇不算很高,但目前并未发生人才流失的现象,就在于人的需求不仅仅是物质,还有精神、自我实现和社会地位。熟悉而又得心应手的工作环境同样会吸引住人才。

在你与他之间还要形成一种制度。我在组建'青岛百龙'时,赋予了它所有权与经营权高度分离的体制:不从百龙现企业调派一兵一卒,以目标式管理体系体现双方关系,由董事会制订年度任务,以量化形式明确总经理的职责目标,尤其是持续发展阶段目标。实际就是:'只问结果,不问过程。'我对青岛百龙的总经理说:'我只管你一个人。'而总经理只管副总和要害部门的正职干部,同样以责任目标和量化指标作为考评标准。"

采取所有权与经营权分离政策的企业有的是,可我们不少"浴血奋战"惯了的主管并不能真正做到。大权旁落带来的失落和对下属出错的愤怒使得他们在"放了收,收了又放"的怪圈中转个不停、筋疲力尽。对此,孙寅贵自有说法:"人要耐得住寂寞才算得上成熟,因为只有在寂寞中才能冷静,在寂寞中才能清醒地看清周围的一切。特别是管理大企业,如果不能跨越这一步,就很难再提高。"

要提高一个组织的工作效率和效益,必须要加强科学管理。管理科学是指导管理实践的理论基础,它是把古今中外的管理经验和管理实践活动中带有普遍性和规律性的东西加以总结、概括和抽象,从而形成了一门理论科学。学习管理学科必须对管理的一些基本范畴、理论知识有初步认识,这正是本章要讲述的内容。

## 1.1 管理与管理学

### 1.1.1 什么是管理

自从有了人类社会,就有了管理。管理活动作为人类的基本活动,广泛存在于社会的方方面面。管理是人类共同劳动的产物,在集体劳动的前提下,为使劳动有序进行,获得人们期望的劳动成果,就必须搞好协作,进行组织与协调,组织才能形成一种整体的力量,才能完成独立个人所不能完成的各项活动。古代长城、埃及金字塔、古罗马的供水渠等宏大工程的建设,在没有现代化工具的年代,没有有效组织、协调是难以建成的。管理是人类活动中最基本的活动之一,是组织活动的一个极其重要的组成部分。

【小思考】
管理为什么是共同劳动的产物? 马克思在资本论里,曾经说过:"一个单独的提琴手是自己指挥自己,一个乐队就需要一个乐队的指挥。"结合所学内容回答一下你认为什么是管理? 管理离学生自己远吗?

管理从字面意思上可以理解为"管辖"和"治理"。"管辖"是指管理所达到的范围,是权限;"治理"则是指管理权限的运用,综合起来可以理解为在一定范围内,对人员和事务的安排和处理。管理的概念随着管理的发展,其定义也多样化(见表1.1)。泰罗认为管理是一门怎样建立目标,然后用最好的方法经过他人努力来达到的艺术;法约尔认为管理是计划、组织、指挥、协调和控制;西蒙认为管理就是决策;马克斯·韦伯认为管理就是协调活动;美国管理协会认为管理就是通过他人努力来达到目标。这些不同的观点,虽然在认识上有所差别,但都丰富和发展了管理理论,对人们加深管理的认识大有裨益。

表 1.1　学者们对管理的界定

| 代表人物 | 定义内容 |
| --- | --- |
| 泰罗 | 管理就是确切了解希望工人干些什么,然后设法使他们用最好、最节约的方法去完成它 |
| 法约尔 | 管理就是实行计划、组织、指挥、协调和控制,企业的全部活动可以分为技术、商业、财务、安全、会计和管理活动 |
| 西蒙 | 管理就是决策,决策贯穿于管理的全过程和管理的所有方面,任何组织都离不开对目标的选择,任何工作都必须经过一系列的比较、评价、选择后才能开始 |
| 穆尼 | 管理就是领导,任何组织中的一切有目的的活动都是在不同层次的领导者的领导下进行的,组织活动的有效性取决于领导的有效性 |
| 孔茨 | 管理就是通过别人来使事情做成的一种职能,为了达成管理的目的,要进行计划、组织、人事、指挥、控制,管理就是由这几项工作所组成的 |
| 德鲁克 | 管理就是牟取剩余,所谓"剩余"就是产出大于投入的部分。任何管理活动都是为了一个目的,就是要使产出大于投入 |

上述对管理概念的不同界定源于管理学者们站在各自研究的立场、方法和角度的差别。综合学术界关于管理概念的各种说法,我们认为,管理就是管理者在特定的环境下,有目的地进行决策与计划、组织、领导、控制,协调组织资源配置与组织活动,以有效实现组织目标的社会活动。这一定义包含以下含义:

①管理依赖于一定的环境。
②管理的主体是管理者。
③管理的目的是为了有效实现管理目标。
④管理是由决策、计划、组织、领导、控制和创新等一系列职能所构成。
⑤管理的本质是协调。
⑥管理的对象是组织资源与组织活动。

管理是一个普遍存在的话题。大到一个国家,小到一个企业、家庭,乃至我们个人都需要管理。都需要明确自己的目标,都需要对组织资源进行有效配置,资源配置的方式不同,效果不同,目标实现程度也不同。作为一个刚入校的大学生,你对大学四年有没有给自己制订一个目标?无论家庭贫富,要实现这个目标,家里给你的生活费如何应用、如何处理好与师生之间的关系、如何锻炼自己的能力、如何提高自己的综合素质,最终实现自己的成才目标,这也是一个自我管理的问题,是管理原理在自己实际中的体现,放大到国家、学校、企业也是如此。

**管理故事**

**田忌赛马**

据《史记·卷六十五·孙子吴起列传第五》记载,田忌经常与齐国众公子赛马,设重金赌注。孙膑发现他们的马脚力都差不多,马分为上、中、下三等,于是对田忌说:"您只管下大赌注,我能让您取胜。"田忌相信并答应了他,与齐王和诸公子用千金来赌注。比赛即将开始,孙膑说:"现在用您的下等马对付他们的上等马,拿您的上等马对付他们的中等马,拿您的中等马对付他们的下等马。"已经比了三场比赛,田忌一场败而两场胜,最终赢得齐王的千金赌注。

田忌与齐王赛马,约定每胜一马得千金,各按马力强弱,以强、中、弱的先后顺序捉对较量,每次比赛,田忌的三匹马都略逊一等,因而输金无数。异日又赛,田忌一改常策,以弱、强、中的出场次序分对齐王的强、中、弱三马,终以一负两胜赢得千金赌注。

- 作为一个管理者,相同资源使用,但配置的不同,会产生不同的管理效果。

**【推荐阅读】**

为了增强对管理概念的理解,推荐通过下面链接进行课外补充学习。

中国著名企业文化与战略专家陈春花教授《中国管理10大解析》一书值得读者关注,网络上不少内容源自该书,如下面链接中博文《如何理解管理》有助于读者增强对管理概念的理解,其主体内容来自陈春花教授的图书或文章:

http://blog.sina.com.cn/s/blog_7a18b7a801016v5d.html

下面链接是杨远望在代光华管理课程中的讲座视频《成功管理系列之三——管理一点通》,本视频对读者理解什么是管理有一定帮助:

http://v.youku.com/v_show/id_XMTM5MzIyMzU2.html

## 1.1.2 管理的性质

管理的性质可以从两个角度来分析,管理的性质有两个二重性。

### 1)管理的自然属性与社会属性

从生产力与生产关系角度来分析,管理具有自然属性与社会属性,这是由生产过程本身的两重性决定的。由于生产过程是由生产力和生产关系组成的统一体,决定着管理也具有组织生产力与协调生产关系两重功能,从而使管理具有两重性。从这个角度来看管理的两重性是指管理的自然属性和社会属性。管理具有与生产力和社会化大生产相联系的自然属性,又有与生产关系和社会制度相联系的社会属性。

管理的自然属性主要是指管理要处理好人与自然的关系,要合理组织生产力,故也称为管理的生产力属性。因为管理是一切共同活动所要求的,是适应社会生产力和社会分工发展的要求产生的,是社会协作过程本身的要求。在机器大工业时期,随着劳动生产率的逐渐提高,工人与工人之间、工人与机器之间的协作,即劳动过程的协作程度起到了决定性的作用。"一切规模较大的直接社会劳动或共同劳动都或多或少地需要指挥,以协调个人的活动,并执行生产总体的运动——不同于这一总体的独立器官的运动——所产生的各种一般职能。"马克思又明确说道:"凡是直接生产过程具有社会结合过程的形态而不是表现为孤立生产者的独立劳动的地方,都必然会产生监督劳动和指挥劳动。"这也就告诉我们,任何由多人组成的协作劳动都少不了以指挥、监督为内容的管理。这种管理促使以协作为特征的生产过程,把生产过程中的各种要素,如生产资料、劳动力等结合起来,从而保证了整个生产过程的"和谐"运行,而这种以指挥和监督为内容的管理又是必不可少的,尤其是对大规模的生产协作。在管理活动中,为了有效实现管理目标,需要对一个组织的资源进行合理配置,对社会再生产的各个环节及其职能活动进行协调,促进生产力的科学组织。

管理的自然属性是管理的共性,因为与生产力相联系的生产力配置,生产力诸要素的结合形式、手段和方法在任何社会制度下都没有本质区别。它决定于生产力发展的水平和劳动社会化程度,不取决于生产关系的性质。

管理的社会属性是指在管理过程中要处理人与人之间的关系,维护一定社会的生产关系的属性,表现为管理的特殊职能。

管理实际上是通过别人把事情做成的行为,因此管理过程必然涉及人与人之间的关系,因为不能不涉及经济利益的调节,管理体现着阶级、社会集团、劳动者之间的经济利益,与生产关系的性质相联系。管理或多或少是为了实现生产资料所有者的特殊利益而进行的,是为了维护生产资料所有者利益的,确保其资产的安全与保值增值,生产关系性质不同,管理的社会性质、目的就不同。这种调整生产关系的管理功能,反映的是生产关系与社会制度的性质,故称为管理的社会属性,也称为管理的个性。

社会主义企业管理与资本主义企业管理的区别也主要反映在管理的社会属性上。资本主义企业管理是为了维护资本主义生产关系,是资本家榨取工人创造的剩余价值的一种手段;而社会主义企业管理则是在维护社会主义生产关系条件下,充分发挥职工的积极性、智慧和创造力,搞活经营,提高效益。

学习管理两重性理论,有利于我们全面认识管理的内容与作用,既要合理组织生产力,又要适时调整生产关系,避免片面性;有利于正确对待学习资本主义的管理理论,既要学习资本主义企业一切可为我所用的现代化管理理论、方法与技术,又要结合我国国情加以批评地接受,决不能全盘照搬国外做法,必须建立具有自己特色的管理模式。

### 2)管理的科学性与艺术性

从管理的客观性与实践性来看,管理具有科学性与艺术性。管理的科学性是指管理是一门学科,它是人类长期以来从事社会生产活动实践,对管理活动规律的总结。作为一门科学,管理规律要求应有系统化的理论知识。管理科学是把管理的规律性揭示出来,形成原则、程序和方法,对管理者管理活动予以普遍性指导,使管理成为理论指导下的规范化的理性行为。承认管理的科学性,就是要求人们在管理活动中要不断发现与摸索管理的规律性,按照管理的规律来办事,在科学的管理理论与原则的指导下,搞好管理,提高管理效率。

**资料链接**

### 曹操的用人之术

曹操官渡之战击败袁绍后,缴获一堆信函,很多是自己的属下和袁绍私下的通信。曹操却连看都不看,立即下令,全部烧毁。一把火把信都烧了,既往不咎,并说:"当绍之强,孤犹不能自保,况众人乎!"按照一般人的反应,这是通敌的证据,这是背叛的把柄,应该把它拿出来,一个一个按图索骥,把那些想叛变的、存有二心的动摇分子都揪出来,一一清除掉才安心放心。而曹操却没有这样做。这是怎样的一种境界? 这是怎样的一种考量? 这说明曹操的用人艺术是何等高明。在战争局势变幻莫测的情况下,在敌强我弱的环境里,就连自己心里也毫无把握,岂能去责怪属下的心中不安或早作打算? 何况正值用人之际,消灭人才容易、保证人才忠诚不易,通过自己的理解与宽容,必将会起到意想不到的效果。事实证明了曹操此举的英明,后来这些部属再也没有动摇过,而是忠心耿耿为自己效力。

> 有移动设备的读者可通过下面链接阅读汤习斌《管理艺术:闲谈管理的艺术性》中国王与画师的故事,以利深入讨论:
> http://www.thldl.org.cn/news/1006/41904.html

**【课堂讨论】**

"管理无定式,处处皆学问"这句话说明了管理的什么特性?

管理的艺术性是指管理是一门艺术,是管理者在管理活动中,针对管理对象,为实现管理目的,在管理原理、原则指导下所掌握和运用的富有创造性的各种管理技能、技巧、才能和方法。管理艺术的特点,在于它的弹性,它受管理者、被管理者、管理环境等多因素制约与影响。强调管理的艺术性,也就是管理不能照搬教条,管理理论作为普遍适用的原理、原则,必须结合实际应用才能有效。管理者要从管理实践中提高自己的判断力与管理的技巧,掌握应用艺术,在管理组织、管理制度、管理技术与方法等方面不断创新。迪克·卡克森说:"管理技巧是所有技巧中最大的一种技巧。"现代管理者应重点掌握三个方面的艺术,即对人、对事、对时间的管理艺术。

管理是科学与艺术的结合,决定了管理者不只是需要管理知识,掌握管理的理论,还需要依靠人的经验、才识、思维力和创造能力,提倡管理的灵活性与创造性,通过两者的结合,促进管理目标的实现。

**【课堂互动】**

俗话说"管理无定式,事事皆学问",这说明了管理的科学性还是艺术性? 马谡熟读兵书却失了街亭,孔明挥泪斩马谡深层次原因是什么?

## 1.1.3　管理过程

管理是管理者在特定的环境下,为了实现组织目标,合理配置组织资源,通过有目的的职能活动作用于组织的作业活动过程,以有效实现组织目标的活动过程(见图1.1)。管理的这一职能活动过程包括管理目标、管理的职能、管理对象三个方面的内容。

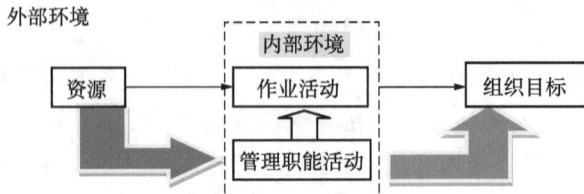

图1.1 管理过程

### 1)管理目标

组织目的决定组织目标,组织目标由管理主体根据组织目的而制订,组织目的需要通过具体化为一定的目标才能成为组织行动的指南。管理目标就是管理者在预定的时期内,组织活动所预期达到的目的或水平。管理目标为组织的前进指明了方向,从而也为组织的活动确定了发展路线。

确定目标是组织的战略、计划和其他各项工作安排的基础,只有把笼统的目的化为具体的目标,组织实现预期的效益才有比较大的希望。对管理者来说,目标就好比路标,它指明了组织努力的方向,确定了组织应在哪些领域取得成就的标准。一个组织必须有明确的既定的目标,任何管理系统都应有明确的目标,目标不确定,或者混淆了不同的目标,都必然会导致管理的混乱。任何管理活动都必须把制订目标作为首要任务。

管理目标的重要性表现在:首先,管理目标为组织与成员的考核提供了主要依据;其次,组织目标可以为管理者运用人、财、物等资源提供依据和标准。

管理目标是管理系统建立与运行的出发点和归宿。管理者必须根据外部环境、组织运行中存在的问题及上级主管部门的要求,组织内部条件的改变,确立组织在计划期内的管理目标。

### 管理故事

#### 西天取经的马

唐太宗贞观年间,有一匹马和一头驴子,它们是好朋友。贞观三年,这匹马被玄奘选中,前往印度取经。17年后,这匹马驮着佛经回到长安,便到磨房会见它的朋友驴子。老马谈起这次旅途的经历:浩瀚无边的沙漠、高耸入云的山峰、炽热的火山、奇幻的波澜……神话般的境界,让驴子听了大为惊叹。

驴子感叹道:"你有多么丰富的见闻呀!那么遥远的路途,我连想都不敢想。"老马说:"其实,我们跨过的距离大体是相同的,当我向印度前进的时候,你也一刻没有停步。不同的是,我同玄奘大师有一个遥远的目标,按照始终如一的方向前行,因此我们走进了一个广阔的世界。

而你被蒙住了眼睛,一直围着磨盘打转,因此永远也走不出狭隘的天地……"

没有目标不会有结果,目标不同,最终导致了不同的结果。好的目标一定要结合组织的长远发展和员工的特点来制订。

**【小思考】**

一个组织在管理中没有目标会怎么样？作为一名大学生，你给自己设定了目标吗？你为自己设定的目标是什么？

管理目标对于不同的组织来说有所区别。对于学校来讲，其目标是为社会经济发展培养人才；作为经济组织来讲，其目标一般包括两个方面：一是物质性的目标，即一个组织通过管理，在物质生产、劳务活动等方面所要达到的效益和效率，追求利润和资本的保值增值；二是社会性的目标，即通过管理所要实现的，在维护生产关系或调整人们社会关系、对社会责任等方面的目的。但对经济组织而言，物质目标是最主要的。

（1）物质性目标

管理的物质性目标可以从三个方面来衡量：

①组织的产出目标。从产出来讲，管理就是通过合理配置组织资源（投入），协调管理活动，努力增加组织的成果（产出），成果是组织活动的最终结果。对于企业来讲其成果就是生产的产品或提供的服务。其成果可以从以下几个方面来考察和衡量：一是产量与期限。产量是从生产多少产品或者提供多少服务项目的角度来反映产出水平的。生产的产品数量既可以以实物指标（如制造了多少台电视机、生产了多少吨尿素、接受了多少件产品维修等）来衡量，也可以以货币指标（如生产的产值、实现的销售额等）来衡量。任何产出都有时间问题，必须在规定的生产周期，按交货期完成产出，这种成果才是有意义的。二是品种与质量。任何成果都必须按照顾客需求的类别和特性来提供。比如说冰箱要制冷效果好，款式、颜色、能耗要符合消费者预期，产品才能适销对路。质量和品种是对产出更严格的要求。三是成本费用。企业要将资源转化为有用成果，保质保量生产出产品或提供服务，必须将成本费用控制在计划的范围内。

从产出的角度来讲，管理的目标就是要确保组织在活动过程中能按质、按量、按期、低成本地提供适销对路的产品或服务。

②组织的绩效目标。从投入产出角度来讲，管理的物质目标之一就是要提高组织绩效，实现组织的绩效目标。组织的绩效目标是对组织所取得的成果与所运用的资源之间的转化关系的衡量。组织绩效的高低表现为效率和效果两个方面。效率（Efficiency）是管理的极其重要的组成部分，它是指输入与输出的关系。关系到如何"以正确的方式做事"，要用最少的投入，获得最大的产出。按对于给定的输入，如果你能获得更多的输出，你就提高了效率。类似地，对于较少的输入，你能够获得同样的输出，你同样也提高了效率。因为管理者经营的输入资源是稀缺的（资金、人员、设备等），所以管理者必须关心组织资源的有效利用。因此，管理就是要使资源成本最小化。然而，仅仅有效率是不够的，管理还必须使活动实现预定的目标，即追求活动的效果（Effectiveness）。所谓效果就是完成预定目标的程度。当管理者实现了组织的目标，我们就说他们是有效果的。因此，效果涉及的是活动的结果，涉及"做正确的事"。

效率和效果是互相联系的。如果不顾效率，很容易就达到效果。比如精工（Seiko）集团在生产中不考虑人力和材料输入成本的话，它能生产出更精确和更吸引人的钟表；如果一味地偷工减料则产品本身的效果难以达成。"慢工出细活",比较好地体现了效率与效果的辩证关系。因此,正确的管理者既要关心效果,也要关心效率。必须把"效果"放在首位,在"效果"优先的情况下,才能去谈"效率",成功的管理往往是高效果与高效率的结合。

③组织的终极目标。组织的性质不同,组织的终极目标表现形式也不同。作为一个营利性的经济组织的终极目标就是要追求利润,实现组织资本的保值增值;而非营利性组织则以满足社会利益和履行社会责任为主要终极目标。但不论是营利性组织还是非营利性组织所实现的终极目标有差别,但管理工作的使命任务基本是一样的,即都要使组织以尽量少的资源尽可能多地完成预期合乎要求的目标,这样的管理才是有效的。

从上述物质目标来讲,作为一个经济组织,其管理是否有效的一个重要标志就是要使组织以尽可能少的资源消耗实现尽可能多的符合预期要求的目标。

(2)社会性目标

作为一个组织,其社会性目标就是一个组织必须搞好精神文明建设,必须要承担一定的社会责任,创造具有组织个性或特色的组织文化。从企业角度来讲,社会性目标的体现,就是要承担与履行企业的社会责任,为社会公益事业出力。承担社会责任最基本的就是诚实守信,自觉积极开展社会公益事业。一些发达国家关于企业社会责任讨论颇多,甚至制订了社会责任标准,即 SA 8000 标准,我国企业要未雨绸缪,认真分析社会责任标准对我国的影响,借鉴 SA 8000 的合理因素,制订国内相关标准,从而提高企业履行社会责任的自觉性和能力,规范企业行为,努力为其与国际标准接轨、提升在国际市场上的竞争力创造条件,才能保证我国企业经营活动的国际化,制订切实可行的应对措施。

管理目标有定性与定量之分,为了便于考核,在管理中要用数据说话,改变经验管理,管理的目标应尽可能定量化与明确化,以便于人们执行。

## 背景案例

### 企业办起消防队

浙江浦阳镇有一支民办消防队,这是杭州萧山金利浦制衣公司董事长兼总经理李立兴办起来的。

李立兴挑选 12 名年轻员工,连同他共 13 人担任兼职消防队员,24 小时值班,平时工作,有警救灾。李立兴请消防大队的官兵帮助进行严格训练。一个月下来,模拟接警演练,从穿衣服开始到消防车开出场地,3 分钟搞定,所用时间与正规消防队一样。这时,李立兴郑重承诺:本镇有火警 10 分钟内赶到,邻近地区有火警 20 分钟内赶到。

金利浦消防队屡次接警都成功完成了灭火任务,金利浦消防队名声大振。随着消防队出警次数的增加,李立兴又花了 50 多万元添置了 3 台消防用车。

消防队办起来后,制衣公司的成衣出口增加了近 30%。每当参加国际服装交易会时,公司的展位前都有外国客商观看消防车图片,随后而来便是服装订单。外商之所以愿意与该公司做生意,原来是欧洲商人非常看重企业的社会义务,尤其是消防队在欧洲国家有很高的声誉。消防队成了企业的金字招牌,为企业带来了滚滚财源。

重视社会责任的企业,必然受到人们的尊重。

【课堂互动】

结合此案例,请同学们谈谈企业为什么在重视物质目标的同时,必须要重视社会责任?

【推荐阅读】

社会责任标准"SA 8000"是 Social Accountability 8000 的英文简称,是全球首个道德规范国际标准,其宗旨是确保供应商所供应的产品皆符合社会责任标准的要求。SA 8000 标准适用于世界各地、任何行业、不同规模的公司。其依据与 ISO 9000 质量管理体系及 ISO 14000 环境管理体系一样,皆为一套可被第三方认证机构审核之国际标准。SA 8000 的产生既有人文社会发展的原因,即随着社会经济的发展、各界对劳工保护的关注,同时也是国际市场上竞争格局失衡的产物。一些发达国家把它作为贸易保护的非关税壁垒,有的称之为"蓝色壁垒"。SA 8000 的要求包括废除童工、消除强迫性劳工、健康与安全、组织工会的自由与集体谈判的权利、不歧视、惩戒性措施、工作时间、工资和管理体系九部分。

读者进一步了解企业责任相关内容可参考 360 百科企业社会责任:

http://baike.so.com/doc/5409592 - 5647619.html

### 2)管理的职能

管理需要通过管理的职能活动过程来配置资源,有效实现管理目标。管理是一个有目的活动的过程。管理的职能,就是指管理活动的职责和功能。它是管理主体对管理客体在管理过程中施加影响的具体体现,是涉及管理者职务和管理机构功能的依据。

有关管理所具有的具体职能,管理学者的观点随科技进步和管理实践的发展而发展。但管理学界普遍接受的观点是,管理具有四大具体职能,包括计划、组织、领导和控制。根据管理科学的发展,本书讲述的管理职能包括:

(1)决策

决策职能是组织或个人为了实现某种目标而对未来一定时期内有关活动的方向、内容及方式的选择或调整过程。管理就是决策,在企业外部环境复杂多变的情况下,决策正确与否对一个组织或个人的影响是生死攸关的,决策失误是管理最大的失误。

(2)计划

计划职能是指为了实现决策方案,对实现目标的活动所进行的具体设计、谋划及具体的部署安排。"凡事预则立,不预则废",人们在进行某项活动之前,都首先有个计划,预先决定干什么(what)、为什么去干(why)、如何去干(how)、什么时候去干(when)以及由谁去干(who)等问题,这样才能保证活动有条不紊地进行。

(3)组织

组织职能是管理者为实现组织目标而建立与协调组织结构的工作过程。组织职能一般包括:组织结构的设计与建立、职权的分配与职责的落实、人员的选拔与配置、组织的协调与变革等。组织职能是保证组织目标的实现和计划有效执行的一种功能。任何一项决策、计划,只有建立一个高效的组织并得力地组织实施,才能取得预期的效果。

(4)领导

领导职能是管理者依据组织所赋予的行政权力和非权力影响力去指挥、命令、引导和激励下属,以有效实现组织目标的行为。领导职能一般包括:领导方式的选择、领导影响力的综合运用、员工的激励、有效沟通的实现等。任何组织的管理者都要进行有效的管理,当然不同管理层次、不同职能部门的管理者领导的内容及其侧重点有所差异,管理者要具有从事其所领导职位相应的素质与领导艺术。

（5）控制

控制职能是管理者为保证实际工作与计划目标一致而采取的一切活动。控制是一个包括制订标准、衡量成效与纠正偏差的动态过程。管理者在管理活动中,总是希望管理对象的经济活动过程产生合乎目的的变化,为此管理者需要采取必要的手段对管理对象进行动态监控。

（6）创新

创新职能是组织根据需要,运用组织成员的体力和脑力创造出新的物质或精神产品的过程。在英文中,创新是 Innovation,这个词起源于拉丁语,原意有三层含义:一是更新,二是创造新的东西,三是改变。对一个组织来说,创新无处不在、无时不在。创新是各项管理职能的灵魂和生命。

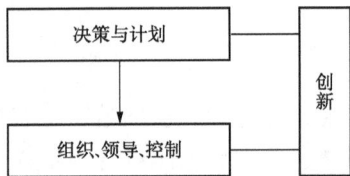

各项管理职能不是孤立的,它们的相互关系可以通过图 1.2 看出。

决策是计划的前提,计划是决策的逻辑延续。管理者在行使其他管理职能过程中都会面临决策与计划问题,决策与计划是其他管理职能的依据;组织、领导、控制旨在保证决策的顺利实现;创新贯穿于各种管理职能和各个组织层次之中。

图 1.2　各种管理职能的相互关系

### 3）管理对象——组织资源

管理对象是管理者为实现管理目标,通过管理行为作用其上的客体。任何管理活动都是针对一定的管理对象而展开的,它要解决的是"管什么"的问题。对于管理对象包括哪些要素,不同的管理学者从不同的角度和不同的时期看法有所差异。大家普遍接受的观点认为管理对象包括:

（1）人员

人是管理的主要对象。人在管理中具有双重地位:既是管理者又是被管理者。管理过程是一种社会行为,是人们相互之间发生复杂作用的过程。管理过程各个环节的主体是人,各个环节的工作都由人去做。因此,人与人的行为是管理过程的核心。

（2）财和物

财和物是一个组织赖以实现其目标的重要物质基础。"财"是组织所拥有的货币资金。资金是组织经营活动的"黏合剂",资金管理就必须对资金筹措、资金运用、资金耗费与经济核算等过程加强管理,以降低成本,提高资金使用效益。"物"是组织所拥有的物质要素。对物资的管理,必须制订好物资采购计划,搞好定额管理,加强库存管理,降低库存,提高物资利用率。

（3）信息

在信息社会时代,信息已成为重要的管理对象。信息是能够反映管理内容的、可以传递和加工处理的文字、数据、图表等。信息系统是管理过程中的"神经系统"。管理中的人流物流,都要通过信息来反映和实现。管理职能要发挥作用,也是要信息的支持。只有通过信息的不断交换、传递,把各要素有机地结合起来,才能形成现实的管理活动。

（4）时间

任何管理活动都是在特定时空条件下进行的,管理离不开时间。现代社会的一个重要特点是时效性日益突出。管理活动处在不同的时间区域,就会产生不同的管理效果。管理效率的提高主要表现为时间的节约。管理活动及其要素的分配,都有一个时序性问题。管理者要加强时间管理,科学地运筹时间,提高工作的效率。

**【推荐阅读】**

如何有效管理时间,读者可参考《管理最重要的资源时间》一文:
http://www.alu.cn/newg/48038/

（5）技术

科学技术是第一生产力。在知识经济时代,科学技术在一个组织的发展中起着十分重要的作用。现代组织尤其是现代企业必须加大科技投入,加强科研开发的力度,建立自己的科技研发体系,搞好技术创新,形成自主知识产权,创建技术标准,保持技术领先优势,这样构建企业的核心竞争力,才能促进一个组织可持续发展。现在流行一句话:一流企业做标准,二流企业做品牌,三流企业做产品。

**资料链接**

**管理最重要的资源:时间**

对企业来说,资金、技术、人员,几乎每一项资源都可以失而复得,可以补充,可以扩增,唯独时间不能。公司浪费掉的每一秒都永远消逝,就算万能之神也无法多给你一秒钟。特别是高阶主管的时间和精力,可以说是公司的策略性资产。

然而,大多数高层主管在时间方面的管理,却几乎失控。他们被一个又一个的例行会议占满,忙着解决眼前一个又一个的问题。

当谈到时间管理时,很多领导人会说,他们之所以无法做好,是因为每一天都有太多的意外事件。没错,领导人很少有例行的工作,因为绝大多数例行工作都由其他人员负责,降临到领导人办公桌上的,大多是不寻常或重要的事务。但也正因如此,规划才更显得重要。妥善规划自己的时间,是高层主管证明自己管理能力的第一步。

要谨慎运用公司的这项策略性资产:时间。席曼指出,首先,高阶主管必须为自己忙碌的行程中,规划出一段优质的思考时间,并且坚持"捍卫"这段时间。为了作出明智决策,高阶主管的思考时间绝对不是奢侈品,而是必需品。定期规划出一段思考时间,也许是独处,也许是和少数几位朋友、同仁或者顾问,共同思考与反省一些长期的课题。这样的省思时间,对于公司的未来会带来很正面的影响。

奇异公司前CEO威尔许说,他把三分之二的时间花在和人相关的课题上。事实上,高阶主管的时间花在哪里,等于告诉全公司,他认为最重要的事情是什么。

员工的眼睛是雪亮的,不论公司的正式文件或规章上说公司的优先要务为何,他们会看领导人的行为,来研判他认为最重要的事情。他们看你把时间用于什么事务,来研判你实际重视的事;他们看你花时间在谁身上,来研判谁对你有影响力。因此,高阶主管如何花时间,除了实质的意义之外,还有很大的象征意义,远比他自己想象的还要重要。

要妥善管理自己的时间,高阶主管可以这样做:

- 计算你一年有多少工作时数。
- 根据公司策略所需执行的优先要务,安排你的时间使用优先顺序。别忘了考量社交及你个人的需要和希望。
- 大致对每一项优先要务分配时间比例(%)。
- 定出不能安排工作的个人活动固定时段(例如家庭时间、运动时间)。
- 留下约20%的时间,用来弹性应付一些短期事务,或思考问题与决策。
- 每季重新检视这份时间分配表,特别注意重要事务和个人时间的规划。
- 每月检查并进行活动的微调。
- 在每周的一开始,检视你的议程,看看是否合乎大目标。

### 1.1.4　管理学

#### 1)管理学的概念

管理学是人类在长期管理实践的基础上,经过理论概括和抽象升华而形成的新兴学科。管理学是一门系统研究管理过程的普遍规律、基本原理和一般方法的科学。管理学的目的是研究在现有条件下,如何通过组织和配置组织资源,提高组织的管理水平,实现组织的管理目标。管理学的出现与发展是根源于社会发展的需要,学习与研究管理学也是这种需要的产物。管理学的产生与发展极大地推动了社会经济发展,在当代社会,无论是生产经营,还是社会管理,如果不自觉地学习、研究管理学,不用管理理论武装自己,是很难有所作为的。学好管理学的基本前提是从实际出发,理论联系实际,不断创新发展。

#### 2)管理学的研究内容

(1)管理思想与管理理论的发展史

管理思想是管理实践的产物,而管理实践是与人类历史的发展同步进行的。对管理理论的研究就需要追寻人类的管理实践,扫描不同时期的管理环境,研究管理思想的演变和发展的历史趋势,从中把握住管理的发展规律。

(2)管理的基本原理及原则

管理学的基本原理及原则是在对管理的实质内容进行科学分析的基础上得出来的,是对现实中管理现象的高度总结和抽象,是对各项管理制度和方法高度综合和概括,形成了在处理实际管理问题应该遵循的最基本的理论与准则。研究这些原理和原则在管理的各个环节中是如何发挥作用的,有利于管理者在实践中掌握行动的准则。

(3)管理的职能

管理到底有哪些职能,历来是学者们争议最大的内容。从管理系统闭环的角度来讲,管理的职能包括决策、计划、组织、领导、控制、创新等方面。这些管理职能从管理过程角度完整地反映了管理的具体内容,揭示了管理的基本活动与任务。

(4)管理环境

管理总是在一定的环境中进行的,不同的管理环境会形成不同的管理理论、原则、管理方法,有不同的管理特色,管理必须根据不同的环境条件灵活进行,可以相互借鉴管理经验,不能照搬。

（5）管理的方法、技术和艺术

要提高管理的有效性,离不开科学管理的方法、技术和艺术。管理的方法、技术和艺术是贯彻管理原理与原则的工具。有效的管理必须要研究应该恰当地采取什么样的管理方法、技术,如何艺术地处理各种问题与关系,以有效地实现管理的目标。

### 3）管理学的特点

（1）一般性

管理学是研究所有管理活动中的共性原理的基础理论学科,是从一般原理、一般情况的角度对管理活动和管理规律进行研究,不涉及管理分支学科的业务和方法的研究,管理学是各门具体的或专门的管理学科的共同基础。

（2）多科性或综合性

从管理内容上看,管理学涉及的领域十分广阔,它需要从不同类型的管理实践中抽象概括出具有普遍意义的管理思想、管理原理和管理方法,从影响管理活动的各种因素上看,除了生产力、生产关系、上层建筑这些基本因素外,还有自然因素、社会因素等,从管理学科与其他学科的相关性上看,它与经济学、社会学、心理学、数学、计算机科学等都有密切关系,是一门非常综合的学科。

（3）实践性

管理学所提供的理论与方法都是实践经验的总结与提炼,同时管理的理论与方法又必须为实践服务,才能显示出管理理论与方法的强大生命力。

（4）历史性

管理学是对前人的管理实践、管理思想和管理理论的总结、扬弃和发展,割断历史,不了解前人对管理经验的理论总结和管理历史,就难以很好地理解、把握和运用管理学。

（5）不精确性

管理学所提供的理论、原则和方法,在实际的应用中,不可能像数学等精确学科那样,在相同的条件下,必然得出同一种结果。管理是人类有意识、有目的的活动,管理的主体、管理的对象、管理的环境都不可能是完全相同的,影响管理效果的因素也是非常复杂且变化无常的。因此,即使在"相同"的条件下,运用相同的管理方法,不同的管理者的管理活动的效果却有很大的差别。因此,管理学是一门不精确的学科。但是,管理学的不精确性丝毫不降低管理理论在实际中的作用。

【小思考】

为什么说管理具有不精确性？试想复杂的经济生活能够用数学关系式来表达与准确计算吗？有一种说法,用数学的东西计算表达经济管理问题计算得越精确越不准确,你怎样看待这一观点？在管理中人是主要对象,人的心理活动、情绪能用数学关系式准确表达吗？

# 1.2 管理者

## 1.2.1 管理者的概念与分类

### 1)管理者的概念

所谓管理者,就是履行管理职能,对实现组织目标负有贡献责任和指挥或协调他人完成具体工作的人。

任何组织都是由一群人组成的集合体,根据其在组织中的地位与作用不同,组织成员可以分为两类:操作者和管理者。操作者是在组织中直接从事具体业务,且不承担对他人工作监督职责的人,如汽车装配线上的装配工人、商场的营业员、饭店里的厨师等,他们的任务就是做好组织分配的具体的操作性的工作。管理者则是行使管理职能、指挥别人进行劳动的人,他们处于操作者之上的组织层次中。管理者是管理的主体,对管理活动的顺利进行、组织活动及其目标的实现起着十分重要的作用。

【小思考】

县长、一位知名的专科医生、公交车专职司机、你的管理学老师,哪个是管理者? 哪个是非管理者?

### 2)管理者的分类

一个组织有各种类型的管理人员,可以根据不同的标准进行划分:

**(1)按不同的管理层次来划分**

按不同的管理层次来划分,管理者可分为高层管理人员、中层管理人员和基层管理人员(见图1.3)。

①高层管理人员是指一个组织中最高领导层的组成人员。高层管理人员所考虑的管理问题和所从事的管理活动,都是与组织的总体发展和长远发展密切相关的。高层管理人员的主要职责是制订组织长远发展的战略目标和发展的总体战略、制定政策、用人、分配资源、评价组织的活动成效和业绩等。

图1.3 管理人员层次图

**资料链接**

**雷军的角色**

在小米公司,老板雷军主要管两件事情:第一件事情是产品。所有产品,只有雷军看过的才能上架,任何细节都要过,字号放大一点、缩小一点都需要他看。第二件事情就是花20%的时间在论坛和微博上、在各种通信工具上看用户的反馈。

②中层管理人员是一个组织中层机构的负责人。他们的职责主要是执行高层管理人员所作出的决策和大政方针,并使高层管理者制订的目标、战略付诸实践。他们或者对组织的某个部分(如车间)负责,或者领导某个职能部门。中层管理人员要为他们负责的部分或职能部门制订旨在达到组织总目标的次一级的管理目标;筹划和选择达到目标的实施方案;组织利用好自己的资源;协调管辖范围内的活动;采取措施确保目标的实现。中层管理人员在高层管理人员和低层管理人员中起到上情下达和下情上达的作用。

③基层管理人员是从事一个组织活动第一线的管理人员。如企业的工段长、班组长。他们的主要职责是按中层管理人员指示的程序,去组织、指挥和从事组织的具体管理活动,将决策在基层得以落实。

作为管理者,无论他在组织哪个层次上承担管理职责,其工作的性质和内容基本一样,都包括计划、组织、领导、控制等几个方面的工作。不同层次的管理者的差别不在职能本身不同,而在于各项管理职能履行的程度和重点不同。高层管理者在决策、计划、组织、控制职能方面花费的时间要比基础管理者多,基层管理者在领导、具体工作的组织职能上花费的时间要比高层管理者多。即使对同一管理职能来说,不同层次的管理者所从事的具体管理工作的内涵也并不完全相同。例如,就决策工作而言,高层管理者关心的是组织整体的长期的战略决策,中层管理者偏重的是中期、内部的战术性决策,基层管理者则更侧重于短期的业务和作业决策。

高层管理者的工作应该与中低层管理者的工作有重要区别。日本松下电器公司的创始人松下幸之助曾有一段名言:当你仅有100人时,你必须站在第一线,即使你叫喊甚至打他们。但如果发展到1 000人,你就不可能留在第一线,而是身居其中。当企业增至10 000名职工时,你就必须退居到后面,并对职工们表示敬意和谢意。这说明随着一个组织规模扩大,管理的复杂性就随之提高,管理的职能分工也就随之细化、制度化、标准化,管理者就逐步分化成为制订大政方针的战略管理者和负责具体事务的日常管理者。

## 管理故事

### 丙吉问牛

西汉宣帝时期,丞相丙吉十分关心百姓疾苦,经常外出考察民情。有一天,丙吉到长安城外去视察民情,走到半路有人拦轿喊冤,查问之下原来是有人打架斗殴致死,家属来告状。丙吉回答说:"不要理会,绕道而行。"过一会儿,当看到老农赶的牛步履蹒跚、气喘吁吁时,丙吉却马上下轿询问缘由。丙吉下轿围着牛看了很久,问了很多问题。人们就议论纷纷,说这个丞相不称职,死了人不管,对一头生病的牛却这么关心。

宣帝听到传言之后就问丙吉为什么这样做,丙吉回答说:"丞相是国家的高级官员,所关心的应当是国家大事。行人斗殴,有京兆尹等地方官处理即可,无需一国之相亲理,我只要适时考察地方官的政绩,有功则赏、有罪则罚就可以了。而问牛的事则不同,现在是春天,天气还不应该太热,如果那牛是因为天太热而喘息,我怀疑今年天时不利,有可能瘟疫出现。要是瘟疫出现,农事势必会受到影响,这势必影响到老百姓的生活,这是我的失职。我必须弄清楚这头牛生病的原因。"丙吉问牛而不问人,说明他抓住了问题的要害。

管理者应该清楚自己所处的层次,明白自己的职责,有所为,有所不为。

**【小思考】**

在一个公司里总经理、副总经理、生产经理、营销经理、车间主任、领班各属于什么样的管理者? 你认为一个学院的院长应该重点考虑什么问题? 现在高校都在搞新校区建设,有些人说院长越来越像基建处长了,这说明了什么问题?

**(2)按管理工作的范围与管理者职责领域划分**

按管理工作的范围与管理者职责领域划分,管理者可分为综合管理者和专业管理者(见图1.4)。

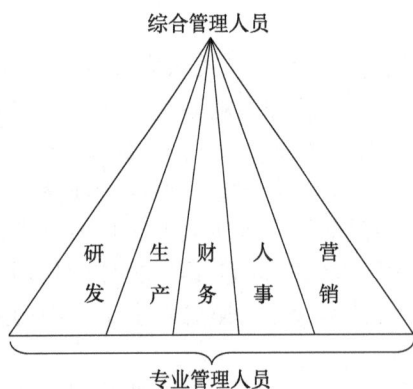

图1.4　管理者的领域分类

①综合管理者是指负责整个组织或部门全部管理工作的管理人员。他们是一个组织或部门的主管,对整个组织或该部门目标实现负有全部责任;拥有这个组织或部门所必需的权力,有权指挥和支配该组织或该部门的全部资源与职能活动,而不是只对单一资源或职能负责。对于小型组织(比如一个小企业)来讲,综合管理者可能只有一个,那就是企业的老板,他要通管企业生产、营销、人事、采购、销售、财务等企业所有的经营与管理活动。而对于大企业尤其是跨国公司而言,一般实行事业部管理,其事业部按产品类别或地区设置,一个事业部的总经理也必须通管企业生产、营销、人事、采购、销售、财务等活动,也属于综合管理人员。

②专业管理者是指在组织内只负责某类活动或业务的管理者。这类管理者只对组织中某一专业领域的工作目标负责,只在本专业领域内行使职权、指导工作。以企业来讲管理者所管理的专业领域,可以将管理者划分为生产、营销、人事、财务、研发等部门管理者。

**【课堂互动】**

企业作为一个组织,以下几类人员各属于什么样的管理者:厂长属于_____,财务科长属于_____,采购科长属于_____。

**(3)按职权关系的性质划分**

按职权关系的性质划分,管理者可分为直线管理者、参谋人员和职能管理者。

①直线管理者是指有权对下级进行直接指挥的管理者。他们与下级之间存在着领导隶属关系,是一种命令与服从的职权关系。这种命令式的职权关系自上而下,从组织的最高层,经过中间层,一直延伸到最基层,形成一种等级链。直线管理人员的主要职能是决策和指挥。直线人员主要指组织等级链中的各级主管,即综合管理者。

②参谋人员是指对上级提供咨询、建议,对下级进行专业指导的管理者。他们与直线管理人员的关系是一种服务和协助的关系,上级直线管理者通常授予参谋人员的是思考、谋划和建议的权力。

③职能管理者是一种介于直线管理人员与参谋人员间的一种管理者。参谋人员的身份

往往是双重的,一旦赋予参谋人员在某些领域具有一定的行政职权,他们可在其专业领域拥有部分指挥权和决策权,这时的管理者就属于职能管理者。例如,各级职能部门的管理者,他们对于整个组织来说是职能管理者,但相对于本职能部门来说,他们对自己的下属拥有绝对指挥权和命令权,属于直线管理者。

**【课堂互动】**

在海尔集团,公司设有冰箱、空调、洗衣机、小家电等事业部,事业部总经理对事业部运行负全权责任,事业部下设财务、人事部等经理,请问事业部总经理、财务经理、人事经理各属于什么类型的管理者?

## 1.2.2 管理者的群体结构

管理者的群体结构是指两个或两个以上的管理者在各种素质要素方面的构成比例和组合状况。现代组织的发展和现代管理涉及较多的领域和管理要素,面对复杂多变的外部环境,个人管理越来越不适应管理活动日益复杂的局面,需要现代管理者形成一个管理者团队,出现了管理集团化倾向。其目的是为了克服个人管理能力不足,集思广益,发挥集体智慧。要实现管理者的优化组合,提高管理的整体效应,就需要分析管理者的群体结构是否合理。

管理者群体结构的形成包括年龄结构、性格结构、智能结构、知识结构和专业结构五个方面。

### (1)年龄结构

年龄不仅是人的生理功能的标志,也是人的知识、经验的标志。它关系到个体和群体的创造力、生命力以及继承和发展的重要因素。一个合理的管理者群体结构,应当由老年、中年和青年组成,合理搭配,形成管理者梯形的年龄结构。充分发挥各年龄段管理者的优点,克服各自的缺点,发挥集体的整合效能,产生一种新的高效率的管理整合体,发挥不同管理者各自的最优效能。

**资料链接**

#### 各年龄层级的领导者适合干什么

老年领导者,处事稳健,善于解决复杂问题、应对复杂局面,可以利用其丰富的阅历、广博的知识、敏锐的观察力等特点,使之从事指导性工作;中年领导者,年富力强,精力充沛,分析、判断、创造能力都处在最佳时期,因此,他们既可以弥补老年、青年领导者的不足,又可以吸取老年、青年干部的长处,可以利用其深刻的见地、成熟的思想、坚强的毅力,使之从事开拓性的工作;青年领导者则精力充沛、思维敏捷、接受新鲜事物快、具有创新热情和冒险精神,可利用其特点,使之从事攻坚性的工作。

### (2)性格结构

性格组合对管理者群体结构合理化有着十分重要的意义。性格不合,往往造成管理者之间摩擦不断、内耗严重,影响管理效能的发挥。一般来讲,人的性格有意志型、情绪型、理智型、外向型、内向型、顺从型和独立型 7 种。上级领导应根据管理者的不同性格进行组合。一个较为理想的管理者群体,应当是不同性格的互补和配合,总体上具备多方面的良好性格。要根据性格决定职务,充分利用一个人的优良性格特点。

## 管理故事

### 猴子多了也不行

从前有一座山,山上草木繁盛,四季花果飘香。山里生活着很多猴子,它们划地而居,分成很多个猴群。每一个猴群都在各自的领地内无忧无虑、愉快地生活着,群体不断壮大。

有一年春、夏大旱,很多草木都枯死了,猴子们感到一场灾难即将降临到它们身上,于是都加倍警惕,注意着周边环境的变化。

有一天,有猴发现山北有一处地方起火了,风助火势,大有蔓延的趋势,于是猴子们便恐慌起来了。为了应对这种突然而来的变故,每一个猴群都选出一只最聪明的猴子共同组成一个应急智囊团来研讨应对之法。

智囊团很快开始工作了,它们聚集在山顶上一棵大树周围,各自发表着自己的高见。因为大家都是来自于各个猴群最聪明的猴子,都认为只有自己的方法才能拯救满山的猴子们。一连几天,这些绝顶聪明的猴子们各抒己见,激烈地争论着,直到筋疲力尽也没有一个统一的意见。山上的猴子们看到智囊团几天也没找出一个好办法,而大火就快烧到自己的屁股了,都按各自的方式逃命去了。只有那个智囊团的成员们在大火烧来的时候还在争吵,最终被大火吞没了。

太多的聪明人聚在一起并不一定就能办出聪明的事情。一个组织经常犯这样的错误,满以为高薪招收一批聪明的员工就能管理好一个组织,最终却碰得鼻青脸肿。这就是为什么说"三个臭皮匠赛过诸葛亮,而三个诸葛亮不一定抵得上一个臭皮匠"。造成这种现象的主要原因是大家缺乏统一的理念与价值观,缺乏作为一个团队最基本的东西。

(3)知识结构

现代管理涉及的科学知识很广,需要管理者具备相当深度和广度的合理知识结构。一般来讲管理者应具备三个方面的知识:①基础知识。即具有一定的文化水平,有较丰富的哲学、心理学、社会学、领导学、法学、系统论、信息论等方面的文化科学知识。对这方面的知识,要求主要在于宽度,而不是深度。②管理知识。包括管理原理、行业管理学、专业管理学三方面的知识。③专业知识。管理者应当是自己主管行业范围的专业技术内行,使自己成为既懂技术,又懂管理的管理者。当然,对于不同层次、不同专业职能的管理者,其知识内容和结构的要求是不同的。对高层管理者而言,要求更多的管理知识,而对于基层管理者则要求更多的技术性、专业性知识。

(4)智能结构

智能结构是指人运用知识的能力,它包括创新能力、思维能力、表达能力、组织能力、研究能力等,在这几项智能中作为高级管理人员来讲创新能力是最核心的部分。一般情况下,一个管理者很难同时具备上述所有的能力。因此,有必要使管理者在智能上合理搭配,构成一个完整的智能团队。一个理想的管理者群体智能结构,应该包括具有高超创造能力的思想家、具有高度组织能力的组织家、具有出谋划策的智囊家和具有实干精神的实干家。一般而言,"思想型"与"组织型"的管理者适宜担任组织的主要领导人,而"智囊型"和"实干型"的管理者较适合当副手。

(5)专业结构

专业结构是指管理群体中成员的专业知识和技术分布与构成。专业结构是由管理业务的专业分工所决定的。现代组织中各项工作的专业性和技术性都很强,为了进行有效的管理,管理层的成员必须具备专业知识。这就需要按照专业互补的原则,对管理人员进行合理选配。

在管理团队建设中除了注重这些结构以外,要使团队有内聚力,还必须要使管理团队的成员接受组织统一的理念与价值,否则理念与价值观的不同也会造成组织内部的突出与矛盾。

【小思考】

管理团队建设需要考虑这些结构,在其他团队建设中需要重视这些问题吗?一个寝室的同学要融洽生活需要注意什么问题呢?

### 1.2.3 管理者的角色与技能

#### 1)管理者的角色

所谓管理者的角色是指组织中管理者所需要做的一系列特定的工作。20 世纪 60 年代末美国学者明茨伯格经过实证研究,具体分析了管理者的日常管理工作,将管理者在计划、组织、领导、控制活动中需要履行的特定职责简化为 10 种角色。管理者通过扮演这些角色,来影响组织内部和外部人们的行为。组织内部的人包括技术人员、管理人员和操作人员,组织外部的人包括投资者、消费者、供应商、组织所在社区的居民,以及与组织活动有关的政府机构。明茨伯格进而把管理者需要扮演的 10 种角色归纳为 3 种类型:人际关系、信息传递和决策制订。在现实生活中,管理者往往同时扮演着上述几种角色(见表1.2)。

表1.2　管理者的角色与活动描述

| 角　色 | 描　述 | 特征活动 |
|---|---|---|
| 人际关系方面 | | |
| (1)代表人 | 象征性的首脑,必须履行许多法律性的或社会性的例行义务 | 迎接来访者,签署法律文件 |
| (2)领导者 | 负责激励和动员下属,负责人员配备、培训和交往的职责 | 实际上从事所有的有下级参与的活动 |
| (3)联络者 | 维护自行发展起来的外部接触和联系网络,向人们提供恩惠和信息 | 发感谢信,从事外部委员会工作,从事其他有外部人员参加的活动 |
| 信息传递方面 | | |
| (4)监督者 | 寻求和获取各种特定的信息(其中许多是即时的),以便透彻地了解组织与环境;作为组织内部和外部信息的神经中枢 | 阅读期刊和报告,保持私人接触 |

续表

| 角　色 | 描　述 | 特征活动 |
|---|---|---|
| (5)传播者 | 将从外部人员和下级那里获得的信息传递给组织的其他成员——有些是关于事实的信息,有些是解释和综合组织的有影响的人物的各种价值观点 | 举行信息交流会,用打电话的方式传递信息 |
| (6)发言人 | 向外界发布有关组织的计划、政策、行动、结果等信息;作为组织所在产业方面的专家 | 举行董事会议,向媒体发布信息 |
| 决策制订方面 | | |
| (7)企业家 | 寻求组织和环境中的机会,制订"改进方案"以发起变革,监督某些方案的策划 | 制订战略、检查会议决议执行情况,开发新项目 |
| (8)干扰对付者 | 当组织面临重大的、意外的动乱时,负责采取补救行动 | 制订战略,检查陷入混乱和危机的时期 |
| (9)资源分配者 | 负责分配组织的各种资源——事实上是批准所有重要的组织决策 | 调度、询问、授权、从事涉及预算的各种活动和安排下级的工作 |
| (10)谈判者 | 在主要的谈判中作为组织的代表 | 参与工会进行合同谈判 |

### (1)人际关系角色

管理者要代表所在组织与同行或外部组织开展有效联络和互动,对内开展领导工作,激励组织成员为实现组织目标积极工作。首先,管理者扮演代表人的角色时,需要履行礼仪性和象征性的义务,参加各种社会交往活动等;其次,管理者扮演着领导者角色,鼓励组织成员为实现组织目标努力工作,如安排工作、激励员工、惩戒组织成员等;最后,管理者还必须扮演联络员角色,对内协调不同部门的活动,对外与外部利益相关者建立良好的关系。

### (2)信息传递角色

管理者扮演着信息传递的角色,需要从事信息的收集、分析、传递等工作。首先,作为监督者,管理者需要持续关注组织内外环境的变化以获取对组织有用的信息,根据这些信息,管理者才能够有效地配置各种资源、管理组织;其次,作为传播者,管理者把信息传递给组织成员,以影响他们的工作态度和行为;最后,作为发言人,管理者要代表组织向外界传达信息,以提升组织形象,促成外界对组织的积极反应。

### (3)决策制订角色

管理者扮演着决策制订者的角色,管理者要发现和把握机会,为组织创造和选择新的发展空间。首先,作为企业家,管理者必须决定将从事何种项目或计划,决定怎样利用组织资源以提高组织绩效;其次,作为混乱驾驭者(干扰对付者),管理者必须快速反应,正确处理各种突发事件和危机;再次,作为资源分配者,管理者必须决定如何配置和利用组织的所有资源以提高绩效;最后,作为谈判者,管理者要与组织内外部群体和成员进行必要的谈判工作,以保证组织目标的顺利实现。

【课堂互动】

章强是一个学院的一把手,今天他要到教育厅去汇报学校百年校庆筹备情况,并代表学校邀请教育厅领导参加百年校庆活动;李刚作为一位分管教学的副院长将会同教务处、国资处决定今年1 000万元设备采购款的具体投向。请问章强院长、李刚副院长各承担了什么角色?

#### 2）管理者的技能

管理人员在行使管理职能时都要力争使自己的工作富有成效，而管理工作是否有效，在很大程度上取决于管理者是否具备了所应具备的管理技能。通常而言，作为一名管理者，所应具备的管理技能主要包括技术技能、人际技能和概念技能。

（1）技术技能

技术技能是指管理者掌握与运用某一专业领域内的知识、技术和方法的能力。包括专业知识和经验、技术技巧、操作的方法和程序、工具的熟练运用等。管理者虽不必像专业技术人员那样掌握精深的专业知识和技能，但必须了解并初步掌握与其管理的领域相关的基本知识和技能，因为这是管理者对相应专业领域进行有效管理的必备条件。对于基层管理人员来说，技术技能尤为重要。

（2）人际技能

人际技能是指管理者处理人事关系的技能。包括观察人、理解人、掌握人的心理规律的能力，人际交往、融洽相处、与人沟通的能力，了解并满足下属需要、进行有效激励的能力，善于团结他人、增强向心力和凝聚力的能力等。管理者的人际技能，对于建立和保持组织内和谐的人际关系、最大限度地调动组织成员的积极性以实现组织目标具有重要意义，这种技能对于各层次的管理人员都是十分重要的。

（3）概念技能

概念技能是指管理者观察、理解和处理各种全局性的复杂关系的抽象能力。包括对复杂环境和管理问题的观察、分析能力，对全局性的、战略性的、长远性的重大问题处理与决断的能力，对突发性紧急处理的应变能力等，其核心是一种观察力和思维力。这种能力对于组织的战略决策和发展具有极为重要的意义，是组织中高层管理者所必须具备的一项重要技能。

不同层次的管理者对于管理技能的要求程度是不同的。基层管理者主要是技术技能，其次是人际技能；中层管理者对于人际技能的要求较高，其次是技术技能和概念技能；而高层管理者对于概念技能的要求较高，其次是人际技能以及技术技能。各层次管理者对管理技能需要的比例如图1.5所示。

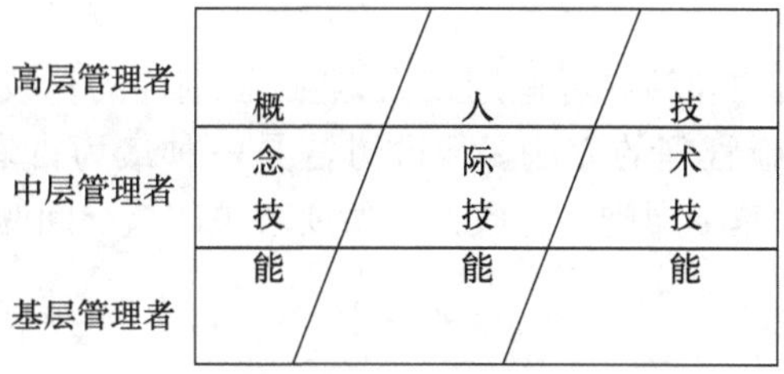

图 1.5 不同管理层次对管理者技能的要求

【小思考】

为什么高层管理者最主要的技能是概念技能？为什么基层管理者最重要的技能是技术技能？

# 1.3　管理的方法

## 1.3.1　管理方法

管理主体要作用于管理对象必须采取一定的方法。所谓管理方法是指为使管理系统的功能不断提高,在各种管理活动中所采取的手段、措施和途径等。管理的一般方法包括行政方法、经济方法、法律方法、数学方法、社会心理方法等。

在一个组织的管理中,管理方法的采用都有一个适用的问题,什么方法最适合? 是单一方法就可以,还是需要采用综合的方法? 管理者应根据具体对象、环境、时机摸索采取恰当的管理方法,以产生应有的效果。常用的是行政方法、经济方法和法律方法。

**管理故事**

### 分粥的故事

有七个人住在一起,每天共喝一桶粥,显然粥每天都不够。一开始,他们抓阄决定谁来分粥,每天轮一个。于是每周下来,他们只有一天是饱的,就是自己分粥的那一天。后来他们开始推选出一个道德高尚的人出来分粥。强权就会产生腐败,大家开始挖空心思去讨好他,贿赂他,搞得整个小团体乌烟瘴气。然后大家开始组成三人的分粥委员会及四人的评选委员会,互相攻击扯皮下来,粥吃到嘴里全是凉的。最后想出来一个方法:轮流分粥,但分粥的人要等其他人都挑完后拿剩下的最后一碗。为了不让自己吃到最少的,每人都尽量分得平均,就算不平,也只能认了。大家快快乐乐,和和气气,日子越过越好。

- 做任何一件事情用不同的方法去做产生的结果是不同的,想完善一件工作就要不停地找方法,发现不足就要及时更正,总会找到一个好的方法去解决。

## 1.3.2　行政方法

行政方法是指行政机构和领导者运用权力,通过强制性的行政命令直接对管理对象发生影响,按照行政系统实施管理的方法。行政方法是一种最为古老的和基本的管理方法。行政方法以权威和服从为基本原则。行政方法所要解决的核心问题是组织的效率问题。

### 1)行政方法的特点

行政方法的根本特点是依靠权威,用非经济的手段,直接指挥下属工作。它具有以下6个基本特点:

（1）权威性

行政方法所依托的基础是管理机关或管理者的权威。管理者权威越高,他所发出指令的接受率就越高。从根本上说,这些权力来源于政权或生产资料占有者的赋予,并由职位和品质、能力两方面因素所决定。行政权威表现为对被管理者的指挥、控制、奖励等。运用行政方法的管理效力主要取决于管理者的权威。管理者必须着力于以自己优良的品质、卓越的才能去增强管理权威,而不能仅仅依靠职位带来的职权。

（2）强制性

行政方法是建立在隶属关系和行政权力基础之上的,上级组织和部门发出的指令、指示、规定和要求,对下级管理者具有强制性,下级管理者必须无条件地执行。下级被管理者都必须认真执行。如果下级随心所欲,阳奉阴违,敷衍了事,上级有权追究其责任。

（3）直接性

行政方法是通过行政系统、行政层次来实施管理的,借助于行政权威和行政服从,直接告诉人们做什么、不允许做什么。不需要与被管理者协商、征询意见即可作出决定,因而存在单向性。有利于迅速解决问题,提高工作效率。

（4）稳定性

行政方法是在特定组织行政系统范围内适用的管理方法。由于行政系统具有严密的组织机构、统一的目标、统一的行动和强有力的调节和控制,对于外部因素的干扰具有较强的抵抗作用。因此,运用行政方法进行管理可以使组织具有一定的稳定性。

（5）无偿性

运用行政方法进行管理,上级组织对下级组织人、财、物的调动、使用可以不遵循等价交换原则,一切均根据行政管理的需要进行。

（6）时效性

运用行政方法进行管理可因对象、目的、时间变化而变化,可以针对具体问题及时地发出命令、指示、规定等,以控制管理组织向着实现目标的轨道按计划所要求的时间运行。

### 2）行政方法的作用

行政方法是组织采取的一种普遍管理方法,在实际管理中有其优点也有缺点。其优点在于：

（1）行政方法能明显提高管理的效率

行政方法采用垂直性的管理方式,依靠权威性和强制性,要求下级无条件服从上级的指示、指令、规定。因此,在行政机构设置合理,行政层次划分清楚,行政岗位安排得当,行政手段运用科学,指（令）示下达适当的前提下,运用行政方法对于提高管理效率起着重要作用。

（2）行政方法能使管理系统保持集中统一

行政方法的权威性,可以做到统一目标,统一意志,统一行动命令、规定、计划等。通过发布命令、贯彻实施、检查督促、调节处理等程序,把人们的意志和行动统一起来、组织起来,有利于组织直接控制关系和组织发展重大问题的决策和措施实施。

（3）运用行政方法可以强化管理作用

没有行政命令,没有权威,没有服从,管理就不复存在,更谈不上管理职能的发挥。正是从这个意义上讲,行政管理对任何一种管理都是必需的。

（4）行政方法是实施其他各种管理方法的必要手段

在管理活动中,经济方法、法律方法、宣传教育方法等要发挥作用,必须经由行政系统的中介,才能具体地组织与贯彻实施。

（5）行政方法便于处理特殊问题

由于行政方法具有时效性强的特点,它能及时地针对具体问题发出命令和指示,利用行政权力调动资源,从而较好地处理特殊问题和管理活动中出现的新情况。因此行政方法较经济等方法而言起效快。

**资料链接**

### 抑制物价上涨取得初步成效

2011年,物价快速上涨引起了党中央、国务院的高度重视,提出要把稳定物价作为宏观调控的首要任务。本轮物价上涨的推手主要是食品价格上涨,其中粮食、猪肉又是重要因素。对于粮食生产国务院提出要坚决落实"米袋子"省长负责制,加大粮食生产扶持力度、加大科技投入;对于猪肉生产采取了加强生猪公共防疫体系建设,支持大型标准化规模养殖场和小区建设、加大补贴力度等措施。到了年底物价涨幅全面回落,通胀压力已经减弱。

资料来源:http://finance.jrj.com.cn/2011/03/0617489370080.shtml,2001-03-06.

**【小思考】**

结合所学知识,为什么行政方法能起到立竿见影的效果?

### 3）行政方法的局限性

行政方法虽然十分重要,但也有局限性,主要表现在:

（1）管理效果为领导水平所制约

由于行政方法更多的是人治,而不是法治,这样,行政命令的执行效果和管理优劣很大程度上取决于领导人和执行人的知识、能力、领导艺术和修养等。

（2）容易造成各子系统缺乏自主权

由于行政方法权采用的是指示、命令等管理强制性方式,强调下级服从上级,因此,管理系统中各子系统的自主权较少,不容易实行分权管理,分权又往往会破坏它的统一的特点。

（3）不利于发挥子系统的积极性

行政的方法以集权为主,子系统往往成为被动的执行系统,难以发挥子系统本身的积极性、创造性,子系统与子系统之间也难以沟通,不容易协调。

改革开放以前,我国国有企业纯粹是行政的附属,生产什么、生产多少都由国家计划说了算,盈利了上交国家财政,亏损了由国家财政弥补,企业缺乏经营的自主权,缺乏经营的活力。

（4）信息传递迟缓、易失真

由于行政层次的繁杂会增加管理手续,因此沿垂直方向逐级传递信息较迟缓,容易失真,影响工作效率,甚至造成人为的隔阂,妨碍系统、部门、单位间的联系和必要的协作。

（5）容易忽视经济规律,忽视经济利益

行政方法的采用往往只强调命令的一致性,不顾各地、各部门实际情况,造成一刀切状况,容易忽视经济利益的调节作用。

## 【小思考】

2007 年 7 月,兰州市物价、工商等五部门鉴于兰州牛肉拉面涨价太快,出台"限价令",规定兰州牛肉拉面每碗价格不得高于 2.5 元。结果市民发现牛肉面票面价格是稳住了,但没以前好吃了,加的牛肉少了,分量也少了。

请问这种价格管理方法,属于什么样的管理方法? 如果你是经营者,面对原料涨价、利润微薄这种情况,你会如何应对? 为什么价格控制住了,物价等部门的工作仍不讨好?

### 4) 行政方法的适用范围和条件

行政方法是最有效、最直接的管理方法,它的适用范围最广,无论是社会管理、军事管理、经济管理,还是科研、文化和教育管理,都离不开行政方法。可以说行政方法是任何管理所必不可少的手段。但是,由于种种局限,在管理活动中不能单一地使用它,过分地依赖它,而必须将它与法律方法、经济方法、宣传教育方法等结合起来使用。

行政方法要发挥作用要做到以下几点:

①要建立起精简高效的行政体系。行政方法的使用需要按照行政系统来发挥作用,要根据管理目标的要求,以事为核心,因事设岗、因岗定职、因职定员;按照能级管理的要求,合理选择和配备各层次的管理人员,使各级管理人员的能力与所担任的职务基本相符。

②要明确管理就是服务。为下属工作创造良好工作环境,提供发挥其才能的工作平台。

③要选用高素质的领导,提高管理者的管理水平与艺术。要加大学习和培训力度,不断提高各级领导(管理者)的管理水准。采取行政方法进行管理,领导者处于核心地位,因而领导者的水平、学识、能力、素质等状况的高低,是管理成败的关键所在。因此,承担管理职责的管理者要不断加强理论与实践学习,不断提升自身的领导力、公信力、创新力和人格魅力,实施科学管理、民主管理。

④要灵活、综合地对各种管理方法加以运用。在管理活动的整个过程中,要善于把行政方法和其他诸如经济的方法、法律的方法、社会心理方法、教育引导方法等充分结合起来,相互配套,取长补短,综合运用,最大限度发挥行政方法自身的优越性,使得团体(单位、部门)的管理水平与效率日益提高。

## 管理故事

### 动物园里的骆驼

在动物园里的小骆驼问妈妈:"妈妈,为什么我们的睫毛那么长?"

骆驼妈妈说:"当风沙来的时候,长长的睫毛可以让我们在风暴中能看得清方向。"

小骆驼又问:"妈妈,为什么我们的背那么驼? 丑死了!"

骆驼妈妈说:"这个叫驼峰,可以帮我们储存大量的水和养分,让我们能在沙漠里经受十几天的无水无食条件。"

小骆驼又问:"妈妈,为什么我们的脚掌那么厚?"

骆驼妈妈说:"那可以让我们重重的身子不至于陷在软软的沙子里,便于长途跋涉啊。"

小骆驼高兴坏了:"哇,原来我们这么有用啊! 可是妈妈,为什么我们还在动物园里,不去沙漠远足呢?"

● 一个人条件再好,如果领导不给他创造发挥才能的空间与舞台,也是于事无补的。

【课堂互动】

为什么骆驼没有发挥作用呢? 如果你是一个管理者,你应该如何去做? 怎么理解管理就是服务?

### 1.3.3 法律方法

法律方法是指通过制定和实施法律、法令、制度以进行管理。法律方法也就是人们常说的"法治",这里作为管理方法来讲的法律方法,不仅仅包括法律的制定和实施的广义的法律方法,还应当包括由国家的各级机构以及各个管理系统所制定和实施的各种具有法律性质的规范。

法律方法分为两个方面:立法与司法。前者主要解决社会生活中有法可依;后者主要解决社会生活中有法必依、违法必究的问题。

#### 1)法律方法的特点

法律方法有着与行政方法相似的特点,如权威性、强制性和直接性。但是,法律方法还具有与一般行政方法不同的特点。

(1)规范性

法律方法是通过制定法规,而不是发布命令来实施管理的,它通过法规指出人们可以做什么或不可以做什么,应当怎么做或不应当怎么做,从而达到调整人际关系、维护管理系统运行秩序以及促使管理活动程序化、规范化、提高效率的目的。

(2)稳定性

它把管理中比较成熟、比较稳定和带有规律性的内容,用立法的形式规定下来,加以强制实施。同时,由于法规制约的对象是抽象的,如一般的人或组织,而不是针对个别的具体人或具体的事,因此可以在同样情况下反复运用,一经制定就具有一定的稳定性,不能经常更改各项法律法规。

(3)防范性

法规条文对人们的约束与要求,都是事先明确提出的,对于违反时怎样制裁也是十分明确的。管理对象对于其行为的正确与否,以及行为后果等可预先作出判断。

(4)平等性

公民或组织在法律上一律平等。

#### 2)法律方法的作用

①法律方法的规范性使它宜于处理具有共性的一般问题。法律方法的规范性使它宜于处理具有共性的一般问题,可以用来调整管理组织中各种一般的关系,明确各子系统的权

利、义务和相互关系,维护管理系统的基本秩序和稳定性。

②它可以使管理活动纳入规范化、制度化的轨道。法律方法可以使人们有法可依,有章可循,使管理系统自动有效运转,既保证管理的效率,又节约管理者的精力。

③它能使管理具有某种自动调节功能。

### 3)法律方法适用的范围和条件

不同的法律只适用于不同的社会的历史阶段,不同的社会制度所规定的法律具有不同的性质和作用。从一个社会内部看,法律方法适用于社会管理的各个领域,包括适用于社会管理、经济管理、科学管理、教育管理等领域。法律方法的特点是只适用于处理某些共性的问题,而不宜于处理特殊的个别问题。

在管理活动中运用法律方法必须具备的主要条件是树立法律的权威性。为此,立法要得当,既不低于也不超越人们的社会道德水平或业务、技术能力水平,它要反映客观事物规律;要将原则性与灵活性结合起来,设法给人们留有一定的处理问题的余地;要将稳定性、连续性与必要的修订、变化结合起来;执法要严格,坚持"法律面前,人人平等",切忌领导人以"情况特殊"为借口,随意改变法规;要选择、培养合适的人来立法、执法;要有有效的执法机构和体系来保证法律的实施。

法律方法要发挥作用需要做到:

①要建立完善的法律体系。法律方法要发挥作用就要制定与完善法律体系,使人们的活动有法可依,在组织管理中除了国家的法律法规,最重要的是要健全一个组织的规章制度体系。

②要普及法律知识。法律方法要发挥作用,就要增强人们的法律意识,用法律武器保护自身的合法权益,约束自身行为。

③要严格执法。通过严格执法,做到有法必依,维护法律的严肃性。

### 4)法律方法的局限性

主要表现在采用法律方法进行管理活动时缺少灵活性和弹性,容易使管理僵化;不便于处理特殊问题;有时会不利于系统发挥其主动性,产生"合理不合法"的现象。

【课堂讨论】

一到年底,栏目关于老赖的新闻多了起来。对于老赖,总是会引出一个老话题:执法难。

要解决执法难,有人认为:执法不是法院一个部门的事,要求多个部门协作;有人归咎到我们整个社会诚信的丧失,呼吁建立诚信制度;有人认为执法是法律的一部分,是不能单独割裂开来的,如果老是出现执法难,就说明我们制定的法律本身有问题,应该重新考虑修改法律本身了。

同学们讨论一下,你认为法律如何才能有效发挥作用?

## 1.3.4 经济方法

经济方法是指依靠经济组织,按照客观经济规律的要求,运用经济手段来实施管理的方法。经济方法的主要形式有:价格、税收、信贷、经济核算、利润、工资、奖金、罚款、定额管理、经营责任制等。

### 1) 经济方法的特点

经济方法具有区别于其他方法的若干特点：

#### （1）间接性

行政方法、法律方法都是直接作用于管理客体的管理手段，而经济方法则不同，它是通过利益机制引导被管理者去追求某种利益，间接影响被管理者行为的一种管理方法。这种利益引导而非强制的方法，使被管理者的行为具有自愿和选择的余地，有助于调动被管理者的主动性与积极性。

#### （2）灵活性

经济方法的灵活性主要表现在两个方面：①经济方法针对不同的对象，可以采用不同的方式。例如，对于调整企业之间、企业与国家之间的关系，可以用税收和贷款等方式；对于调整企业与个人、国家与个人的关系，可以采用工资、奖金等方式。②对于同一对象，在不同条件下，可以采用不同方式来进行管理，以适应不同的情况与形势。例如，在某些时期可以通过增加税收来限制某一产业的发展，而在另一时期又可通过减少税收来鼓励这一产业的发展。

#### （3）利益性

经济方法是通过利益机制引导被管理者去追求某种利益，从而间接影响被管理者行为的一种管理方法。

#### （4）关联性

不但各种经济手段之间的关系错综复杂，而且每一种经济手段的变化都会影响社会多方面经济关系的连锁反应。

#### （5）平等性

经济方法承认被管理的组织或个人在获取自己的经济利益上是平等的。社会按照统一的价值尺度来计算和分配经济成果。各种经济手段的使用对于相同情况的被管理者起同样的效力，不允许有特殊。

---

【课堂互动】

在改革开放初期为了促进一部分地区先富起来，国家出台了沿海开放、建经济特区的政策，为了促进经济均衡发展及民族地区发展国家出台的西部大开发政策，这体现了经济方法的什么特点？淘宝平台成就了许多人的创业梦，造就了一大批中小企业。2013年两会期间苏宁董事长张近东抛出网店征税论，已被相关部委采纳进入了立法程序，对此人们议论纷纷，对网店征税，增加的税收可能会转嫁到商品价格中，卖家的经营成本会增加。因此，小卖家要想生存下去，要么把成本转嫁给消费者，要么"关门大吉"，最终众多电商平台将会成为最终的"埋单者"。这体现了经济方法的什么特点？

---

### 2) 采用经济方法的基本原则

#### （1）要重视物质利益调节作用

物质是第一性，在一个组织中采用经济方法，最主要的是要重视物质利益的调节工作，重视物质动力,通过工资、奖金、津贴、各种奖励、保险等手段,调动人们的积极性,引导人们的行为。

（2）要重视考核,贯彻按劳分配原则

要通过物质利益调动员工的积极性,必须加强考核,把组织成员的收益与其对组织的贡献结合起来,充分体现按劳分配的原则。

（3）兼顾国家、集体和个人三者利益

在社会主义制度下,国家的利益代表了广大人民的利益。企业作为独立的商品生产经营者也有其自身独立的经济利益。国民经济归根到底是由千百万基层经济组织构成的。因此,在管理经济时,就必须处理好国家、集体和个人三者之间的利益关系。

（4）奖罚结合的原则

奖励先进和惩罚落后两个方面相辅相成、互为补充,才能达到有效管理。只重视其中一方面的行为,会阻碍下属积极性的发挥。

【小思考】

某校为了提升学校的教学、科研水平,出台政策明确规定教师教学评价前40%的教师课时费上涨20%,后10位教师将实行末位惩罚,改变教师课时费分配重量不重质的情况;教师承担的科研课题、发表论文的级别与数量将与职称津贴、科研奖励挂钩。请问这种管理方法属于什么方法? 会对教师的积极性产生影响吗? 为什么会有影响?

# 1.4 管理的基础工作与管理信息化

## 1.4.1 管理的基础工作

### 1）管理的基础工作的概念与特点

要实现管理的现代化与信息化,必须要加强管理的基础工作。"办企业犹如修塔,如果只想往上砌砖,而忘记打牢基础,总有一天塔会倒塌。"没有管理的基础工作,就如大厦没有地基的后果一样。

（1）管理的基础工作的概念

所谓管理的基础工作是一个组织为实现组织的目标和管理职能,做好各项专业管理工作提供前提条件所必需的各项基础性保障工作。一般包括标准化、定额工作、计量工作、信息工作、以责任制为核心的规章制度、员工的基础教育等工作。管理标准化有利于使各项管理工作达到合理化、规范化和高效化,信息则是沟通企业内外上下左右各方面联系的重要工具,而建立健全组织内部责任制,是使组织有序有节奏地整体行动的制度保障,基础教育则有利于通过员工素质增强组织的竞争力。

（2）管理的基础工作的特点

管理的基础工作有以下特点：

①科学性。要体现和反映企业生产经营活动的客观规律。

②群众性。涉及的面较广，工作量也比较大，要持之以恒，需要全员参与。

③先行性。要为各项专业管理提供资料、准则、条件和手段，是搞好企业管理的一项先行性、前提性的工作。

### 2）管理的基础工作的内容

管理的基础工作包括以下内容：

（1）标准化工作

主要是针对企业技术标准、管理标准和工作标准的制订、贯彻执行和管理工作。标准化有助于提高社会效益和企业经营效益，也通过"标准"的提供，大大减少具体的经营协调、技术协调和管理协调工作。

## 管理故事

### 和尚撞钟

有一个小和尚担任撞钟一职，半年下来，觉得无聊之极，"做一天和尚撞一天钟"而已。有一天，主持宣布调他到后院劈柴挑水，原因是他不能胜任撞钟一职。小和尚很不服气地问："我撞的钟难道不准时、不响亮？"老主持耐心地告诉他："你撞的钟虽然很准时也很响亮，但钟声空泛、疲软，没有感召力。钟声是要唤醒沉迷的众生，因此，撞出的钟声不仅要洪亮，而且要圆润、浑厚、深沉、悠远。"

- 小和尚之所以不服，"撞钟"做得不好是由于主持没有提前公布工作标准造成的。如果小和尚进入寺院的当天就明白撞钟的标准和重要性，就不会因怠工而被换岗或撤职。

（2）定额工作

定额工作主要是指各项技术经济定额的制订、执行和日常管理工作。比如劳动定额、物资消耗定额、资金使用定额等。定额工作是制订实施计划、考核的重要依据。

（3）计量工作

计量工作主要是指测试、检查、化验、分析等方面的计量技术、器具、规则、要求和计量管理工作。

（4）信息工作

信息工作是指为企业的经营管理需要进行的信息收集、处理、存储、分析、利用等工作。如市场信息、经营环境信息、客户信息、各种原始记录、台账、统计报表和档案工作。信息是企业经营管理的重要资源，信息管理是企业经营决策和绩效评价的重要依据。

（5）规章制度

规章制度是企业各类责任制度、管理制度和工作制度的制订、完善、执行和考核工作。

制度约束就是"内部法治",对规范管理过程、规范活动行为有着十分重要的作用。

(6)员工的基础教育

员工的基础教育主要是指以提高素质为目的而对全体员工进行的基础教育和基本技能培训。之所以成为基础工作,是因为员工素质得以提高能有效促进企业经营管理工作的执行。

**资料链接**

### 管理的飞轮效应

为了使静止的飞轮转动起来,一开始你必须使很大的力气,一圈圈反复地推,每转一圈都很费力,但是每一圈的努力都不会白费,飞轮会转动得越来越快。达到某一临界点后,飞轮的重量和冲力会成为推动力的一部分。这时,你无须再费更大的力气,飞轮依旧会快速转动,而且会不停地转动。

- 一个组织制订好了各种规章制度,做好日常管理工作,建立良好的管理运行机制,形成了好的工作习惯,就能持续有效地运行。

## 1.4.2 管理信息化的概念

### 1)管理信息化

信息化是指一个广泛利用现代信息技术,充分开发和利用组织内部或外部的,组织可能得到和利用的,并与组织业务活动有关的各种信息,以便及时把握机会,作出决策,增进运行效率,从而提高组织竞争力水平和效益或效率的过程。

从企业的角度来讲,企业管理信息化实质是将企业的生产过程、物料移动、事务处理、现金流动、客户交互等业务过程数字化,通过各种信息系统加工生产新的信息资源,提供给各层次的人们洞悉、观察各类动态业务的一切信息,以作出有利于生产要素组合优化的决策,合理配置资源,提高企业市场竞争力,提高管理的效率和经济效益。

### 2)企业管理信息化的内容

①合理构建企业的业务流程和管理流程,完善企业的组织结构、管理制度等。
②建立企业的总体数据库。
③建立相关的各种自动化及管理系统。
④建立 Intranet(局域网),达到企业内部信息的最佳配置。
⑤接通 Internet(互联网),获得与企业经营有关的信息,充实自己的信息资源。

### 3)企业管理信息化的作用

①能提高企业经营管理信息的准确性和及时性,有助于企业决策的进一步科学化。
②能促使企业业务办事程序和管理程序更加合理,从而有助于增强企业的快速反应能力。
③能进一步促进企业资源的合理组合及利用,使其在现有资源条件下达到最佳利用效

果,从而大大提高企业的生产经营效率和管理效率,能够降低经营成本,提高经济效益。

④能给企业提供一个强大、快捷的信息交流平台,有助于企业紧紧跟踪一些先进经验和成果,从而有助企业的发展,提高员工的创新能力。

## 资料链接

### 什邡卷烟厂企业信息化建设

什邡卷烟厂是国家烟草专卖局直属的 38 家重点企业之一,该厂从 2000 年开始实施财务管理信息化,把财务管理人员从日常的记账、算账、报账等机械的日常事务处理转向偏重财务管理,减轻了日常工作量的 80%,财务主管有更多时间参与企业其他的经营与决策工作,财务人员工作的范围扩大、工作内容增加、工作强度下降。企业以财务管理为中心,将物流、资金流纳入系统统一管理,财务与业务及生产数据共享,财务管理者可以通过采购订单、采购合同、生产任务单等对物流和资金流进行跟踪管理,可以根据数据采集系统对原辅材料投放及时监控,财务主管可以及时掌握各相关部门的工作进度和工作绩效。网络技术和数据共享可以保证问题及时发现与处理,真正做到事前有预测和分析,事中有跟踪和监督,事后有考核和记录。其财务管理信息化仅实施一年就减少库存资金占用累计 2.8 亿元,节省利息 1 700 万元,产生了明显的效益。

## 【小思考】

同学们结合在学校内学习和生活的经历,觉得学校应该在哪些方面实现管理信息化?信息化给我们带来了哪些好处?

#### 4)企业管理信息化应具备的条件

(1)要有企业管理信息化的需求欲望

管理信息化实施是企业的一项重大项目,首要条件是企业真正具有信息化的需求欲望,领导要有意识,管理信息化实施是"一把手工程"。企业信息化尤其是开发管理信息系统,投资巨大,技术要求高,集成配合度高,难度很大,要求企业领导应该有开发、应用信息系统的勇气和决心及高瞻远瞩的眼光。只有企业领导明确管理信息化的重要性,下决心加强信息化工作,从战略高度规划这项工作,加大投入,才能实现管理信息化。

(2)要有建立管理信息化的软硬条件

管理信息系统的开发、使用、维护,必须要有必要的条件:一是懂得管理信息化的人才。二是基础运行环境,包括:①基础工作规范化,要做到数据规范、业务规范化、信息处理流程规范化。②建立企业管理信息化的运行平台,一方面包括计算机硬件环境,这是管理系统运行的基础。硬件的选择不限于讨论单机如何选型、如何配置,而是更侧重于计算机网络的规划和建设。另一方面是运行管理系统的软件环境,包括操作系统、数据库管理系统等。③配备适用软件。对制造行业来说,部署和应用 ERP 系统是较为现实的选择。

(3)要建立企业信息管理体制

企业管理信息化涉及企业生产经营全过程、各个方面,协调组织难度大,必须高度协同,高效组织,为此必须建立适当的信息管理体制。目前世界范围内较为流行的是 CIO 体制,即信息主管领导体制,在决策层中设置一个信息高级主管负责信息化建设,设置专门企业信息中心负责信息建设的日常业务与管理,由技术部负责信息系统和网络管理。

(4)要搞好全员信息化培训

企业管理信息化能否实施,关键还在于全员的信息化意识普及以及日常工作信息技术的掌握,企业要对员工加以培训,以便使他们掌握不同程度的技术知识与业务知识,以实现信息系统的完美交接。

# 【本章小结】

管理就是管理者在特定的环境下对其所管辖范围内组织资源,有目的地进行计划、组织、指挥、协调、控制,通过组织资源的优化配置,有效实现组织目标的社会活动。

管理的性质主要指两个方面:管理的、自然属性与社会属性,管理的科学性与艺术性。

一个组织的管理过程主要由管理目标、管理职能和管理对象组成。组织的管理目标由物质目标和社会性目标所组成;组织的管理职能由决策、计划、组织、领导、控制和创新所组成,这些职能构成了一个闭环系统;组织的管理对象包括了人、财和物、时间、信息和技术五个要素。

管理学是一门系统研究管理过程的普遍规律、基本原理和一般方法的科学。管理学研究的内容包括:管理的思想与管理理论的发展史;管理的基本原理及原则;管理的职能;管理环境;管理的方法、技术和艺术。管理学具有一般性、多科性或综合性、实践性、历史性和不精确性的特点。

管理者,就是履行管理职能,对实现组织目标负有贡献责任和指挥或协调他人完成具体工作的人。管理者可以按所处的管理层次划分为高层管理者、中层管理者和基层管理者;按照管理者工作的范围与工作领域可以划分为综合管理者和专业管理者;按照职权关系可以划分为直线管理人员、参谋人员和职能管理者。

管理者必须形成一个有效的团队才能开展活动。这涉及管理者的群体结构问题。所谓管理者的群体结构是指两个或两个以上的管理者在各种素质要素方面的构成比例和组合状况。管理者群体结构的形成包括年龄结构、性格结构、智能结构、知识结构和专业结构五个方面。

在管理活动中,管理者承担着人际关系、信息传递、决策制订者的角色;不同层次的管理者需要的技术技能、人际技能、概念技能是有所差异的。

管理方法是指为使管理系统的功能不断提高,在各种管理活动中所采取的手段、措施和途径等。管理的一般方法包括行政方法、经济方法、法律方法、数学方法、社会心理方法等。最主要的是行政方法、经济方法、法律方法。

管理的基础工作是一个组织为实现组织的目标和管理职能,做好各项专业管理工作提供前提条件所必需的各项基础性保障工作。一般包括标准化、定额工作、计量工作、信息工作、以责任制为核心的规章制度、员工的基础教育等工作。

企业管理信息化实质是将企业的生产过程、物料移动、事务处理、现金流动、客户交流等业务过程数字化,通过各种信息系统加工生产新的信息资源,提供给各层次的人们洞悉、观察各类动态业务的一切信息,以作出有利于生产要素组合优化的决策,合理配置资源,提高企业市场竞争力,提高管理的效率和经济效益。

## 【阅读资料】

### 中层管理人的五大致命错误

既然选择了做管理,你就没有回头路,你就必须不断地改变自己来适应这个公司,来适应企业文化,而不是让公司或文化来适应你……

在我们的身边,经常看到很多的中层管理干部都很努力,加班是经常的事情,说做到"爱厂如家"一点儿都不过分,可是他们总是得不到老总的认可,得不到下属的拥护,更不要说是获得职位上的提升了。经过总结,我认为如果你想做一名合格的中层干部,就应该避免以下五个致命的错误。

#### 一、不能真正了解老总

企业总经理尤其是在民营企业中作为企业的领袖,是企业的灵魂人物。老总的思想就好像一个国家的法律一样,是企业的行动指南。因此作为中层干部,你必须了解老总的为人、思想,并把他的思想作为指导工作的指南针。有很多中层干部总是抱怨,给公司提了很多的发展建议,从人事管理到技术创新等,但是却没有得到老板的认可。可是他们从来没想过这些是不是老板喜欢听到的,还是你自己一厢情愿希望的。要知道公司不会随着某个人的意愿而改变,除了公司的老总。公司的变化大多数情况都是在老总的思想变化以后才开始慢慢变化,而不是在某个职业经理人、某个部门经理的思想发生转变的时候变化的。在这里,作为中层管理干部你要牢记一句话,在老板的思想没有转变之前,不要试图去改变老板,作为中层管理干部,能做的就是如何在老板现有的思想下,把事情做得更好。

#### 二、不能深入了解公司的文化

如果你想快速地融入一个公司,你就应该先了解公司的文化。一个公司的文化是经过多年的沉淀积累所形成的适合于企业阶段发展的制度,是一个企业做事风格、人情世故的表现。作为公司的中层管理干部,就应该深入学习了解并适应这种文化氛围,在这样的氛围下开展自己的工作。而现实中,很多中层管理干部却不了解这一点,面对公司的文化制度,视而不见,甚至把它作为一种旧的制度来鄙视,工作当中我行我素。不是把原来公司的做事风格带到现在的公司,就是把自己一贯的做事风格体现在公司行事方面,而这些与企业的文化格格不入。这样的中层干部在公司里是很难获得大的提升的,他们在与其他同事沟通的时候当然也会出现这样或那样的问题。更为严重的是很多这样的中层干部在出现这样的问题情况下不是检讨自己的错误,而是一味地抱怨公司的体制太落后、关系太复杂等。

作为中层干部,你应该明白你要在这样的大环境下工作,公司的文化就好像是一个跳舞比赛的台子,你如果想赢得比赛,就必须遵守比赛规则,必须站在台子上跳舞……

#### 三、没有在自己的核心业务上开展工作

很多中层干部在工作上很努力,在对待来自于同事、部门的求助工作中也显得很热情,甚至把自己的手头工作放下也要先完成同事交代自己的"帮助性工作",还美其名曰"搞好周围关系,显示自己能力"。

邓小平同志曾说:"不管是白猫还是黑猫,能抓住老鼠就是好猫。"这句话说的就是"有奶就是娘"。作为一个部门领导也是同样的道理,如果你没有把自己的核心业务做好,每天

把时间浪费在一些无所谓的工作或者是"帮助性工作"上，这是一个很严重的错误，错误之处就在于没能正确地认识到自己作为一个部门的领导，有属于自己的核心工作，属于自己的职责，你的首要任务就是在自己的关键性绩效指标上努力，在自己的核心业务上体现能力，体现业绩，而不是花很大一部分时间去处理"帮助性工作"。

工作应分清轻重缓急，把手头的工作分为"既重要又紧急、重要但不紧急、紧急但不重要、又不重要又不紧急"，拿出最多的时间去处理那些既重要又紧急的事情，而不是去做那些既不重要也不紧急的工作。

人的精力都是有限的，你放在那件事情上的精力多，在这件工作上的精力自然就会减少。作为中层管理者，我们要认清哪些工作是我们要立即去做的，哪些工作是体现部门工作业绩。这才是我们努力工作的重点所在。

### 四、不会调动下属的积极性

你的下属就好像你自己身上的器官一样，只有他们的协调、努力工作，才能保证你的健康，同样，一个部门、一个公司也是这样，只有各部门员工各司其职，干好自己的工作，才能让公司更好地运转。

作为部门经理，你的最大职责就是要考虑如何最大限度地调动下属的工作积极性，让你的部门有效地运转，快速地拿出业绩。

而事实上很多中层干部却不是这样做的，很多中层干部都是业务上的精英，却是管理上的矮子。他们往往事必躬亲，不懂得如何调动下属的工作积极性，不懂得如何让他们帮助自己分忧，不懂得把自己的工作分解给自己的下属，结果搞得自己经常加班，每天特别辛苦，但还经常遭员工的抱怨，抱怨自己不相信他们，不让他们独当一面。

作为中层管理者，你要明白你是一个部门的领头羊。一方面你承接老总分发给你的任务，另一方面你也是任务的传递者，把上面交代给你的任务，有效地分解给你的属下，让他们去为你完成任务。做任务的传递、监督者，而不是问题的解决、终结者。

### 五、拒绝承担责任

什么样的中层干部最受人欢迎，是敢于负责任的中层管理干部；什么样的中层干部最让人讨厌，是那些推过揽功的人。这个道理大家都明白，可现实中总有很多这样的干部，他们崇尚权力，但又拒绝承担责任，害怕承担责任，哪怕是一点点的错误，也要利用这样或那样的借口推到别人的身上，把责任从自己的肩上推得一干二净；看到别人干出一点点的成绩，就想方设法联系到自己身上，好像缺少了自己，别人什么事情也做不成。

这些拒绝承担责任的中层，老板不会重视，员工不会拥护，到最后还是毁了自己。

作为中层管理干部，你要明白，你的权力和你要承担的责任永远是成正比的，所谓责任心有多大，你的成绩就有多大。

做中层难，做合格、优秀的中层更难，你需要记住，了解老总，了解公司文化、着手部门核心业务，有效利用你的下属，勇敢地承担起你的责任，你才能慢慢走向成熟，走向成功。

作为管理者，要记着不要把自己搞得很忙，没有时间思考。这是一个很严重的错误，要给自己多留出点时间来"悟"管理之道。

### 【思考与练习】

#### 一、重点概念

管理 管理学 管理目标 管理基础工作 行政方法 法律方法 经济方法

## 二、填空题

1. 管理具有与（    ）和（    ）相联系的自然属性,又有与（    ）和（    ）相联系的自然属性。管理是一门（    ）,又是一门（    ）。

2. 管理目标包括（    ）和（    ）两个方面。

3. 管理是（    ）的产物。

4. 法律方法包括（    ）和（    ）两个方面。

5. 管理具有（    ）、（    ）、（    ）、（    ）、（    ）和（    ）六项基本职能,它们构成了一个管理闭环。

6. 管理学是一门系统研究管理过程的（    ）、（    ）和（    ）的科学。

7. 管理学具有（    ）、（    ）、（    ）、（    ）和（    ）的特点。

8. 下列是某专科学校管理系主任一天的工作行程,请问这位系主任在一天中各扮演了什么样的管理角色。

①9:00—10:00 主持与接待参加中加联办酒店管理班的毕业典礼。        （    ）

②10:10—11:00 召开教研室主任会,传达学校教学行政会有关精神。      （    ）

③11:10—11:40 与系总支书记、副主任、教研室主任决定从面试试讲的5名应聘研究生中选择两名到系上工作。        （    ）

④14:00—15:00 与系总支书记、副主任、教研室主任研究拟订学校要求的系十二五发展规划问题。        （    ）

⑤15:15—15:45 向全系毕业生传达学校有关毕业派遣、毕业证发放事宜。    （    ）

⑥16:00 接待学生关于对考试作弊处罚的异议。        （    ）

9. 企业管理信息化应该具备（    ）、（    ）、（    ）和（    ）的条件。

## 三、单项选择题

1. 管理要处理好与生产力的关系,合理组织生产力,这是管理的（    ）。
A. 自然属性        B. 社会属性        C. 艺术性        D. 科学性

2. 依靠权威,用非经济的手段,直接指挥下属工作这是（    ）管理方法的主要特点。
A. 经济        B. 行政        C. 法律        D. 社会心理

3. （    ）是管理过程的核心。
A. 财和物        B. 人与人的行业        C. 时间        D. 技术

4. 对上级提供咨询、建议,对下级进行专业指导的管理者是（    ）。
A. 直线管理人员        B. 职能管理人员        C. 参谋人员

5. 管理者对复杂环境和管理问题要有观察、分析能力,对全局性的、战略性的、长远性的重大问题处理与决断的能力,这是管理者应该具备的（    ）能力。
A. 技术技能        B. 人际技能        C. 概念技能

## 四、判断题

1. 基层管理者应该具有的技能是技术技能。        （    ）

2. 搞好各项技术经济定额的制订、执行和日常管理工作,这是管理的计量工作。（    ）

3. 管理是一门艺术,主要是指管理是管理实践的结晶,是对管理实践的理论化。（    ）

4. 经济方法具有直接性的特点。        （    ）

## 五、思考题

1. 什么是管理? 管理有哪些职能?

2. 管理为什么是一门科学，又是一门艺术？

3. 管理学研究的内容包括什么？

4. 行政方法如何发挥作用？

5. 经济方法发挥作用应该遵循什么原则？

## 六、案例分析题

**案例一**

### 剪裤子

国际商用机器公司（IBM）的创始人托马斯·沃森曾经给部下讲过这样一个故事。他说:有个男孩头一回弄到一条长裤，穿上一试太长了，他请奶奶剪短一点，但奶奶说家务事太多了。于是他去找妈妈，妈妈却回答说没时间。他又去求姐姐帮忙，但姐姐有约会，也不能帮他的忙。这个男孩十分沮丧，又担心明天不能穿这条裤子去上学，他就怀着忐忑不安的心情去睡觉了。奶奶干完了家务事，想起孙子的裤子，把裤子剪短了一点。妈妈忙完了工作，把儿子的裤子再给剪短了一点。姐姐赴约回来，心疼弟弟，把他的裤子又给剪短了一点。第二天早晨，全家发现长裤成了短裤。

**案例思考:**

1. 为什么会造成这种结果？

2. 管理仅限于企业吗？

**案例二**

### 猎人打猎

三个猎人相约上山打猎，一个背着枪，一个挎着枪，一个端着枪。当三人走到山腰时，突然前方不远处跳出三只野兔，端着枪的猎人迅速扣动扳机，只听"啪!"一声枪响野兔应声倒下;挎着枪和背着枪的两个猎人等把子弹推上膛，两只野兔已失去踪影。

**案例思考:**

1. 为什么一个猎人打到了猎物，而另外两个猎人一无所获？

2. 这则管理故事说明了什么问题？

# 第 2 章

---

# 管理思想与理论的发展

**管理格言:创新的途径是创造性地模仿和借鉴,即借力。**

| 本章内容结构 | | 重要性指数 |
|---|---|---|
| 2.1 传统管理理论阶段 | 2.1.1 传统管理阶段管理实践及其思想 | |
| | 1)理查德·阿克莱特的科学管理实践 | ★★★ |
| | 2)亚当·斯密的劳动分工与经济人观点 | ★★★★★ |
| | 3)小瓦特和博尔顿的科学管理制度 | ★★★ |
| | 4)欧文的人事管理 | ★★★ |
| | 5)巴贝奇的作业研究报酬制度 | ★★ |
| | 2.1.2 传统管理阶段管理的特点 | ★★★★ |
| 2.2 科学管理阶段 | 2.2.1 科学管理阶段管理实践及其思想 | |
| | 1)泰罗的科学管理理论 | ★★★★★ |
| | 2)法约尔与一般管理理论 | ★★★★★ |
| | 3)韦伯的理想行政组织体系 | ★★★★ |
| | 2.2.2 科学管理理论阶段的主要特点 | ★★★★ |
| 2.3 行为科学阶段 | 2.3.1 行为科学阶段管理实践及其思想 | |
| | 1)行为科学的早起理论——人际关系学说 | ★★★★★ |
| | 2)行为科学主要理论 | ★★★ |
| | 2.3.2 行为科学思想阶段的特点 | ★★★★ |
| 2.4 现代管理阶段 | 2.4.1 现代管理"丛林"的出现 | ★★★★ |
| | 2.4.2 现代管理思想的主要特点 | ★★★★ |

## 【案例导入】

　　《孙子兵法》是我国一部举世无双的军事经典,也为东西方经济理论家、企业家所关注,他们都把研究《孙子兵法》作为市场竞争战略制订的指南,作为竞争获胜的理论依据。日本学者村山孚说:日本企业的生存和发展有两个支柱,一个是美国的现代管理制度,一个是《孙子兵法》的战略和策略。我国企业也十分重视《孙子兵法》的学习和应用。在经济高度国际化的时代,掌握信息情报的能力将决定企业在国内外市场上的命运。关于信息情报的重要性,早在《孙子兵法》中有所论述。孙武说:"故明君贤将,所以动而胜人,成功出于众者,先知也。不可取于鬼神,不可象于事,不可验于度,必取于人,知敌之情者也。"绍兴仪表总厂在企业经营中善于学习与应用《孙子兵法》的谋略。以前该厂营销对象多为汽配公司或汽配商店，它们布局广而散，销售量也不多，新产品更难推向市场。为此，该厂根据市场的变化动态作了信息调查，根据全国汽车制造厂整体布局及对汽车仪表配套的需要分析，认为该厂产品有广阔的市场。"百分之九十的情报加百分之十的判断等于决策科学化。"总厂因此立即改变营销策略，变"坐商"为"行商"，把产品的主销对象，从汽配公司与商店变为主机厂。利用科技信息，总厂接连开发了"五十铃""尼桑""丰田""海拉克斯"等一系列引进技术国产化高档汽车仪表产品，形成了包含重型、中型、轻型货车、大客车、工程车等多种汽车仪表的产品体系。为及时搜集国内外的经济、技术信息，总厂在国内外设立了三十余处信息网点，并形成及时反馈、汇合、分析处理的信息系统，再不搞"盲人贸易"。信息是企业经营的生命，依靠信息，依靠技术，仪表总厂已从小打小闹走上了"多品种、高水平、批量化"的阳关道，企业成长为中国汽车仪表工业的骨干生产基地。

由此可知，人类的管理活动源远流长，管理思想与方法随着管理实践不断发展。在组织活动中不断学习、领会、运用和深化这些思想，有助于我们搞好管理活动。本章重点讲述西方管理思想与理论产生与发展的过程。

西方管理思想与理论产生与发展主要是以企业管理为基础，是以往企业管理经验的概括和总结。因此，了解管理思想的发展过程对学好管理学是十分重要的，有助于对管理学的形成及演变有一个概括的了解。西方管理思想与理论的发展大致可以分为传统管理、科学管理、行为科学管理和现代管理四个阶段。

# 2.1  传统管理理论阶段

## 2.1.1  传统管理阶段管理实践及其思想

传统管理阶段从18世纪后期资本主义工厂制度的兴起到20世纪初资本主义自由竞争阶段的结束，其间约一百多年时间。18世纪后期随着西方工业革命及工厂制度的发展，工厂成为工业生产的主要经营组织，大力推动了企业规模和劳动分工的发展，工厂的管理越来越突出。生产力发展水平和劳动方式的变化必然对管理提出新的要求，从而促使人们对管理的重视，并且成为西方管理理论的萌芽。这个时期主要的代表人物及其管理思想有：

### 1)理查德·阿克莱特的科学管理实践

理查德·阿克莱特(Richard Arkwright, 1732—1792)是工业革命时期的企业家，现代工厂体制的创立人。他于1769年和1771年建立了英国两个规模较大且最早使用机械的工厂。他将棉纺织业持续生产的各个工序集中于一个工厂，在工厂中实行了12小时的工作时间(当时一般是14小时)，并制订了严格的规章制度，使工人感到合理。阿克莱特作为棉纺工业中的企业家，在大型生产的人力、金钱、材料和机器的组织、协调和计划方面，显示出了出色的才能,从而加速了企业的成长。他是当时先进管理实践的一个典型,在连续生产,厂址计划,机器、材料、人员和资本的协调,工厂纪律,人事管理,劳动分工等方面的贡献标志着他是应用高效管理原则的一个先驱者。

### 2)亚当·斯密的劳动分工与经济人观点

英国著名的古典经济学的创始人亚当·斯密(Adam Smith,1723—1790)被后人称为"改变历史方向的人"。在其著作《国富论》中对于劳动分工和专业化进行了详细的讨论。他仔细考察了英格兰的别针工厂的生产过程,并对实行专业化分工和未实行专业化分工的生产效率进行了比较。他对古典经济学说作出了主要贡献,他对管理问题也有诸多见解。他对管理学的贡献主要在于:

（1）提出了劳动是国民财富的源泉

他认为只有减少非生产性劳动,增加生产性劳动,同时提高劳动技能,才能增加国民财富。

（2）提出了劳动分工的理论

亚当·斯密对管理理论发展的一个贡献就是分工观点。劳动分工,即将工作分解成一些单一的和重复性的作业。劳动分工之所以能提高效率,是因为:①提高了每个工人的技巧和熟练程度;②节约了由于变换工作浪费的时间;③有利于机器的发明和应用。亚当·斯密的分工观点适应了当时社会对迅速扩大劳动分工以促进工业革命的发展的要求,成为资本主义管理的一条基本原理。

（3）提出了经济人观点

他认为,人们在经济行为中,追求的完全是私人利益。但每个人的私人利益又受到其他人的利益所限制。这就迫使每个人必须顾及其他人的利益,由此产生了相互的共同的利益,进而产生了社会利益。社会利益正是以个人利益为立足点的。这种"经济人"的观点,正是资本主义生产关系的反映。正因为这样,这一观点对资本主义管理的实践和理论都有重要的影响。

---

**【课堂互动】**

劳动分工为什么能提高劳动效率? 试想,如果一个班负责一个区域的清洁卫生工作,是全班一起清扫劳动效率高且清洁,还是分工包片效率高且清洁,为什么?

---

### 3)小瓦特和博尔顿的科学管理制度

小瓦特和博尔顿分别是蒸汽机发明者瓦特和其合作者马修·博尔顿的儿子。1800 年,他们接管了一家铸造厂后,小瓦特就着手改革该厂的组织和管理,博尔顿则特别关注营销活动。他们采取了不少有效的管理方法,建立起许多管理制度,如:

①在生产管理和销售方面,根据生产流程的要求,配置机器设备,编制生产计划,制订生产作业标准,实行零部件生产标准化,研究市场动态,进行预测。

②在会计的成本管理方面,建立起详细的记录和先进的监督制度。

③在人事管理方面,制订工人和管理人员的培训和发展规划。

④实行工作研究,并按工作研究结果确定工资的支付办法。

⑤实行由职工选举的委员会来管理医疗福利费等福利制度。

### 4)欧文的人事管理

罗伯特·欧文是19世纪初最有成就的实业家之一,是一位杰出的管理先驱者。欧文于1800—1828年在苏格兰自己的几个纺织厂内进行了空前的试验。实验主要是针对当时工厂制度下工人劳动条件和生活水平都相当低的情况下进行的,主要包括改善工人劳动条件、缩短雇员的劳动时间、改善生活条件、发放抚恤金等。试验的目的是探索对工人和工厂所有者双方有利的方法和制度。

欧文的哲理是:良好的人从事管理会给雇主带来收益,因而这是每个主管人员的一项重要工作。欧文在给其属下的一个指示中宣称:"你们中有许多人从长期的生产经营中体验到了结构坚固而且设计精致、制造完美的机器的好处。如果说,对无生命的机器给予细心照顾尚能产生有利的效果,那么如果你们以同样的精力去关心其构造奇妙得多的有生命的机器,那么还会有什么事办不成呢?"

欧文开创了在企业重视人的地位和作用的先河,有人因此称他为"人事管理之父"。

### 5)巴贝奇的作业研究报酬制度

巴贝奇不仅是一位科学家,也是一位管理学大师。他的贡献不在于提出了什么理论,而在于将数学方法引入管理领域,试图用数学方法来解决管理问题。在他之前,很少有人将数学方法和管理结合起来。巴贝奇对管理学的贡献主要表现为:

(1)对工作方法的研究

他建议经过严密调查以获得数据,用来管理一个企业。比如,他制订了一种观察制造业的方法,用这种方法观察时需准备一张提问表,经常向有关人员提出问题,包括生产用的材料、正常的耗费、费用、工具、价格、最终的市场、工人、工资、需要的技术、工作周期的长短等。这种观察管理的方法实际上同后来人们提出的"作业研究的科学系统的方法"非常相似。管理史学家雷恩在《管理思想的演变》中说,巴贝奇将数学方法引入管理领域,试图用数学方法来解决管理问题的思想,让管理活动开始有了"科学"的韵味。

(2)对报酬制度的研究

当时英国的劳资矛盾严重。巴贝奇努力寻求管理人员和工人之间的和谐关系,他认为不仅是"专业分工",劳资关系的协调同样有着提高生产率的作用。为此他主张按照对生产率贡献的大小确定工人的报酬。这样工人的收入分为三部分:按照工作性质确定的固定工资、按照对生产率所作出的贡献分得的利润以及为提高生产率提出建议而应得的奖金。这种工资加利润的分享制度可能对当时严重的罢工风潮起到了一定的平息作用。

## 2.1.2 传统管理阶段管理的特点

这一阶段的管理思想有以下几个特点:

（1）由资本家直接担任企业管理者

资本家凭借手中的资本，将劳动者、劳动资料和劳动对象集中到一起在资本家的工厂进行商品生产，资本的所有权与经营权高度统一，产权单一。

（2）靠个人经验从事生产和管理

工人凭自己的经验来操作，没有统一的操作规程。产品也缺乏严格的规格、性能要求，生产出来的产品往往是各不相同，缺乏互换性。管理人员凭借自己的经验来管理，没有统一的管理方法，管理工作的成效取决于管理者个人的经验、个性、特点和作风。工人和管理人员的培养主要采取师傅带徒弟传授个人经验的办法。

（3）管理的重点是解决分工与协作问题

这一阶段的管理主要着眼于解决企业内部生产过程中如何分工、如何进行协作配合，以保证生产过程的顺利进行；如何减少资金消耗，如何提高工人的日产量，以赚取更多的利润。因此，管理的内容，仅局限于生产管理、工资管理和成本管理。

# 2.2 科学管理阶段

自工业革命建立了工厂制度以后，人们对科学管理的探索就一直没有停止过。管理实践的这种不断积累，使人们对管理的认识终于在 19 世纪末 20 世纪初，由感性认识上升到理性认识，创建起了系统的管理理论。

## 2.2.1 科学管理阶段管理实践及其思想

对科学管理阶段的管理理论有影响的主要有三人：泰罗及其提出的管理科学，他是从如何改进组织作业人员生产率的角度来看待管理；法约尔与一般管理，这一理论关注的焦点是如何使整个组织的管理有效；韦伯的理想行政管理体系就是分析何种类型的组织结构形式更为有效。

科学管理阶段在管理理论的形成过程中作出了开创性贡献。

### 1）泰罗的科学管理理论

泰罗（1856—1915），美国人，从工厂学徒干起，先后当过技工—工长—总机械师—总绘图师，于 28 岁升为总工程师。泰罗的大部分工作生涯在此公司度过。最后，在 1898 年独立开业，从事工厂管理咨询工作。他的代表作是 1911 年出版的《科学管理原理》。由于他对科学管理的特殊贡献，被称为"科学管理之父"。

19 世纪末，提高劳动生产率是美国工业生产中的一个突出的问题，泰罗致力于如何提高劳动生产率。当时作为机械工程师的泰罗始终对工人的低效率感到震惊。于是，他开始在车间里用科学方法来纠正这种状况，寻求从事每一项工作的"最佳方法"。

泰罗的科学管理理论的主要内容包括以下几个方面：

（1）管理的中心问题是提高劳动生产率

最高的工作效率是工厂主人和工人共同达到富裕的基础，它能使较高的工资与较低的劳动成本统一起来，从而使工厂主得到较多的利润，使工人得到较高的工资，这样可以进一步提高他们扩大再生产的兴趣，促进生产的发展。

（2）确定合理的工作标准

提高效率的首要问题是合理安排每日工作量，这样就必须进行动作和时间研究。方法是把工人的操作分解为基本动作，再对尽可能多的工人测定完成这些基本动作所需要的时间。同时选择最适合的工具、机器，确定最适当的操作程序，消除错误的和不必要的动作，得出最有效的操作方法作为标准，形成标准化的方法，在工作中加以推广。确定累计完成这些基本动作的时间，加上必要的休息时间和其他延误时间就得出完成这些操作的标准时间，据此制订一个工人的"合理的日工作量"，科学制订工作定额。

**资料链接**

### 泰罗的"铁锹试验"

铁锹试验是系统地研究铲上负载后，研究各种材料能够达到标准负载的锹的形状、规格，以及各种原料装锹的最好方法的问题。泰罗通过对工人劳动过程的观察，特别是使用秒表和量具来计算工人铁锹铲煤的效率与铁锹尺寸的关系，发现每锹重量为 22P 时效率最高，探索出实现铲煤最高效率的铁锹尺寸大小与铲煤动作的规范方式，并相应设计出大小 12 种规格的铁锹。工人每次劳动除指派任务外，还要指定所用的铁锹的规格，以提高效率。此外泰罗还对每一套动作的精确时间作了研究，从而得出了一个"一流工人"每天应该完成的工作量。这一研究的结果是非常杰出的，堆料场的劳动力从 400～600 人减少为 140 人，平均每人每天的操作量从 16 吨提高到 59 吨，每个工人的日工资从 1.15 美元提高到 1.88 美元。

● 加强量化研究，采用科学的工具与劳动方法有利于提高劳动生产率。

（3）科学地挑选与培训工人

为了提高劳动生产率，必须为工作挑选第一流的工人，第一流的工人就是指他的能力最适合做这种工作且他愿意去做。要根据人的能力把他们分配到相应的工作岗位上，并进行培训，教会他们科学的学习方法，使他们成为一流的工人，鼓励他们努力工作。

（4）实行差别计件工资制

为了刺激与激励工人的劳动积极性，努力工作，完成定额，泰罗提出了这种新的报酬制度——有差别的计件工资制，即按照工人是否完成其定额而采取不同的工资率。完成或超额完成定额就按较高工资率付酬；未完成定额的则按较低工资率付酬。

（5）实行职能工长制

泰罗主张把计划职能与执行职能分开，泰罗的计划职能实际上就是管理职能，执行职能则是工人的劳动职能。计划职能由企业管理当局设立专门的计划部门，专门进行标准化研究，制订标准，下达任务，工人则按计划生产。计划部门制订计划，工长负责执行。工长之间按职能分工,一个工长只能承担一项管理职能,每个工长在其业务范围内有权监督和指导工人的工作。

**【课堂互动】**

一个工长只承担一项专业性管理工作与一个工长从事众多工作相比,会产生什么不同效果?

（6）例外管理

泰罗认为,小规模的企业可采用上述职能管理,规模大的企业就不能只依据职能管理,还需运用例外管理。他认为,企业的高级管理人员把例行的一般的日常事务授权给下级管理人员去处理,自己只保留对重要事项、例外事项的决定和监督权。

**资料链接**

### 事必躬亲的诸葛亮

诸葛亮足智多谋,料事如神,是人们喜爱的人物,在他身上凝聚了中国人民的聪明才智。但他从政一生,事必躬亲,连一般文书也要亲自校阅。由于被日常琐事牵绊,忙得团团转,常常是汗流浃背,形疲神困。丞相主簿杨颙曾对诸葛亮说:"鸡犬牛马,各司其职,你事事以身亲其役,不亦劳乎!"大权独揽,小权也不肯分散,不注意培养和使用人才,以至于英年早逝,"出师未捷身先死",当他抱憾而逝的时候,蜀中竟无一堪任将帅之才。

● 作为一个领导,要善于授权,抓大事,否则既无法培养下属,自己也身心疲惫。

**【课堂讨论】**

结合此案例,同学们讨论一下为什么高层领导在管理中要遵循例外管理?

泰罗的科学管理理论影响是广泛而深远的。科学管理促进了当时工厂管理的普遍改革,由于科学管理的方法逐步代替了单纯经营的方法,并形成一套管理制度,使得美国一些主要企业得以长期稳定发展,对以后管理理论的发展有深远影响。

### 2)法约尔与一般管理理论

法约尔(1841—1952),出身于法国的一个小资产阶级家庭,1860年从法国国立采矿学院毕业后进入康门塔里·福尔香堡采矿冶金公司工作,成为一名采矿工程师,并逐渐成为一名专业的管理者,在公司总经理岗位上任职30多年。与泰罗等人主要侧重于研究基层的专业管理不同,一般管理理论站在高层管理者角度以大企业整体为研究对象,着重分析高层领导和企业组织问题,在实践中逐渐形成了自己的管理思想和管理理论。1916年,法约尔的代表作《工业管理与一般管理》问世,提出了一般管理理论,对西方管理理论的发展产生了重大影响,成为过程管理学派的理论基础,被称为"过程管理之父"。其主要贡献在于首次提出管理职能,并确立了管理基本原则。他的主要理论包括:

（1）企业的基本活动和管理的五种职能

法约尔认为,经营与管理是不同的。任何企业都存在着六种基本的活动,而这些活动称为经营。经营是指导或引导一个组织趋向一个目标。这六种经营活动是技术活动(生产、制造、加工等)、商业活动(购买、销售、交换等)、财务活动(资金的筹措和运用等)、安全活动(设备维护和职工安全等)、会计活动(货物盘存、成本统计、核算等)和管理活动(计划、组织、指挥、协调、控制五大职能活动)。在这六种活动中,管理活动处于核心地位,即企业本身需要管理,同样,其他五项企业活动也需要管理。

(2)管理的十四项原则

法约尔认为,管理正如宗教,需要教规约束教徒的行为一样也需要有"管理原则"作为管理者行动的指南。法约尔根据自己的管理经验总结了十四条原则:

①劳动分工原则。劳动分工属于自然规律。劳动分工不只适用于技术工作,而且也适用于管理工作,应该通过分工来提高管理工作的效率,但劳动分工有一定的限度。

②权力与责任原则(Authority and Responsibility)。有权力的地方,就有责任。责任是权力的孪生物,是权力的当然结果和必要补充。这就是著名的权力与责任相符的原则。法约尔认为,要贯彻权力与责任相符的原则,就应该有有效的奖励和惩罚制度。

③纪律原则(Discipline)。法约尔认为纪律应包括两个方面,即企业与下属人员之间的协定和人们对这个协定的态度及其对协定遵守的情况。纪律是一个企业兴旺发达的关键,没有纪律,任何一个企业都不能兴旺繁荣。

④统一指挥原则(Unity of Command)。统一指挥原则要求,一个下级人员只能接受一个上级的命令。如果两个领导人同时对同一个人或同一件事行使他们的权力,就会出现混乱。

⑤统一领导原则(Unity of Direction)。统一领导原则讲的是,一个下级只能有一个直接上级。它与统一指挥原则不同,统一指挥原则讲的是,一个下级只能接受一个上级的指令。这两个原则之间既有区别又有联系。统一领导原则讲的是组织机构设置的问题,即在设置组织机构的时候,一个下级不能有两个直接上级。而统一指挥原则讲的是组织机构设置以后运转的问题,即当组织机构建立起来以后,在运转的过程中,一个下级不能同时接受两个上级的指令。

⑥个人利益服从整体利益的原则。法约尔认为这是一些人们都十分明白清楚的原则,但是,往往"无知、贪婪、自私、懒惰以及人类的一切冲动总是使人为了个人利益而忘掉整体利益"。为了能坚持这个原则,法约尔认为,成功的办法是:a. 领导人的坚定性和好的榜样;b. 尽可能签订公平的协定;c. 认真的监督。

⑦人员的报酬原则。人员的报酬首先要考虑的是维持职工的最低生活消费和企业的基本经营状况,这是确定人员报酬的一个基本出发点。在此基础上,再考虑根据职工的劳动贡献来决定采用适当的报酬方式。对于各种报酬方式,法约尔认为不管采用什么报酬方式,都应该能做到以下几点:a. 它能保证报酬公平;b. 它能奖励有益的努力和激发热情;c. 它不应产生超过合理限度的过多的报酬。

⑧集中的原则。这是指组织的权力的集中与分散的问题。法约尔认为,集中或分散的问题是一个简单的尺度问题,问题在于找到适合于该企业的最适度。在小型企业,可以由上级领导者直接把命令传到下层人员,因此权力就相对比较集中;而在大型企业里,在高层领导者与基层人员之间,还有许多中间环节,因此,权力就比较分散。影响一个企业是集中还是分散的因素有两个:一个是领导者的权力;另一个是领导者对发挥下级人员的积极性

态度。

⑨等级链原则。等级制度就是从最高权力机构直到低层管理人员的领导系列。而贯彻等级制度原则就是要在组织中建立这样一个不中断的等级链,这个等级链说明了两个方面的问题:一是它表明了组织中各个环节之间的权力关系,通过这个等级链,组织中的成员就可以明确谁可以对谁下指令,谁应该对谁负责。二是这个等级链表明了组织中信息传递的路线,即在一个正式组织中,信息是按照组织的等级系列来传递的。从理论上说,为了保证命令的统一,各种沟通都应该按层次逐级来进行,但这样可能产生信息的延误现象。为了解决这个问题,法约尔提出了"跳板"原则,就是在层级划分严格的组织中,为提高办事效率,两个分属不同系统的部门遇到只有协作才能解决的问题时,可先自行商量、自行解决,只有协商不成时才报请上级部门解决。

⑩秩序原则。法约尔所指的秩序原则包括物品的秩序原则和人的社会秩序原则。对于物品的秩序原则,他认为,每一件物品都有一个最适合它存放的地方,要使每件物品都在它应该放的位置上;对于人的社会秩序原则,他认为,每个人都有他的长处和短处,贯彻社会秩序原则就是要确定最适合每个人的能力发挥的工作岗位,然后使每个人都在最能使自己的能力得到发挥的岗位上工作。

⑪公平原则。贯彻公道原则就是要按已定的协定办。但是在未来的执行过程中可能会因为各种因素的变化使得原来制订的"公道"的协定变成"不公道"的协定,为此要经常去补充、完善它,克服它的不足之处。因此,在管理中要贯彻"公平"原则。所谓"公平"原则就是"公道"原则加上善意地对待职工。

⑫人员的稳定原则。把一个人培养成能胜任目前的工作,是需要花费时间与金钱的。人员经常流动对企业很不利。要使一个人的能力得到充分的发挥,就要使他在一个工作岗位上相对稳定地工作一段时间,使他能有一段时间来熟悉自己的工作,了解自己的工作环境,并取得别人对自己的信任。对于企业来说,就要掌握人员的稳定和流动的合适度,以利于企业中成员能力得到充分的发挥。

⑬首创精神。法约尔认为:"想出一个计划并保证其成功是一个聪明人最大的快乐之一,这也是人类活动最有力的刺激物之一。这种发明与执行的可能性就是人们所说的首创精神。建议与执行的自主性也都属于首创精神。"法约尔认为人的自我实现需求的满足是激励人们的工作热情和工作积极性的最有力的刺激因素。

⑭团队精神。在组织内部要形成团结、和谐和合作的气氛,这是一个企业发展的巨大力量。

### 3)韦伯的理想行政组织体系

韦伯(1864—1920),出身于德国一个有着广泛的社会和政治关系的富裕家庭,从小受到良好的教育,对经济学、社会学、政治学、宗教学有着广泛的兴趣。他先后在柏林、佛赖堡、海得尔堡和慕尼黑等大学担任过教授。韦伯在管理思想上的主要贡献是提出了所谓的理想的行政组织机构模式,这集中体现在他的《社会组织与经济组织》及《经济史》中,他是古典组织理论的奠基人,有人称他为"组织理论之父"。韦伯的理想的行政组织体系的核心是组织活动要通过职务或职位而不是通过个人或世袭地位来管理。韦伯的管理思想的主要内容包括以下几个方面:

（1）权力论

韦伯认为：任何社会组织的管理都必须以某种形式的权力为基础。一个社会中存在的权力分为三种类型：

①合法合理的权力。这种权力是社会组织的基础，没有这种权力来指导组织，组织的目标就不能实现。合理合法的权力是由社会公认的法律所规定的，对这种权力的服从是绝对的，没有普通百姓和领袖官员之分。这种权力是由依照一定法律而建立的一套等级制度赋予的，对这种权力的服从就等于对确认的职务或职位的权力的服从。

②传统的权力。这种权力以对传统习惯的信仰和尊重为基础。这是由历史沿袭下来的惯例、习俗而规定的权利。对这种权力的服从是绝对地服从于统治者，因为他具有沿袭下来的神圣不可侵犯的权力地位。例如对于神权、族权、皇权的崇拜等。

③个人崇拜式的权力。它是以对个人的迷信和崇拜为基础的。因为领导者具有特殊的神圣的英雄主义或卓越非凡的特质，使人们认为对他的服从是正当的。比如对宗教先知、军事和政治领袖的崇拜。

根据对权力的分类，韦伯认为合法合理的权力是理想行政组织体系建立的基础。

（2）理想行政组织体系理论

韦伯认为理想行政组织体系有以下的特征：

①明确的分工。把为实现组织目标所需进行的全部活动分解成各种具体的任务，再把这些任务分配给组织的成员或各个职位，同时明确每个人或职位的职责和权力，并使之合理化、合法化。

②自上而下的等级系统。组织内的各个职位，按照等级原则进行法定安排，形成自上而下的等级系统，每个职务均有明确的职权范围。

③正规化的人员任用。通过正式考试和教育训练来实行，组织中的任免要有一定的程序。

④职业管理人员。管理人员有固定的薪金和明文规定的升迁制度，是一种职业管理人员，而不是组织的所有者。

⑤遵守规则和纪律。组织中包括管理人员在内的所有成员必须严格遵守组织中规定的规则和纪律以及办事程序。

⑥非个人的人员关系。组织中人员之间的关系完全以理性准则为指导，职位关系不受个人情感的影响。这种公正不倚的态度，不仅适用于组织内部，而且适用于组织与外界的关系。

韦伯认为，这种正式的、高度结构化的理想行政组织体系是达到目标、提高效率的最有效形式。韦伯设计的理想行政组织结构对后来组织结构理论的发展勾勒出了基本的框架。韦伯的理论对泰罗及法约尔的理论是一种补充。

## 2.2.2 科学管理理论阶段的主要特点

这一阶段的管理思想具有以下特点：

（1）资本所有者和企业管理者的分离

随着资本主义生产的迅速发展,企业规模的扩大,企业生产技术、协作关系与内部管理日趋复杂,一些资本家越来越感到由自己来管理企业力所不及,于是聘请受过专门训练的经营管理专家代替自己,按照资本家的意志来经营管理企业,从而在社会上出现了一个经营管理基层,形成了所谓的"经理制"。

（2）用科学管理来代替单纯的经验管理

由于长期的管理实践,使人们对过去的管理经验加以总结提高,使之系统化、理论化,用以更好地指导管理实践活动。

（3）强调了组织形式而忽视了人的社会性

科学管理思想阶段的管理学家们的工作为管理科学的发展作出了重要的贡献,提出了许多有价值的见解,对管理实践产生了巨大的推动。但在该阶段管理思想的缺点表现在把人看成单纯的"经济人",会说话的机器,认为工人只能服从而没有主动性;在组织结构上是独裁式的管理,强调了组织形式而忽视了对人格的尊重;等级层次和规章制度过于僵硬,缺乏灵活性等。

# 2.3　行为科学阶段

以泰罗为代表的科学管理理论广泛流传和实际应用,大大提高了生产效率。但这些理论多着重于生产过程、组织控制方面的研究,未对管理中人的因素和作用给予足够的重视。这种重物轻人、严格管理的思想在使劳动生产率大幅度提高的同时,也使工人的劳动变得异常紧张、单调和劳累,引起了工人的不满,劳资关系日益紧张。这促使管理学家开始重视生产中物质条件以外的人的情绪和积极性对劳动生产中的影响。20世纪30年代,行为科学理论开始逐渐形成。这是继古典管理理论之后管理学发展的一个重要阶段。

## 2.3.1　行为科学阶段管理实践及其思想

行为科学基本上可分为两大时期,前期称为人际关系学说(或人群关系学),后期是以1949年美国芝加哥大学讨论会上第一次提出"行为科学"正式定名为行为科学。这些管理理论的共同特点是:力图克服科学管理理论的弱点,从社会学、心理学、人类学的角度出发,强调人的需要、人的相互关系对生产经营活动的影响。

### 1）行为科学的早起理论——人际关系学说

行为科学的发展是从人际关系学说开始的,人际关系理论最初始于著名的霍桑试验。1924年,美国国家科学院的全国科学研究委员在西方电器公司的霍桑工厂开展试验研究,分析工作条件与生产效率之间的关系。1927年,美国哈佛大学心理学教授梅奥作为顾问加入试验活动,直到1932年结束。研究人员在前期进行了照明试验和继电器装配工人小组试验,对不同的工作小组提供不同的照明强度、工资报酬、休息时间、工作日长度等条件,但试验结果却发现,工作条件和福利待遇的改善与否并不能明显地影响劳动生产率。随后,研究人员进行了两年的访谈试验,由工人自由选择话题进行倾诉,从而获得了大量有关工人态度的第一手资料。研究人员发现,工人的劳动效率在很大程度上与工作中发展起来的人际关系有关。为了进一步验证这种看法,研究人员又进行了接线板接线工作室试验,观察计件工资下一个生产小组中的工人在集体工作时的表现,结果发现生产小组内有一种默契,大部分工人都在有意限制自己的产量,否则就会受到小组的冷遇和排斥,而奖励性的计件工资也并没有对提高生产效率产生太大的直接刺激。因此,群体的标准和群体的压力是决定工人个人行为的关键因素。在总结霍桑试验研究成果的基础上,1933年,梅奥出版了其代表作《工业文明中的人的问题》,创立了人际关系学说。梅奥人际关系理论的主要内容如下:

(1)职工是社会人的假设

古典管理理论把人假设为"经济人",即认为人都是追求最大经济利益的理性动物,工人工作是为了追求最高的工资收入。梅奥则把人假设为"社会人",认为工人并非单纯追求金钱收入,还有社会心理方面的需求,如追求人与人之间的友情、安全感、归属感和受人尊重等。

(2)提高工人的满意度是提高劳动生产率的关键

古典管理理论认为,良好的物质条件一定能够促进生产效率的提高。梅奥认为,在决定劳动生产率的诸多因素中,置于首位的因素是工人的满意度,而生产条件、工资报酬只是第二位的。职工的满意度越高,其士气就越高,从而产生效率就越高。高的满意度来源于工人个人需求的有效满足,不仅包括物质需求,还包括精神需求。为此,不仅要为工人提供舒适的工作环境,还要创造一种工人参与管理、自由发表意见、同事之间及上下级之间坦诚交流的和谐的人际关系。

(3)企业存在非正式组织

古典管理理论只承认正式组织,并把正式组织看作是达到最高效率的唯一保证。梅奥认为,在企业中除正式组织外,还存在着非正式组织。非正式组织与正式组织有重大的差别。在正式组织中以效率的逻辑为重要标准,而在非正式组织中则以感情的逻辑为重要标准。梅奥认为,非正式组织的存在并不是一件坏事,它同正式组织相互依存,对生产率的提高有很大的影响。

梅奥的贡献在于推动了对工作场所中人的因素问题的研究,开辟了管理学发展的新领域。梅奥的人际关系学说虽然在纠正古典管理理论忽视人的因素方面有贡献,在管理实践中也取得了一定的成效,但它也有偏颇之处,主要是在重视非正式组织的作用时忽视了正式组织,在强调感情和社会因素时忽视了理性和经济因素。实际上,构成社会的基本单位是正式组织而不是非正式组织。人的感情和社会因素虽然重要,但理性和经济因素也是不可忽视的。

很明显,在古典管理理论和人际关系学说之间有一条鸿沟:古典管理理论只承认理性和经济因素,只承认正式组织,把正式组织看作是达到最高效率的唯一保证;人际关系学说则强调人性和感情因素,偏重非正式组织。

**资料链接**

**松下电器公司的"出气室"**

据有关资料介绍,日本松下电器公司所属各个企业里,都设有一个被称为"出气室"的"精神健康室"。那些被烦恼之事搞得怒气满腹的工人,可以走进"出气室"出气:拿起棍子朝着安放在那里的象征着经理、老板的橡皮塑像揍个痛快,等他将满腔怒火统统发泄出来之后,再进入"恳谈室",与等候在那里的态度十分谦和而热情的职员交谈,将心中剩余的不平之气尽情地发泄出来。据称,这种办法有利于情绪调整,能有效地降低职工发病率,提高劳动效率。

● 重视员工心理精神健康,才能保证员工有好的状态。

【小思考】

你如何看待人性? 人从事工作仅仅是为了收入吗?

### 2)行为科学主要理论

行为科学是以梅奥等人创立的人际关系理论为基础发展起来的,通过研究人们在生产过程中的行为以及这些行为产生的原因,寻求有效的办法,以便创造一种和谐的人际关系,提高生产效率。它研究的主要内容包括:

(1)有关需求、动机和激励问题及人性的研究

行为科学认为,提高效率的关键在于提高士气。要提高士气和激励士气就要研究人的行为是什么决定的,是什么推动人们采取某种行动的。人们研究认为,人的各种行为,都出自一定的动机,而动机又产生于人们本身存在的各种需要。人们的需要或动机确定了人们行为的目标,人们的行为都是为了达到一定的目标。这种从人们内在需要出发,推动人们采取某种有目标的行为,最终达到需要满足的过程,就是激励的过程。管理者若根据被管理者的需要和动机进行激励,能促使人们更好地完成任务。在这方面代表性的理论主要有:马斯洛的需求层次论,他把人的需求分为生理、安全、社交、尊重和自我实现五个层次;赫茨伯格的双因素理论,他认为影响人们积极性的因素有两类,即保健因素和激励因素,前者可以维持职工的满意,后者才能对职工的积极性产生激励作用。除此之外,还有格拉斯·麦格雷氏的 X—Y、威廉·大内的 Z 理论、佛鲁姆的期望理论等。有关详细内容将在第 8 章中介绍。

(2)关于领导及领导行为的理论

领导是一种影响力,是一个动态影响下属行为的行为过程。领导者通过实施领导行为去引导和激励下属去努力实现组织目标。因此,领导者的个人品质、行为方式、领导方式对管理的成败有重要影响。有关领导方面的理论主要有坦南鲍姆和施米特的领导行为统一体理论、布莱克和穆顿的管理方格论、费特勒和赫塞的权变领导方式等。

(3)关于企业群体行为的研究

在管理过程中,人与人之间的关系、群体行为及其对个人行为的影响也是研究的重要领

域之一。在一个组织中面对许多相互联系和作用的群体,领导者必须正确掌握和处理群体间的关系,充分发挥群体的作用。群体行为理论研究主要包括群体动力、信息交流和群体及成员的相互关系三个方面。

### 2.3.2 行为科学思想阶段的特点

(1)提出以人为中心来研究管理问题

科学管理思想阶段强调了组织形式而忽视了人,行为科学思想阶段则主张以人为中心来研究管理问题,这是管理科学思想的一个重大转变。行为科学思想阶段尽管有各种各样的学说,但其共同的特点是重视人在组织中的关键作用,认为人是组织中最重要的资源。管理者要善于激励和领导其他人,必须学会理解和处理人际关系。

(2)否定了“经济人”的观点,肯定了人的社会性和复杂性

行为科学注意吸取心理学、社会学、人类学、经济学等多学科的研究成果,对人的行为规律进行了多方面的剖析,认为人们工作不仅仅是为了物质利益,也不仅是为了建立社会关系,人的行为的动机和需要是复杂多变的,行为科学研究的重点就是人的动机、人的需求、人的行为的激励和领导方式等问题。行为科学重视发挥人的主动性、创造性,强调民主型、参与式的领导方式。

## 2.4 现代管理阶段

### 2.4.1 现代管理“丛林”的出现

自第二次世界大战后,随着现代科学技术发展,生产和组织规模扩大,生产力的迅速发展,生产社会化程度的日益提高,引起人们对管理理论的普遍重视,不仅从事管理和研究管理学的人,而且一些心理、社会、人类、经济、生物、哲学、数学等科学家们也从各自不同的角度,用不同的方法对管理问题进行研究,从而出现了各种各样的学派。这一现象带来了管理理论的空前繁荣。

20 世纪 50 年代以来,在已有的古典管理理论、行为科学理论和管理科学理论的基础上,又出现了许多新的理论和学说,形成了许多学派,这些学派大大小小加起来不下一百个。故美国著名管理学家哈罗德·孔茨把这一现象形象地描述为管理理论的“丛林”。由于这些学派都是从各自的背景出发,以不同的理论为依据来研究同一对象——管理过程,因此出现了一些在管理的概念、原理和方法上的众说纷纭、莫衷一是的混乱局面。近年来,许多学者都在力求将各派的观点兼容合并,为走出“丛林”建立统一的管理理论寻求新的出路。

1961 年,哈罗德·孔茨把各种管理理论划分为六大主要学派:管理过程学派,以美国管理学家哈罗德·孔茨为代表;经验学派,以比德·德鲁克为代表;人类行为学派,以梅奥为代

表;社会系统学派,以巴纳德为代表;决策学派,以西蒙为代表;数理学派,以杰文斯为代表。到1980年,哈罗德·孔茨认为管理学派已不止六个学派所能概括得了的,故又在原有六个大学派的基础上增至十一个学派,增加的五个学派是:组织行为学派、社会技术系统学派、权变理论学派、管理者工作学派、经营管理理论学派。

尽管管理学术界还有其他划分方法,但纵观主要观点,国内外多数学者同意把诸家观点归纳为八大学派:管理过程学派、权变理论学派、经验主义学派、行为科学学派、系统管理学派、决策理论学派、管理科学学派、企业战略学派。学派的划分主要便于理论上的归纳和研究,并非意味着彼此独立,截然分开。他们在内容上都相互影响、彼此交叉融合。主要管理学派的代表人物及主要观点见表2.1。

表2.1　主要管理学派的代表人物与主要观点

| 学派名称 | 代表人物及其代表作或突出贡献 | 学派的理论观点 |
|---|---|---|
| 管理过程学派 | 孔茨(Harold Koontz)、奥唐奈(Cyril O'Donnell)《管理学》 | ①管理是由相互关联的职能所构成的一种程序;②管理的职能与程序是有共性的;③对管理职能的分析可归纳出管理原则,它们可指导实践 |
| 权变理论学派 | 伍德沃德(Joan WoodWard)《工业组织:理论和实践》;劳伦斯(Paul Lawrence)、洛希(Jay Lorsch)企业分类研究法 | ①组织和成员的行为是复杂的、变化的,因此管理不可能存在着一种通用程序,它完全依环境、自身的变化而变化;②管理的规律性与方法应建立在调查、分类基础上 |
| 经验主义学派 | 德鲁克(Peter Drucker)《管理的实践》《管理:任务、责任、实践》;戴尔(Ernest Dale)《伟大的组织者》;彼德斯(Thomas Peters)等 | ①管理的理论知识解决不了现实问题,充其量是过时的经验;②管理的科学应建立在目前成功或失败的企业管理经验之上,对它们进行调查、概括、抽象,提供建议 |
| 行为科学学派 | 马斯洛(Abrahan Maslow):需要层次论;赫兹伯格(Frederick Herzberg):双因素理论;麦格雷戈(Douglas Mcgregor):人性假设;布莱克(Robert Blake):领导方格理论 | ①管理之本在于人,要探索人类的行为规律,善于用人、善于激励人;②强调个人目标与组织目标的一致性,调动积极性要考虑人的需求;③企业中要恢复人的尊严,实行民主参与管理,启发职工的创业、自主精神;④改进工作设计 |
| 系统管理学派 | 卡斯特(F. E. Kast):《系统理论和管理》;约翰逊(Richard Johnson)、罗森茨韦克(James Rosexweig) | ①企业是一个人造的开放系统,由多个职能子系统构成,并与环境保持协调;②企业是由人、物资、机器和其他资源在一定的目标下组成的一体化系统,其目标实现取决于外部环境与内部条件;③管理靠系统性实现 |
| 决策理论学派 | 西蒙(Herbert Simon):《管理决策新学科》;马奇(J. G. March) | ①管理的关键在于决策;②决策是一个复杂的过程;③决策分程序化决策与非程序化决策;④决策的满意行为准则;⑤管理是设计决策系统 |
| 管理科学学派 | 伯法(E. S. Buffa):《现代生产管理》;布莱克特(Blackett):丹齐克(G. Dantzig);丘奇曼(Churchman)等 | ①尽量减少决策中的个人艺术成分,尽量以数量方法客观描述;②决策依据尽量以经济效果为准;③尽量使用数理方法与计算机 |

续表

| 学派名称 | 代表人物及其代表作或突出贡献 | 学派的理论观点 |
|---|---|---|
| 企业战略学派 | 安索夫(H. Ansoff):公司战略;波特(M. Porter):竞争战略;欧迈(K. Ohmae):制胜要素 KSF | ①企业经营之魂在于正确的战略,战略是一种指导思想与行为准则;②战略是一个协调环境与自身能力的全局性决策过程 |

## 2.4.2 现代管理思想的主要特点

纵观管理学各学派,虽各有所长,各有不同,但不难寻求其共性。管理学的共性实质上也说是现代管理学的特点,可概括如下:

(1)强调系统化

这就是运用系统思想和系统分析方法来指导管理的实践活动,解决和处理管理的实际问题。系统化就是要求人们要认识到一个组织就是一个系统,同时也是另一个更大系统中的子系统。因此,应用系统分析的方法,就是从整体角度来认识问题,以防止片面性和受局部的影响。

(2)重视人的因素

由于管理的主要内容是管人,而人又是生活在客观环境中,虽然他们也在一个组织或部门中工作,但是,他们在其思想、行为等诸方面,可能与组织不一致。重视人的因素,就是要注意人的社会性,对人的需要予以研究和探索,在一定的环境条件下,尽最大可能满足人们的需要,以保证组织中全体成员齐心协力地完成组织目标而自觉作出贡献。

(3)重视"非正式组织"的作用

即注意"非正式组织"在正式组织中的作用。非正式组织是人们以感情为基础而结成的集体,这个集体有约定俗成的信念,人们彼此感情融洽。利用非正式组织,就是在不违背组织原则的前提下,发挥非正式群体在组织中的积极作用,从而有助于组织目标的实现。

(4)广泛地运用先进的管理理论和方法

随着社会的发展,科学技术水平的迅速提高,先进的科学技术和方法在管理中的应用显得越来越重要。因此,各级主管人员必须利用现代的科学技术与方法,从而促进管理水平的提高。

(5)加强信息工作

由于普遍强调通信设备和控制系统在管理中的作用,因此对信息的采集、分析、反馈等的要求越来越高,即强调及时性和准确性。主管人员必须利用现代技术,建立信息系统,以便有效、及时、准确地传递信息和使用信息,促进管理的现代化。

(6)把"效率"(Efficiency)和"效果"(Effectiveness)结合起来

作为一个组织,管理工作不仅仅是追求效率(当然也不是不讲效率),更重要的是要从整个组织的角度来考虑组织的整体效果以及对社会的贡献。因此,要把效率和效果有机地结合起来,从而使管理的目的体现在效率和效果之中,也即通常所说的绩效(Performance)。

### (7)重视跨文化管理

经济的全球化趋势及企业间的重组、兼并使得不同国家、不同企业越来越走向更加紧密的联系与协作关系。这就使得不同地域与国度的企业文化发生冲突与融合。全球化经营的企业必须承认并理解各国之间文化差异的客观存在,要重视对他国语言、文化和其他企业文化等的学习和了解。这是增强跨文化管理能力的必要条件。要针对不同文化冲突,采用不同的措施去克服。如因管理风格、方法或技能的不同而产生的冲突可以通过互相传授和学习来克服;因生活习惯和方式不同而产生的冲突可以通过文化交流来解决,只有把握不同类型的文化差异才能有针对性地找出解决文化冲突的合宜办法。

### (8)强调"预见"能力

强调要有很强的"预见"能力来进行管理活动。社会是迅速发展的,客观环境在不断变化,这就要求人们要用科学的方法进行预测,以"一开始就不出差错"为基点,进行前馈控制,从而保证管理活动的顺利进行。

### (9)强调不断创新

要积极促变,不断创新。管理就意味着创新,就是在保证"惯性运行"的状态下,不满足于现状,利用一切可能的机会进行变革,从而使组织更加适应社会条件的变化。

## 资料链接

#### 瓶中的蜜蜂和苍蝇

如果你把6只蜜蜂和同样多只苍蝇装进一个玻璃瓶中,然后将瓶子平放,让瓶底朝着窗户,会发生什么情况?

你会看到,蜜蜂不停地想在瓶底上找到出口,直到它们力竭倒毙或饿死;而苍蝇则会在不到两分钟之内,穿过另一端的瓶颈逃逸一空——事实上,正是由于蜜蜂对光亮的喜爱,由于它们的智力,才灭亡了。

蜜蜂以为,囚室的出口必然在光线最明亮的地方,它们不停地重复着这种合乎逻辑的行动。对蜜蜂来说,玻璃是一种超自然的神秘之物,它们在自然界中从没遇到过这种突然不可穿透的大气层,而它们的智力越高,这种奇怪的障碍就越显得无法接受和不可理解。

那些愚蠢的苍蝇则对事物的逻辑毫不留意,全然不顾亮光的吸引,四下乱飞,结果误打误撞地碰上了好运气。这些头脑简单者总是在智者消亡的地方顺利得救。因此,苍蝇得以最终发现那个正中下怀的出口,并因此获得自由和新生。

- 组织应该意识到的最重要的事情,就是当每人都遵循规则时,创造力便会窒息。如果要想成为非常成功的组织,必须有全新的思维,要加快创新的步伐。

### (10)强调权力集中

使组织中的权力趋向集中,以便进行有效的管理。由于电子计算机的应用,现代通信设备的使用,使组织的结构趋向平面化,即减少了层次。由于权力统一集中,使最高主管人员担负的任务更加艰巨。因此,主管人员必须通过有效的集权,把组织管理统一化,以达到统一指挥、统一管理的目的。

在学习了本节的基础上,学生自己上网收集相关资料,课堂讨论现代管理的发展变化趋势怎样？并写个课程小论文,加深对管理理论发展变化的了解。

# 【本章小结】

传统管理理论阶段的主要特点是由资本家直接担任企业管理者,靠个人经验从事生产和管理,管理的重点是解决分工与协作问题。

科学管理阶段的管理理论有影响的主要有三个人,他们是泰罗及其提出的管理科学,他是从如何改进组织作业人员生产率的角度看待管理;法约尔与一般管理,这一理论关注的焦点是如何使整个组织的管理有效;而韦伯的理想行政管理体系就是分析何种类型的组织结构形式更为有效。泰罗的科学管理理论管理的中心问题是提高劳动生产率,主要内容包括确定合理的工作标准、科学的挑选与培训工人、实行差别计件工资制、实行职能工长制和例外管理;法约尔的一般管理理论首次提出管理职能,并确立了管理基本原则;韦伯的理想行政组织体系提出了权力有合法合理的权力、传统的权力、神授的权力三种,合法合理的权力是理想行政组织体系建立的基础。理想行政组织体系有以下的特征:实行劳动分工、自上而下的等级系统、人员的任用要完全根据职务的要求、职业管理人员、遵守规则和纪律、组织中人员的关系以理性为准则。

科学管理理论阶段的主要特点是资本所有者和企业管理者的分离、用科学管理来代替单纯的经验管理、强调了组织形式而忽视了人的社会性。

行为科学的发展是从人际关系学说开始的,人际关系理论始于霍桑试验。梅奥人际关系理论的主要内容包括职工是社会人、提高工人的满意度是提高劳动生产率的关键、企业存在非正式组织。行为科学研究的主要内容是有关需求、动机和激励问题及人性的研究、领导及领导行为的理论、企业群体行为的研究。

行为科学思想阶段的特点是提出以人为中心来研究管理问题、否定了"经济人"的观点,肯定了人的社会性和复杂性。

20世纪50年代以来,在已有的科学管理理论、行为科学理论和管理科学理论的基础上,又出现了许多新的理论和学说,形成了许多学派。最主要有管理过程学派、权变理论学派、经验主义学派、行为科学学派、系统管理学派、决策理论学派、管理科学学派、企业战略学派。

现代管理的特点体现在强调系统化、重视人的因素、重视"非正式组织"的作用、广泛地运用先进的管理理论和方法、加强信息工作、把"效率"(Efficiency)和"效果"(Effectiveness)结合起来、重视跨文化管理、强调"预见"能力、强调不断创新。

【阅读资料】

## 21世纪管理的发展趋势

管理是组织实现目标的关键因素,是社会进步的重要力量,随着时间的推移和社会的发

展进步,其本身也在不断地变化和发展。归纳起来,现代管理出现以下一些发展趋势:

## 一、战略化趋势

随着社会化大生产的发展,社会生产日趋复杂,社会环境变幻莫测,组织与环境联系得日益紧密,管理所涉及的因素日益增多、日趋复杂,组织(尤其是企业)间竞争的日趋激烈,组织能否制订和实现正确的战略构想,关系到组织的兴亡。

就企业而言,过去企业家往往追求企业战略的稳定性、长期性,期望对企业的发展施以长远的影响。但事实证明,多变的技术革新浪潮,意想不到的环境变化,往往使追求"稳定性"的企业措手不及。企业要适应全球市场的激烈竞争,必须对自己的发展有一个战略规划,要在彻底了解和准确把握企业内部条件和外部环境变化的同时,结合本企业的特点,制订出最佳的企业战略。企业如果没有科学的战略目标、长远打算,只顾眼前和一时的成就,便不可能持续发展,更不可能在竞争中取胜,企业唯有运筹帷幄,深谋远虑,才能战略制胜,才能不断壮大发展。

## 二、信息化趋势

随着以微型计算机、激光技术、新型材料、生物工程和新能源开发为中心的新科技革命的兴起与发展,生产技术、社会需求以及市场竞争等日新月异、瞬息万变,在这种情况下,信息进入重要资源的行列。丰富而准确的信息,是正确而迅速决策的前提,一个企业能否在激烈的竞争中得以生存和发展,它的产品和服务能否跟上时代的要求,首先在于该企业能否及时掌握必要和准确的信息,能否正确地加工和处理信息,能否迅速地在员工之间传递和分享信息,特别是能否把信息融合到产品和生产服务过程之中,融合到企业的整个经营与管理工作之中。各级管理者在这个瞬息万变的时代,越来越重视信息的作用,把如何获取有效的信息作为自己的首要任务。企业管理者发挥各种职能作用,都要以掌握大量真实、准确、及时的信息为前提。在这种情况下,传统的企业管理已经不能适应现代的信息处理要求,也不能满足企业经营管理对信息的要求,企业管理面临着信息化的挑战,信息管理成为企业竞争制胜的重要法宝。

组织对信息管理的能力,将集中表现在不仅需要有强大的信息网络和信息收集能力,更为重要的是要有出色的信息分析、传递和利用的能力。对信息的管理就成了现代管理的一个突出特点。随着信息技术的推广应用和信息资源的不断开发利用,管理信息化正在往广度和深度发展,这导致信息管理在整个管理中地位的提升。信息管理渗透于和体现在各种管理,无论是政府管理还是企业管理的一切方面和全部过程。可以说,现代企业和组织若无信息管理,也就谈不上任何管理了。

## 三、人性化趋势

在传统管理中,大生产以机器为中心,工人只是机器系统的配件,人被当作是物,管理的中心是物。但是,随着信息时代的到来,组织中最缺乏的不是资金和机器,而是高素质的人才。组织中人的作用,在组织中越来越显出重要作用。这就促使管理部门日益重视人的因素,管理工作的中心也从物转向人。传统管理和现代管理的一个重要区别,就是管理中心从物本管理到人本管理。

在任何管理中,人是决定的因素。管理的这一特征,要求管理理论研究也要坚持以人为中心,把对人的研究作为管理理论研究的重要内容。事实上,在管理理论的研究中,差不多所有的管理理论都建立在人性的假设理论基础上。许多学派管理理论的不同,主要是出于对人的本性认识不同。20世纪之初泰罗的科学管理是基于"经济人"这一假设的,20世纪30年代梅奥等人的行为管理是基于"社会人"这一假设的,至20世纪50年代又有了基于"自我实现的人"假设的马斯洛的人性管理,20世纪80年代以来出现的文化管理,强调实现自我的企业文化和企业现象。管理研究发展史表明,管理学理论明显地存在着以人为本的管理思想。

为此,管理都要以人为中心,把提高人的素质、处理人际关系、满足人的需求、调动人的主动性、积极性和创造性的工作放在首位。在管理方式上,现代管理更强调用柔的方法,尊重个人的价值和能力,通过激励、鼓励人,以感情调动职工积极性、主动性和创造性,最充分地调动所有员工的工作积极性,以实现人力资源的优化及合理配置。

### 四、弹性化趋势

随着社会的发展,管理从固定的组织系统向富有弹性的组织系统发展。这是社会管理发展的又一个重要趋势。

过去在组织管理中,建立起一套完整的组织系统,长期固定不变,显得僵硬。但现在,由于社会环境的不断变化,要求组织机构应该趋于灵活而富有弹性,以求信息畅通并行动敏捷,能够具有很强的对环境的适应能力。为了简化发号施令和相互沟通的渠道,组织管理者将缩小机构,减少层次。在企业各下属机构变小的同时,将赋予它们更大的自主权,实行经营权和管理权下放。这既有利于发挥下属人员的专长和创造精神,又有利于使企业领导把主要精力集中在高层战略决策问题上。

20世纪80年代初,日本和美国的一些管理学者对日美几家著名企业的组织机构进行比较后指出,美国企业规模过大,组织机构过于复杂,企业内部各部门之间划分很细,部门间沟通少,管理集权程度高,灵活性差。而日本企业的组织结构相对简单,部门之间的横向联系多,各部门在经营上有很大的灵活性,许多企业可以根据生产和经营的需要,及时扩充或收缩某些业务部门,适应现代化的生产。这种组织具有较强的应变能力,机动灵活而不僵化,形式多种多样,有较高的工作效率。这种富有弹性的组织是柔性组织。

社会正在发展的这种柔性组织是组织机构的一种发展趋势。虚拟公司就是其中的一种。这种正在发展中的新型公司由许多独立的公司、供给者、主顾,甚至是从前的竞争对手,通过信息技术联系起来的临时性网络。他们分享技术、分摊成本,互相进入共同的市场。它既没有组织机构,也没有领导层级,而是一种为利用某种特定的机遇而迅速联合起来的协作集团。一旦机遇来临,就采取行动;而一旦机遇不存在了,就解体。在一个虚拟公司内,取众家之长,各公司分摊费用、分享技术,共同来占领全球市场。随着信息技术的不断进步,网络经济的不断发展,组织机构必然会越来越趋于随意和多样,相应于组织的管理,也必将日趋弹性化。

### 【思考与练习】

**一、填空题**

1. 传统管理理论的重点是(　　　)。
2. 梅奥认为提高生产率的主要途径是(　　　)。
3. 泰罗科学管理理论着重研究(　　　)。

4. 法约尔对管理理论的主要贡献在于( )，并确立了( )。

5. ( )被称为是"科学管理之父"。

6. 巴贝奇的两大贡献是( )研究和( )研究。

## 二、选择题

1. ( )被称为是"人事管理之父"。

　　A. 亚当·斯密　　　B. 泰罗　　　　　　C. 罗伯特·欧文　　D. 亨利·法约尔

2. ( )被称为是"科学管理之父"。

　　A. 亚当·斯密　　　B. 罗伯特·欧文　　C. 亨利·法约尔　　D. 泰罗

3. 梅奥对其领导的霍桑试验进行总结，认为工人是( )。

　　A. 经济人　　　　　B. 社会人　　　　　C. 理性人　　　　　D. 复杂人

4. 斯密认为人是( )。

　　A. 理性人　　　　　B. 社会人　　　　　C. 经济人

5. 韦伯认为( )是理想组织形式的基础。

　　A. 个人崇拜式　　　B. 合法的权力　　　C. 传统的权力

6. 泰罗的主要著作有( )。

　　A.《劳动、工资和利润》　　　　　B.《科学管理原理》

　　C.《动作研究》　　　　　　　　　D.《科学管理入门》

7. 法约尔认为"经营"和"管理"是( )。

　　A. 不同的　　　　　　　　　　　B. 相同的

　　C. 有时相同，有时不同　　　　　D. 无法确定的

8. 法约尔的研究是从"办公桌前的总经理"出发的，以( )作为研究对象。

　　A. 企业内部　　　B. 企业环境　　　C. 企业整体　　　D. 企业资源

9. 在非正式组织中以( )为重要标准。

　　A."效率的逻辑"　　B."感情的逻辑"　　C."工人的逻辑"　　D."管理人员的逻辑"

10. 古典组织理论的奠基人是( )。

　　A. 泰罗　　　　　　B. 法约尔　　　　　C. 韦伯　　　　　　D. 梅奥

## 三、思考题

1. 亚当·斯密为什么认为分工是增进劳动生产力的重要因素？

2. 泰罗的科学管理理论包括哪些方面？

3. 法约尔提出的 14 项管理原则是什么？

4. 梅奥人际关系学说的主要观点是哪些？

5. 现代管理的发展趋势是什么？

## 四、案例分析题

### 富士康静音模式

　　富士康静音模式，是郑州富士康工厂实行的一种工作制度，该制度自 2013 年 4 月初开始施行。员工从进入车间开始，就不允许说任何与工作无关的话。即使谈论工作，也要把声音压低到最低，不能让第三人听到。三人以上的谈话，必须要在线长办公区谈论，否则，就可能会被开除。

　　2013 年 4 月 30 日，富士康工会联合会对郑州厂区 4 天内两人坠楼事件作出回应，虽然

声明中并未提及饱受诟病的"静音模式"。但随后有基层员工透露,改变已悄然发生,富士康全部厂区关于静音模式的标语和文件全部作废,离岗也不再过于限制时长和次数。而且较之前,基层管理人员粗暴的说话方式也有了明显改观。

**案例思考:**

请同学们用相应的管理理论解释一下为什么富士康会对"静音模式"进行调整。

# 第3章

## 管理的基本原理

管理格言:要管理,人们就需要依据一些原则,也就是说,需要依据一些被接受、被论证过的道理。法规代表了某个时期的这些道理的总和。

| 本章内容结构 | | 重要性指数 |
|---|---|---|
| 3.1 管理的系统原理 | 3.1.1 系统的概念与分类 | |
| | 1)系统的概念 | ★★★★ |
| | 2)系统的分类 | ★★★★ |
| | 3)系统的特征 | ★★★ |
| | 4)系统分析 | ★★★★ |
| | 3.1.2 系统原理相应的管理原则 | |
| | 1)整体性原则 | ★★★ |
| | 2)动态性原则 | ★★★ |
| | 3)整分合原则 | ★★★★ |
| | 4)封闭原则 | ★★★★ |
| | 5)开放性原则 | ★★★ |
| 3.2 管理的人本原理 | 3.2.1 人本原理的含义 | ★★★★★ |
| | 3.2.2 人本原理的相应原则 | |
| | 1)能级原则 | ★★★★ |
| | 2)动力原则 | ★★★★★ |
| | 3)环境创设原则 | ★★★ |
| 3.3 管理的效益原理 | 3.3.1 管理效益的含义 | ★★★★ |
| | 3.3.2 实现管理效益的途径 | ★★★ |
| | 3.3.3 实现管理效益应注意的问题 | ★★★ |
| 3.4 管理的责任原理 | 3.4.1 管理的责任原理 | ★★★★ |
| | 3.4.2 责任原理的内容与要求 | ★★★★ |
| | 1)合理分工,使每个员工明确自己的职责 | |
| | 2)明确岗位职能和权限,合理委授权力 | |
| | 3)及时公正评价,赏罚分明 | |

## 【案例导入】

海尔集团管理有个"80/20原则",即关键的少数人制约着次要的多数人。管理人员是少数,但属于关键性人物;员工是多数,但从管理角度看,即处于从属地位。从战略目标的确定到计划的制订再到实施控制,都是管理人员的职责。员工干得不好,主要是管理人员指挥得不好;员工的水平,反映了管理人员的素质。因此,出了问题就把责任推给下属,是违背管理学基本原则的行为。

有一次,海尔某公司财务处一位实习员工在下发通知时漏发了一个部门,被审核部门发现。由于该员工系实习生,没有受到任何处罚,但对于作为责任领导的财务处处长则根据"80/20原则"而罚款50元。继"80/20原则"之后,海尔管理层进一步提出了"员工的素质就是领导的素质"的观点。董事长张瑞敏对公司中层领导讲过这样一句话:"部下的素质低,不是你的责任,但是,不能提高部下的素质,就是你的责任。"

海尔的这一管理原则是要求管理者有效承担起应有的责任,防止责任下推外移。在海尔集团,各管理层干部一致认为,作为领导,没有管好员工,就不能抱怨员工的素质低。如果领导没有制订一套提高员工素质的培训机制和激励机制,那么,素质低的员工永远不会自发地提高,素质高的员工也会因为没有激励的氛围而渐渐变得素质低。如今,"只有落后的干部,没有落后的群众"这句话,在海尔已经成为经典。

现代管理必须根据管理的基本原理,建立处理各种管理活动的基本原则,只有这样才能保证管理活动有序进行。本章主要讲述管理需要遵循的几个重要管理原理。

所谓原理,是指对客观事物运动的基本规律,是最具有一般性和普遍性的真理。管理原理是对管理活动实质,对管理活动最基本的、普遍性的运动规律和管理实质的科学表述,是对管理工作进行科学分析总结而成的基本道理,它反映了管理的基本规律,是管理学在不同业务领域都能应用的概念、理论、准则和方法。原理是用来引导行为的指导思想和准则。管理的实践自古以来就存在,而管理原理则是在人类长期的管理实践活动基础上形成的。随着管理原则的进一步完善与发展,它对现代组织的管理活动具有日益重要的指导意义。管理的基本原理主要包括管理的系统原理、管理的人本原理、管理的效益原理、管理的责任原理等。

# 3.1　管理的系统原理

任何社会组织都是由人、物、信息组成的系统,任何管理都是对系统的管理,没有系统,也就没有管理。管理的系统原理不仅为认识管理的本质和方法提供了新的视角,而且它所提供的观点和方法广泛渗透到管理的人本原理、责任原理、效益原理之中,从某种程度上来说,它在管理原理的有机体系中起着统帅的作用。

### 3.1.1　系统的概念与分类

#### 1)系统的概念

世界的一切事物都具有系统的属性。所谓系统,就是由若干相互依赖、相互作用的要素所组成,并处在一定环境中为共同达到规定目标而存在的有机结合体。系统广泛存在于自然界和人类社会的一切事物之中,如在宇宙,有各种行星系统;在产业界,有工业系统、农业系统、服务业系统等。系统广泛而大量存在,因此在管理中,人们可以把任何一个组织及其环境看成一个系统。

系统必须符合下列三个条件:①要有两个以上的要素;②各要素之间存在一定的联系;③各要素之间的联系必须产生统一的功能。

#### 2)系统的分类

(1)按系统的自然属性分

按系统的自然属性分,可以分为自然系统和人造系统两大类。自然系统基本上是由自然过程形成的系统,例如生态系统、植物系统等。人造系统是指靠人类活动创造出来的系统,例如社会系统、知识系统等。

(2)按自然界进化程度分

按自然界进化程度分,可以分为有无机系统、生物机体系统及社会系统三大类。无机系统是指由自然界无机物质构成的系统。生物机体系统是指有生命特征的生物机体构成的系统,如动物系统、人体系统等。社会系统是指以人为基本单元的群体组织系统。

(3)按系统与环境的联系分

按系统与环境的联系分,可以分为封闭系统与开放系统两大类。封闭系统是指不与环境发生任何联系和交流的系统。开放系统是指与环境发生各方面联系与交流的系统。事实上,绝对封闭的系统是不存在的,只是为了解研究的需要而把一些与环境交流较少的系统看作为封闭系统。因此,封闭系统只是一个相对概念。

【课堂互动】

现代企业、学校从这种分类角度上来讲应该是什么系统? 如果现代企业是一个封闭系统,危害性是什么?

(4)按系统反馈属性分

按系统反馈属性分,可以分为开环系统和闭环系统两大类。不存在反馈的通道和机制的系统是开环系统,而系统内存在反馈的通道和机制的系统是闭环系统。

【课堂互动】

从这种分类角度上来讲一个正常的管理系统应该是开环系统还是闭环系统? 为什么?

（5）按系统的运动属性分

按系统的运动属性分,可以分为动态系统与静态系统两大类。动态系统是指系统状态会随着时间的变化而发生相应变化的系统。静态系统则是指系统状态不受时间变化的影响而保持不变的系统。实际上,世界上万事万物都处于运动中,绝对静止的系统是不存在的,关于相对静止的分类,也是为研究活动服务的。

【课堂互动】

企业、学校从系统运动属性来讲是什么系统?从与环境关系来讲是什么系统?

### 3）系统的特征

（1）整体性

每一个系统都是由若干子系统（或称要素）构成的,这些子系统之间相互联系、相互作用且服从于共同的目标,从而构成统一整体。整体的统一性决定着系统的生机与活力。如从功能上看,一所大学通常由教学子系统、科研子系统、管理子系统、后勤服务子系统等构成,它们互相配合,共同实现培养人才的统一目标。

管理同世界上一切事物一样都呈现着系统形态,又都是由相关的众多要素通过相互联系、相互作用、相互制约、有机结合而构成系统整体,也称为"复合体"。没有要素或单个要素无从复合,则不能构成系统。

（2）结构性

任何一个系统都有属性和功能,但系统要素不能直接形成系统属性和功能,必须通过"结构"这个中介来实现。结构说明系统的存在及系统要素互相联系、互相作用的内在方式。而要素间的相互关联,要素与系统的相互依存,是系统结构性的基础。有机结合的结构产生系统属性和功能,也就是系统的结构决定系统的功能。金刚石与石墨都是由碳元素所组成的,但是由于他们的结构不同,前者坚硬无比,后者却成为世界上最软的矿石。

（3）层次性

构成系统的各个子系统不但有相互联系的一面,也有各自独立的地位与作用。整体的统一,靠多层次子系统的分工与协作来实现;整体的功能,靠多层次子系统各自作用及其综合作用而发挥;整体的优化,靠多层次子系统的最佳组合而达到。如大学里有各个学院,学院里又有系,系里还设有教研室,这就是系统的层次性。当然,各系统的层次性都是相对的,一个要素相对于甲要素可能是子系统,相对于乙要素可能是子子系统。

（4）相关性

相关性是指系统内各要素之间存在相互制约、相互影响、相互依存的关系。表现为系统中一个因素的变化必然引起其他因素以至整个系统的变化。

（5）目的性

任何系统都有自己特定的目的（或目标）,它在系统中发挥启动、导向、激励、聚合和衡量的作用。没有目的,各要素是一盘散沙,系统就不能存在和运转。每个系统只能有一个总的目的,系统内的各子系统都要围绕总目标统筹运动,确定或调整子系统的具体目标必须服从总目标。

（6）全局性

每个系统都是一个相对独立的整体,它要求立足全局,对诸要素进行科学组合,形成合理的结构,使各局部性能融合为全局性能,从而发挥系统的最佳整体效应。

### 4）系统分析

在管理中我们对于管理对象进行管理,必须进行有效的系统分析,系统分析必须包括以下几个方面的内容:

①了解系统的要素。分析系统是由哪些基本因素构成的,可以分成哪些子系统。

②分析系统的结构。分析系统内部呈现什么样的组织结构,系统与子系统、子系统与子系统是如何联系的,相互作用的方式是什么。

③研究系统的联系。研究该系统同其他系统在纵向、横向方面的联系,该系统在更大系统的地位、作用如何。

④弄清系统的历史。弄清系统是如何产生的,经历了哪些阶段,呈现什么样的相互影响、制约关系。

⑤把握系统功能。弄清系统及其要素具有什么概念,系统与子系统在国内有什么样的相互影响、制约关系。

⑥研究系统的发展。弄清维持、完善与发展系统的主要因素是什么,研究改良、发展系统的战略方针与具体方案。

---

【推荐阅读】

为了更好地了解系统理论的相关内容,推荐阅读百度百科"系统管理思想"词条:
http://baike.baidu.com/view/1455971.htm

---

## 3.1.2　系统原理相应的管理原则

管理的系统原理,就是运用系统理论,对管理活动作系统分析,实施系统化的管理,以达到优化目标的一项管理原理。之所以要运用系统原理的观点,是因为人类面临的问题越来越复杂,社会生产实践范围扩大,管理因素越来越复杂,只有运用系统原理的观点去观察、分析和处理问题,才有好的效果。管理的系统观被认为是管理理论中非常重要的一个理念。

系统原理有以下几项基本管理原则:

### 1）整体性原则

所谓整体性原则就是管理者在工作中将对象看作一个由众多要素有机地结合起来的系统,从整体着眼看待各个部分和部分之间的关系,使局部服从整体,实现工作效果最佳化。系统是由两个或两个以上的要素构成的,这些要素必须统一和协调于系统的整体之中,系统的整体功能是建立在一定的要素功能的基础之上,但是系统的整体功能不是要素功能的简单相加,它通过要素之间的有机联系能发生质的变化,产生出每个要素都不可能具有的新的功能,因此,系统的整体功能应该比部分功能之和要大,管理的奥妙在于实现"整体大于部分之和"。这里的"大于"不仅指数量,而且指质量,即产生一种系统的综合功能,这种功能的产生是一种质变,它大大超过了各部分功能之和。但是如果要素功能不协调,就不能发挥出整体的优势,很多情况下,单独提高某些要素的功能并不会使整体功能提高,有时还会使其降低。

在管理中如何应用整体性原则? 这要做到以下几点:

①要考虑系统各要素的兼容性。系统是由各要素组成的,各要素是相互联系、相互矛盾的,但是如果系统各要素不融合,矛盾丛生,则难以取得整体的功能放大。现代管理是靠团队精神的,如果一个人缺乏团队意识,与团队成员水火不容,团队凝聚力、战斗力就无从谈起。

②要注重系统结构的构建。系统的功能决定于系统的结构,因此,要实现系统功能的放大必须搞好系统结构整体设计。

③要有全局观,统筹协调。当局部与整体发生矛盾时,局部利益应服从于整体利益,以达到整体的最大优化。

【课堂互动】

为什么我们说"团结就是力量""三个臭皮匠赛过诸葛亮"?

### 2)动态性原则

系统是在不断发展变化的,要在动态变化中研究系统的动态规律,搞好管理工作,这就是系统的动态性原则。动态原则是系统的运动性的体现。动态原则要求人们不能静止地看待事物,要用动态和变化的观点看待问题。在管理活动中遵循动态原则,要求要做到:

①要有前瞻意识。要分析系统的过去和现在的情况,并由此充分预测未来,以便作出具有前瞻性的正确决策。

②要有长远意识。要协调好近期利益和长远利益的关系,近期利益应当服从于长远利益。

无论看待一个组织,还是个人,既要认识在他(它)的现在,也要认清其潜质,看到未来发展,不能"一叶障目"。

## 资料链接

### 能力与待遇

主人要驮运一批货物,他把货物分成两份,平均分给驴和骡。驴看到自己背的东西和骡一样多很气愤地说:"人们给骡吃的食物比我多一倍,却让我和它驮一样重的货物。"

走了一段路以后,主人看到驴支持不住了,就把它身上的货物移一部分到骡背上。再走了一段路以后,驴更没精神了,主人又把货物移过去一部分。最后驴身上空无一物。这时骡瞪着驴说:"你现在还会认为我不该多吃一倍食物吗?"

- 判断一个人的能力,一定要长期观察才可下评论。一个组织的工作性质不同,待遇是有差别的。

③要有创新意识。随着系统及其环境的不断变化和运动,不能因循守旧,任何过去曾经行之有效的管理模式、管理措施和竞争策略都应当随着时间的推移而不断地更新。

④要有反馈意识与机制。既然系统是动态变化的,管理要及时有效应对,离不开灵敏、准确、迅速的反馈。反馈就是由控制系统把信息输送出去,又把其作用结果返送回来,并对信息的再输出发生影响,起到控制的作用,以达到预定的目的。原因产生结果,结果又构成新的原因、新的结果。反馈在原因和结果之间架起了桥梁。反馈分正反馈和负反馈两种,前者使系统的输入对输出的影响增大,后者则使其影响减少。在一般管理中追求的是负反馈效果,在劳动竞赛中追求的是正反馈。反馈的最终目的就是要求对客观变化作出应有的反应。这就要求建立信息反馈系统与制度,保证信息及时反映。

## 管理故事

### 不动的炮兵

一位年轻的炮兵军官上任后,到下属部队视察操练情况,发现有几个部队操练时有一个共同的情况:在操练中,总有一个士兵自始至终站在大炮的炮筒下,纹丝不动。经过询问,得到的答案是:操练条例就是这样规定的。

原来,条例因循的是用马拉大炮时代的规则,当时站在炮筒下的士兵的任务是拉住马的缰绳,防止大炮发射后因后坐力产生的距离偏差,减少再次瞄准的时间。现在大炮不再需要这一角色了。但条例没有及时调整,出现了不拉马的士兵。这位军官的发现使他受到了国防部的表彰。

管理的首要工作就是科学分工。只有每个员工都明确自己的岗位职责,才不会产生推诿、扯皮等不良现象。但时代是发展的,管理者应当根据实际动态情况对制度及分工及时作出相应调整。否则,队伍中就会出现"不拉马的士兵"。而之所以出现了"不拉马的士兵",是我们对一些身边常见事习以为常,缺乏反馈机制造成的。

- 时代在变,一些规则也必须与时俱进,但这要在充分反馈了解组织条件变化情况下作调整。

### 3)整分合原则

根据系统原理,任何组织都是一个复杂的社会系统,都是由相互联系的各要素、子系统构成的有机整体,其固有的特性,决定了管理者必须要在充分了解系统的环境、整体性质、功能的基础上确定出总体目标,然后根据总目标进行合理的分工或分解,以形成有序的系统结构体系,最后再按整个系统的内在必然联系科学地进行组织综合。这种对系统的"整体把握、科学分解、组织综合"的要求,就是整分合原则,也就是我们常说的"总分结合"。

概括地说,整分合原则是指为了实现高效率管理,必须在整体规划下明确分工,在分工基础上进行有效的综合。在这个原则中,整体是前提,分工是关键,综合是保证。因为没有整体目标的指导,分工就会盲目而混乱,使整体受到"五马分尸"之苦;离开分工,整体目标就难以高效实现。如果只有分工,而无综合或协作,那么也就无法避免和解决分工带来的各环节的脱节及横向协作的困难,不能形成"凝聚力"等众多问题。管理必须有分有合,先分后合,这是整分合原则的基本要求。

由于系统的层次性,从整体上看,整分合也是相对的。现代管理活动形成总体上的整分合,就具体某一方面,局部管理活动,也同样体现出许多小的、局部的整分合。

在管理中应用整分合原则,一般经过整体目标确立、系统分解、组织综合三个步骤。

(1)确立整体目标

整分合原则实施的前提条件,实质上就是从整体角度设计组织系统的结构功能,确定系统的总体目标。但这离不开对下列因素的分析:

①对系统环境的分析。根据系统原理,管理组织是一开放性系统,与外部环境密切相关。系统环境对系统本身具有一定的影响和制约作用。因此,在设计系统结构、确定系统整体目标时,必须充分了解和分析系统环境的状况以及可能对系统产生的影响,尽可能满足环境和适应环境的要求。

②对系统本身属性的分析。即包括对管理组织中存在多少构成要素或子系统;各要素或子系统的结构、功能如何;各要素或子系统之间的关系及相互作用状况如何等的分析。

(2)系统分解

科学的系统分解实质上就是把管理职能划分为各个部分并确定各部分之间的联系。对于组织成员个人及部门活动而言,表现为分工;而对目标、计划等,则为分解。例如,对不同的人分配做不同的工作,把不同的人群组成不同的部门,确定其职责,就是分工;把企业总计划分为若干不同性质的部门、个人计划,则为分解。我们这里将它们统称为分解,管理活动是一种整分合的连续统一过程。分解必须在整体把握的基础上进行符合规律的科学分解。科学的系统分解的主要要求是:

①分解要适度。任何分工,在既定条件下都有一个合理的界限,即分工所带来的系统整体效益的变化,存在着一个最佳点。通俗地说,即分工不够和分工过细都会降低系统效益。这是因为分工过细,管理者负担过重,将因顾不过来而导致管理低效,也必将增大组织成本和管理成本而影响系统效益的提高。

②分解要完全。各部分的功能必须能有机地整合为系统整体功能,不能出现"空白"或"断口"。

③分解不能出现"多余"部分和环节。出现多余部分则意味着系统的内部浪费,必将导致系统整体功能的低劣化。例如,在政府、企业组织中存在的不少不管事或劳而无功的多余机构和人员。

④分解后各部分的比例要合理。不能出现某些部分过重、过大或者不足。

⑤分解要配套。例如,分出一个部门,委以一定的职责,那么,相应的权力和条件就必须配套地分解下去。

在分解过程中,必须注意一定的人对一定的工作负全责。例如,对于企业,无论如何分解,厂长必须对企业的生产、管理、经营活动、社会责任等负全责。

(3)组织综合

为了避免系统分解活动所带来的诸如部门间的脱节、各行其是、部门利益冲突、横向协调难等问题,在系统内按照系统内在的联系把各部门、各环节有效地结合起来,协调它们之间的关系,使各部门相互支持,相互配合,使整体力量集中到整体目标的实现上来。

组织综合主要包括以下几方面的工作:

①合理确定各个局部之间的相互协作、相互联系,以此减少不必要的相互隔绝、脱节和相互牵制。

②合理调节各个局部、个人利益之间以及它们与系统整体利益之间的关系。

③以有效的信息反馈和沟通去实施及时的指挥和控制。

④始终把握整体目标,从总体目标去统一各部分的思想和行为。

在管理中应用整分合原则应该注意分工并不是现代管理工作的终结。分工也不是万能的,它也会带来许多新问题,分工的各个环节,特别容易在相互联系方面产生新的脱节,在相互影响方面产生新的矛盾,在需要协调方面产生新的问题。因此,必须进行强有力的组织管理,使各个环节同步协调,有计划按比例综合平衡地发展,才能创造出真正高水平的生产力。这就是有分有合,先分后合。如果只分工而不进行强有力的组织综合,其效能可能还不如一个自给自足的"大而全""小而全"。现在有些企业将一些零部件分解出去,进行专业化生产,甚至跨越了国界,如果国家和地区设置了重重障碍,企业与新的生产零部件单位分而治之,又缺少有效的经济手段加以制约,零部件供应的时间、数量和质量反而得不到保证。

现代管理强调分工,但管理本身的功能是不能分解的。管理的基本原则:一定的人对所管的一定的工作完全负责。每个独立功能单位实行分工以后,它就必须具有完全的管理功能。因此,它所管理的内容(人、财、物等)是不能分解的,必须在一条管理线上,集中于它这个独立功能单位内。在整个生产过程中,输入管理线(供)的是人、财、物,最后从管理线上输出(销)的还是人、财、物。如果这个功能单位对自己的人、财、物没有足够的管理权,那么管理就只剩下形式的外壳,从而失去了调节运筹的力量,也就不能构成有活力的运动了。供、产、销是人、财、物运动的必然流程,理所当然不可分解,否则无从考核人、财、物运动的效果。因此,确保基层独立功能单位在管理人、财、物方面有必要的自主权,是现代管理必须遵循的原则。

### 4)封闭原则

封闭原则是指在任何一个管理系统内部,管理手段、管理过程等必须能够形成一个连续封闭的回路,才能形成有效的管理活动。该原则的基本精神是企业系统内各种管理机构之间,各种管理制度、方法之间,必须具有相互制约的管理,管理才能有效。系统的封闭原则有三个方面的含义。

(1)管理过程的封闭性

一方面,管理过程由计划、组织、领导、控制等职能所组成,这些职能必须形成一个封闭的回路。制订了计划就应该监督、检查,并根据情况进行奖惩;另一方面,管理过程是动态发展的,一个管理过程完结后,在总结经验情况下,下一轮管理过程在一个新台阶上继续连续不断地进行。

(2)控制反馈过程的封闭性

一个完善的管理控制系统,应该实行闭环控制,有信息的发出也有消息回收,以便管理者根据信息反馈情况及时调整管理的政策与措施,使管理系统处于控制状态(见图3.1)。

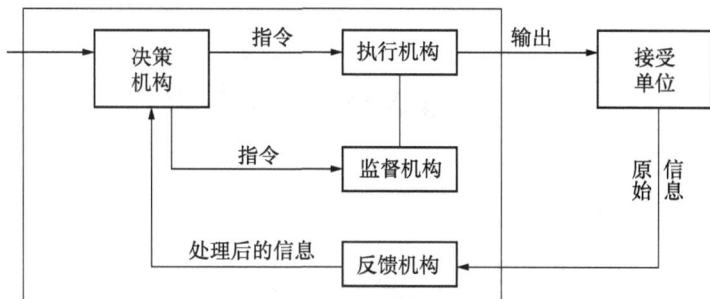

**图 3.1 管理系统机构的相对封闭回路图**

（3）管理权力的封闭性

为了有效实现管理职责，必须根据管理职责的大小赋予每个职能机构、不同管理层次相应的管理权力，但为了保证权力不滥用，还必须实现权力的相互制衡、相互监督，构成权力相互制衡的一种封闭系统。一个健全的管理机构应当由决策、执行、监督和反馈机构四部分组成。指挥中心是决策机构，管理的起点就是由决策机构发出指令。指令一方面通向执行机构，另一方面又发向监督机构，监督执行的情况。指令执行结果输入反馈机构。反馈机构对信息处理，比较指令执行结果与指令的差距后，返回决策机构，使决策机构根据情况发出新的指令，这就形成了管理的封闭回路。

**【小思考】**

为什么控制反馈过程必须要封闭？不封闭会怎样？同学们试想一下，我们参加期末考试，而期末考试成绩迟迟不出来，我们能知晓学习效果好坏吗？

### 5）开放性原则

开放是系统的生命。开放原则是系统的环境适应性的体现。所谓开放性原则就是系统为了保持对环境的适应性，必须不断地与外界进行信息、技术、物质、能量等的交流，才能保持系统的活力，才能适应环境的变化。根据系统论的研究结果，只有开放系统才能从无序走向有序，而且只有具有良好的环境适应性的开放系统才能很好地得到发展。因此，仅仅对系统内部有深入的了解并进行良好的整合是不够的。开放原则要求对系统的环境进行深入的调查和研究，分析系统输入和输出的类型和性质，评价系统和环境之间的协调关系以及系统的环境适应能力，预测环境的变化趋势，并作出系统应对这些变化的科学决策。

在管理工作中，那些试图把本系统封闭起来与外界隔绝的想法和做法都是错误的。中国因近代闭关锁国而落后，近三十多年来因改革开放而迅猛发展，成为世界第二大经济体，就是活生生的例子。因此，我们要不断地加强系统内部与外在环境的联系，不停地从外在环境中吸收各种能量、信息、技术和物质，增强系统的活力，推动系统不断向前发展。

# 3.2 管理的人本原理

## 3.2.1 人本原理的含义

管理的人本原理就是管理要以人为中心,一切以调动人的积极性、创造性为根本。

管理学中讲的人本就是在管理中坚持以人为根本、以人为目的并使人性得到充分发展的管理原理。管理的人本原理要求要从管理者的角度对人的本质属性的认识和理论探讨。这种原理认为,人是管理系统中最活跃、最有能动性、最有创造性的要素,管理活动中的一切工作都离不开人,人在管理中居于核心的地位,尊重人、依靠人、为了人、发展人、做好人的工作,这是做好管理工作的根本。因此要求管理者在一切管理活动中,要重视处理人与人之间的关系,充分调动人的主动性和创造性,做到人尽其才,使管理对象明确组织的整体目标和自己所担负的责任,自觉地、主动地为实现整体目标努力工作。从"物本管理"到"人本管理",是本世纪初管理理论与实践发展的主要特点之一。

**【小思考】**

一家零售公司的老板告诉他的一位分公司经理:"你不可能告诉我任何我没想过的问题,因此除非我问你,什么也不用告诉我,明白吗?"

请问假若你是这位分公司经理,你的自尊心、情绪与积极性会受影响吗? 为什么?

社会越是向前发展,就越要强调以人为本,显示人的自我价值。工业化时代组织的发展靠资本,知识经济时代,组织的发展靠"知本",而人是载体,管理诸要素中人是第一位的,任何管理活动的全部要素和整体过程都需要人去掌握和推动。没有人在整体上对其他管理对象的合理使用,就不可能实现管理目标。

**资料链接**

### 南风法则

北风和南风比威力,看谁能把行人身上的大衣脱掉。北风首先来一个冷风凛冽、寒冷刺骨,结果行人把大衣裹得紧紧的。南风徐徐吹动,顿时风和日丽,行人觉得春意上身,始而解开纽扣,继而脱掉大衣,南风获得了胜利。

北风和南风这则寓言形象地说明了一个道理:温暖胜于严寒。领导者在管理中运用"南风"法则,就是要尊重和关心下属,以下属为本,多点人情味,使下属真正感觉到领导者给予的温暖,从而去掉包袱,激发工作的积极性。

随着生产和科技的发展,劳动者在工作中已不仅仅是一种简单的体力支出,那种把人视为机器的附属物强制性的管理方法也逐渐被淘汰,因为它不能适应现代化大生产特别是高科技生产管理的需要。现代管理思想更加重视如何刺激生产者的积极性和主动性,重视如何处理人与人之间的关系。人本管理要求每个管理者必须认识到,人是生产力中最活跃的因素,人的能动性发挥得如何,不仅直接关系到生产力水平的高低,还关系到现代科学技术的发展。实践证明,人的能动性发挥的程度与管理的效应成正比,人的能动性发挥的程度高,管理的效应就好;人的能动性发挥的程度低,管理的效应就差。因此,现代管理科学把人本理论的研究列为它的核心内容,强调把人的因素放在第一位,强调按人的运动规律进行管理,充分发挥人的能动性。这是现代管理发展的趋势。

概括地说,在企业管理中,人本原理有以下几个要点:

(1)员工是组织的主体

员工应该受到尊重、重视与赏识。管理是人的活动,管理的主体是人,管理的最主要的客体也是人,人是管理中唯一具有生命力、创造力和自主意识的要素。管理者一定要正确认识人、依靠人,强调适度分权,员工参与管理,激发员工的主人翁精神,使员工为了共同的目标而自觉地努力奋斗,从而提高工作效率。国外一些企业实行股权分散化和大众化,吸引更多的员工关心和参与企业的管理工作,这就是人本观的具体应用。

一个成功的管理者在管理中要调动员工积极性,充分尊重、重视与赏识是很重要的人本管理艺术。

## 资料链接

### 玫琳凯用人之道——让员工知道你赏识他们

玫琳凯告诫管理者要经常让下属知道你是多么赏识他们。因为还没见过不喜欢被赞美的人,甚至只是称赞准时上班,对方就知道你重视守时。"我认为那真是太好了,杰克,你每次都能在8点钟准时上班。我真敬佩能够守时的人。"对你的下属说这些话,你会发现他以后迟到的次数就更少了。

在玫琳凯公司,美容顾问和业务督导被放在最崇高的地位。业务督导到总公司参观时,我们会铺红地毯欢迎她们,公司的每一个人也会盛情地招待她们。

玫琳凯公司会给优秀的业务督导授予粉红色的凯迪拉克轿车的使用权。之所以选择凯迪拉克,因为这个品牌是卓越的典范。人们总是认为能够驾驶粉红色凯迪拉克的业务督导是非常出色的,这表示她在公司获得了相当重要的位置。当然,一旦她得到了如此重要的地位,她就再也不愿放弃此项殊荣了,会为此不断努力。

● 赞扬比批评更有效果。学会赏识是领导有效激励的方法。

(2)管理者应重视满足员工的合理需要

组织行为学认为,需要是人类行为的动力源泉。人的需要可分为生理需要、安全需要、社交需要、尊重需要和自我实现需要等多方面,满足员工的这些合理需要,将会极大地调动人的积极性,同时也有助于人的良好个性的形成。

(3)人尽其才、才尽其用

人尽其才、才尽其用是实现人本管理的关键。要达到这一目的,要根据组织发展的需要聚才。要以伯乐识马精神,把各类人才聚集在组织的旗帜下。但这仅仅完成了第一步,最重要的是充分发挥每一个人的能力,人尽其用,才能调动成员的积极性、主动性和创造性,才能使他们自觉地为组织的目标而努力奋斗。

**资料链接**

### 用人之道

去过庙的人都知道,一进庙门,首先看到的是弥勒佛,笑脸迎客,而在他的北面,则是黑口黑脸的韦陀。但相传在很久以前,他们并不在同一个庙里,而是分别掌管不同的庙。

弥勒佛热情快乐,因此来的人非常多,但他什么都不在乎,丢三落四,没有好好地管理账务,因此依然入不敷出。而韦陀虽然管账是一把好手,但成天阴着个脸,太过严肃,搞得人越来越少,最后香火断绝。

佛祖在查香火的时候发现了这个问题,就将他们俩放在同一个庙里,由弥勒佛负责公关,笑迎八方客,于是香火大旺。而韦陀铁面无私,锱铢必较,则让他负责财务,严格把关。在两人的分工合作中,庙里一派欣欣向荣景象。

- 在好人的眼里,没有废人,关键看如何运用。

### (4)管理就是服务

管理者要为组织成员实现其自身价值创造条件,重视建立和谐的组织内部人际关系和良好的组织公共关系。

**资料链接**

### 偷鸡的员工

某宾馆经理接到处分职工王大成的报告,他觉得问题不太清楚,就作了一番调查。事实是王大成的母亲患病住院,他母亲想喝鸡汤。由于王白天上班,晚上去医院陪母亲,连去市场买鸡的时间都没有。在这种情景下,他在餐厅里偷了一只鸡,犯了错误。经理了解了情况以后,批准了餐厅对王作记大过一次、扣发当月奖金。然后带着慰问品去医院看望王的母亲,并对他母亲说:"王大成在工作中表现很好,在家里对你也很孝顺,他是你的好儿子。"患病的母亲含笑听着。次日,经理找王大成谈话,先肯定他工作好,接着又指出偷公家东西是十分错误的,并征求其对处分的想法。

王大成对这种赏罚分明、合情合理的处理十分感动,并表示自己错了,愿意接受这种处分。这时,经理离开座位说:"你母亲生病半个多月,我们都不知道,没有给予关心,我们很对不起你。"说后,经理毕恭毕敬地向王大成鞠了一个躬。

## 3.2.2 人本原理的相应原则

### 1)能级原则

"能级"是从物理学中借用过来的词,原意是指原子由原子核和电子构成,电子由于具有不同的能量,就按照不同的轨道沿原子核运转,即能量不同的电子处于不同的相应能级。这种物理现象在管理上同样存在。能级原则是指在现代管理中,机构、法和人都有能量问题,根据能量的大小可以建立一定的秩序、一定的规范或一定的标准,要注意培养与发挥下属的能力。树立能级观念的目的在于如何盘活人这一宝贵的资源。正确贯彻能级观念,要求注意以下几点:

（1）能级管理必须按层次进行

根据能级来考察,一个稳定的组织能级结构应呈正三角形态。从三角形的顶端往下看,第1层负责战略的制订,第2层在战略指导下进行各种具体政策的制定,第3层是执行各种管理指令,第4层是从事具体的操作,完成工作任务。也就是高层"要做正确的事"（Do the Right Thing）,其他管理层次"要正确做事"（Do the Thing Right）。由此可知,管理组织的正三角形态是一种全稳态能级结构系统,有利于政出一门、令行统一,是一般组织较理想的能级结构。

（2）不同能级应该表现出不同的权利、责任和利益

权力、责任、利益是能量的外在体现,只有与能级相对应,才符合能级原则。

（3）各能级必须动态对应

人有各种不同的才能,各种管理岗位有不同能级。现代管理必须使有相应才能的人处于相应能级的岗位上,人尽其才,各尽所能,这样的管理体制才能形成稳定的结构,能持续而高效地运转。

（4）必须要最大限度地培养与发挥下属的能力

管理就是管理者让别人完成自己要做的事情。因此,组织管理者就必须注重组织成员能力的培养,提供给他们施展才能的场所,采取发挥他们工作主动性与创造性的管理方法,组织的发展才有人才保证。

**资料链接**

### 留个缺口,网开一面

一位著名企业家在作报告,一位听众问:"你在事业上取得了巨大的成功,请问,对你来说,最重要的是什么?"

企业家没有直接回答,他拿起粉笔在黑板上画了一个圈,只是并没有画圆满,留下一个缺口。他反问道:"这是什么?""零""圈""未完成的事业""成功",台下的听众七嘴八舌地答道。

他对这些回答未置可否:"其实,这只是一个未画完整的句号。你们问我为什么会取得辉煌的业绩,道理很简单:我不会把事情做得很圆满,就像画个句号,一定要留个缺口,让我的下属去填满它。"

留个缺口给他人,并不说明自己的能力不强。实际上,这是一种管理的智慧,是一种更高层次上带有全局性的圆满。

- 给猴子一棵树,让它不停地攀登;给老虎一座山,让它自由纵横。也许,这就是企业管理用人的最高境界。做事不要奢求完美,这个世界上不存在真正的完美,要记住,

对于管理而言,完美本身也是一种缺陷。

### 2)动力原则

动力原则是指管理必须有强大的动力,促使各种管理要素有效地发挥作用,产生强大的合力,使管理运动持续而有效地进行。动力是驱使人们不断前进的一种内在力量。管理活动要持续有效地进行下去,就离不开能源,离不开动力。动力不仅是管理活动的动因、源泉,而且动力运用得正确与否,制约着管理是否能够有序地进行。

现代管理的动力包括三种:

①物质动力。物质动力包括对个人的物质报酬、奖励以及企、事业单位创造出最佳的经济效益。不仅是物质刺激,更重要的是经济效果。经济效果是检查管理实践的标准。

②精神动力。精神动力既包括信仰、精神刺激,也包括日常思想工作(解除思想顾虑)。精神动力不仅可以补偿物质动力的缺陷,而且本身就有巨大的威力,在特定情况下,它也可以成为决定性动力。

③信息动力。信息是现代管理的重要动力。人们在信息的收集、处理和交流中,可以发现自己的不足,会产生前进的动力。对组织而言,信息是效率的基础;对个人而言,掌握信息、知识多的人,就有生活动力。

### 【小思考】

为什么信息是一种动力?同学们设想一下,如果一项考试成绩下来,平时与你成绩差不多的同学考得比你高,你内心会怎样?两个水平相当的企业,突然出现一个企业各方面指标超过自己时,本企业会有怎样的反应?

现代管理运用动力原则要做到以下几点:

①三种动力要综合协调运用。三种动力往往同时存在于一个管理系统中,不同管理系统三种动力是不会绝对平均的,必然有所差异。就是同一系统随着时间、地点、条件的变化,三种动力和比重也会随之变化。现代管理就是及时洞察和掌握这种差异和变化,综合而又灵活地使用。

②要处理好集体动力与个体动力的关系。组织都是由个人所组成的。组织和个人是不可分割的,是相互影响、相互联系的,在管理中要以集体动力为基础,充分发挥个人动力的作用,以获得最佳的管理效果。

③正确掌握刺激量。管理的三种基本动力,都有一个适当量的问题。它们中的任何一种,刺激量过小,起不到激励作用,刺激量过大,会产生抑制或干扰作用,同样起不到激励作用。在管理中只有掌握了各种动力的高效量,才能发挥最大的激励作用。然而这个高效量并不可能定出一个具体数量,而必须在管理过程中,根据本地区社会环境、经济基础、文化发展水平、本部门及个人的具体情况而定。

### 【课堂讨论】

某高校开展青年教师课堂教学竞赛,规定一等奖给予800元奖励,二等奖奖励500元,三等奖奖励200元。竞赛采取自愿报名,系部初赛选拔,推荐学校参赛方式。结果一些系没有老师参加,认为费力不讨好,个别系主任只有采取指定新来教师参加。请问为什么老点的教师不愿参加?你是校领导应该在哪些方面做些改进呢?

### 3）环境创设原则

环境创设原则就是要为员工创造出适应其全面发展的环境。环境或氛围会影响每个员工的行为,环境具有引导性质。

现代管理强调自我管理,人人都是管理者,要引导组织成员走上自我管理之路,使组织成为个性化发展的场所,必须创设与上述要求相符合的环境,使组织成员在此环境中能够个性化发展,能够自我管理。好的环境让人奋进,激发潜能;差的环境使人沉沦、消极。环境条件的好坏从某种意识上影响员工自由个性的发展。因此,以人为本的管理要重视组织环境的创设。

在管理中遵循环境创设原则要做到以下三个方面:

（1）要尽可能创造较好的物质环境

这些物质环境,包括工作条件、设施、设备、文化娱乐条件、生活空间安排等。良好的物质条件可以为员工开展科技创新活动,搞好发明创造等奠定物质基础。

（2）要搞好软环境建设

软环境是一个组织的工作氛围、政策、规章、组织文化、人际关系等。把成长、竞争机制引入组织良好的软环境,有利于潜移默化地影响人们的行为,引导员工的行为与组织目标相一致,员工的发展与组织共成长,为员工自由个性地发展创造良好氛围。

（3）要形成一种欣赏与赞美的领导环境氛围

在一个组织中,调动与激发员工积极性,与领导的艺术与方法有关。一味地批评、诋毁、贬低员工,要么会使员工产生自卫心理,听不进意见,抵御行为的改进;要么产生沉沦等消极心理,采取"破罐子破摔"的消极行为,不利于行为的改善。有效的领导艺术,在一个组织就是要形成一种学会赞美、学会珍视的领导氛围。在赞扬与珍视中,让员工意识到他自身的价值,从而主动去为你工作。管理者应尽量少地去批评员工,正面评价才是培养长期行为的较好方法。批评充其量只是应急时使用的一种权宜之法。

## 管理故事

### 石头的价值

曾经有一个孤独的孩子,常常悲观地问年长的智者:"像我这样没有人看得起的孩子,活着究竟有什么意思呢? 生命的价值又在哪里呢?"

有一天,智者把男孩叫到跟前,递给他一块色彩斑斓的石头,并对他说:"明早,你拿这块石头到市场去卖;但不是真卖,记住,不论别人出多少钱,绝对不能卖!"

男孩满腹狐疑,心想:这块石头虽然还不错,但怎么会有人肯花钱买呢?

第二天,男孩蹲在市场角落叫卖,意外地有好多人要向他买这块石头,而且价钱越出越高。回到院内,男孩兴奋地向智者报告:"想不到一块石头值那么多钱!"

智者笑笑:"明天你拿它到黄金市场去,记住,不论人家出多少钱都不能卖。"

在黄金市场中,有人出比昨天高十倍的价钱要买那块石头,令男孩大为惊讶,但他谨记智者的话,怎么都不卖。

第三天,智者叫男孩拿石头到宝石市场上去展示。结果,石头的身价较昨天又涨了十倍,更由于男孩怎么都不肯卖,于是被市场传播成"稀世珍宝"。

男孩兴冲冲地将这一切告诉智者,智者徐徐说道:"人的生命价值就像这块石头一样,在不同环境下就会有不同的意义,你明白吗?"

男孩不解地、迷惑地摇摇头。

"一块不起眼的石头,由于你的珍惜而提升了它的价值,被说成是稀世珍宝,你不也像这块石头一样吗?"只要自己看重自己,热爱自己,生命就有了意义,有了价值。"石头"可以因被人珍惜而提升价值,那么,人也可以被很好地任用而提升价值。

- 一切从赞美开始,作为管理者,应该通过强调重视、欣赏和表扬员工做的好的事情,强化员工"把事情做好"的意识,这有助于让他们以一种更加积极的态度对待工作。

---

【即问即答】

在组织的管理中经常会出现这种情况,一个人往往默默无闻,不被领导问津,不受重用而提出调离或辞职,这时领导总以你是人才而以挽留。结合石头的价值的管理寓言说明为什么会出现这种情况? 你是管理者应该如何去做?

---

# 3.3　管理的效益原理

## 3.3.1　管理效益的含义

效益原理就是现代管理的目标,在于创造最佳效益,实现经济效益与社会效益的统一。

效益原理要求各项管理活动都要始终围绕系统的整体优化目标,通过不断提高效率,使投入的人力、财力、物力、信息、时间等资源得以充分、合理、有效地利用,从而产出最佳的管理效益。

效益和对效益的不断追求是管理活动的永恒主题,任何组织管理的最终目标都是为了追求和获取效益。所谓效益是指资源的投入与产出比例。管理活动的出发点和归宿,在于用最少的投入得到最多的产出,以最小的消耗换取最大的效益,为社会提供有价值的贡献。

管理效益包括经济效益和社会效益两个方面。经济效益是指人们在消费了一定量的活劳动和物化劳动后所能实现取得的产品量的大小;社会效益则指人们在消耗了一定量的活劳动和物化劳动后实现社会目标的程度。效益是经济效益和社会效益相结合的整体,经济效益和社会效益既相互联系,又相互区别。经济效益是社会效益的基础,而社会效益又是促进经济效益提高的重要条件。但经济效益较社会效益直接、显见,它可以运用若干个经济指标来计算和考核,而社会效益则难以计量,必须借助于其他形式来间接考核。因此,在管理活动中,管理者既要高度重视经济效益,也要重视社会效益,要把两者有机结合起来。管理

的效益观包括以下几个要点:

①效益是管理活动结果的体现。不同的管理方式会产生不同的结果,带来不同的效益。有效的管理会带来正效益,而管理不善会产生负效益。

②树立正确的效益观。管理工作必须克服在传统体制下以生产为中心的管理思想,转变为以效益为中心,克服片面追求产值,盲目扩大规模的粗放型增长倾向,追求效益应成为管理活动的出发点与归宿。

③正确处理一些重大关系。如效率、效果与效益的关系,局部效益与整体效益的关系,经济效益与社会效益的关系,短期效益与长期效益的关系等。

---

**【课堂互动】**

我国许多草原牧场,因为牧民重一时之利,草原过度超载放牧,导致草原被破坏、沙漠化,草原生态被严重破坏,这是重视了什么利益,忽视了什么利益?

---

### 3.3.2 实现管理效益的途径

(1)加强科学预测,提高决策的正确性

组织要实现理想的管理效益,首先必须确保组织决策的正确性,这是取得管理效益的前提和基础。而决策的正确性必须要以科学的预测为依据。所谓预测是指根据过去和现在的已知因素,运用人们的知识、经验和科学方法,对未来进行预先估计,并推测事物未来的发展趋势的活动过程。通过预测,就能比较准确地把握市场需求、技术、人力资源等环境因素的变化趋势,从而为组织确定经营方针、资金投向、生产规模等重大决策提供可靠依据,提高决策的准确性和经营管理活动的预见性,避免或减少因计划不周、决策失误而造成的经济损失和资源浪费。

(2)优化组织结构,增强组织的运作效率和适应性

组织结构是组织正常运营和提高经济效益的支撑和载体。现代组织如果缺乏良好的组织结构,没有一套分工明确、权责清楚、协作配合、合理高效的组织结构,其内在机制就不可能充分发挥出来。一个组织如果不能根据外部环境的变化,及时调整、创新和优化组织结构,就会影响管理效能和组织效益的提高。因此,建立合理高效的组织结构,增强组织的运作效率和适应性对提高管理效益具有十分重要的意义。

(3)实施有效控制,确保组织目标的充分实现

组织要实现理想的管理效益,就必须使组织的各项活动按照预定的计划运作,避免或尽量减少计划执行中的各种失误和偏差。这就要求对组织的活动进行有效的控制,控制资源的消耗,减少成本与费用。只有通过控制才能有效地监督组织各项计划的落实与正确执行,才能发现计划与实际之间的差距,找出原因,及时采取补救措施,使计划不断地完善。失去有效的控制,组织计划就难以落实,组织的管理效益就不可能实现。

(4)及时评价成果,提高员工的积极性

一段时期的组织管理目标实现后,要及时对目标成果进行评价、总结。凡是对目标实现

有贡献的员工要进行公平合理的奖励;对工作懈怠、缺乏责任心的员工要进行惩罚,以维持和调动组织成员饱满的工作热情和积极性。同时,要及时总结经验教训,制订新的奋斗目标,实现组织。

(5)现代管理要不断创新,追求长期的、稳定的高效益

现代社会时时处处充满着激烈的竞争,如果一个组织只满足于眼前的经济效益水平,而不以新品种、高质量、低成本迎接新的挑战,就会随时有落伍甚至被淘汰的危险。因此,现代管理者必须有远见卓识和改革创新精神,随时想着明天。如果只追求当前经济效益,不保持必要的技术储备,不及时地维修设备,不进行必要的技术升级换代,不注重员工成长,这样的话,必然损害今后长远的管理效益。只有不断增强组织可持续发展和创新能力,积极进行组织的技术改造、技术开发、产品开发和人才开发,搞好精细化管理,才能保证组织有长期稳定的较高经济效益,才能使组织持久地兴旺发达,尽可能大地提高组织的管理效益。

**资料链接**

### 煮鸡蛋

一个中国人和一个德国人每天早餐都是一杯牛奶一个鸡蛋,中国人把鸡蛋往锅里一放,然后出去洗漱或干点别的,等再回来鸡蛋就煮好了。但德国人会用一个差不多刚好装得下一个鸡蛋的专门容器,下面焊一托盘,然后加满水,1分钟水就开了,3分钟就关火。关火之后他们利用余热再煮3分钟,把鸡蛋煮到刚刚达到营养价值最高的状态。接下来用凉水泡3分钟,使这个蛋很好打开,德国人认为这样做很标准。跟中国人相比,他们节约了4/5的水、2/3的热,同时还让鸡蛋达到了最佳的营养状态。

- 效益的实现来自于科学认真的态度与方法,只有在做任何事时都有科学计量才能不断降低成本,提高效益。

【小思考】

从效益原理的角度,这个管理故事中蕴含了什么道理?

## 3.3.3 实现管理效益应注意的问题

(1)要树立全局效益观

任何一个组织都是由若干个要素组成的系统,系统内的每一个要素都有自己的局部利益,都会追求自己的局部效益。因此,在组织的管理活动中,要正确处理好局部效益与全局效益的关系,一方面要善于从全局着眼,从部分入手,统筹考虑,各方协调,加强两者的统一。局部效益好,就有可能带动全局效益。另一方面,要树立全局观念,局部要服从全局。如果全局效益差,局部效益的提高就难以持久。

(2)要正确处理好长期效益与短期效益的关系

组织要得到持续高效的发展,就不能只满足于当前短期效益。要有长远眼光,善于追求长期稳定的高效益。如果组织只满足于眼前的经济效益水平,不能根据市场需求的变化,开

发生产出各种新产品,那么随时有落伍甚至被淘汰的危险。著名管理学家德鲁克在《管理、任务、责任和实践》一书中指出:"如果管理人员只限于做已经做过的事情,那么,即使外部环境和条件资源都得到充分利用,他的组织充其量不过是一个墨守成规的组织。这样下去,很有可能造成衰退,而不仅是停滞不前的问题,在竞争的情况下,尤其是这样。"因此,组织要高瞻远瞩,开拓进取,积极创新,只有这样,才能在激烈的市场竞争中站稳脚跟,赢得优势,取得长期稳定的经济效益。

(3)要处理好经济效益与社会效益的关系

企业发展在追逐经济效益的同时,为了有好的发展环境、为了树立企业的社会形象,企业要重视社会效益,要有社会责任,承担一定的社会义务,要体现社会效益,只有这样才能使社会经济和谐健康的发展。

**资料链接**

### 鲸鱼搁浅的悲剧

我们时常听到关于不少鲸鱼搁浅海滩的报道,有些新闻说是这些鲸鱼在集体自杀,并对它们自杀的原因感到困惑。鲸鱼研究专家在对鲸鱼进行跟踪研究的过程中发现,它们之所以被搁置在海滩甚至暴死滩头,是因为它们追逐沙丁鱼的缘故,是这些微小的沙丁鱼群将这些庞大的鲸鱼引入死亡的歧途。

- 鲸鱼是因为追逐眼前的小利而死亡的,它们经不起蝇头小利的诱惑,将自己巨大的潜能和力量耗费在没有多少意义的小事情上,结果葬送了自己的生命。如果目标选得不好,结局是一样的悲惨。

**【课堂互动】**
鲸鱼搁浅的悲剧说明了什么?

# 3.4 管理的责任原理

## 3.4.1 管理的责任原理

所谓责任原理,是指在管理活动中,为了实现管理的效率和效益,在合理分工的基础上,明确规定各部门和每个人必须完成的工作任务和必须承担的与此相应的责任与利益。因此,又称为权责利相称原理、权责利对等原理。这里的责任,不是一个抽象的概念,而是在数量、质量、时间、效益等方面都有严格要求的行为规范,表达责任的形式有各种流程、制度、规章、计划、指标等。

在实际活动中要提高工作的效率和效益,充分发挥人的潜能,明确责任是最有效的方式。在组织的实际管理中人总是有所惰性的,完全靠组织成员自觉行为去完成工作是不现实的。在合理分工的基础上,明确责任,就能有效完成组织的目标。职责是组织整体赋予组织成员任务,也是维护组织正常秩序的一种约束力。

**【小思考】**

我国的经济改革是从农村开始的,而农村改革的起点正是包产到户。"交够国家的、留足集体的、剩下全是自己的",中国农民长期受"大锅饭""平均主义"压抑的生产积极性,在这几句朴素话语的鼓舞下得到了最大程度的爆发,并在最短的时间内奇迹般地解决了困扰中国上千年的吃饭问题。为什么联产承包责任制会产生如此威力?

### 3.4.2 责任原理的内容与要求

#### 1)合理分工,使每个员工明确自己的职责

为了进行有效管理,确保组织目标的充分实现,必须要将组织的计划、目标进行分工,在合理分工的基础上,确定每一个员工的职位,明确规定各职位应担负的任务。

分工,是生产力发展的必然要求。在合理分工的基础上确定每个人的职位,明确规定各职位应担负的任务,这就是职责。

为了使职责的完成落实到实处,责任必须细化、数量化,有明确的界定。具体来讲有以下四个要求:

首先,职责界限要清楚。在实际工作中,工作职位离实体成果越近,职责越容易明确。应按照与实体成果联系的密切程度,划分出直接责任与间接责任、实时责任和事后责任。例如,在生产第一线的,应负直接责任和实时责任,而在后方部门和管理部门的,应负间接责任和事后责任。

其次,职责内容要具体,并要作出明文规定,才便于检查与考核。

再次,职责中要包括横向联系的内容。在规定某个岗位工作职责的同时,必须规定同其他单位、个人协同配合的要求,只有这样,才能提高组织整体的功效。

最后,职责一定要落实到每个人,只有这样,才能做到事事有人负责。没有分工的共同负责,实际上是职责不清,无人负责,其结果必然导致管理上的混乱。

**资料链接**

#### 海尔的定责

在海尔没有什么东西是没人负责的,大到一个部门、事业部的工作,由部门或事业部领导负全责以外,小到一个开关谁是责任人、谁是监督负责人在上面都有明确标注;一块玻璃的清洁该谁负责都是标明了的。比如冰箱车间、办公室、材料仓库有2 964块玻璃,每一块玻璃规定由谁负责擦拭。海尔还把冰箱生产分解为156个工序、545个作业。作业标准和动作、个人责任和奖罚都被明确地规定在《质量价值手册》里。这样事事、物物都有人负责,就

有效防止了工作的推诿与无人负责的情况,使各项管理都在监控与可追溯之中。

● 职责不明、职责不清是许多管理无效的真正原因。

【小思考】

在现实生活中一个组织"降成本、提效益"是有许多潜力的,在学校为什么教室会出现长明灯? 卫生间出现长流水? 怎么管理才有效?

### 2)明确岗位职能和权限,合理委授权力

在合理设计了组织结构,明确规定了各部门和个人的职责之后,怎样才能发挥人的工作积极性,做到对工作完全负责呢? 一定的人对所管的一定的工作能否做到完全负责,取决于以下三个因素。

（1）权限

明确了职责,就要授予相应的权力。实行任何管理都要借助于一定的权力。管理总离不开人、财、物的使用。如果没有一定的人权、物权、财权,任何人都不可能对任何工作实行真正的管理。职责和权限虽然很难从数量上画等号,但有责无权,责大权小,遇事都得请示上级,由上级决策、上级批准,当上级过多地对下级分内的工作发指示、作批示的时候,实际上等于宣告此事下级不必完全负责。因此,明智的上级必须克制自己的权力欲,要把下级完成职责所必需的权限全部委授给下级,由他去独立决策,自己只在必要时给予适当的帮助和支持。只有这样,才可能使下级具备履行职务责任的条件。

（2）利益

权限的合理委授,只是完全负责所需的必要条件之一。完全负责就意味着责任者要承担全部风险。而任何管理者在承担风险时,都自觉不自觉地要对风险与收益进行权衡,然后才决定是否值得去承担这种风险。为什么有时上级放权,下级反而不要,宁可捧"铁饭碗"吃"大锅饭"? 原因就在于风险与收益不均衡,没有足够的利益可图。当然,这种利益,不仅仅是物质利益,也包括精神上的满足感。

（3）能力

能力是完全负责的关键因素。管理是一门科学,也是一门艺术。管理者既要有生产、技术、经济、社会、管理、心理等各方面的科学知识,又需要处理人际关系的组织才能,还要有一定的实践经验。科学知识、组织才能和实践经验这三者构成了管理能力。在一定时期,每个人的时间和精力有限,管理能力也是有限的,并且每个人的能力各不相同。因此,每个人所能承担的职责也是不一样的。有的人能挑一百斤,有的人只能挑五十斤。只能挑五十斤的人硬要他挑一百斤,其结果只能是:或者依靠上级,遇事多多请示,多多汇报;或者主要依赖助手,遇事就商量和研究;或者凑合应付,遇事上推下卸,让别人去干。这样,也不可能做到完全负责。

## 管理故事

### 挑水别忘了挖井

有两个和尚分别住在相邻的两座山上的庙里。两山之间有一条溪,两个和尚每天都会在同一时间下山去溪边挑水。久而久之,他们便成了好朋友。

不知不觉,时间在每天的挑水中,一晃就是五个春秋。

忽然有一天,左边这座山的和尚没有下山挑水,右边那座山的和尚心想:"他大概睡过头了。"便不以为然。哪知第二天,左边这座山的和尚还是没有下山挑水,第三天也一样,过了一个星期,还是如此。过了一个月,右边那座山的和尚终于按捺不住了,他心想:"我的朋友可能生病了,我要过去探望他,看看能帮上什么忙。"于是他便爬上了左边这座山去探望他的老朋友。

等他到达左边这座山的庙,看到他的老友之后,大吃一惊,因为他的老友正在庙前打太极拳,一点也不像一个月没喝水的人。他好奇地问:"你已经一个月没有下山挑水了,难道你可以不用喝水吗?"左边这座山的和尚说:"来来来,我带你去看看。"于是,他带着右边那座山的和尚走到庙的后院,指着一口井说:"这五年来,我每天做完功课后,都会抽空挖这口井。虽然我们现在年轻力壮,尚能自己挑水喝,倘若有一天我们都年迈走不动时,我们还能指望别人给我们挑水喝吗? 因此,虽然我有时很忙,但也没有间断我的挖井计划,能挖多少算多少。如今,终于让我挖出水了,我就不必再下山挑水,也可以有更多的时间来练习我喜欢的太极拳了。"

我们在工作中挣薪水就像是挑水。通常,我们会忘记去利用和把握闲暇的时间,替自己挖一口井——培养自己另外的实力,给自己多铺一条路。只有那些懂得把握时机给自己挖井的人才能在年纪大时,或是体力拼不过年轻人时,依然很悠闲地喝到源源不断的井水。

经营企业时,是否也要为自己"挖一口井"呢? 培养新人,给未来投资,这何尝不是企业的长远之"井"呀! 多种一块田,就是为自己多留一条路。

在现代市场竞争日趋激烈的今天,一个组织成员要受到组织的持续重视,不断担当重任,获取较高利益就必须不断学习,提升自身能力,储备更多技能,这样才能有备无患。

图3.2 责权利三角定理

职责和权限、利益、能力之间存在着一种等边三角形的关系。如图3.2所示,职责、权限、利益是三角形的三个边,它们是相等的。能力是等边三角形的高,根据具体情况,它可以略小于职责。这样,就使得工作富有挑战性。管理者的能力与其所承担的职责相比,总是感到能力不够。这种压力能促使管理者自觉地学习新知识,注意发挥智囊的作用,使用权限也会慎重些,获得利益时还会产生更大的动力,努力把自己的工作做得更好。但是,能力也不可过小,以免形成"挑不起"职责的后果。

### 3）及时公正评价,赏罚分明

人总是向上的,我们对每个人所担其职、所负其责要及时检查,作出评价。对每个人的工作表现及其绩效给予公正而及时的评价和奖惩,有助于提高人的积极性,挖掘每个人的潜力,从而不断提高管理成效。只有这样,才能强化每个人知道自己干得怎么样,干好干坏对自己和组织有什么后果,从而才能及时引导每个人的行为朝向符合组织需要的方向变化。

对每个人进行公正的奖惩,要以准确的考核为前提。若考核不细致或不准确,奖惩就难以做到恰如其分。因此,管理者要制订工作绩效的考核标准,并使之公开明确。

对做出成绩的有功人员,要及时予以肯定和奖励,使他们的积极行为维持下去。奖励可以是物质奖励也可以是精神奖励,但两者都是必需的。如果长期埋没人们的工作成果,就会挫伤人们的积极性。过时的奖赏失去其本身的作用和意义。

及时而公正的惩罚也是必不可缺的,惩罚是利用令人不喜欢的东西或取消某些为人所喜爱的东西,改变人们的工作行为。惩罚可能引起挫折感,从而可能在一定程度上影响人的工作热情,但可以通过惩罚少数人来教育多数人。而且可以通过惩罚及时制止这些人的不良行为,以免给企业造成更大损失。

建立健全组织的奖惩制度,严格奖惩,赏罚分明,使每个人都积极而有效地工作。奖惩工作规范化、制度化,是实现赏罚分明的可靠保证。

【课堂互动】

在许多组织里经常有这么一种现象,领导经常喊组织成员提意见,又常常流于形式,不了了之,久而久之员工对走过场的提意见再也不感兴趣了,请问是什么原因? 如果你是管理者,如何来解决这个问题?

【课堂讨论】

为什么在管理过程中要做到责权利相结合? 设想有责无权、有权无责、有责权而无利会怎么样? 原云南红塔集团的老总褚时健把一个地方小烟厂做成了亚洲第一、世界第五的烟草帝国。固定资产从几千万元发展到 70 亿元,年创利税近 200 亿元。有中央领导甚至称它为"印钞工厂"。褚时健在他行将退休时因为贪污锒铛入狱,这在中国被称为"59 岁现象"。就在褚时健被判刑的第二年,红塔集团新的总裁就拿到了年薪 100 万元。而褚时健当了 18 年的厂长,全部收入也只有 88 万元,还不及新总裁一年的薪水。著名经济学家周其仁说中国拥有世界上最昂贵的企业制度和最便宜的企业家。请同学们用责任原理思考一下为什么会产生这个问题?

# 【本章小结】

本章主要阐述管理的基本理念。

管理的系统原理认为,系统是由相互作用和相互依赖的若干要素结合成的具有确定功能的整体,管理应遵循系统的方法,就是从系统观点出发,始终着重从整体与部分之间、整体与外部环境之间的相互联系、相互作用、相互制约的关系中,综合地、精确地考察对象。

管理的人本原理告诉我们,人是管理系统中最活跃、最有能动性、最有创造性的要素,管理活动中的一切工作都离不开人,人在管理中居于核心的地位,尊重人、依靠人、为了人、发展人、做好人的工作,这是做好管理工作的根本。

管理的效益原理指出,管理活动的出发点和归宿在于用最少的投入得到最多的产出,以最小的消耗换取最大的效益,为社会提供有价值的贡献。管理的效益观注重管理的经济效益和社会效益两个方面。

管理的责任原理阐述了在管理活动中,为了实现管理的效率和效益,在合理分工的基础上,明确规定各部门和每个人必须完成的工作任务和必须承担的与此相应的责任。因此,又称为权责相称原理、权责对等原理。

## 【阅读资料】

### 人性管理——经营企业是经营人性

管理要以"人性管理"为基点,经营企业就是经营人性。二十多年来,我逐步总结出了管理的"八部曲"。

#### 一部曲:一个基点

管理要以"人性管理"为基点,经营企业就是经营人性,人性管理是最有效的管理。每个人都渴望得到满足、尊重、肯定,实现人生价值。

#### 二部曲:两种境界

舍得是一种精神,是一种智慧,更是一种人生境界。在公司里,我经常对员工讲:心态会决定一个人的命运。一个懂得舍得的人,人生的运气都不会太差。

#### 三部曲:三层定位

不同层次的管理者有不同的定位:高层管理者需要通才,注重事业心;中层管理者需要专才,注重进取心;基层管理者则需要干才,注重责任心。

#### 四部曲:四化原则

标准化:把重要事项形成标准化的管理制度和管理流程,有效提高工作效率和工作准确性。书面化:将标准化的制度、流程和方法通过书面形式形成模板,便于记忆和沟通。透明化:形成各部门、各层次员工充分透明的制度体系和文化体系。简单化:把复杂事务和管理制度流程简单化,便于培训和操作。

## 五部曲:五位准则

定位:作为管理者要明确和摆正自己的位置,在自己的位置上发挥自己的专长,创造更多的价值。到位:任何组织和个人,做人、做事都要做到位,杜绝形式主义。补位:若在团队中发现领导、同事或者下属的不足,要积极主动提醒或者配合,把事情做好。越位:奥康强调两层管理,越位检查而不是指示,越位汇报而不是请示。换位:要设身处地站在对方的角度思考问题,己所不欲,勿施于人。

## 六部曲:六种心态

积极的心态:积极的人像太阳,照到哪里,哪里亮。开放的心态:思想开放,心胸开放。正向的心态:短短人生几十年,做就要做正确的事,做好事、做善事。正直的心态:懂得什么该做,什么不该做。公平的心态:持平常心,做自在人。感恩的心态:感恩对你一生最重要的两个人,爱你的人和你的领导。

## 七部曲:七种人性

充分信任:信任是一种感觉,也是一种情感,更是对人的肯定。相互尊重:人与人的交流要建立在尊重的基础上,没有尊重就没有包容。给予他人机会:员工有了机会才有了能力。懂得授权:授权不是放权,授权要进行监督,只有授权才能做出成绩,有了成绩才有了感恩。学会关怀:关怀是一种爱,也是一种美,关怀是对人的最高荣誉。实现公平:只有一视同仁,公平对待下属才能形成有效指导。有效激励:激励是爱护家属、满足下属,有了激励,才会有希望。

## 八部曲:八大行为

认同文化:文化是思想的源泉,文化是发展的根本。充满激情:激情是做事的动力,有激情才有上进心。善于思考:人做事的成功85%靠智慧,15%靠技术和能力。以身作则:你想让下属怎么做,就必须先做给下属看。计划明确:没有计划的行动是盲目的,没有行动的计划是无效的,一个好的计划是做事成功的一半。行动迅速:时间是最大成本,绝不能拖延。检查督导:授权后,必须要有跟踪指导。激励下属:一流的激励,出一流的成绩。

(本文转载自:51资金项目网 www.51zjxm.com,详细出处参考:http://www.51zjxm.com/life/20105/m_20110622.html)

## 【思考与练习】

**一、重点概念**

系统　系统原理　管理的人本原理　管理的责任原理

**二、填空题**

1. 在系统内存在反馈的通道和机制的系统属于( )。
2. 现代管理一切以调动人的积极性和创造性为根本,这是管理的( )原理。
3. 现代管理具有( )、( )、( )三种动力。
4. 管理的效益包括( )和( )两个方面。

**三、选择题**

1. 系统的功能取决于系统( )。

A. 要素 　　　　B. 结构 　　　　C. 环境 　　　　D. 管理者

2. 加强信息交流,知晓不足,产生共振动力,这是管理( )动力。

A. 物质        B. 精神        C. 信息

3. 在实际活动中要提高工作的效率和效益,充分发挥人的潜能,(　　　　)是最有效的方式。

A. 明确分工        B. 确定权利        C. 明确责任

**四、判断题**

1. 管理的效益原理就是指组织在活动中只要努力追寻经济效益。      (　　　)

2. 现代管理强调动力,动力给予的量越大越好。      (　　　)

**五、思考题**

1. 联系实际谈谈管理为什么要注重系统理念?

2. 有人说,人力资源是企业的第一资源。请你对此观点谈谈自己的看法。

3. 什么是管理效益原理? 如何实现管理效益?

**六、案例分析题**

### 爱若与布若

爱若和布若差不多同时受雇于一家公司,开始时两人都一样从最底层干起,可不久爱若受到老板青睐,一再被提升。布若干活儿也一直勤勤恳恳,任劳任怨,却像是被人遗忘一样,还在最底层混。于是他忍无可忍,找到老板质问。老板了解这个小伙子工作肯吃苦,也很卖力,但似乎缺少些什么,又不好说清楚,于是他想了一个主意,说:"布若,你马上到集市上去看看今天有什么卖的。"布若很快从集市回来说:"集市上只有一个农民在卖土豆。"老板问:"有多少袋?"布若又跑了趟集市回来说:"10 袋。""价格多少?"老板又问。布若只好再跑一趟,老板望着气喘吁吁的布若说:"请你先坐下休息一会儿。"说完叫人把爱若找来说:"爱若,你马上到集市上去看看今天有什么卖的。"爱若很快从集市上回来汇报说:"只有一个农民在卖土豆,有 10 袋,价格适中,质量也很好。这个农民说一会儿还将有几筐西红柿上市,据我看价格还公道。咱们这里可能需要,因此我不仅带回了几个土豆和西红柿样品,而且把那个农民也带来了,他现在正在外面等你回话呢!"老板看了一眼满脸羞愧的布若,说:"请他进来。"

**案例思考:**

1. 爱若为什么会受重用?

2. 从责任原理角度分析为什么布若每一次都没有出色完成任务?

**七、管理资料分析**

### 猎人与兔子

一条猎狗将兔子赶出了窝,一直追赶它,追了很久仍没有捉到。牧羊人看到这种情景,讥笑猎狗说"你们两个之间小的反而跑得快得多。"猎狗回答说:"你不知道我们两个的跑是完全不同的! 我仅仅为了一顿饭而跑,它却是为了性命而跑呀!"

这话被猎人听到了,猎人想:猎狗说得对啊,那我要想得到更多的猎物,得想个好法子。

想想都有什么方法?

猎人又买来几条猎狗,凡是能够在打猎中捉到兔子的,就可以得到几根骨头,捉不到的就没有饭吃。这一招果然有用,猎狗们纷纷去努力追兔子,因为谁都不愿意看着别人有骨头吃,自己没得吃。就这样过了一段时间,问题又出现了。大兔子非常难捉到,小兔子好捉。但捉到大兔子得到的奖赏和捉到小兔子得到的骨头差不多,猎狗们善于观察发现了这个窍门,专门去捉小兔子。慢慢地,大家都发现了这个窍门。猎人对猎狗说:"最近你们捉的兔子越来越小了,为什么?"猎狗们说:"反正没有什么大的区别,为什么费那么大的劲去捉那些大的呢?"

接下来你怎么办?

猎人经过思考后,决定不将分得骨头的数量与是否捉到兔子挂钩,而是采用每过一段时间,就统计一次猎狗捉到兔子的总重量。按照重量来评价猎狗,决定一段时间内的待遇。于是猎狗们捉到兔子的数量和重量都增加了。猎人很开心。但是过了一段时间,猎人发现,猎狗们捉兔子的数量又少了,而且越有经验的猎狗,捉兔子的数量下降得就越厉害。于是猎人又去问猎狗。猎狗说:"我们把最好的时间都奉献给了您,主人,但是我们随着时间的推移会老,当我们捉不到兔子的时候,您还会给我们骨头吃吗?"

接下来你该怎么办?

猎人作了论功行赏的决定。分析与汇总了所有猎狗捉到兔子的数量与重量,规定如果捉到的兔子超过了一定的数量后,即使捉不到兔子,每顿饭也可以得到一定数量的骨头。猎狗们都很高兴,大家都努力去达到猎人规定的数量。一段时间过后,终于有一些猎狗达到了猎人规定的数量。这时,其中有一只猎狗说:"我们这么努力,只得到几根骨头,而我们捉的猎物远远超过了这几根骨头。我们为什么不能给自己捉兔子呢?"于是,有些猎狗离开了猎人,自己捉兔子去了。

阅读上述资料,设想你就是猎人,你想怎样对待猎狗?

# 第4章

## 管理环境分析

管理格言:环境变化并不可怕,可怕的是沿用昨是今非的逻辑。

| 本章内容结构 | | 重要性指数 |
|---|---|---|
| 4.1 管理环境分析 | 4.1.1 管理环境的分类 | |
| | 1)管理的外部宏观环境 | ★★★ |
| | 2)管理的外部微观环境 | ★★★ |
| | 3)管理的内部环境 | ★★★ |
| | 4.1.2 管理环境分析 | |
| | 1)识别环境的不确定性程度 | ★★★ |
| | 2)关注组织的具体环境 | ★★★★★ |
| | 3)组织环境机会与威胁矩阵分析 | ★★★ |
| | 4)管理环境综合分析 | ★★★★ |
| 4.2 组织文化 | 4.2.1 组织文化与企业文化 | |
| | 1)组织文化的兴起 | ★ |
| | 2)西方学者关于组织文化的主要观点 | ★★ |
| | 4.2.2 企业文化的结构 | |
| | 1)精神层 | ★★★ |
| | 2)制度层 | ★★★ |
| | 3)物质层 | ★★★ |
| | 4.2.3 企业文化的功能 | ★★★★ |
| | 4.2.4 企业文化建设的步骤 | |
| | 1)企业文化盘点 | ★★ |
| | 2)企业文化设计 | ★★★ |
| | 3)企业文化实施 | ★★ |
| 4.3 战略管理 | 4.3.1 战略与战略管理 | |
| | 1)战略的含义 | ★★★ |
| | 2)战略管理的含义及其特点 | ★★★ |
| | 4.3.2 战略管理过程 | ★★★★ |
| | 4.3.3 组织的战略 | |
| | 1)组织总体战略 | ★★★ |
| | 2)经营单位战略 | ★★★ |
| | 3)职能战略 | ★★★★ |

## 【案例导入】

### 网购盛宴

2013 年 10 月，网购盛宴"双 11"不断逼近，特别是天猫与全国 3 万多家线下实体店推行 O2O 模式，相当于在线上、线下两种商业模式之间点了一把火，没想到却在家居行业掀起了一场大风波。国内 19 家大型家居连锁卖场，联合公开抵制电商"双 11"线下体验、线上购物的 O2O 模式。这场风波终于使蓄势已久的线上、线下两种商业模式之间的冲突公开化。

O2O 这个概念是 2010 年由 Alex Rampell 提出来的，英文为 Online to Offline，也即将线下商务机会与互联网结合在了一起，让互联网成为线下交易的前台。这样线下服务就可以在线上揽客，消费者可以在线上筛选服务，成交也可以在线结算，从而很快达到规模。该模式最重要的特点是：推广效果可查，每笔交易可追踪。国内经典网络公司如 58 同城、拉手团购等，都是 O2O 模式的先驱。

在往年的"双 11"，电商虽然也抢走了线下实体店的大笔市场份额，但毕竟实体店仍然有自己的阵地。但今年不同了，众多电商平台尝试推出 O2O 模式，提出要线上线下联动。以天猫为例，它就鼓励品牌商在线下实体店挂 LOGO、贴标志、扫二维码、收优惠券，并安装 POS 机，将款项直接刷到支付宝上。

电商平台这种"既抢钱又占地"的做法，终于激起了"众怒"。居然之家、红星美凯龙等中国家居行业最大的 19 家连锁或区域大卖场、中国家具协会市场委员会主席团成员，联合签署了《关于规范电子商务工作的意见》。其中，明确规定"不能变相让卖场成为电商的线下体验场所""未经卖场允许，不许利用卖场的商标、商号进行宣传。不许通过电商移动 POS 机将卖场的业务转至他处交易"。

这些年来，电子商务步步紧逼，传统实体店商家遭遇节节败退。2012 年"双 11"当天仅 24 小时取得的销售额为 191 亿元，这对实体店商家而言是多么大的冲击。中国家具协会市场委员会统计数据显示，全国性的连锁家居卖场在 2012 年的总销售额不过 300 亿元。

为什么一个品牌商在"双 11"网络购物节一天时间里，就能达到几千万甚至上亿元的销售额？这样的数据让品牌商惊喜，却让实体店卖场惊慌和反思。

有业内人士坦言，由于线上网店不用房租水电，人工成本也很低，线上价格具有线下不可比拟的优势，不少消费者在当地实体店选好了商品，回到网上下单。"实体店卖场要交房租、要装修店面、养着很多员工，结果却被电商抢走了生意，实体店还怎么'活'？"

为什么家具连锁卖场实体店会联手抵制电商"双 11"？家具连锁卖场的经营环境发生了哪些变化？应该采取哪些策略来应对环境的变化？这就是本章要分析与解决的问题。

# 4.1 管理环境分析

## 4.1.1 管理环境的分类

管理环境是对组织绩效起着潜在影响的各种因素。管理环境是不断变化的。环境的变化,一方面给企业造成了新的市场机会;另一方面又给企业带来某种威胁。一个组织对管理环境进行分析的目的是抓住经营机会,避开经营威胁。如20世纪70年代初期,由于石油价格暴涨引发了第二次世界大战后最严重的一次经济危机,许多企业因没有预料到这一形势变化而损失惨重,但日本制造商却把握时机,推出世界上最省油的汽车,从而一举打入世界汽车市场。

一般来说,以组织边界来划分,可以把管理环境分为组织的外部环境和组织的内部环境。组织的外部环境是对组织的生存与发展有直接和间接影响的外部机构和力量的总和。组织的外部环境按照其对组织影响的程度可以分为微观环境和宏观环境。组织的微观环境是指与组织紧密相连,直接影响其经营活动的各种参与者,这些参与者包括企业的市场、竞争者、营销渠道和社会公众;宏观环境是指影响组织微观环境的巨大社会力量,包括人口、经济、政治法律、科学技术、社会文化及自然等多方面的因素。微观环境直接影响和制约组织的经营活动,而宏观环境主要以微观营销环境为媒介间接影响和制约组织的经营活动。前者可称为直接管理环境,后者可称为间接管理环境。两者之间并非并列关系,而是主从关系,即直接管理环境受制于间接管理环境。

组织的内部环境则是由影响组织经营的内部软、硬环境所组成。

### 1)管理的外部宏观环境

管理的外部环境对组织的影响是间接的、长远的。当外部环境发生剧烈变化时,会导致组织发展的重大变革。管理的外部宏观环境因素包括以下几项内容:

（1）自然环境

自然环境是组织存在和发展的各种自然条件的总和。这些自然条件主要是指组织所存在的地理位置以及这一地理位置上的地形、气候、土壤、山林、水源、动植物、陆地和水中的矿藏等自然物,这些自然物相互联系和作用,组成了整体性的结构。

自然环境为组织的生产活动提供物质基础和物质资料。自然环境主要决定组织的资源优势或劣势,组织可以根据自然环境的特点,趋其利而避其害。例如,海湾国家具有石油资源优势。自然环境不仅对矿业公司、农场、水运企业至关重要,而且对某些制造业及服务业也很重要。

今天环境科学的日益发达,使组织有更多手段来预测和防范自然条件的突变。然而,自然环境的变化,仍然应当引起管理者们的充分注意,以把握面临的危机或机遇。相对来说,自然环境的变化速度还是比较缓慢的,社会环境的变化周期则要快得多,对组织的威胁也要更大一些。

### (2)人口环境

具有购买欲望与购买力的购买者,既是市场的构成要素,又是企业经营的最终对象。构成人口环境的人口规模、消费者的消费需求及购买动机、家庭规模及寿命周期阶段、年龄、性别、人口增长率、人口密度与集中度、人口的地域分布及地区间流动等因素,都会给企业服务的市场带来整体性和长远的影响。

**【课堂讨论】**

通过链接阅读 2011 年 4 月 28 日中华人民共和国国家统计局《第六次全国人口普查数据公报(第 1 号)》,分析我国人口环境的特点:

http://www.china.com.cn/aboutchina/zhuanti/zgrk/2011-05-26/content_22648041.htm

### (3)经济环境

经济环境是指组织运行所处的经济系统的情况,国内外的经济形势、政府财政和税收政策、银行利率、物价波动、市场状况、宏观经济发展状况、国家的产业政策及政策的倾向性、经济发展周期、人均收入和家庭收入、消费结构及恩格尔系数、居民储蓄及消费信贷政策、竞争态势等都属于经济环境因素。经济环境因素对于营利性组织的影响是不言而喻的,比如在物价上涨时,企业等营利性组织必须为原材料支付更高的价格,同时也可能要适当提高产品价格以弥补成本的上涨。经济环境因素对于非营利性组织来说也是至关重要的,例如,国家经济情况的好坏直接影响政府的购买力和政府对许多非营利性组织的财政支持。

**【即问即答】**

据媒体报道,2008 年我国成为世界上仅次于日本的第二大奢侈品消费大国,2011 年又超越日本成为第一,除了中国一些暴发户的炫富心理外,你认为最根本的原因是什么?

**【讨论参考资料】**

著名经济学家郎咸平博客《"奢侈品消费大国"是如何炼成的?》:

http://blog.sina.com.cn/s/blog_4120db8b0102e4ot.html? tj=1

### (4)政治法律环境

政治法律环境是指政治制度、政治形势、国际关系、国家的法律和法令、政府政策等。政治局面是否安定、政治制度及经济管理体制状况、法律及政策状况等都是组织管理者极其关注的环境因素,这其中特别重要的是法律因素,因为政治环境中的许多因素都是以法律的形式出现,以便制约和限定企事业单位的生产经营活动。一国的政治法律直接影响到企事业单位的管理政策和管理方法。管理者必须全面了解与本组织生产经营活动有关的各种法律政策,依法管理组织营运,并运用法律保护组织的合法利益,减少不必要的损失。另外,优秀的管理者对法律不仅能作出迅速的反应,而且还要有一定的预见力,能预见到可能获得通过的法律,从而及时调整自身的管理政策和管理方法。

### (5) 社会文化环境

社会文化环境是指风俗习惯、文化传统、教育程度、宗教信仰、商业习惯、心理习惯以及人们的价值观与道德伦理等影响着组织系统的各种文化条件的总和。

社会文化环境中最为重要的是文化传统和教育。不同的国家(或地区)和民族,其文化传统和教育水平往往不同,这会影响甚至改变人们的生活习惯和价值观念,而且会对组织管理提出不同要求。风俗习惯、文化传统、道德价值观念等对人们的约束力量往往比正式法律的约束力量要大得多。管理的实质是对人的管理,那么社会环境对管理实务的影响和重要程度便显而易见了。

## 案例分析

#### 在中国做生意:什么可做什么不可做

在中国生活和工作的 9 年是我生命中最有价值的时光。但是,与认识新国度时的那种激动和兴奋相伴随的,还有无数的尴尬、误解和愚蠢的错误,从中我学到了许多有关中国的习俗、文化和礼仪方面的知识。

就从基本的问候说起吧。握手这种西方礼节在中国也有,但要注意避免其他身体接触。递交或接收名片时,必须用双手,以示尊重。

对西方人来说,最需要领会的文化观念或许是"给面子",这意味着尊重别人,也反映了中国文化中对面子的看重。

中国人很少直截了当地拒绝别人,或给出直率的回答,哪怕答案是明白无误的否定。这种文化现象总是造成误解,令西方人不知所措,例如你想跟某个公司主管见面,但被告知对方有些不方便。这是中国人在委婉地告诉你,你提的要求完全没戏。另一个有必要了解的是中国人看重等级和地位。每当你把名片递给别人,你会注意到对方会对着它审视一番,那是在查看你的头衔或职位。那样他们才能看出你的地位高低,从而对你表现出相应的尊重。在中国,你必须尊重级别比你高或年纪比你大的人。

吃饭是中国人生活中最重要的组成部分,这是我在中国感受最深的一点。我在邀请一位中国朋友吃午饭时,曾犯过一个令人难堪的错误。我们美国人不会把简单的一顿午餐放在心上,但中国人却不这样。我那天想到住处附近一家简陋的饺子馆吃饭,可我们一踏进餐馆的门,我就发现朋友一脸窘迫。我没有请她去更贵的餐馆,这令她蒙羞。在中国,餐馆是好是差、花钱多少,都能传递出清晰信息,表明你对客人的尊重程度。

最后,我要谈几点过来人的经验。中国人拥有强烈的民族自豪感,对政治话题要谨慎;妇女着装应该庄重,不要太暴露;夫妻应避免在公众场合亲热,别超出在脸颊轻轻一吻的限度;尊重别人、谦虚待人和讲求实效。中国文化博大精深,我们所了解的永远只是一小部分。

(克雷格·里德,2006)

**点评**:从一个美国人在华生活 9 年的感受中我们可以了解到中国的一些文化习俗,只有知道这些习俗,才能"入乡随俗"。

（6）技术环境

科学技术是第一生产力，技术的含义很广，它既包括生产技术（如劳动手段、工艺流程的改进、发展与完善，特别是新技术、新设备、新工艺、新材料、新能源的生产与制造等），也包括管理技术（如管理方法、计划决策方法、组织方法及推销方法的改进与更新等）。技术环境分析就是要分析生产技术、管理技术的发展及国家的科技发展政策对组织的影响。

就企业管理而言，技术影响企业生产效率与效益。①企业为了达到其预定目标，都必须进行生产经营活动，而任何生产经营活动都与一定的技术密切相关。例如，由于高精尖技术的产生和发展，很多企业采用电子计算机进行设计和控制生产，日本的汽车制造商甚至采用机器人进行生产，这样就大大降低了人工成本，提高了工作效率。②技术会直接或间接地影响管理工作。例如，戴明（Deming）等美国质量管理专家把先进的质量管理理论和方法介绍给了日本人，使得日本企业在质量管理上有了重大的转变，并形成了风格独特的全公司质量管理理论和方法，进而大大地提高了产品的质量水平，提高了产品在国际市场上的竞争力。③组织结构和规模以及组织中的计划、决策、控制等管理工作和管理方法在一定程度上都因技术而异。技术的发展影响企业营销模式与消费者习惯，现代信息技术的发展，使得网络成为一种重要的渠道，电子商务改变了企业的传统营销模式，也使得消费者购物习惯发生了变革。

### 2）管理的外部微观环境

管理的外部微观环境，是指对组织服务顾客的能力构成直接影响的各种力量，包括市场、市场营销渠道、竞争者和各种社会公众。

（1）市场

市场是一个组织所服务的对象，对企业来讲就是企业产品的消费者。市场是一个组织活动的出发点和归宿点，是组织得以生存和发展的根本。为此，任何一个组织都需要研究其顾客需求的特点、需求结构及其变化趋势，使一个组织运行活动最大限度地满足市场的需要。

（2）市场营销渠道组织

市场营销渠道组织包括各类资源的供应者和各类营销中间人。资源供应者是向组织及其竞争者提供生产经营所必需的原材料、零部件、能源、劳动力和资金等资源的企业或个人。供应商这一环境因素对组织的经营活动有着重大的影响。供应商提供资源的价格、品种以及交货期，直接制约着一个组织产品的成本、利润、销售量及作业进度安排。因此，组织既要与主要的供应商建立长期的信用关系，又要避免资料来源的单一化，受制于人。寻找质量和效率都信得过的供应商是企业取得竞争优势的一个重要条件。

营销中间人是指为组织融通资金、推销产品、提供各种便利营销服务的组织和个人。组织融资、各种信息的取得、咨询活动、产品与服务的销售均离不开营销中间人。

（3）竞争者

竞争者分析主要是一个组织的行业环境。一个行业中的竞争，存在着五种基本的竞争力量：潜在的行业进入者、替代品的竞争、买方讨价还价的能力、供应商讨价还价的能力以及现有竞争者之间的竞争。五种基本竞争力量的状况及综合强度,决定着行业的竞争激烈程度、行业最终的获利潜力以及资本向行业的流动力,这一切最终决定着组织的最终收益能力。

一个组织对竞争者进行分析,最关键的是要分析在自己所处的竞争环境中自己的优势在哪儿、劣势是什么,要根据竞争态势的发展对组织的业务及未来发展进行必要的调整,以保持在竞争中的绝对或相对优势,这样一个组织才能健康稳定地发展。

（4）公众

公众是指对一个组织实现其目标的能力有实际的或潜在的兴趣或影响的任何团体。组织在争取满足目标市场时,不仅要与对手竞争,而且它的运营活动也会影响公众的利益,因而公众必然会关注、监督、影响和制约组织的营运环境。在通常情况下,一个组织所面临的公众一般包括融资公众、媒介公众、政府公众、社团公众、当地公众、内部公众等。

## 【课堂讨论】

### 圆明园铺膜事件听证会的前前后后

圆明园 2 200 余亩(1 亩=666.67 平方米)的湖面,每年要灌水 3 次,圆明园由于缺水,生态状况变差,植物大量旱死,曾有 3.5 万千克鱼因缺水一次性死亡。由于北京非常缺水,因此水很贵,目前从玉泉河引水每吨 1.3 元,一年的补水花费就是几百万元。几年之后,水价会更高,更用不起。巨额的水费使圆明园管理处觉得通过在湖底铺设塑料防渗膜是解决圆明园缺水问题的较好选择。2004 年初,圆明园对长春园西南水域进行防渗试验,在湖底铺了塑料膜,4 月下旬完工后上水。"自然之友"观鸟小组在常规观鸟活动中持续观察并记录了该地区水鸟和水生植物在铺膜前后的变化。他们观察到湖底铺膜后,水生动植物的数量和生长状态显著下降。然而当时,铺膜还只是小规模试验行为。

2004 年 4 月 1 日,在短短几天的紧张筹备之后,"自然之友"联合"博客中国"网站,组织召开了"圆明园生态与遗址保护研讨会",多方专家、相关政府官员、市民代表到会发表了意见。会后,"自然之友"联合绿家园、地球村等多家组织发布了《支持政府针对圆明园铺设防渗膜事件举行听证会的声明》,希望能够通过此事推动公众参与环境治理,促进环境事件的科学决策。

在众多民间组织、环保人士、专家学者、媒体的推动下,国家环保总局宣布,将于 4 月 13 日举行听证会,就北京圆明园遗址公园湖底防渗工程项目的环境影响问题,听取专家、社会团体、公众和有关部门的意见。国家环保总局于 2005 年 7 月 5 日组织各方专家对清华大学的环评报告书进行了认真审查,同意该报告书结论,要求圆明园东部湖底防渗工程必须进行全面整改。圆明园铺膜事件解决是靠民间组织推动而实现的。

请问:"自然之友"属于一种什么公众? 在此案例中公众起到了什么作用?

### 3）管理的内部环境

管理的内部环境是指组织内部的软硬条件的总和,是组织内部的一种共享价值体系。内部环境是组织内部与战略有重要关联的因素,是制订战略的出发点、依据和条件,是竞争取胜的根本。影响管理活动的组织内部环境包括组织的硬环境和组织的软环境。

(1)组织内部的硬环境

组织的硬环境包括:一是物理环境要素,包括工作地点的空气、光线和照明、声音(噪声和杂音)、色彩等,它对员工的工作安全、工作心理和行为以及工作效率都有极大的影响。物理环境因素对组织设计提出了人本化的要求,防止物理环境中的消极性和破坏性因素,创造一种适应员工生理和心理要求的工作环境,这是实施有序而高效管理的基本保证。二是生产条件要素,包括组织用于生产经营的机器设备等生产条件因素,其先进程度、技术含量直接影响组织的生产运行效率。

(2)组织内部的软环境

组织内部的软环境是指一个组织的员工队伍建设、员工的心理环境及组织文化建设状况。组织内部员工队伍建设人数、结构、素质是一个组织未来发展的保证,建设一支高素质的员工队伍是组织可持续发展的基础;员工的心理环境制约着组织成员的士气和合作程度的高低,影响组织成员的积极性和创造性的发挥,进而决定组织管理的效率和管理目标的达成。心理环境包括组织内部人际关系,人事关系,组织成员的责任心、归属感、合作精神和奉献精神等;组织文化环境是组织为其成员构建一套明确的价值观念和行为规范。在一个组织的内部环境中,组织文化是最重要的因素,它影响一个组织的行为,影响组织内部员工的行为。建立积极向上的组织文化,对组织有序规范和可持续发展至关重要。

## 4.1.2 管理环境分析

组织在制订组织战略前,必须在全面收集有关组织经营内外环境信息的基础上,对组织经营的优势与劣势、经营的机会与威胁进行综合分析。

### 1)识别环境的不确定性程度

对环境进行管理的核心是环境中蕴涵的不确定性。分析环境首先要识别环境的不确定性程度。美国学者邓肯(Duncan)提出从两个不同的环境层面来确定组织所面临的不确定性程度:一是环境变化的程度,即静态(稳定)—动态(不稳定)层面;二是环境复杂性程度,即简单—复杂层面。如果组织面对常规的需求环境,如为相同或极其相似的顾客生产同一种产品或提供相同的服务,则组织面对的是一个稳定的环境,例如公共事业。反之,如果组织面对变化极其快速的环境,而且不同的环境要素都在发生变化,则组织面对的是动态、不稳定的环境,例如计算机行业。如果一个组织只与很少的外界部门相关,那么其面临的环境属于简单类型;如果组织必须面对许多外界部门,那么其面临的环境属于复杂环境。一般而言,组织规模越大,面临的环境越复杂。

### 2)关注组织的具体环境

具体环境对组织的影响更直接、更频繁,因此是组织分析外部环境的焦点。在这方面,迈克尔·波特教授提出的"五种力量模型"是一种特别有效的分析工具。迈克尔·波特教授将大量不同的环境因素汇集在一个简便的模型中,以此分析一个行业的基本竞争态势。五种力量模型确定了竞争的五种主要来源,即供应商和购买者的议价能力、潜在进入者的威胁、替代品的威胁,以及来自目前在同一行业的公司间的竞争。组织的一种可行战略的提出首先应该包括确认并评价这五种力量,不同力量的特性和重要性因行业和公司的不同而变化,如图4.1所示。

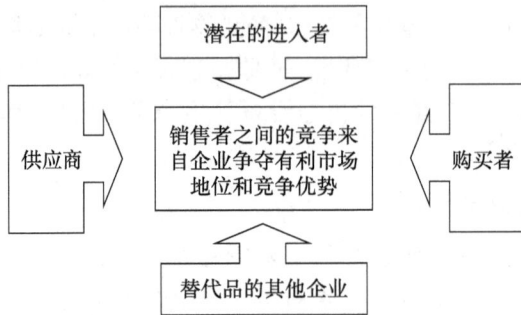

**图4.1 波特五力模型**

迈克尔·波特教授的模型适用于企业,也适用于其他类型的组织。这一模型帮助人们深入分析行业竞争压力的来源,使人们更清楚地认识到组织的优势和劣势,以及组织所处行业发展趋势中的机会和威胁。

### 3) 组织环境机会与威胁矩阵分析

环境机会评估主要是分析机会来源、机会强度并结合组织自身条件分析市场机会可利用程度。组织可根据"环境机会矩阵图"对机会进行评价,如图4.2所示。环境机会矩阵图的横排代表"成功的可能性",纵列代表"潜在的吸引力",表示潜在的赢利能力。

**图4.2 环境机会矩阵图**

据图4.2所示可作对策分析如下:

1区:最佳机会区,要及时捕捉和利用。

2区:监控并作准备,一旦机会成功的概率提高,应及时抓住。

3区:监控并作准备,一旦机会强度提高,应及时抓住。

4区:忽略放弃。

环境威胁对组织有负面作用,可能对组织造成威胁的主要因素有现有竞争对手、供应商、客户、潜在竞争对手、生产替代技术、互助组织或关联组织、政策或规则、自然状况等。组织必须对这些因素进行及时监控。对环境威胁可采用"环境威胁矩阵图"来加以分析、评价,如图4.3所示。环境威胁矩阵图的横排代表"出现威胁的可能性",纵列代表"潜在的严重性",表示赢利减少程度。

据图4.3所示可作对策分析如下:

1区:对组织威胁较大,应作出应对决策。

出现威胁的可能性

| 潜在的严重性 | | 小 | 大 |
|---|---|---|---|
| | 大 | 2 | 1 |
| | 小 | 4 | 3 |

**图 4.3 环境威胁矩阵图**

2 区:密切监测变化,防止事态扩大。

3 区:制订应急措施,积极化险为夷。

4 区:忽略放弃。

在环境分析中,组织经营者可将上述两种方法结合起来,对组织经营业务的性质进行评价。组织经营的业务将有四种结果,如图 4.4 所示。

威胁水平

| 机会水平 | | 低 | 高 |
|---|---|---|---|
| | 高 | 理想业务 | 冒险业务 |
| | 低 | 成熟业务 | 困难业务 |

**图 4.4 组织业务的分类、评价**

①理想业务,即高机会和低威胁的业务。组织面临良机,稳操胜券。

②冒险业务,即高机会和高威胁的业务。机会多,威胁大,理智冒险,争取成功。

③成熟业务,即低机会和低威胁的业务。风平浪静,等待机会。

④困难业务,即低机会和高威胁的业务。风雨飘摇,危在旦夕。

在对组织业务性质进行界定的基础上,组织经营者需按照生态营销的观念,把组织的经营目标、优势与市场的机会有机地整合起来,确定组织的目标市场和组织的经营业务。

### 4)管理环境综合分析

管理要通过组织内部的各种资源和条件来实现,因此,组织在分析外部环境的同时,必须分析其内部环境,即分析组织自身的能力和限制,找出组织所特有的优势和存在的劣势。任何组织的经营过程,实际上是不断在其内部环境、外部环境及其经营目标三者之间寻求动态平衡的过程。组织的内外部环境绝对不能割裂开来。如果一个企业能力很强,竞争优势十分明显,那么外部环境中的不确定性对该企业便不会构成太大的威胁。相反,不具任何经营特色的企业,外部环境再有利,也不会有快速的发展。因此,应对比分析外部环境中存在的机会和威胁与组织内部的优势和劣势,以便充分发挥组织的优势,把握住外部的机会,避开内部的劣势和外部的威胁。

来自麦肯锡咨询公司的 SWOT 分析是最常用的内外部环境综合分析技术,如图 4.5 所示。

SWOT 分析法又称态势分析法。早在 20 世纪 80 年代初由旧金山大学的管理学教授提出,它是一种能够较客观而准确地分析和研究一个组织现实情况的方法。SWOT 分析法是把组织内外环境所形成的机会(Opportunities)、风险(Threats)、优势(Strengths)、劣势(Weaknesses)四个方面的情况,结合起来进行分析,以寻找制订适合本组织实际情况的经营战略和策略的方法。通过 SWOT 分析,可以帮助组织把资源和行动聚集在自己的强项和有最多机会的地方,并让组织的战略变得明朗。

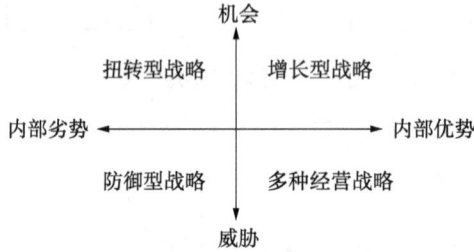

图 4.5　SWOT 分析图

在环境综合分析过程中,组织的高层管理人员应在确定内外部各种变量的基础上,采用杠杆效应、抑制性、脆弱性和问题性四个基本概念进行这一模式的分析。在完成环境因素分析和 SWOT 矩阵的构造后,便可制订出相应的行动计划(见图 4.6)。

图 4.6　SWOT 分析矩阵

①杠杆效应(优势+机会)(SO 策略:依靠内部优势,利用外部机会)。杠杆效应产生于内部优势与外部机会相互一致和适应时。在这种情形下,组织可以用自身内部优势撬起外部机会,使优势与机会充分结合并发挥出来。然而,机会往往是转瞬即逝的,因此管理者必须敏锐地捕捉机会,把握时机,以寻求更大的发展。

②抑制性(机会+劣势)(WO 策略:利用外部机会,弥补内部劣势)。抑制性意味着妨碍、阻止、影响与控制。当环境提供的机会与组织内部资源优势不适应,或者不能相互重叠时,组织的优势再大也将得不到发挥。在这种情形下,组织就需要提供和追加某种资源,以促进内部资源劣势向优势方面转化,从而迎合或适应外部机会。

③脆弱性(优势+威胁)(ST 策略:利用内部优势,规避外部威胁)。脆弱性意味着优势的程度或强度降低或减少。当环境状况对组织优势构成威胁时,优势得不到充分发挥,出现优势不优的脆弱局面。在这种情形下,组织必须克服威胁,以发挥优势。

④问题性(劣势+威胁)(WT 策略:减少内部劣势,规避外部威胁)。当组织内部劣势与组织外部威胁相遇时,组织就面临着严峻挑战,如果处理不当,可能直接威胁到组织的生存。

### 案例分析

#### 发展的转折是收缩

　　20世纪80年代,通用电气已成为美国大规模的多元化经营企业,其旗下大大小小的企业涉及60多个行业。当通用成为这样一个典型的综合型企业时,所有人都认为通用的发展已经到达巅峰了。然而,韦尔奇却认为通用必须进行改革,只有改革才可以继续走在世界企业的前头。于是韦尔奇提出了他的"数一数二"原则,也就是说通用保留在行业竞争中数一数二的产业,不达目标的就淘汰。最后通用从多个行业撤出,着手强化优势产业,提高和强化其在同行业的竞争优势。经过连续十年的改革,通用的市场占有率依然领先,原来处于巅峰的通用仍然"数一数二":由典型的多元化经营逐渐向核心产业集中经营转变。

　　● 一个组织必须明确什么可为什么不可为,只有保持绝对或相对优势才能生存与发展。

# 4.2　组织文化

## 4.2.1　组织文化与企业文化

### 1)组织文化的兴起

　　对组织文化的研究是从企业文化开始的,企业文化概念的提出,最早是在20世纪80年代初由美国人开始的。

　　20世纪70年代起,美国社会经济开始衰退,蜚声世界的美国企业管理理论和实践失去了耀眼的光环。与此同时,曾依赖美国扶持,并大力学习美国管理的日本却在经济增长上创造了奇迹,日本商品旋风似的大举侵入世界各地市场。到了20世纪80年代,日本成了让美国恐慌的第一流经济强国,其国民生产总值达到世界生产总值的10%,世界十大银行中有九家是日本的。美国人发现日本的企业经营效率高于美国企业,日本的管理具有自己的鲜明特点,这引起了美日比较管理学的研究热潮。

　　也正是从20世纪70年代开始,日本企业中的文化建设有了较广泛的发展。从经营战略的提出,到文化战略的提出并受到重视,日本的企业文化开始产生,并反映了日本在经济全面起飞的基础上,在文化活动和文化行为上所发生的变化。

　　通过对美日企业管理的比较研究,人们逐渐发现,在美国独特的历史文化背景下,人们特别注重社会的契约化、法制化和理性主义,在管理技术上特别注重企业的组织结构、战略计划等"硬件"的东西,而对人、对人的传统、习惯、情感和观念等"软件"的东西则重视不够。

　　日本企业则普遍对这些"软件"的东西给予高度重视,注重解决人的价值观念、人际关系、人的情感等方面的问题,形成了自己独特的管理模式。日本企业经过各种训练和长期努力,让职工建立了对公司、企业的"忠诚心""献身精神"和"认同感",老板与职工之间"充满人情味的关系",使企业充满活力和激情,生机勃勃,从而取得长足发展。

对于这种造成企业坚固凝聚力和竞争力的因素,美国人将其称为"企业文化"。

1981 年,W.C 大内出版的《Z 理论——美国企业界怎样迎接日本的挑战》一书,在详细考察日本公司的工作方式后指出,日本企业的基本管理方法与西方企业迥然不同,日本公司的基本管理方法是包含在管理宗旨里的。"这种宗旨是含蓄的企业理论,描述企业的目标以及如何实现它们。这些目标代表业主、雇员、顾客和政府管理者的价值观。"日本企业和管理是通过骨干经理们的共同文化沟通的,这种文化在某种程度上也为全体雇员共有。大内认为美国企业应汲取日本企业管理的成功经验,建立起一种适应欧美社会文化环境的 Z 型组织,并相应地在这类公司中建立起 Z 型文化,强调这是美国企业界继续存在的必要条件。

在美国人率先提出企业文化的概念后,日本的一些企业管理者、学者很快接受了这一概念。组织文化在日本受到越来越强烈的重视,逐渐被开辟为一个专门的研究和实践领域。当然,日本人并没有照搬美国企业文化,他们根据自己的传统文化观念和企业特点,形成了独具特色的日本式企业文化,特别是在其运用上取得了相当大的成果。这期间,世界许多国家也注意到组织文化问题,并开始进行有关的研究分析,以形成本国的组织文化。

---

**【推荐阅读】**

Z 理论(Theory Z)是由日裔美国学者威廉·大内(William Ouchi)在 1981 年出版的《Z 理论》一书中提出的,其研究的内容为人与企业、人与工作的关系,百度百科有简要介绍 Z 理论的形成、内容和特点可供参考:

http://baike.baidu.com/view/266832.htm? fr=aladdin

---

### 2)西方学者关于组织文化的主要观点

什么是企业文化? 美国学者彼得斯和沃特曼在《寻求优势》中指出,企业文化就是汲取传统文化的精华,结合当代先进的管理与策略,为企业职工构建一套明确的价值观念和行为规范,创设一个优良的环境、气氛,以帮助企业整体地进行经营管理活动。

后来,美国学者埃德加·H.沙因(Edgar H.Schein)在其所著《企业文化与领导》一书中,又专门列举了有关企业文化的定义:①企业文化是人们相互作用时共同遵循的行为规范,例如使用的语言和遵从行为的礼仪。②企业文化是在工作团体中逐渐形成的规范。③企业文化是为一个企业所信奉的主要价值观。④企业文化是指导企业制定职工和顾客政策的宗旨。⑤企业文化是在企业中寻求生存的竞争"原则",是新职工要为企业所录用而必须掌握的"内在规则"。⑥企业文化是企业内通过物体布局所传达的感觉或气氛,以及企业成员交往的方式。

日本人把企业文化理解为建立在日本固有文化基础之上的文化现象,同时它又是建立在企业经营与企业环境关系这一基础上的,因而企业文化在日本又被称为经营文化。此外,日本人还从企业认同的角度去分析研究,并创造企业文化。日本人普遍认为,企业文化就是由企业这一社会经济组织的所有成员所默默地共同拥有的该企业的价值体系,是企业意识、企业精神及企业行为规范体系。

**背景资料**

**狼性文化**

狼性文化,顾名思义,是一种带有野性拼搏精神的企业文化。狼其性也:野、残、贪、暴,自古以来它总是与几千年的孔孟中庸之道格格不入。狼性文化主要有以下三个特征:嗅觉敏锐,善于捕捉机会;富于进取心和攻击性,且不轻言失败;团队精神。

团队推崇提倡的狼性文化,即是指这种推进团队发展,为社会和人类创造效益的非凡的潜能,指这种潜能释放出来的拼搏精神。

读者可通过《狼性文化 打造一个强大团队的哲学》培训讲座视频加深对狼性文化的了解:

http://v.youku.com/v_show/id_XMzEwNzk1ODY0.html? from=y1.2-1-87.3.1-2.1-1-1-0

**【编者提示】**

如本章章前"管理格言",任何一种文化都有其适用性。"狼性文化"也一样,"残酷无情,你死我活,为达到目的不择手段,蔑视规则,无视人性"等特征极易造成企业及员工在文化上的迷失,对企业的长期发展而言很可能是一剂致命的毒药,但对于不拼搏则不能生存的企业,很可能是一剂良药。

## 4.2.2 企业文化的结构

企业文化的结构划分有多种观点。一种是将其分为两个层次,如有形文化和无形文化、表层文化与深层文化、"硬"S和"软"S等;另一种是分为四个层次,即物质文化、行为文化、制度文化和精神文化。这些不同的结构划分都有其各自的合理性,使用不同的结构划分对认识企业文化并无大碍。为科学准确,我们把企业文化划分为三个层次,即精神层、制度层和物质层。

### 1)精神层

精神层主要是指企业的领导和员工共同信守的基本信念、价值标准、职业道德及精神风貌。精神层是企业文化的核心和灵魂,是形成物质层和制度层的基础和原因。企业文化中有无精神层是衡量一个企业是否形成了自己的企业文化的标志和标准。企业文化精神层包括以下六个方面:

### (1)企业最高目标

企业最高目标是企业全体员工的共同追求,有了明确的最高目标就可以充分发动企业的各级组织和干部员工,增强他们的积极性、主动性和创造性,使广大员工将自己的岗位工作与实现企业奋斗目标联系起来,把企业的生产经营发展转化为每一位员工的具体责任。

因此,企业最高目标是企业全体员工凝聚力的焦点,是企业共同价值观的集中表现,也是企业对员工进行考核和实施奖惩的主要依据。企业最高目标又反映了企业领导者和员工的追求层次和理想抱负,是企业文化建设的出发点和归宿。长期目标的设置是防止短期行为,促使企业健康发展的有效保证。

（2）企业哲学

企业哲学在有的企业又被称为企业经营哲学,它是企业领导者为实现企业目标而在整个生产经营管理活动中的哲学思考。企业哲学是处理企业生产过程中发生的一切问题的基本指导思想和依据,只有以正确的企业哲学为先导,企业的资金、人员、设备、信息等资源才能真正发挥效力。

企业哲学的形成首先是由企业所处的社会制度及周围环境等客观因素决定的,同时也受企业领导者思想方法、政策水平、科学素质、实践经验、工作作风以及性格等主观因素的影响。企业哲学是企业在长期的生产经营活动中自觉形成的,并为全体员工所认可和接受,具有相对稳定性。

（3）企业精神

企业精神是企业有意识地提倡、培养员工群体的优良精神风貌,是对企业现有的观念意识、传统习惯、行为方式中的积极因素进行总结、提炼及倡导的结果,是全体员工有意识地实践所体现出来的。因此,企业文化是企业精神的源泉,企业精神是企业文化发展到一定阶段的产物。

（4）企业风气

企业风气是指企业及其员工在生产经营活动中逐步形成的一种带有普遍性的、重复出现且相对稳定的行为心理状态,是影响整个企业生活的重要因素。

企业风气一般包括两层含义:一是指许多企业共有的良好风气,如团结友爱之风、开拓进取之风等;二是指一个企业区别于其他企业的独特风气,即在一个企业的诸多风气中最具特色、最突出和最典型的某些作风,它体现在企业活动的方方面面,形成全体员工特有的活动方式,构成该企业的个性特点。

企业风气是约定俗成的行为规范,是企业文化在员工的思想作风、传统习惯、工作方式、生活方式等方面的综合反映。企业风气一旦形成就会在企业中形成一定的气氛,并形成企业员工群体的心理定式,导致多数员工一致的态度和共同行为方式,因而成为影响全体员工的无形的巨大力量。

（5）企业道德

道德指人们共同生活及其行为的准则和规范。企业道德是指企业内部调整人与人、单位与单位、个人与集体、个人与社会、企业与社会之间关系的行为准则。

道德与制度虽然都是行为准则和规范,但制度具有强制性,而道德却是非强制性的。一般来讲,制度解决是否合法的问题,道德解决是否合理的问题。道德的内容包括道德意识、道德关系和道德行为三部分。道德意识是道德体系的基础和前提,它包括道德观念(人们的善与恶、苦与乐等观念)、道德情感(人们基于一定的道德观念,在处理人际关系和评价某种行为时所产生的惩恶扬善的感情)、道德意志(人们在道德观念和道德感情的驱使下形成的实现一定道德理想的道德责任感和克服困难的精神力量）和道德信念（人们在道德观念、情感、意志基础上形成的对一定道德理想、目标的坚定信仰）。道德关系是人们在道德意识支配下形成的一种特殊的社会关系。而道德行为则是人们在道德实践中处理矛盾冲突时所选择的某种行为。

企业道德就其内容结构来看，主要包括调节职工与职工、职工与企业、企业与社会三方面关系的行为准则和规范。作为微观的意识形态，它是企业文化的重要组成部分。

（6）企业宗旨

企业宗旨是指企业存在的价值及其作为经济单位对社会的承诺。作为从事生产、流通、服务活动的经济单位，企业对内、对外都承担着义务。对内，企业要保证自身的生存和发展，使员工得到基本的生活保障并不断改善他们的生活福利待遇，帮助员工实现人生价值。对外，企业要生产出合格的产品、提供优质的服务，满足消费者的需要，从而为社会的物质文明和精神文明进步作出贡献。比如海尔集团的企业宗旨就是创造生活新空间。

## 背景资料

### 日本企业的独特"员工精神"

企业的发展壮大离不开员工卓有成效的工作，具有什么样的精神风貌是衡量员工品质和素质的重要标准。日本企业普遍重视企业员工的精神建设，这种精神建设主要包括"和""勤""忠"三个方面。

一、"和"

日本企业活动的思想文化基础多半来自中国传统文化中所具有的精神观。儒家思想的"以和为贵"就深刻地影响了日本几代企业家。

"和"的内涵是指爱人、仁慈、和谐、互助、团结、合作、忍让。"和"对人的主体性的强调，使得人们注重共同活动中与他人合作，追求与他人的和谐相处，并时刻约束自己。和谐、互助、团结、合作、忍让的精神是集体主义团队精神的根源，能把企业变成上下趋同、目标一致的命运共同体。日本企业上下一致地维护"和"的气氛，反对"独"的理念，反对西方式的个人主义和内部竞争。组织内形成一种和谐、平等、互助和忍让的氛围，这样才会增强企业凝聚力和团队精神。日本企业努力建设部门之间没有掣肘与摩擦的流程与协作关系。这种和谐、协调的精神才会产生 1+1>2 的系统效应。

二、"勤"

日本企业员工精神建设的另一个重要源泉就是东方民族特有的勤俭之风。东方人的生活方式讲"一日不作，一日不食"，推崇素朴节俭，倡导生产劳动。日本企业继承了这一优良精神作风，把职业中的劳动提高到一种神圣义务的程度，认为懒惰、奢侈是企业发展的最大危害，主张最低限度的个人消费以及严格履行日常工作义务。在日本企业看来，"勤"对于普通员工来说就是要努力做好本职工作。每个人的工作都是一个完整工作链上的一点，只有扎扎实实、勤勉细致地工作，才能保证整个工作顺利、有序地进行，才能有效地完成预期目标。经过历史的锤炼，日本企业员工的勤恳、勤勉、勤劳与勤奋已成为日本企业的优秀品质。

三、"忠"

日本历史上一直是以农业为主的国家，日本的农耕民族性要求社会内部的互助合作精神,这种精神表现为日本人有强烈的"自己人"意识和圈子,家族主义是其必然形成的特色。国家是大圈子,企业是小圈子,而建构就是靠"家"的联合,黏合剂就是"忠君"和"忠孝"精神。日本企业注重等级关系,在正规场合下,日本人的上下级关系,给人以地位非常悬殊的印象,下级对上级总是鞠躬顶礼,但在非正式场合的相互关系中,下级会感到同上级亲如一家。这种现象就源于日本长期对"忠"的精神塑造。

### 2)制度层

制度层是企业文化的中间层次,主要是指对企业组织和企业员工的行为产生规范性、约束性影响的部分,它集中体现了企业文化的物质层和精神层对员工和企业组织行为的要求。制度层规定了企业成员在共同的生产经营活动中应当遵守的行为准则,它主要包括以下三个方面:

#### (1)一般制度

一般制度是指企业中存在的一些带普遍意义的工作制度和管理制度,以及各种责任制度。这些成文的制度与约定及不成文的企业规范和习惯,对企业员工的行为起着约束作用,保证整个企业能够分工协作、井然有序、高效地运转。如计划制度、人事管理制度、生产管理制度、服务管理制度、技术管理制度、设备管理制度、物资供应管理制度、产品销售管理制度、财务管理制度、岗位责任制度等。

#### (2)特殊制度

特殊制度主要是指企业的非程序化制度,如员工评议干部制度、总结表彰会制度、干部员工平等对话制度、干部"五必访"制度(员工生日、结婚、生病、退休、死亡时,干部要访问员工家庭)、企业成立周年制度等。特殊制度更能够反映一个企业的管理特点和文化特色。有良好企业文化的企业,必然有多种多样的特殊制度;企业文化贫乏的企业,则往往忽视特殊制度的建设。

### 背景资料

#### 海尔的日清日高制度

海尔的日清日高制度,又称 OEC 管理法(O:overall,海尔称其为全方位。E:everyone,指每个人;everything,指每件事;everyday,指每一天。C:control,控制;clear,清理),就是全面地对每人、每天所做的每件事进行控制和清理——日事日毕,日清日高。今天的工作今天必须完成,今天完成的事情必须比昨天有质的提高,明天的目标必须比今天更高才行。

#### (3)企业风俗

企业风俗是指企业长期相沿、约定俗成的典礼、仪式、行为习惯、节日、活动等,如歌咏比赛、体育比赛等。企业风俗与一般制度、特殊制度不同,它不是表现为准确的文字条目形式,也不需要强制执行,完全依靠习惯、偏好的势力维持。

### 3)物质层

物质层是企业文化的表层部分,它是企业创造的物质文化,是形成企业文化精神层和制度层的条件。从物质层中往往能折射出企业的经营思想、管理哲学、工作作风和审美意识。它主要包括下述几个方面：

①企业名称、标志、标准字、标准色。这是企业物质文化的外在体现。

②企业外貌、自然环境、建筑风格、办公室和车间的设计和布置方式、绿化美化情况等是人们对企业的第一印象，无一不是企业的文化反映。

③产品的特色、式样、外观和包装。产品的这些要素是企业文化的具体反映。

④技术工艺设备特性。

⑤企业的徽记、旗帜、歌曲、服装。这些因素中包含了很强烈的企业物质文化内容，是企业文化的一个较为形象化的反映。

⑥企业的文化体育生活设施。

⑦企业造型和纪念性建筑。包括厂区雕塑、纪念碑、英雄塑像等。

⑧企业纪念品。

⑨企业的文化传播网络。包括企业自办的报纸、刊物、有线广播、闭路电视、计算机网络、宣传册、广告牌、招贴画等。

综上所述，企业文化的三个层次是紧密联系的。物质层是企业文化的外在表现和载体，是制度层和精神层的物质基础；制度层则约束和规范着物质层和精神层的建设，没有严格的规章制度，企业文化建设无从谈起；精神层是形成物质层和制度层的思想基础，也是企业文化的核心和灵魂。

## 4.2.3 企业文化的功能

### (1)导向功能

在拥有强文化的企业中，组织核心价值观得到了成员广泛的认可和强烈的认同，这种共享和高强度认同会在组织内部创造一种很强的行为控制氛围，从而引导和塑造员工的价值取向、工作态度和行为规范，并把企业员工引导到企业所确定的目标上来，为实现企业的目标而努力奋斗。

### (2)规范功能

企业文化对员工的思想和行为具有规范和约束作用。在一个特定的文化领域中，组织的共同价值观深入到每个人的头脑中，必然影响成员的认知、感觉、思想、道德等心理过程，成员会自觉或不自觉地对自己的思想和行为作出不断的调整，以服从共同认可的规范。

### (3)凝聚功能

企业文化所产生的凝聚力，是一种有效的协调和控制手法。人类聚集在一起的目的是要发挥比分散大得多的力量。在经营过程中，组织内外各单位、部门和个人之间在工作和人际关系上难免产生各种矛盾和冲突，这就需要协调和控制。一种是外控制，即通过命令、监督、强制、奖惩等方式，使员工行为符合组织规范；另一种是内控制，即通过改变人们的知觉和态度，把组织的利益、目标、规范等纳入个人价值观、信念及行为准则，使员工对企业产生认同感、使命感，形成自觉的行动，一旦违反了组织规范，就会感到内疚、不安、自责，从而产生自己修正自己的行为。因此，企业文化是一种内在凝聚力，一种强有力的黏合剂，它把企业每个成员的力量凝聚成一股合力,使整个系统最大限度地发挥其效能。

(4)塑造形象的功能

企业文化集中概括了企业的基本宗旨、价值准则和行为规范,因而在一定程度上反映了企业的基本特征。优秀的企业文化向社会大众展示其成功的管理风格、良好的经营状态、奋发向上的精神面貌,从而为企业塑造良好的整体形象,树立信誉,扩大知名度。这是企业一笔巨大的无形资产,对企业的发展会起到重要的作用。

(5)激励功能

积极向上的思想观念和行为准则,可以形成强烈的使命感、持久的驱动力、积极向上的企业精神。企业文化本身,就是一把职工自我激励的标尺,他们通过对照自己的行为,找出差距,可以产生改进工作的驱使力,同时,企业内共同的价值观、信念及行为准则是一种强大的精神支柱,它能使人产生认同感、归属感及安全感,它能产生相互激励的作用。

【推荐阅读】
时代光华管理课程中有一节专题解读海尔企业文化,有助于读者加深对企业文化的认识:
http://www.tudou.com/programs/view/up4m3N6ofyU

## 4.2.4 企业文化建设的步骤

### 1)企业文化盘点

建设企业文化关键在于量体裁衣,建设适合本企业的文化体系,达到这一目标的大前提就是对企业文化的全面了解。所谓企业文化的盘点,就是对企业现有文化的依次调查和分析。当一个企业尚处在创业阶段时,需要了解创业者的企业目标定位,如果是已经发展一段时间的企业,需要了解企业发展中的一些问题和员工广泛认同的理念。

常用的一些调查方法主要包括访谈法、问卷法、资料分析法、实地考察法等。企业文化的调研,其实也是一次全体员工的总动员,因此,最好是在开展工作之前,由公司主要领导组织召开动员大会。在调研期间,可以采取一些辅助措施,比如,建立员工访谈室、开设员工建议专用箱等,调动员工的积极性,增强参与意识。

企业文化的调研要有针对性,内容主要围绕经营管理现状、企业发展前景、员工满意度和忠诚度、员工对企业理念的认同度几个方面。一些企业内部资料往往能够反映出企业的文化,可以从企业历史资料、各种规章制度、重要文件、内部报刊、公司人员基本情况、先进个人材料、员工奖惩条例、相关媒体报道等方面获得有用信息。为了方便工作,最好列一个清单,将资料收集完整,以便日后检阅。

经过一系列的企业文化调研,我们需要进行一些分析,得出初步结论。分析主要集中在以下几个方面:

①分析企业经营特点,弄清企业在行业中的地位和企业生产经营情况。

②分析企业管理水平和特色,研究企业内部运行机制,重点分析企业管理思路、核心管理链、现有管理理念和主要弊端。

③分析企业文化的建设情况,领导和员工对企业文化的重视程度。

④逐项分析企业文化各方面的内容,包括企业理念、企业风俗、员工行为规范等具体内容。

根据对以上四方面内容的综合分析,可以判断目前企业文化的状况,了解员工的基本素质,把握企业战略和企业文化的关系,分析企业急需解决的问题和未来发展的障碍,这就为下一步企业文化的设计作好了准备。

### 2)企业文化设计

企业文化是一个有机的整体,它包括精神层、制度层和物质层。精神层的设计要本着以下原则:历史性原则、社会性原则、差异性原则、群体性原则、前瞻性原则。制度层和物质层设计要本着与理念高度一致的原则、系统完整性原则和可操作性原则。

企业文化的设计中最重要的是企业精神层的设计,它决定了企业文化的整体效果,也是设计的难点所在。精神层一般来讲包括以下方面:企业愿景(或称企业理想)、企业使命(或称企业宗旨)、核心价值观(或称企业信念)、企业哲学、经营理念、管理模式、企业精神、企业道德、企业作风(或称工作作风)。

企业制度层的设计主要包括企业制度设计(工作制度、责任制度、特殊制度)、企业风俗设计、员工行为规范设计,这些设计都要充分传达企业的理念。

企业物质层的设计主要是指企业标志、名称及其应用。企业的名称如同人的名字一样,是企业的代码,设计时要格外慎重。如清华同方的名称来源于《诗经》的"有志者同方",简明易记。企业的标志则是企业理念、企业精神的载体,企业可以通过企业标志来传播企业理念。如果把企业理念看成企业的"神",那么企业标志就是企业的"形",它是直接面对客户的企业缩影,因此,在设计和使用上要特别关注。

### 3)企业文化实施

企业文化的实施阶段,实际上也是企业的一次变革,通过这种变革,把企业优良的传统发扬光大,同时,纠正企业存在的一些问题。一般来讲,企业文化的变革与实施需要经历导入阶段、变革阶段、制度化阶段、评估总结阶段。

导入阶段的主要任务是从思想上、组织上、氛围上作好企业文化变革的充分准备。在此阶段内,要建立强有力的领导体制、高效的执行机制、全方位的传播机制,让企业内部所有人认识到企业文化变革的到来。为了更好地完成这一阶段的工作,可以建立领导小组,设立企业文化建设专项基金,在人力、物力上给予支持。

变革阶段是企业文化建设工作的关键。在这个阶段内,要全面开展企业文化精神层、制度层、物质层的建设,即进行由下而上的经营理念提炼和由上而下的观念更新,建立健全企业的一般制度和特殊制度,形成企业风俗,做好企业物质层的设计与应用。这一阶段可谓是一个完整的企业形象塑造工程,中心任务是企业价值观的形成和员工行为规范的落实,至少要花一年的时间。

制度化阶段是企业文化变革的巩固阶段。该阶段的主要工作是总结企业文化建设过程中的经验和教训,将成熟的做法通过制度加以固化,建立起完整的企业文化体系。在这一阶段,企业文化变革将逐渐从突击性工作转变成企业的日常工作,领导小组的工作也将从宣传推动转变成组织监控。这一阶段的主要任务是建立完善的企业文化制度,其中应包括企业文化考核制度、企业文化先进单位和个人表彰制度、企业文化传播制度、企业文化建设预算制度等。

评估总结阶段是企业文化建设阶段性的总结。在企业基本完成企业文化建设的主要工作之后,总结评估以前的工作,对今后的企业文化建设具有十分重要的作用。评估工作主要围绕事先制订的企业文化变革方案,检查变革是否达到预期的效果,是否有助于企业绩效的改善和提高。总结工作还包括对企业文化建设的反思,主要针对内外环境的变化,检查原有假设体系是否成立,具体的工作方法主要是现场考察、研讨会、座谈会等。

【课堂讨论】

1. 通过本节的学习,了解组织文化的重要性,分析总结自己所在学校的校园文化怎么样? 本校校园文化有哪些在影响着你? 你认为应该怎样改进自己所在学校的校园文化?

2. 各大企业官网对本企业文化一般都有介绍,通过以下链接查阅,而后作对比分析讨论。

松下电器(中国)有限公司　　　　海尔集团　　　　　　　　奇瑞汽车
http://panasonic.cn/about/intro　　http://www.haier.net/cn/about_haier/　　http://www.chery.cn/into
　　　　　　　　　　　　　　　　culture/

## 拓展阅读

### 企业文化的"文"与"化"

正常的企业有两条腿:一条腿是企业的硬实力,如产品、服务、价格、渠道、营销等;另一条腿是软实力,包括企业的品牌、企业文化、公共关系、对外传播、形象等。其软实力的强弱,对企业的发展产生着重要的影响。

那么,什么样的企业才真正称得上拥有企业文化,企业文化"上天"后如何落地,却是一个相当难的课题。我们常常见到的是这样几种"企业文化":一种是在老板嘴里张口就来的"口头文化",这种最不靠谱,往往会出现每换一个老总,整个"文化"便要从头再来清洗一次的情况;另一种是被总结过后写于纸上或贴在墙上的"书面文化",它的文化努力是仪式化的,如贴个标语、出个画册;再有一种就是让员工们在嘴上背得滚瓜烂熟,但是在具体的行为里却根本看不到的"任务文化"。

这些重"文"轻"化"的做法,是对企业文化的严重误读,企业文化里的"文"其实既重要又不重要,重要的是"化"之前必须有"文",但是光有"文"却没有"化",等于没有,甚至玷污了企业的文化。那么企业文化如何"化"? 必须靠"潜移默化",如春雨般"随风潜入夜,润物细无声",才能"化"。这种"化",是让企业文化在不知不觉中改变并形成全体员工拥有"共同的价值观念、共同的行为准则和共同的心理默契"。企业文化要"化",具体需要三样东西。

第一是时间。一个企业的文化是长期积淀的结果,世界上有很多企业有着几百年的历史,在历史的演变过程中通过不断地经历变革积累了企业能够长期生存、壮大发展的"道"。这些企业有着自己的价值观、世界观。

第二需要氛围。真正的企业文化,应该是大家的心理默契,也是一种共同愿景……这些东西应该主要是自然"形成"的,而不是"规定"的。合力冲抵,渐成气候,然后新人进来,受其影响,为其同化,久而久之,整个企业在价值观上具备了相似的倾向——这便是真正的企业文化。

第三需要员工的高度自觉。企业文化的约束力不像法律法规那样带强制性,企业文化要落实在行动上,就必须真正使大家心服口服,在思想上、心灵上达成共识,而不是表面的服从与被动遵守,否则一旦失去监管,"文化"就会荡然无存。企业文化的约束主要来自于自律,高度自律的产生源于员工对企业文化的高度认同,这是企业文化的至高境界。

(作者徐浩然,中国中小企业协会副会长、远东控股集团副总裁,2012 年 3 月 26 日《中国经营报》)

# 4.3　战略管理

## 4.3.1　战略与战略管理

一个组织在对环境进行分析的基础上,为了组织的长远发展,必须制订适合自身发展的战略。战略的选择关系着一个组织的发展,只有制订正确的组织战略,才能保证一个组织健康可持续地发展。

### 1)战略的含义

"战略"一词最早来源于军事领域。从军事学的角度分析,战略是指对战争全局的策划和指挥,即根据敌我双方的军事、政治、经济、地理等因素,遵从战争规律,从战争全局的各方面考虑,所制定和采取的有关方针、政策和方法。换一种说法,战略是军事指挥官在战争中利用军事手段达到战争目的的科学与艺术。战略一词后来被运用于管理领域,在一般管理领域,战略就是一个组织的总目标,它涉及一个时期内带动全局发展的方针、政策、任务的制定。

管理学大师亨利·明茨伯格(Henry Mintzberg)对战略的概念作过系统论述,他提出著名的"战略5P",给出了战略的经典定义:战略是计划(plan),战略是模式(paradigm),战略是定位(position),战略是观念(perception),战略是计谋(policy)。

**资料链接**

**战略与战术**

毛主席曾说:"在战略上要藐视敌人,在战术上要重视敌人。"

战略上藐视敌人,战术上重视敌人,是伟大领袖毛泽东主席的战略战术思想,是克敌制胜不可分割的两个方面。所谓敌人,既指真正的敌人,也可以指工作中遇到的困难和障碍。如洪水,如体育比赛中的对手。在战略上藐视敌人,才能敢于和敌人作斗争;才能保持旺盛的斗志,百折不挠,一往直前;才能在暂时处于困难的条件下,不被敌人外强中干的现象所迷惑,不致过高估计敌人而悲观失望、停顿不前。

在战术上重视敌人,是克敌制胜的现实保证。只有在战术上重视敌人,才能不致过低估计敌人而产生麻痹轻敌思想;才能在每一个具体的斗争中,采取谨慎态度,讲究斗争艺术;才能保持清醒的头脑,不致鲁莽蛮干,毕其功于一役。毛泽东曾指出:"当我们正确地指出在全体上、在战略上,应当轻视敌人的时候,却决不可在每一个局部上、在每一个具体问题上,也轻视敌人。"

毛主席在《中国革命战争的战略问题》一文中指出:"我们的战略是'以一当十',我们的战术是'以十当一',这是我们制胜敌人的根本法则之一。"这就是说,在整体上、在战略上我们要以少胜多,以弱胜强;在局部上、在战役或战斗上,我们要以多胜少、以强胜弱。这体现了毛主席在战略上藐视敌人,在战术上重视敌人的伟大思想。

### 2)战略管理的含义及其特点

战略管理是一个组织高层管理要做的重要管理工作,战略管理是组织管理核心工作。

#### (1)战略管理的概念

古人云:"不谋全局者,不足于谋一域;不谋一世者,不足于谋一时。"在当今变幻莫测的全球经济背景之下,组织的战略决策决定着组织的发展前景,组织管理者的战略管理能力决定着组织的生死存亡。

战略管理是组织确定其使命,根据组织外部环境和内部条件设定组织的战略目标,为保证目标的正确落实和实现进行谋划,并依靠组织内部能力将这种谋划和决策付诸实施,以及在实施过程中进行控制的一个动态管理过程。

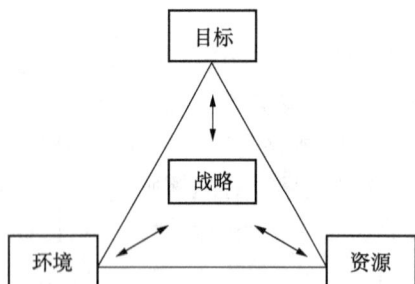

图 4.7 战略金三角

组织全部管理活动的重点是制订战略和实施战略。而制订战略和实施战略的关键在于对组织外部环境的变化进行分析,对组织资源进行审核,并以此为前提确定组织的战略目标,使三者之间达成动态平衡。也就是说,企业战略管理必须要做到目标、资源与环境的"配适"(见图 4.7)。战略管理的任务,就在于通过战略制订、战略实施和日常管理,在保持这种动态平衡的条件下,实现组织的战略目标。

第一,战略管理不仅涉及战略的制订和规划,而且也包含着将制订出的战略付诸实施的管理,因此是一个全过程的管理。

第二,战略管理不是静态的、一次性的管理,而是一种循环的、往复性的动态管理过程。它是需要根据外部环境的变化、组织内部条件的改变,以及战略执行结果的反馈信息等,而重复进行新一轮战略管理的过程,是不间断的管理。

需要强调的是,战略管理不是组织的日常管理,也不是危机管理,而是涉及未来 3~5 年甚至更长时期组织发展目标的战略性的计划或规划的管理。战略规划是一种管理工具,和其他的管理工具一样,它的目的也是更好地实现组织的宗旨。战略规划能帮助一个组织应付环境的变化,把精力和资源集中到最重要的工作当中,并确保所有组织成员的目标一致。

#### (2)战略管理的特点

一般来说,战略管理具有以下几个特点:

①战略管理具有全局性。战略管理是以组织的全局为对象,根据组织总体发展的需要

而制订的。它所管理的是组织的总体活动,所追求的是组织的总体效果。虽然这种管理也包括组织的局部活动,但是这些局部活动是作为总体活动的有机组成在战略管理中出现的。具体地说,战略管理不是强调组织某一事业部或某一职能部门的重要性,而是通过制订组织的使命、目标和战略来协调组织各部门自身的表现,这样也就使战略管理具有综合性和系统性的特点。

②战略管理的主体是组织的高层管理人员。由于战略决策涉及一个组织活动的各个方面,虽然它也需要组织上、下层管理者和全体员工的参与和支持,但组织的最高层管理人员介入战略决策是非常重要的。这不仅是由于他们能够统观组织全局、了解组织的全面情况,而且更重要的是他们具有对战略实施所需资源进行分配的权力。

③战略管理涉及组织大量资源的配置问题。组织的资源,包括人力资源、实体财产和资金,或者在组织内部进行调整,或者从组织外部来筹集。在任何一种情况下,战略决策都需要在相当长的一段时间内致力于一系列的活动,而实施这些活动需要有大量的资源作为保证。因此,这就需要为保证战略目标的实现而对组织的资源进行统筹规划,合理配置。

④战略管理从时间上来说具有长远性。战略管理中的战略决策是对组织未来较长时期内,就组织如何生存和发展等进行统筹规划。虽然这种决策以组织外部环境和内部条件的当前情况为出发点,并且对组织当前的经营活动有指导、限制作用,但这一切是为了更长远的发展,是长期发展的起步。从这一点上来说,战略管理也是面向未来的管理,战略决策要以管理人员所期望或预测将要发生的情况为基础。在迅速变化和竞争性的环境中,组织要取得成功必须对未来的变化采取预应性的态势,这就需要组织作出长期性的战略计划。

⑤战略管理需要考虑组织外部环境中的诸多因素。组织都存在于一个开放的系统中,它们影响着这些因素,但更通常是受这些不能由组织自身控制的因素所影响。因此在未来竞争的环境中,组织要使自己占据有利地位并取得竞争优势,就必须考虑与其相关的因素,这包括竞争者、顾客、资金供给者、政府等外部因素,以使组织的行为适应不断变化中的外部力量,组织才能够继续生存下去。

【即问即答】

在 2012 年初,某餐饮企业老总看好中高档餐饮业的未来,决定一改过去企业中低档的形象,斥资高档装修,扩大经营规模,走中高档餐饮业发展路子以提高利润率。殊不知,2012 年年底中央严格实行"八项规定",遏制"三公"消费,导致中高档餐饮业寒冬来临,该餐饮企业因该举措举步维艰。这体现了组织战略的什么特征?

【推荐阅读】

组织战略对企业到底有多重要,《商学院》2004 年 6 月刊刊载的泰康人寿保险有限公司董事长陈东升《战略 企业家心中的定盘星》一文,网络上有转载,可供读者参考:

http://www.rs66.com/a/11/34/zhanlue_qiyejiaxinzhongdedingpanxing_39354.html

## 4.3.2 战略管理过程

战略管理过程一般包括九个步骤,如图 4.8 所示。

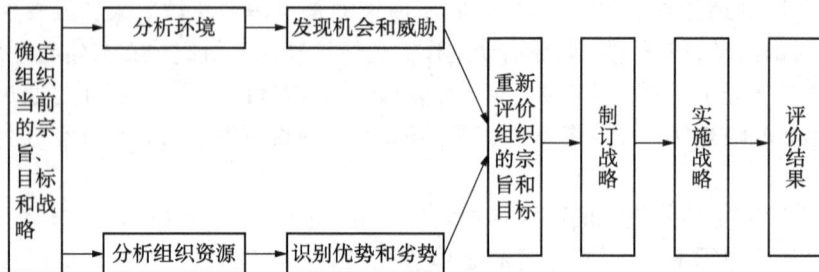

**图4.8 战略管理过程**

（1）战略规划

战略规划确定组织当前的宗旨、目标和战略。

组织管理的宗旨旨在促使管理者仔细确定组织的经营范围,对"我们到底从事的是什么事业"的理解关系到组织的指导方针。当然,管理者还必须搞清楚组织的目标以及当前所实施的战略的性质,并对其进行全面而客观的评估。

（2）分析环境

环境分析是战略管理过程的关键环节和要素。组织环境在很大程度上规定了管理者可能的选择。成功的战略大多是那些与环境相适应的战略。松下电器是家庭娱乐系统的主要生产商,自20世纪80年代中期开始,在微型化方面实现了技术突破,同时家庭小型化趋势使得对大功率、高度紧凑的音响系统的需求剧增。松下家庭音响系统的战略的成功,就是因为松下及早地认识到环境中正在发生的技术和社会变化。

管理者应很好地分析组织所处的环境,了解市场竞争的焦点,了解政府法律法规对组织可能产生的影响,以及组织所在地的资源供给状况等。其中,环境分析的重点是把握环境的变化和发展趋势。关于环境的信息可以通过各种各样的外部资源来获取。

（3）发现机会和威胁

分析了环境之后,管理者需要评估环境中哪些机会可以利用,以及组织可能面临的威胁。机会和威胁都是环境的特征。威胁会阻碍组织目标的实现,而机会则相反。

（4）分析组织的资源

分析组织的资源将视角转移到组织内部:组织雇员拥有什么样的技巧和能力呢? 组织的现金状况怎么样? 在开发新产品方面一直很成功吗? 公众对组织及其产品或服务质量的评价怎么样?

这一环节的分析能使管理当局认识到,无论多么强大的组织,都在资源和能力方面受到某种限制。

（5）识别优势和劣势

优势是组织可资开发利用以实现组织目标的积极的内部特征,是组织与众不同的能力,即决定作为组织竞争武器的特殊技能和资源;劣势则是抑制或约束组织目标实现的内部特征。管理者应从以下方面评价组织的优势和劣势:市场、财务、产品、研究与发展。内部分析同样也要考虑组织的结构、管理能力和管理质量,以及人力资源、组织文化的特征。管理者可以通过各种各样的报告来获得有关企业内部优势和劣势的信息。

（6）重新评价组织的宗旨和目标

按照SWOT分析和识别组织机会的要求,管理团队应重新评价组织的宗旨和目标。

（7）制订战略

战略需要分别在决策层、事业层和职能层设立。在这一环节组织将寻求组织的恰当定位，以便获得领先于竞争对手的相对优势。

（8）实施战略

无论战略制订得多么有效，如果不能恰当地实施仍不可能保证组织的成功。另外，在战略实施过程中，最高管理者的领导能力固然重要，但中层和基层管理者执行计划的主动性也同样重要。管理者需要通过招聘、选拔、处罚、调换、提升乃至解雇职员以确保组织战略目标的实现。

## 拓展阅读

### 一个组织的中期目标及其实施策略

组织中期目标之一：加强筹款能力，年度筹款额达到 1 000 万元

［策略一］加强理事会的筹款功能，协助秘书长策划并推动筹款
- 成立筹款委员会
- 吸引媒体等知名人士加入理事会

［策略二］加大宣传力度，开拓小额募捐的多元渠道
- 与银行合作，探讨捐款自动转账与信用卡捐款等事宜
- 制作 10 分钟介绍本组织的宣传片，通过电视播放
- 开设互联网主页，并建立广泛的链接

［策略三］引进募捐数据库等软件，加强资料建档、统计分析和后续服务

组织中期目标之二：提高组织的服务绩效，两年内建立项目评估制度

［策略一］年度计划必须与战略规划相结合

［策略二］建立项目评估制度

……

（萧新煌，2000 年）

（9）评价结果

战略管理过程的最后一步是评价结果：战略的效果如何？需要作哪些调整？这涉及控制过程。

---

【即问即答】

如果将战略管理过程分为战略分析阶段、战略选择及评价阶段、战略实施及控制阶段三阶段，上述九个步骤哪些属于战略分析阶段？哪些属于战略选择及评价阶段？哪些属于战略实施及控制阶段？

| | |
|---|---|
| 战略分析阶段 | 战略规划 |
| | 分析环境 |
| | 发现机会和威胁 |
| 战略选择及评价阶段 | 分析组织的资源 |
| | 识别优势和劣势 |
| | 重新评价组织的宗旨和目标 |
| 战略实施及控制阶段 | 制订战略 |
| | 实施战略 |
| | 评价结果 |

【推荐阅读】
一个组织如何有效制订自己的战略？推荐《如何做好中小企业战略管理》一文（编者未能找到本文作者及原始出处，下面为链接地址：
http://www.rs66.com/a/11/35/ruhezuohaozhongxiaoqiyezhanlueguanli_41323.html

### 4.3.3 组织的战略

组织的战略可以分为三个层次：组织整体战略、经营单位战略、职能战略。这三个层次的战略与组织的层级有某种程度的关联。处于组织顶层的管理者通常要对组织整体战略负责，处于中层的管理者通常要对经营单位战略负责，处于较低层的管理者通常要对职能战略负责。

#### 1) 组织总体战略

组织总体战略是指为实现组织总体目标，对组织未来发展方向作出的长期性和总体性战略。它是统筹各项分战略的全局性指导纲领。组织制订总体战略目的是确定组织未来一段时间的总体发展方向，协调组织下属的各个业务单位和职能部门之间的关系，合理配置组织资源，培育组织核心能力，实现组织总体目标。

组织总体战略主要强调两个方面的问题：一是"应该做什么业务"，即从组织全局出发，根据外部环境的变化及组织的内部条件，确定组织的使命与任务、产品与市场领域；二是"怎样管理这些业务"，即在组织不同的战略事业单位之间如何分配资源以及采取何种成长方向等，以实现组织整体的战略意图。具体来讲组织的总体战略有：

①发展型战略，是一种使组织在现有的战略基础水平上向更高一级的目标发展的战略。由于战略定位不同，发展型战略有多种可供选择的增长方案，组织可以根据实际情况进行选择。

②稳定型战略，是指限于经营环境和内部条件，组织在战略期所期望达到的经营绩效基本保持在战略起点的范围和水平上的战略。选择这一战略的组织对其过去的经营绩效和方法比较满意，因此会继续为市场提供基本相同的产品和服务。这是一种风险相对较低的战略。

③紧缩型战略，是指正在从目前的战略经营领域和基础水平收缩和撤退，且偏离战略起点较大的一种经营战略。与发展战略和稳定型战略相比，紧缩型战略是一种消极的发展战略，一般是短期性的过渡战略。

【即问即答】
2004 年联想集团收购了 IBM 的 PC 业务，2011 年收购 NEC 公司，2014 年 2 月斥资 29.1 亿美元收购摩托罗拉移动业务，请问这是一种什么样的整体战略？

#### 2) 经营单位战略

大型组织一般都同时从事多种经营业务，或者生产多种不同的产品，有若干个相对独立的产品或市场部门，这些部门即事业部或战略经营单位。由于各个业务部门的产品或服务不同,所面对的外部环境(特别是市场环境)也不相同,企业能够对各项业务提供的资源支持也不同,因此,各部门在参与经营过程中所采取的战略也不尽相同,各经营单位有必要制订指导本部门产品或服务经营活动的战略,即业务层战略。

经营单位战略是组织战略业务单元在组织总体战略的指导下,经营管理某一特定的战略业务单元的战略计划。具体指导和管理经营单位的重大决策和行动方案,是组织的一种局部战略,也是公司总体战略的子战略,它处于战略结构体系中的第二层次。

经营单位战略侧重点在于以下几个方面:贯彻使命、业务发展的机会和威胁分析、业务发展的内在条件分析、业务发展的总体目标和要求等。对于只经营一种业务的小企业,或者不从事多元化经营的大型组织,经营单位战略与公司总体战略是一回事。

迈克尔·波特认为,所有经营单位在进行竞争时,所采用的战略可以分为三种:

①成本领先战略(也称为低成本战略),是指组织通过有效途径降低成本,使组织的全部成本低于竞争对手的成本,甚至是在同行业中最低的成本,从而获取竞争优势的一种战略。

②差异化战略,是指通过塑造产品(或服务)的独特性,以造成与竞争者有利差异的一种战略。这种战略的核心是取得某种对顾客有价值的独特性。此种差异可由产品设计、品牌形象、技术、产品特性、人员、设备、销售渠道或服务来达成。

## 背景资料

### 佰草集差异化战略

在国外大型日化企业的重重压力下,国产化妆品虽有所发展,却步履维艰。据统计,内资美容化妆品企业占行业总数的90%,市场占有率为20%;外资、合资企业占行业总数的10%,却占总体市场的近80%;反差巨大。在这种艰难的情况下佰草集(上海家化联合股份有限公司的全资子公司)却能异军突起,挥剑直指时尚之都巴黎,为国产化妆品的出海吹响了第一声号角。

上海家化抽调力量,对产品定位、开发和营销作了一个长达3年的可行性研究。品牌研究小组得出的最终结论是,国际化妆品公司的研发中心,大多人员队伍庞大,对皮肤的研究水准已经非常高了。家化如果同样参与,研发一环就不占优势,因此只有走差异化路线,那就是草

> 佰草集1995年正式成立,1998年推出第一款产品,2008年走出国门,详见佰草集官网"品牌之卷"页面介绍:
>
> http://www.herborist.com.cn/introduction

本精华路线,利用中医药核心理论,打造高端中草药化妆品牌,定位于另类的化妆品形象,凭借中医中草药文化在国内外消费群体中建立了良好的认可度,切入环保理念。

③集中化战略(也称为聚焦战略),是指将有限的资源集中于某一特定区域,通过满足该区域的独特需求来取得优势的一种战略。管理大师彼得·德鲁克说过:"没有一家企业可以做所有的事情,即使有足够的钱,它也永远不会有足够的人才。"世界500强企业中的大部分都是能够集中优势和力量的"专才"。比尔·盖茨是软件专才,巴菲特是投资专才,"肯德基"是汉堡专才,"可口可乐"是饮料专才,因此他们都成为了全球企业的领导者。具体来说,集中化战略可以分为产品线集中化战略、顾客集中化战略、市场集中化战略。

**【即问即答】**

### 沃尔玛独特的聚焦战略

沃尔玛的成功来自于独特的聚焦战略,在于它将精力集中于整体市场中最狭窄也是最具挑战力的乡村。这样目标市场是同行业中主要竞争对手忽视的市场。但这时美国乡村小镇的居民已经有了足够的购买力,而生活条件和基础设施都不够完善,沃尔玛的出现,甚至吸引了来自周围几十到上百公里范围的居民前来购买商品。他们所聚焦的这一原本在别人看来无利可图的市场区域却给沃尔玛带来了生存和扩展的机会,也是沃尔玛实施经典的"农村包围城市"战略的前提。在后来的十几年间,沃尔玛继续占领小城镇这个被其他零售商店所遗忘的细分市场,逐渐形成了星火燎原之势,避开了激烈的竞争,在悄无声息中占领了全国的零售市场。

> 原文全文见中国知识管理中心网站《沃尔玛的聚焦战略》一文,链接如下:
> http://www.kmcenter.org/html/s78/200605/22-3208.html

**请问**:沃尔玛的聚焦战略属于哪种类型的聚焦战略?

#### 3)职能战略

职能战略是指企业中的各职能部门制订的指导职能活动的战略。职能战略主要回答某职能部门如何卓有成效地开展工作的问题,重点是提高企业资源的利用效率,使企业资源的利用效率最大化。职能战略一般可分为营销战略、人事战略、财务战略、产品战略、生产战略、研究与开发战略、公关战略等。职能战略是为企业总体战略和业务战略服务的,因此必须与企业总体战略和业务战略相配合。以下从市场营销战略、产品战略和人事战略三个方面对职能战略作概括介绍。

**(1)市场营销战略**

市场营销战略是企业市场营销部门根据总体战略规划,在综合考虑外部市场机会及内部资源状况等因素的基础上,确定目标市场,选择相应的市场营销策略组合,并予以有效实施和控制的过程。

营销在企业经营中的突出战略地位,使其连同产品战略组合在一起,被称为企业的基本经营战略,对保证企业总体战略的实施起着关键作用,尤其是对处于竞争激烈市场中的企业,制订营销战略更显得非常迫切和必要。市场营销战略,包括两个主要内容:一是选定目标市场;二是制订市场营销组合策略,以满足目标市场的需要。根据购买对象的不同,将顾客划分为若干种类,以某一类或几类顾客为目标,集中力量满足其需要,这种做法,称为确定目标市场,这是市场营销首先应当确定的战略决策。目标市场确定以后,就应当针对这一目标市场,制订出各项市场经营策略,即产品策略、价格策略、营销渠道策略、促销策略等,以争取这些顾客。

**(2)产品战略**

产品战略是指组织对自己的产品所进行的全面性谋划,它相应地涉及组织产品的选择战略、组织产品的发展战略、组织产品的组合战略三个层次。

①产品选择战略。产品选择战略即组织应该淘汰、保留、改进哪些老产品,又应该发展哪些新产品。它是建立在对市场需求的分析预测,对组织实力,尤其是产品开发能力的分析

以及对企业现有产品分析评价的基础之上的。老产品的放弃或淘汰,对应于退出型市场选择战略,又进一步分为立即放弃、逐步放弃、自然淘汰等;老产品的保留与改进,对应于维持现状型市场选择战略,可通过改进产品、改进市场、改进服务三个途径实现;新产品开发,对应于发展型市场选择战略,它需要相应的人、财、物力投入,既具有高机会,也具有高风险。如我国皮卡汽车的领导企业长城汽车最初就是生产皮卡汽车的,后来随着汽车的家庭化普及,长城汽车开始生产军民用越野车、家庭轿车,但随着家庭轿车市场竞争的日趋激烈,2012年底公司决定不在轿车业务上再投入过多资源,不再发展家用轿车新车型,专注城市型 SUV的生产。

②产品发展战略。产品发展战略即组织如何发展已经选择确定的某些产品。它涉及市场细分和产品定位两个问题。

市场细分就是按地域、人口、购买者心理及行为等因素,将整个市场划分为若干子市场,而其中任何一个子市场都有可能被选为组织的目标市场。产品与子市场存在着一对一、一对多、多对一、多对多四种组合。

产品定位是指组织就某种产品属性,对本组织和竞争对手在目标市场上各处于什么位置作出正确的分析判断,从而将本组织产品定在一个合适的位置上,它直接影响到组织的营销组合。如奇瑞轿车公司2012年就公司旗下产品及品牌进行整合,瑞麒、威麟两个品牌被雪藏,原车型将划归奇瑞品牌内,下面分别有主打入门级车型的 A 产品线和主打中高端车型的 E 产品线进行市场定位区分,而另一个品牌开瑞将继续保留,成为商用车品牌。

③产品组合战略。由于组织会同时拥有老产品和新产品,它们又具有不同的市场吸引力和利润率,因此,组织应在新老产品之间、新产品之间、老产品之间进行合理的组合,以使组织的近期利益与长远利益、降低成本与业务增长、高风险高利润与薄利多销等相互矛盾的目标之间保持一定平衡,以求组织的长期生存和不断发展。

（3）人事战略

人事战略是一个组织、一个行业、一个部门甚或一个地区为了实现其经济发展、经营目标或经济规划,在人事管理、人员的选拔任用和调整、绩效考核和工资福利、人员的培训与发展等诸多方面所制订并依此实施的全局性、长期性的设想和规划。

人事战略具体体现为组织的一系列用人政策和制度。这些政策和制度主要是围绕着解决下述三个问题而制订:

①如何为组织寻求合格的人员？为了实现总体战略,组织需要从事一系列的活动,为了使这些活动能协调地进行,组织根据各项活动的内在联系设立了不同的部门和岗位,人事政策与制度要解决的第一个问题就是如何根据活动的要求,为各岗位和部门选择合适的人员,以保证组织系统的运转和战略活动的进行。

②如何提高人员的工作热情,维持他们对组织的忠诚？决定组织活动效果的人的工作率,不仅受到他们所拥有的知识和能力等内在素质的影响,而且取决于他们在工作中的积极性。组织要通过制定合理的人事政策,激发成员的工作热情,充分挖掘人力资源的潜力。

③如何为组织的发展准备人事力量？组织是一个动态系统,其目标和活动内容经常需要根据环境的变化作适当调整,因此现有的组织机构也需作相应改变。组织的适当调整过程,往往也是发展壮大过程。因此,对参与组织活动的人力资源的数量和质量要求也会不断发生变化。组织的人事战略不仅要为今天的活动配备合适的人员,而且要为明天的发展准备人事,特别是干部力量。

**背景资料**

## 蓝海战略

红海代表已知的市场空间;蓝海代表未知的市场空间。"蓝海战略"就是指摆脱有限市场内的竞争角逐,改变战略思维,开创一个没有竞争的市场空间,为获得持续的营利性增长而服务的战略。蓝海战略要求企业实现把视线从市场的供给方转向需求方,从关注并比超竞争对手的所作所为转向为买方提供价值的飞跃。通过跨越现有竞争边界看市场以及将不同市场的买方价值元素筛选与重新排序,企业就有可能重建市场和产业边界,开启巨大的潜在需求,从而摆脱"红海"的竞争,开创"蓝海"。

韩国 LG 公司曾启动一项被比作"蓝海战略"的新计划,其做法如下:

一是开展"一等"运动,开辟蓝海。为贯彻蓝海战略,LG 电子 2006 年的经营主题是"一等",而要拿出"一等"产品,LG 电子制订了详细的推进计划,只生产新技术的高端产品,强化高端产品的营销力度,加大对研发的投入和核心人才的培养。当时,在 LG 电子总体销量中,具有高附加价值的高端产品占 30% ~ 40% ,低附加价值的产品群逐步撤销。

二是"设计"经营,拓宽蓝海。LG 电子认为:在许多产品的技术已经难分伯仲的今天,消费者通过产品满足美学、心理学等方面的需求却日益增高。而且,从有关统计数据看,设计已经成为全球消费的热点与趋势。一项英国的调查显示:在过去的 10 年里,设计驱动型企业的增长率超出了英国证券市场整体表现的 200% 。丹麦的一项调查显示:企业采用系统化设计后,总收入增长了 40% 。因此,如果不重视产品的外观和功能设计,就会面临着被消费者抛弃、被市场淘汰的危险。在这方面,LG 电子借助全球的设计网络,与全世界著名设计师们进行联系和沟通,融合、借鉴各个地域的设计理念。设置了独立的"设计经营中心",底下设置五个设计中心(纽约、东京、米兰、北京和首尔)、四个设计研究所。

三是专设机构,保持蓝海。在一个竞争激烈的社会,一个优秀的产品制造出来后会被很快复制,而设计比技术更容易被拷贝。因此走"设计经营"的路线,就必须以更快的发展速度,始终走在行业前列,才有可能处于有利的地位。为此,LG 电子的做法是成立了 TDR 小组,TDR

> 读者可登录 LG 电子官网"全球概况"页面,看看若干年过去后 LG 当初的蓝海战略实现程度如何:
>
> http://www.lg.com/cn/global-corporate-information

的全称是 Tear Down and Redesign 小组,即拆解、重新设计小组。开始在公司内部开展许多 TDR 活动,即将竞争对手的优秀产品加以分解,以便跳脱原有框架,让员工彻底自我反省,想出更棒的点子,设计出更杰出的产品。

# 【本章小结】

以组织界线来划分,可以把管理环境分为组织的外部环境和组织的内部环境。组织的外部环境是指组织所处的社会环境。组织的外部环境可以按其对组织影响的程度分为微观环境和宏观环境。管理环境分析主要分析组织的优势劣势、组织面临的机会与威胁,管理环境综合分析的方法是 SWOT 分析法。

战略管理是组织确定其使命,根据组织外部环境和内部条件设定组织的战略目标,为保证目标的正确落实和实现进行谋划,并依靠组织内部能力将这种谋划和决策付诸实施,以及在实施过程中进行控制的一个动态管理过程。战略管理过程包括确定组织当前的宗旨、目标和战略、分析环境、发现机会和威胁、分析组织的资源、识别优势和劣势、重新评价组织的宗旨和目标、制订战略、实施战略、评价结果。

**【思考与练习】**

**一、重点概念**

SWOT 分析法    战略管理

**二、填空题**

1. 组织的外部环境一般可分为(    )环境和(    )环境两方面。

2. 经营单位的竞争可以采取的战略包括(    )、(    )和(    )三方面的战略。

3. 产品发展战略即组织如何发展已经选择确定的某些产品。它涉及(    )和(    )两个问题。

4. 职能组织的市场营销战略涉及(    )和(    )两个方面的内容。

5. 组织战略的确定分为(    )、(    )和(    )三个层次。

**三、选择题**

1. 高机会和低威胁的业务属于(    )业务。

A. 理想            B. 成熟            C. 冒险            D. 困难

2. (    )是对环境进行管理的第一步。

A. 分析环境        B. 改善环境        C. 适应环境        D. 创造环境

3. 下列因素中,属于组织的一般外部环境因素是(    )。

A. 社会公众        B. 竞争者          C. 政治法律        D. 顾客

4. 由于中央"八项规定"的出台导致高端餐饮行业遇冷,餐饮行业纷纷转向大众化,这是宏观环境中(    )环境因素发生了改变。

A. 技术            B. 政治法律        C. 社会文化        D. 人口

5. 组织通过有效途径降低成本,使组织成本低于其他竞争对手,以取得竞争优势,这种策略称为(    )。

A. 营销战略        B. 集中战略        C. 低成本战略      D. 集中战略

**四、思考题**

1. 简述组织的总体战略有哪些?

2. 组织的宏观环境分析包括哪些内容?

3. 战略管理过程有哪些步骤?

**五、案例分析题**

**高端餐饮争推团购    2014 年将成餐饮业洗牌之年**

据 2014 年 2 月 20 日《中国青年报》报道(黄冲)    "吃的不是食物,是档次;讲的不是工作,是排场;比的不是能力,是阔气。"自中央政治局"八项规定"出台之后,这已经成为高端餐饮行业过去式。

在经历了 30 多年的高速发展后,餐饮行业第一次进入了"寒冬"。中国烹饪协会 2014

年2月8日发布的2013年全国餐饮收入报告显示,2013年全国餐饮收入25 392亿元,增幅同比下降4.6%,增速创21年来的最低值。

首先遭遇"寒冬"的,是中央"厉行勤俭节约、反对铺张浪费"矛头直指的高端餐饮业。报告显示,高端餐饮在2013年严重受挫,限额以上餐饮(年营业额200万元以上)企业的收入首次出现负增长,同比下降了1.8%。

主打高端酒楼业务的湘鄂情,于1月24日发布业绩预告修正公告,公司预计2013年全年亏损5亿~5.8亿元,而2012年净利润为1.09亿元。老字号全聚德日前发布的2013年业绩快报显示,公司2012年营业总收入为18.99亿元,同比下降2.32%,是5年来首次出现业绩下滑。由于业绩不佳,一些原本备战上市的高端餐饮企业,如"顺峰饮食""净雅食品",都遭遇撤单,延缓了上市的步伐。

政宴、官办民宴、高档商业宴请扎堆儿的北京餐饮行业,更被称为遭遇了"寒冬"中的"三九",20年来首次出现负增长。北京统计局数据显示,从2013年1月到11月,北京餐饮企业收入除了10月同比微涨0.9%以外,其余各月都是负增长,其中5月降幅最高,达到-10.3%。

为了重聚人气,此前"高大上"的餐厅,也纷纷开始放下身段走亲民路线。为了赢得普通消费者的青睐,这些企业纷纷下调菜品价格,采用的方式包括推出新菜,换用大众菜单,赠送现金券、优惠券等,甚至推出优惠幅度达50%以上的团购套餐。

大众点评网日前发布的《2013北京城市生活消费报告》显示,2013年参加过团购的北京高端餐厅数量是上年的近3倍。截至2013年年底,大众点评收录餐饮单次人均消费在200元以上的餐饮商户,累计超过600家,其中接近四分之一的餐饮商户做过团购,参团商户数量是2012年的2.4倍。

不过,高端餐饮业要想顺利转型也并非易事。从高端走向大众,目标顾客不同,消费者需要的环境及服务也有所差异,此前的经验及服务方式都要有所变化,对于企业来说,转型风险很高,成本也不小。另外,高端餐饮业通过价格下探进军大众市场,势必要面临与中低端餐饮业的正面对决,一场激烈的价格战将不可避免。

2014年将是中国餐饮行业大洗牌的一年,也是餐饮企业转型的关键年。这一年的关键词就是转型升级、扩大内需。阵痛也许在所难免,但无论如何,这将是我国消费市场走向理性、消费结构走向合理的必经之路。要真正拉动内需,说到底还是得让老百姓有钱花、花得起、愿意花。

**案例思考:**

1. 运用SWOT分析法,分析高端餐饮企业面临的市场环境。

2. 为何高端餐饮行业纷纷接地气?

3. 在目前的市场环境中,高端餐饮行业应如何调整自己的经营战略?

**六、管理实战**

1. 实战项目:在所在城市选择一家大型超市,分析其外部环境,并有针对性地提出发展战略。

2. 实战目标:通过对一家企业外部环境的调查研究,对组织战略相关内容能够有效运用。

3. 实战要求:写出该超市的发展战略报告。

# 第 5 章

# 决　策

**管理格言：在没出现不同意见之前，不作出任何决策。**

| | 本章内容结构 | | 重要性指数 |
|---|---|---|---|
| **5.1　决策的含义与过程** | 5.1.1　决策的含义 | | ★★★★ |
| | 5.1.2　正确决策的基本原则与要求 | | ★★★★ |
| | 5.1.3　决策的程序 | | ★★★★★ |
| | 5.1.4　决策的影响因素 | | |
| | 1）社会环境 | | ★★ |
| | 2）组织条件 | | ★★ |
| | 3）决策者的个人因素 | | ★★ |
| | 4）时间因素 | | ★★ |
| **5.2　决策的分类** | 5.2.1　按决策的影响范围和重要程度分类 | | ★★★ |
| | 5.2.2　按决策问题所处的条件分类 | | ★★★ |
| | 5.2.3　按决策的方法分类 | | ★★★ |
| | 5.2.4　按决策的重复程度分类 | | ★★★ |
| | 5.2.5　按决策的主体分类 | | ★★★ |
| | 5.2.6　按决策的先后顺序分类 | | ★★★ |
| **5.3　决策的方法** | 5.3.1　决策的软方法 | | ★★★★ |
| | 5.3.2　决策的硬方法 | | |
| | 1）确定型决策的方法 | | ★★★★★ |
| | 2）非确定型决策的方法 | | ★★★★★ |
| | 3）风险型决策的方法 | | ★★★★★ |

## 【案例导入】

　　M公司是一个跨国经营的大公司，多年来积极开拓国际市场并取得了辉煌的战绩。然而，M公司在本国巨大市场的竞争中却逐渐处于劣势，近几年公司一直靠着国际市场的巨大盈余维持公司的正常运转，形成了"墙内开花墙外香"的局面，正如公司的一位副总裁所说："M公司国际形势看好，但在国内却有点抬不起头来。"

　　2010年，公司的新总裁史密斯上任后，确立了"继续开拓国际市场，国内市场打翻身仗"的战略，经过两年多时间的努力，M公司不仅走出了困境，而且凭借其雄厚的竞争实力，战胜了其主要的竞争对手,重新夺回了国内市场占有率第一的宝座,市场占有率超过主要竞争对手两个百分点,达到了 36%。

M 公司能够在短短的两年多时间里东山再起,秘密何在? 源于一系列的科研决策。

第一,大胆起用能人。史密斯上任伊始,决定对国内的运作机制进行彻底改组,大胆起用人才,对以汤姆为代表的一批管理精英委以重任。汤姆现年 44 岁,是哈佛工商管理学院的 MBA 毕业生、公司内公认的管理奇才,此前曾担任南美分部的经理,任职期间该地区的销售额翻了一番、利润增加了 3 倍。回公司本部任职时,得到了总裁史密斯的承诺:准许他从各国际分部选用任何他认为合适的人作为副手,他起用了曾有多国工作经验、现任欧洲分部市场部经理的韦伯,并以两人为主组成了"国内市场抢救工作队",在以后的两年时间里,在这一批精英的参与下,M 公司终于从根本上扭转了国内市场严重受挫的经营状况。

第二,提高工作效率。汤姆和韦伯针对企业效率低的问题,首先关闭了 5 家低效的工厂,同时重新规划了业务流程,从原材料采购到库存管理,从生产到运输的每一个环节重新作了认真的部署,并砍掉了一些多余的环节,仅此一项,就为顾客从订货到收货节约了 1/4 的时间。另外,他们还加大投资,增加一些被忽视的名牌产品,并对老产品进行更新换代,不断推出新款新样。汤姆和同事们的辛勤努力产生了显著的效益,据专家预测,公司的改革措施每年为公司节约了近 6 亿美元的成本费用。

第三,推出拳头产品。拳头产品是企业在竞争中站稳脚跟的根本。M 公司一直从事多种产品的生产和经营,清洁剂是公司的支柱产业,现在公司 1/3 以上的年收入来自这类产品。公司看准了国际国内巨大的清洁剂市场潜力,研制出了含有特殊成分的乙型清洁剂,该产品除保留了原有产品的优点外,增加了使用范围广、清洁强度大等优点,不但可以用于家庭日常用品的清洁,而且还可以用于汽车、机械设备的清洗。产品一上市就受到了消费者的欢迎。公司抓住时机,不惜重金,大力宣传,使这种新型清洁剂的销售在国内外市场都卓有成效。

第四,加强科技开发,实行网络管理。新型清洁剂的成功开发凝聚了 M 公司所有科研人员的辛勤劳动。负责技术事务的化学博士道奇,个人拥有专利 50 多项,他和公司其他技术人员一道组成了一支实力雄厚的攻关队伍,经过三年多的努力,耗费近 1 亿美元,以开发新型清洁剂。在研制过程中,他们还与数所大学的专家合作,联合攻关,最终研制出了新产品,同时也使产品的性能和质量有了科学的保证。在管理上,公司积极利用计算机这一信息时代的工具,建立了全公司范围的计算机网络系统,逐步完善公司的物流,加强各经营环节的联系和沟通,把销售、采购、分配、售后服务等各个环节衔接起来,统筹计划,合理安排,实现了信息和资源的最大限度的利用。

从 M 公司国内市场的复兴可以看出:决策是事关一个组织发展的重大事件,决策涉及方方面面,必须要谨慎决策。那么什么是决策、如何科学决策、应该采取哪些方法决策,这就是本章所涉及的内容。

# 5.1　决策的含义与过程

## 5.1.1　决策的含义

对于管理者来说,最基本的工作就是决策(Decision-making),它是最重要、最困难、最花费精力和最冒风险的事情,它是对管理者的经验、学识、判断力等各方面综合素质的考验。人们说决策的失误就是最大的失误,这说明了决策的重要性。

决策是管理者为了解决问题或达到一定的目标从若干备选的行动方案中选择一个合理方案的抉择并执行选择结果的管理活动的过程。

根据决策的这个定义,我们可以很清楚地看出决策的几个特点:

①目标性。决策总是为实现组织的某一目标而开展的管理活动,没有目标,或者目标不明确,就不可能作出正确的决策。

②选择性。决策最显著的特点之一就是它在多个可行方案中选择最优方案。如果只有一个方案,决策者没有选择也就无所谓决策了。由于决策是在多个方案中择优,就对方案的判定、选择标准的确定等决策者的判断力提出了更高的要求。

③风险性。决策是一种带有风险的管理活动,因为任何备选方案都是在预测未来的基础上制订的。客观事物的变化受多种因素的影响,加之人们的认识总有一定的局限性,作为决策对象的备选方案不可避免地会带有某种不确定性,决策者对所作出的决策能否达到预期的目标,不可能有百分之百的把握,都要冒不同程度的风险,因此说决策具有风险性。

决策要在诸多备选方案中选择一个合理方案,但这并不意味着取得最大收益、最高产量或其他的最佳结果等。人们的决策除了追求某些最好结果外,往往还会追求使损失最小、费用最低。要知道一项决策是否正确、是否有效往往要花时间来检验。

【课堂互动】

"自古华山一条路",我们要登华山是否需要对上华山的路进行决策优选? 为什么?

## 5.1.2　正确决策的基本原则与要求

决策并非主观武断,或盲目"拍板"。科学的决策,应当通过认真的研究、实事求是的分析,去粗取精,去伪存真,由此及彼,由表及里,把握住事物变化的规律,从而作出合理、可行的决断。因此,为了保证决策的正确和合理,决策过程的每个阶段都要遵循一定的原则,按照一定的要求来进行。

①可行原则。决策必须具备实施的现实条件,切实可行。脱离了实际的决策,就犹如空中楼阁,缺乏实现的基础。

②择优原则。对比优选是决策的关键步骤,没有对比,就无法辨别优劣。要实现优选就必须有多种备选方案,只有一个备选方案时无法做到优选。优选只能是相对优选,不可能是绝对最优。

③信息原则。决策没有信息寸步难行,科学决策是在拥有大量真实可靠信息基础之上作出的。

④预测原则。决策是规划未来的目标和行动,而未来具有很大的不确定性,为了科学决策,必须搞好科学预测,准确预见未来发展,及时采取应对措施。

⑤系统原则。决策活动涉及方方面面的因素,必须运用系统分析理论和方法进行决策分析活动,考虑决策相关影响,避免决策的盲目性,提高科学性。

⑥程序原则。科学决策不是简单拍板,随意决策,更不是头脑发热,信口开河,独断专横,而是在正确的理论指导下,按照一定的程序,充分依靠管理者群体、组织成员的集体智慧,正确运用决策技术和方法来选择行为方案。决策实际上是一个"决策—实施—再决策—再实施"的连续不断的循环过程,贯穿管理活动的始终。

### 5.1.3 决策的程序

决策是一个提出问题、分析问题、解决问题的完整的动态过程,遵循科学的决策程序,才能作出正确的决策。决策程序一般包括四个基本步骤:

(1)提出问题,确定目标

一切决策都是从问题开始。所谓问题,就是期望状态和实际状态之间存在的差距。决策者要善于在全面收集、调查、了解情况的基础上发现差距,确认问题,并阐明问题的发展趋势和解决问题的重要意义。所谓目标,是指在一定的环境和条件下,在预测的基础上所希望达到的结果。目标是决策的出发点和归宿,目标必须明确、合理,要在需要与可能的基础上,分清必须达到的目标和期望达到的目标。应当在优先保证实现必达目标的基础上,争取实现期望目标。目标应尽量具体,争取量化,以便与执行情况进行分析对比。

(2)拟订可行方案

可行方案是指具备实施条件、能保证决策目标实现的方案。解决任何一个问题,都存在多种途径与方式,不同的途径和方式实现目标的效率也就不一样。决策要求以费用最低,效率最高,收益最大的方式实现目标。究竟哪条途径、什么方式更有效,要经过比较,因此要制订各种可供选择的方案。拟订可行方案的过程是一个发现、探索的过程,也是淘汰、补充、修订、选取的过程。应当有大胆设想、勇于创新的精神,又要细致冷静、反复计算、精心设计。对于复杂的问题,可邀请有关专家共同商定。

(3)对方案进行评价和优选

对每一方案的可行性要进行充分的论证,并在论证的基础上作出综合评价。论证要突出技术上的先进性、实现的可能性以及经济上的合理性。不仅要考虑方案所带来的经济效益,也要考虑可能带来的不良影响和潜在的问题,从多方案中选取一个较优的方案。

(4)方案的实施与反馈

决策的正确与否要以实施的结果来判断,在方案实施过程中应建立信息反馈渠道,将每一局部过程的实施结果与预期目标进行比较,若发现差异,则应迅速纠正,以保证决策目标的实现。

### 5.1.4　决策的影响因素

任何决策都是在一定的条件下进行的,都要受到一些因素的影响和制约。组织在进行决策时,要分析组织所处的环境,把握影响决策因素的现状和将来的变化趋势,利用有利于组织发展的机会,回避不利于组织发展的威胁。一般来说,影响决策的因素主要有社会环境、组织文化、决策者的个人因素以及时间因素。

#### 1)社会环境

环境因素往往形成组织的限制条件,并对管理者的掌控能力造成影响。环境总是处于不断变化中,人们收入水平与消费层次的不断提高、科学技术的飞速发展、新法规的颁布实施、新政策的不断出台、竞争对手策略的调整等,组织只有通过环境研究才能了解现在,预测未来,科学决策。当然环境对决策影响主要体现在环境的状态。社会环境状态根据其变化情况可以分为确定性状态、风险性状态和不确定性状态,所处环境状态不同,决策的把握程度及科学性是不同的。

#### 2)组织条件

进行科学决策还需要认真考虑组织的内部条件,影响决策的组织内部条件主要包括以下内容:

(1)组织文化

组织文化影响着组织及其成员的行为和行为方式,它对决策的影响也是通过影响人们对组织、对改革的态度而发挥作用。任何决策的制订,都是对过去在某种程度上的否定;任何决策的实施,都会给组织带来某种程度的变化。组织成员对这种可能产生的变化会持有抵御或欢迎两种截然不同的态度。在偏向保守、怀旧、维持的组织中,人们总是根据过去的标准来判断现在的决策,总是担心在变化中会失去什么,从而对将要发生的变化产生怀疑、害怕和抗拒的心理与行为;相反,在具有开拓、创新气氛的组织中,人们总是以发展的眼光来分析决策的合理性,总是希望在可能产生的变化中得到什么,因此渴望变化、欢迎变化、支持变化。显然,欢迎变化的组织文化有利于新决策的实施,而抵御变化的组织文化则可能给任何新决策的实施带来灾难性的影响。在后一种情况下,为了有效实施新的决策,必须首先通过大量工作改变组织成员的态度,建立一种有利于变化的组织文化。因此,决策方案的选择不能不考虑到改变现有组织文化而必须付出的时间和费用的代价。

(2)过去的决策

这主要体现在:一是在实际管理工作中,决策问题大多是建立在过去决策的基础上的,属于一种非零点决策,决策者必须考虑过去决策对现在的延续影响。即使对于非程序化决策,决策者由于心理因素和经验惯性的影响,决策时也经常考虑过去的决策,问一问以前是怎么做的。因此,过去的决策总是有形无形地影响现在的决策。二是过去的决策对目前决策的制约程度要受到它们与现任决策者的关系的影响。如果过去的决策是由现在的决策者制订的,而决策者通常要对自己的选择及其后果负管理上的责任,因此一般不愿对组织活动进行重大调整,而倾向于仍把大部分资源投入过去方案的执行中,以证明自己的一贯正确。相反,如果现在的主要决策者与组织过去的重要决策没有很深的渊源,则易于接受重大改变。

这种影响有利有弊,利是有助于实现决策的连贯性和维持组织的相对稳定,并使现在的决策建立在较高的起点上;弊是不利于创新,不适应剧变环境的需要,不利于实现组织的跨越式发展。

（3）组织的资源

一个组织的资源条件不同,就决定了决策面临的基础不同、政策策略实施的环境条件不同,管理对象对决策的反应也就有所差异,必须根据组织内部的资源条件来进行科学的决策。

### 3）决策者的个人因素

在决策活动中起决定作用的是决策者,决策者个人的能力是决策成败的关键。决策者的知识与经验、战略眼光、民主作风、偏好与价值观、对风险的态度、个性习惯、责任和权力等都会直接影响决策的过程和结果,尤其是决策能力以及对待风险的态度至关重要。

决策者的能力来源于渊博的知识和丰富的实践经验,一个人的知识越渊博、经验越丰富、思想越开放,就越乐于接受新事物、新观念,越容易理解新问题,使之能拟订出更多更合理的备选方案。不同的对待风险的态度也会影响决策方案的选择。一般来说,愿意承担风险的决策者会选择主动适应环境变化的方案;不愿意承担风险的决策者在方案的选择上会比较保守,只对环境的变化作出被动的反应。

### 4）时间因素

决策时间的紧迫性也是决策的影响因素,有的决策对时间要求很严,必须当机立断,而有的决策则对时间的要求比较宽松。

美国学者威廉·R.金和大卫·I.克里兰把决策类型划分为时间敏感决策和知识敏感决策。时间敏感决策是指那些必须迅速而尽量准确的决策。战争中军事指挥官的决策多属于此类,这种决策对速度的要求远甚于质量。例如,当一个人站在马路当中,一辆疾驶的汽车向他冲来时,关键是要迅速跑开,至于马路的左边近些还是右边近些,相对于及时行动来说则显得比较次要。

相反,知识敏感决策,对时间的要求不是非常严格。这类决策的执行效果主要取决于其质量,而非速度。制订这类决策时,要求人们充分利用知识,作出尽可能正确的选择。组织关于活动方向与内容的决策,即前面提到的战略决策,基本属于知识敏感决策。这类决策着重于运用机会,而不是避开威胁;着重于未来,而不是现在。因此,选择方案时,在时间上相对宽裕,并不一定要求必须在某一日期以前完成。但是,也可能出现这样的情况,外部环境突然发生了难以预料和控制的重大变化,对组织造成了重大威胁。这时,组织如不迅速作出反应,进行重要改变,则可能引起生存危机。这种时间压力可能限制人们能够考虑的方案数量,也可能使人们得不到足够的评价方案所需的信息,同时,还会诱使人们偏重消极因素,忽视积极因素,仓促决策。

# 5.2 决策的分类

现代组织的业务活动的复杂性、多样性,决定了组织决策有多种不同的类型。

## 5.2.1 按决策的影响范围和重要程度分类

按决策问题的作用范围,可以把决策分为战略决策、战术决策和业务决策。

①战略决策。是指对组织发展方向和发展远景作出的决策,是关系到一个组织发展的全局性、长远性、方向性的重大决策。如企业的投资方向、产品更新、设计等重大问题的决策属于战略决策。战略性决策由组织的高层管理人员作出。

②战术决策。是指组织为保证战略决策的实现而对局部的管理业务工作作出的决策。如企业原材料和机器设备的采购、生产、销售的计划、商品的进货来源、人员的调配等属此类决策。战术决策一般由企业中层管理人员作出。战术决策要为战略决策服务。

③业务决策。是指企业为了解决日常工作中的业务问题,提高工作效率和经济利益所作出的决策。它属于局部性、短期性、业务性的决策,一般由基层人员所进行。

【课堂互动】
2014 年伊始,联想集团斥资 23 亿美元收购了 IBM X86 服务器业务,2 月联想集团又斥资 29 亿美元收购了摩托罗拉手机业务,联想集团此举是想成为业务更多元化的国际科技巨擘。请问联想集团这种有关企业未来发展方向的决策属于什么决策?

## 5.2.2 按决策问题所处的条件分类

按决策问题所处的条件,可以把决策分为确定型决策、风险型决策、非确定型决策。

①确定型决策。是指决策者对供决策选择的各备选方案所处的客观条件完全了解,每一个备选方案只有一种结果,比较其结果的优劣就可作出决策。确定型决策是一种肯定状态下的决策。这类决策的关键在于选择肯定状态下的最佳方案。

②风险型决策。是指决策者对供决策选择的各备选方案的几种不同结果可以知道,其发生的概率也可测算,在这样条件下的决策。对决策对象的自然状态和客观条件比较清楚,也有比较明确的决策目标,但是实现决策目标必须冒一定风险。即不能肯定决策事件未来出现哪种自然状态,但可大致估计出其出现的概率,不同的行动方案在不同的自然状态下的损失或利益可以计算出来。在这种情况下所作的决策具有一定的风险性。

③非确定型决策。是指决策者无法确定未来各种自然状态发生的概率的决策,是在不

稳定条件下进行的决策。由于外部条件不可预测,信息不确定,未来出现各种自然状态完全是随机的,连可能的概率也不知道,与风险性决策相比较这类决策的不确定性更大。非确定型决策尽管也有数学方法,但作出最终决策主要还是依靠决策者的学识、智慧、胆略甚至运气来决定,属于模糊决策。

**【课堂互动】**

三国演义中诸葛亮使用空城计来应对司马懿,你认为这种决策属于什么决策?

### 5.2.3　按决策的方法分类

按决策的方法,可以把决策分为定性决策和定量决策。

①定性决策。是指主要依靠决策者的经验、知识和判断能力作出的决策。

②定量决策。是指可以根据具体数据资料,运用一定的决策方法,通过数学计算得出结果的决策。

### 5.2.4　按决策的重复程度分类

按决策的重复程度,可以把决策分为程序化决策和非程序化决策。

①程序化决策(又称为常规性决策)。是指对重复出现的、日常管理问题所作的决策。这类决策的问题是经常出现的问题,已经有了处理的经验、程序、规则,可以按常规办法来解决,故程序化决策也称为"常规决策"。如企业生产的产品质量不合格如何处理、商店销售过期的食品如何解决就属于程序化决策。这类决策往往由组织的各职能部门或基层管理者作出。

②非程序化决策(又称非常规决策)。是指对管理中新颖的问题所作的决策。这种决策没有常规可循,虽然可以参照过去类似情况的做法,但需要按新的情况重新研究,进行决策。它多属于战略决策和一些新的战术决策,这种决策在很大程度上依赖于决策者政治、经济、技术的才智和经验,往往由高层管理者作出。如企业开辟新的销售市场、商品流通渠道调整,选择新的促销方式等属于非常规决策。

### 5.2.5　按决策的主体分类

按决策的主体,可以把决策分为个人决策和集体决策。

①个人决策。是指决策是由组织的领导者凭借个人的智慧、经验及所掌握的信息进行的决策。决策速度快、效率高是其特点,适用于常规事务及紧迫性问题的决策。个人决策的最大缺点是带有主观性和片面性,因此,对全局性重大问题则不宜采用。

②集体决策。是指在决策中发挥集体的智慧,由组织群体共同参与的决策。集体决策的优点是能充分发挥集团智慧,集思广益,决策慎重,从而保证决策的正确性、有效性;缺点是决策过程较复杂,耗费时间较多。它适宜于制定长远规划、全局性的决策。

### 5.2.6 按决策的先后顺序分类

按决策的先后顺序,可以把决策分为初始决策和追踪决策。

①初始决策。是指组织对从事某种活动或从事该活动的方案所进行的初次选择。初始决策是零起点决策,它是在有关活动尚未进行、环境未受到影响的情况下进行的。

②追踪决策。是指组织决策者在初始决策的基础上对已从事的活动的方向、目标、方针及方案的重新调整。作出追踪决策的原因,可能是主观估计不足,或客观形势变化,如不及时作出补救或修改,就会造成失误或损失,但追踪决策过多,会使决策失去稳定性。追踪决策须在分析的前提下,从比原有决策更为优越的对策中作出抉择,使追踪决策能产生更有益的社会效果。

【课堂互动】

在一个学校中,学生因为使用通信工具作弊,教务处该对作弊学生进行如何处罚? 这种决策属于什么决策? 2012 年 5 月大连万达斥资 26 亿美元收购了世界排名第二的院线集团美国 AMC 影院公司,万达一跃成为全球最大的电影院线。此项收购也标志着中国企业海外并购已从能源资源和制造业等传统领域逐渐扩展至文化产业等更高层次,这种并购决策属于什么决策?

## 5.3 决策的方法

通常将决策的方法大体分为软方法与硬方法两类。

决策的软方法是指依靠决策者的知识、经验和判断力的一类决策方法,表现形式以会议为主。主要作定性分析,用于非程序化问题的决策,用于确定活动的方向。软方法的缺点是主观性强。

决策的硬方法是指运用数学分析和计算机技术进行决策的一类方法——主要为定量分析法。主要用于解决程序化问题,用于确定活动方案。硬方法的主要缺点是对社会心理等诸多因素决策时无法定量,对事物理想化。

硬方法针对确定型决策、非确定型决策、风险型决策可采用不同的决策方法。

### 5.3.1 决策的软方法

(1)德尔菲法

德尔菲法是由美国兰德公司于 20 世纪 50 年代初发明的。德尔菲法(又称为专家意见法或专家函询调查法),是采用背对背的通信方式征询专家小组成员的预测意见,经过几轮征询,使专家小组的预测意见趋于集中,最后作出最终结论。这是一种更复杂、更耗时的方法。

---

【推荐阅读】
　　德尔菲法案例分析：
　　http://www.doc88.com/p-9995157250120.html

---

　　（2）头脑风暴法

　　头脑风暴法也称为畅谈会，会议主持人只集思广益，不许与会者批评别人，不作结论，设想多多益善，不准私下交谈，不准宣读稿件，不准多数压倒少数，参加者一律平等，一律记录在案等。主持人将收集到的各个好的想法整理出来，得到最佳方案。

## 资料链接

### 美国电信公司的头脑风暴法

　　有一年，美国北方格外严寒，大雪纷飞，电线上积满冰雪，大跨度的电线常被积雪压断，严重影响通信。过去，许多人试图解决这一问题，但都未能如愿以偿。后来，电信公司经理召集不同专业的技术人员，利用头脑风暴法，有效解决了这个问题。在会议中，要求参会人员必须遵守以下原则：自由思考，畅所欲言；延迟评判，不评头论足；以量求质；相互启发，寻求改善。

　　按照这种会议规则，大家七嘴八舌地议论开来。有人提出设计一种专用的电线清雪机；有人想到用电热来化解冰雪；也有人建议用振荡技术来清除积雪；还有人提出能否带上几把大扫帚，乘坐直升机去扫电线上的积雪。对于这种"坐飞机扫雪"的设想，大家心里尽管觉得滑稽可笑，但在会上也无人提出批评。相反，有一工程师在百思不得其解时，听到用飞机扫雪的想法后，大脑突然受到冲击，一种简单可行且高效率的清雪方法冒了出来。他想，每当大雪过后，出动直升机沿积雪严重的电线飞行，依靠高速旋转的螺旋桨即可将电线上的积雪迅速扇落。他马上提出"用直升机扇雪"的新设想，顿时又引起其他与会者的联想，有关用飞机除雪的主意一下子又多了七八条。不到一小时，与会的10名技术人员共提出90多条新设想。

　　会后，公司组织专家对设想进行分类论证。专家们认为设计专用清雪机，采用电热或电磁振荡等方法清除电线上的积雪，在技术上虽然可行，但研制费用大，周期长，一时难以见效。那种因"坐飞机扫雪"激发出来的几种设想，倒是一种大胆的新方案。经过现场试验，发现用直升机扇雪真能奏效，一个久悬未决的难题终于在头脑风暴会中得到了巧妙的解决。

　　头脑风暴法一般分四个步骤进行：

　　第一，交代背景。介绍所讨论问题的有关资料，明确讨论目的。

　　第二，说明规则。这些规则包括：不作任何有关优缺点的评价；允许异想天开，自由奔放；追求创新构想的数量；鼓励在已有想法上综合修正、锦上添花等。

　　第三，营造氛围。组织者应是善于启发且自身思维敏捷的人，应能使会议始终保持热烈的气氛，鼓励与会者积极参与献计献策活动。

第四,综合评价。将各种设想整理分类,编出一览表后,挑出最有希望的见解,审查其可行性。

---

**【推荐阅读】**
头脑风暴法经典案例:
http://www.zh-365.com/article/c725276.html

---

（3）缺点列举法

缺点列举法(或称质疑头脑风暴法)就是让小组成员对某种创意或观念进行批判,禁对已有的设想提出肯定的意见。只准横挑鼻子竖挑眼,这是专门挑刺的会议,如果挑不出来就不要发言,结构一般为:"某某讲的是不对的,因为……如果……才是对的。"主持人将收集到的方案的优点与不足,进行整理,挑选缺点最少、最有可能解决问题的方案。

（4）对演法

对演法又称打擂台法,通过组织制订的对立方案,正反双方的专家小组进行激烈的辩驳,互攻其短,以充分暴露方案的毛病。主持人将方案进行整理得到最佳方案。

（5）名义小组法

在集体决策中,如对问题的性质不完全了解且意见分歧严重,则可采用名义小组法。管理者先选择一些对要解决的问题有研究或者有经验的人作为小组成员,并向他们提供与决策问题相关的信息。小组成员各自先不通气,请他们独立思考,要求每个人尽可能把自己的备选方案和意见写下来,然后再按次序让他们一个接一个地陈述自己的方案和意见。在此基础上,由小组成员对提出的全部备选方案进行投票,根据投票结果,赞成人数最多的备选方案即为所要的方案,当然,管理者最后仍有权决定是接受还是拒绝这一方案。这种小组只是名义上的。这种名义上的小组可以有效地激发个人的创造力和想象力。

（6）哥顿法

该法与头脑风暴法类似,先由会议主持人把决策问题向会议成员作笼统的介绍,会议主持人是唯一知道要解决特定问题的人,然后由会议成员(即专家成员)海阔天空地讨论解决方案;当会议进行到适当时机,决策者将决策的具体问题展示给小组成员,使小组成员的讨论进一步深化,最后由决策者吸收讨论结果,进行决策。其中的一个基本观点就是"变熟悉为陌生",即抛开对事物性质原有的认识,在"零起点"上对事物进行重新认识,从而得出相应的结论。这样做的目的是避免参与决策的人受到特定工作和目标的影响而使思维受到束缚。

（7）电子会议法

电子会议分析法是一种名义群体法与复杂的计算机技术结合的群体决策方法。在使用这种方法时,先将群体成员集中起来,每人面前有一个与中心计算机相连接的终端。群体成员将自己有关解决政策问题的方案输入计算机终端,然后再将它投影在大型屏幕上。专家们认为,电子会议法比传统的面对面的会议快55%。随着信息技术的发展,电子会议已经可以通过网络、视频、聊天等工具在异地进行,不需要集中在一个地方进行。

### 5.3.2 决策的硬方法

#### 1)确定型决策的方法

确定型决策是指未来事件发生的条件为已知情况的决策,其主要特征是,每一种选择的方案其结果只有一种数值,即发生的概率为100%。

确定型决策的择优法则是收益极大值或投入极小值法则,可分为两类。

(1)单纯选优法

单纯选优法(又称直观法)对数据不进行加工,借助直观的对比便能找出最优方案。

**例5.1** 某企业对所要生产的A,B,C三种产品销售前景看好,已知由于资源限制只能选其中的一种产品进行生产,见表5.1。请问,应该生产哪一种产品?

表5.1 各生产方案盈亏值

| 销售状态 | A | B | C |
|---|---|---|---|
| 畅销 | 10 000 | 12 000 | 9 000 |
| 选优 | | √ | |

(2)模型选优决策

①量本利分析法。量本利分析法是通过分析生产成本、销售利润和产品数量这三者的关系,掌握盈亏变化的规律,指导企业选择能够以最小的成本生产最多的产品并可使企业获得最大利润的方法。

量本利分析法核心是寻求盈亏平衡点。应用该方法需要把总成本按照它们与产量的关系分为固定成本和可变成本两部分,然后和总收益进行对比确定盈亏平衡时的产量或某一盈利水平时的产量。其公式为:

在盈亏平衡时

$$总收入 = 总成本,即 Q \times P = F + Q \times V$$

则盈亏平衡点时的产量为

$$Q = F/(P - V) \tag{5.1}$$

如果企业想盈利,则

$$总收入 = 总成本 + 利润,即 Q \times P = F + Q \times V + L$$

则盈利时的产量为

$$Q = (F + L)/(P - V) \tag{5.2}$$

式中,$Q$ 为产量;$P$ 为单位产品价格;$V$ 为单位产品的可变成本;$F$ 为固定成本;$L$ 为企业利润。

**例5.2** 某小型砖厂生产的砖,单位销售价格为1元/块,单位变动成本0.6元/块,年固定成本为10 000元,问一年应生产多少块砖才不会亏本,如果想盈利20 000元,应生产多少块砖?

**解**:盈亏平衡时的产量

$$Q = F/(P - V)$$
$$= 10\ 000/(1 - 0.6)$$
$$= 25\ 000(块)$$

若想盈利20 000元,则

$$Q^* = (F + L)/(P - V) = 30\ 000/0.4 = 75\ 000(块)$$

企业在进行确定型决策时,前提条件就是产品生产出来后能全部卖出。

②线性规划法。

线性规划法是在第二次世界大战中发展起来的一种重要的数量方法,线性规划方法是企业进行产量计划时常用的一种定量方法。主要用于研究有限资源的最佳分配问题,即如何对有限的资源作出最佳的调配和最有利的使用,以便最充分地发挥资源的效能去获取最佳的经济效益。

线性规划法一般采取三个步骤:

第一步,建立目标函数。

第二步,加上约束条件。在建立目标函数的基础上,明确约束条件。

第三步,求解各种待定参数的具体数值。在目标最大的前提下,根据各种待定参数的约束条件的具体限制便可找出一组最佳的组合。

**例5.3** 某厂可以生产A,B两种产品,生产时要受甲、乙设备有效台时的约束,已知A产品每件获利40元,B产品每件获利30元,设备有效台时及产品定额见表5.2,怎样进行最佳品种组合可以使利润最大?

表5.2

| 设备 \ 台时定额 \ 产品 | A | B | 有效台时 |
|---|---|---|---|
| 甲 | 5 | 6 | 440 |
| 乙 | 3 | 2 | 240 |

**解**:设A,B产品产量分别为$x$,$y$,$Z$代表利润。

目标函数:$Z = 40x + 30y \rightarrow \max$

约束条件:$5x + 6y \leqslant 440$
$3x + 2y \leqslant 240$
$x, y \geqslant 0$

由图5.1可知,可行区域的各顶点坐标为$A(0,0)$,$B(0,73)$,$C(70,15)$,$D(80,0)$,代入目标函数可得:

$ZA = 0 \times 40 + 0 \times 30 = 0$

$ZB = 0 \times 40 + 73 \times 30 = 2\ 190$

$ZC = 70 \times 40 + 15 \times 30 = 3\ 250$

$ZD = 80 \times 40 + 0 \times 30 = 3\ 200$

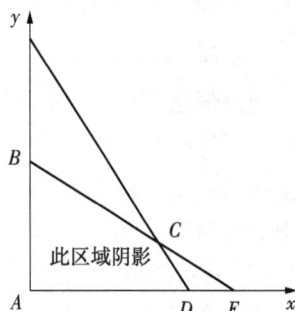

图5.1

最优解为生产70件A产品,生产15件B产品,可获得最大利润3 250元。

### 2）非确定型决策的方法

非确定型决策是指未来的自然状态出现的概率无法预测的情况下，所进行的决策。

**例5.4** 某企业计划年度的生产资源，可用于生产A,B,C三种产品中的一种，在市场销售时遇到畅销、一般、较差、滞销这四种状态，且其出现的概率是不确定的，试依据表5.3中给定的数据采用不同择优法则，找出最优方案，即生产哪一种产品能取得更多利润或遭受损失最小。

表5.3　各方案的损益值　　　　　　　　　　　　　单位：万元

| 销售状态 | 概　率 | A | B | C |
|---|---|---|---|---|
| 畅销 | | 9 000 | 12 000 | 6 000 |
| 一般 | | 6 000 | 6 300 | 3 700 |
| 较差 | 未<br>知 | −1 500 | −2 200 | 1 300 |
| 滞销 | | −2 500 | −3 000 | −750 |
| 最小值 | | −2 500 | −3 000 | −750 |
| 最大值 | | 9 000 | 12 000 | 6 000 |

**（1）悲观法则**

悲观法则（小中取大法则）是决策者从最坏的打算出发来作决策。在每个方案中选出最差条件时的损益值，与其他方案对比，从中选出收益最大的方案。例5.4从每列的最小值中取最大值作为最优方案，表5.3中每列最小值分别为−2 500，−3 000，−750，即它们表示A,B,C三方案，在滞销时的亏损应选用C方案，即在遇到最不利的销售状态时，其亏损最小。

**（2）乐观法则**

乐观法则（大中取大法）是决策者从最好的打算出发来作决策。在每个方案中选出最好条件时的损益值，与其他方案对比，从中选出收益最大的方案。例5.4从每列的最大值中取最大者为最优方案，即在畅销时收益最大的应为B方案。

**（3）懊悔值法则**

懊悔值法则（大中取小法）是从懊悔值中择最小者为最优方案。所谓懊悔值是指在某种状态下因选择某方案而未选取该状态下的最佳方案而少得的收益值。用懊悔值法进行选择的步骤：第一，计算各方案的懊悔值，即各行最大值分别减该行中各损益值。如表5.3第二行中最大值为6 300，它作为被减数分别与第二行的6 000，6 300，3 700相减，余额为300，0，2 600，其余类推，于是得出懊悔值（表5.4），其意思是当决策人未采用最大收益方案时，所遭受的机会损失，令人追悔莫及。第二，从各方案中选取最大懊悔值。第三，在已选出的最大懊悔值中选出最小者，对应的方案即为最佳方案。从表5.4看，最大懊悔值中最小值为3 000，故应采用方案A，这样即使销售不利，机会损失也会最小。

表 5.4 最大懊悔值比较表

| 方案<br>销售状态 | A | B | C |
|---|---|---|---|
| 畅销 | 3 000 | 0 | 6 000 |
| 一般 | 300 | 0 | 2 600 |
| 较差 | 2 800 | 3 500 | 0 |
| 滞销 | 1 750 | 2 250 | 0 |
| 每列最大懊悔值 | 3 000 | 3 500 | 6 000 |

选每个方案中最小值为优,例5.4应选A方案。

（4）机会均等法则

它以各种状态出现概率均等的假设为前提,并以均等概率算出各种方案的期望值,期望值最大者为优。

$$均等概率 = 1 \div 状态数目$$

$$某方案的期望值(EV) = \sum (每种状态的损益值 \times 均等概率)$$

如例5.4,概率 $= 1 \div 4 = 0.25$

$$A: EV = (9\,000 + 6\,000 - 1\,500 - 2\,500) \times 0.25 = 2\,750$$
$$B: EV = (12\,000 + 6\,300 - 2\,200 - 3\,000) \times 0.25 = 3\,275$$
$$C: EV = (6\,000 + 3\,700 + 1\,300 - 750) \times 0.25 = 2\,562.5$$

$EV$ 最大为优,故选B方案。

（5）折中法则

它是乐观法则和悲观法的折中,先定一个乐观系数 $X$,则悲观系数为 $1 - X$。

其计算公式: $EV = 最大收益 \times X + 最小收益值 \times (1 - X)$

如例5.4,假设乐观系数为0.7,即 $X = 0.7$,则各方案的损益值见表5.5。

表 5.5 各方案的损益值 　　　　单位:万元

| 方 案 | 最大收益 | 最小收益 | 折中收益值 |
|---|---|---|---|
| A | 9 000 | -2 500 | 9 000×0.7+（-2 500）×0.3＝5 550 |
| B | 12 000 | -3 000 | 12 000×0.7+（-3 000）×0.3＝7 500 |
| C | 6 000 | -750 | 6 000×0.7+（-750）×0.3＝3 975 |

B方案 $EV$ 最大,应选B方案。

非确定决策择优的法则不同,结果就不同,影响决策者择优法则选择的因素主要包括决策者的性格、组织实力、对信息的把握程度等。企业实力强、对信息把握大、性格进取的决策者,多用乐观法;企业实力弱、对信息把握不大、保守的决策者,多用悲观法。实力中等、性格中庸的人,多用机会均等法或折中法。

### 3)风险型决策的方法

风险型决策是指未来事件的机遇条件不能肯定,但知其概率情况下的决策。由于概率只是对未来出现某种事件的机会的预测,因此,决策时往往带有一定的风险性,用最大期望值收益或最小期望损失来表示。

(1)矩阵决策分析法

矩阵决策分析法见表5.6。

表5.6 矩阵决策分析法

| 自然状态 | | $Q_1,Q_2,\cdots,Q_n$ | 期望值 |
|---|---|---|---|
| 概 率 | | $P_1,P_2,\cdots,P_n$ | |
| 方 案 | $A_1$ | $V_{11},V_{12},\cdots,V_{1n}$ | |
| | $A_2$ | $V_{21},V_{22},\cdots,V_{2n}$ | |
| | $\vdots$ | $\vdots$ | |
| | $A_t$ | $V_{t1};V_{t2},\cdots,V_{tn}$ | |
| | $\vdots$ | $\vdots$ | |
| | $A_m$ | $V_{m1};V_{m2},\cdots,V_{mn}$ | |

表中 $Q_1$—$Q_n$ 表示可能遇到的各状态,$P_1$—$P_n$ 表示可能遇到的各状态的概率,$V_{ij}$ 表示效益值,$A_1A_2,\cdots,A_m$ 为各方案。

如例5.4,假设企业预测到不同销售状态下的概率见表5.7,如何选优决策?

表5.7 各方案的损益值        单位:万元

| 销售状态 | | 畅 销 | 一 般 | 较 差 | 滞 销 | 期望值 |
|---|---|---|---|---|---|---|
| 概 率 | | 0.25 | 0.4 | 0.25 | 0.1 | |
| 方 案 | A | 9 000 | 6 000 | −5 500 | −2 500 | 4 025 |
| | B | 12 000 | 6 300 | −2 200 | −3 000 | 4 670 |
| | C | 6 000 | 3 700 | 1 300 | −750 | 3 230 |

表内期望值的计算:

A:$EV = 9\,000 \times 0.25 + 6\,000 \times 0.4 - 1\,500 \times 0.25 - 2\,500 \times 0.1 = 4\,025$

B:$EV = 12\,000 \times 0.25 + 6\,300 \times 0.4 - 2\,200 \times 0.25 - 3\,000 \times 0.1 = 4\,670$

C:$EV = 6\,000 \times 0.25 + 3\,700 \times 0.4 + 1\,300 \times 0.25 - 750 \times 0.1 = 3\,230$

因B方案收益期望值最大,故选B方案。

**例5.5** 某肉食加工厂去年6—8月熟食日销量统计见表5.8:日销100 t有18 d,日销110 t有36 d,日销120 t有27 d,日销130 t有9 d。预测今年6—8月需求量与去年相近。每销售1 t熟食可获利50元,每剩余1 t熟食要增加30元成本。该厂日生产计划应如何决策?

**解:**

①计算各自然状态下(日销量)的概率:

概率 = 各销售状态下所用时间 ÷ 各销售状态下所用时间总和

表5.8 某肉食加工厂去年6—8月熟食日销量统计

| 销售状态/t | 日数/d | 概率/% |
|---|---|---|
| 100 | 18 | 0.2 |
| 110 | 36 | 0.4 |
| 120 | 27 | 0.3 |
| 130 | 9 | 0.1 |
| 合计 | 90 | 1.0 |

②计算各方案在销售状况下的期望值:

在方案定为日产100 t时,各状态下的损益值分别为:

当销售状态为日销100 t时,其损益值为100 t × 50 元/t = 5 000 元;

在日销110,120,130 t时,由于日生产只有100 t,则损益值均为5 000 元。

在方案定为日产110 t时,各状况下的损益分别为:

当销售状态为日销100 t时,其损益值 = 100 t × 50 元/t − 10 t × 30 元/t = 4 700 元;

当销售状态为日销110 t时,其损益值 = 110 t × 50 元/t = 5 500 元;

同理日销120,130 t时,其损益值为5 500 元。

以此类推得到各状态下的损益期望值,见表5.9。

表5.9 损益期望值 单位:元

| 日产量/t ＼ 日销量/t 概率 | 100 0.2 | 110 0.4 | 120 0.3 | 130 0.1 | EV 1 |
|---|---|---|---|---|---|
| 100 | 5 000 | 5 000 | 5 000 | 5 000 | 5 000 |
| 110 | 4 700 | 5 500 | 5 500 | 5 500 | 5 340 |
| 120 | 4 400 | 5 200 | 6 000 | 6 000 | 5 360 |
| 130 | 4 100 | 4 900 | 5 700 | 6 500 | 5 140 |

③计算方案期望值。

日产100 t时,

$$EV = 5\,000 × (0.2 + 0.4 + 0.3 + 0.1) = 5\,000$$

日产110 t时,

$$EV = 4\,700 × 0.2 + 5\,500 × (0.4 + 0.3 + 0.1) = 5\,340$$

日产120 t,

$$EV = 4\,400 × 0.2 + 5\,200 × 0.4 + 6\,000 × 0.4 = 5\,360$$

日产130 t,

$$EV = 4\,100 \times 0.2 + 4\,900 \times 0.4 + 5\,700 \times 0.3 + 6\,500 \times 0.1 = 5\,140$$

④选优,日产120 t时期望值最大,该企业的日生产计划应定为120 t。

### (2)决策树法

该方法是一种用树形图来描述各方案在未来收益的计算。它是把与决策有关的方案绘成树枝状的图形,使决策者能形象地分析要决策的问题,然后计算出各决策方案的期望值,最后比较期望值大小,大者为优。决策树是由决策结点、方案枝、状态结点与概率枝四部分组成。

其决策程序是:

首先,画决策树图,树根表示决策结点,由它引出若干个方案枝;每个方案枝的末端是一个状态结点;以它引出的分枝称为概率枝,每个概率枝代表一种状态;概率枝的末端是结果点,反映各状态的损益值。这样自左到右层层展开,就形成了决策树。

如图 5.2 中所示,"□"表示决策结点,"○"表示状态结点,"△"表示结果点,"╫"表示剪枝,淘汰。

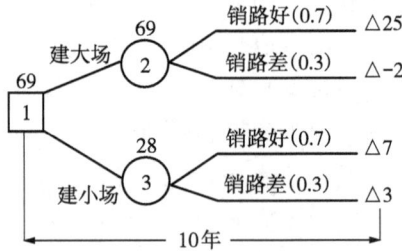

图 5.2　决策树

其次,将各状态的概率及损益值标于概率枝上。

第三,计算期望值。

第四,剪枝选优。

例 5.6　某企业计划建一个机械化养鸡场,决策方案有两个:一是投资 100 万元,建一个规模较大的场;另一个是投资 30 万元建一个规模较小的场。它们的使用期都是 10 年,未来市场状况及每年盈亏额见表 5.10,问如何决策?

表 5.10　某机械化养鸡场各方案盈亏情况

| 自然状态 | 概　率 | 大场每年盈亏 | 小场每年盈亏 |
|---|---|---|---|
| 销路好 | 0.7 | 25 | 7 |
| 销路差 | 0.3 | −2 | 3 |

解:据以上资料画决策树图。

计算期望值:

结点 2　$EV = 25 \times 0.7 \times 10 + (-2) \times 0.3 \times 10 - 100 = 69$

结点 3　$EV = 7 \times 0.7 \times 10 + 3 \times 0.3 \times 10 - 30 = 28$

剪枝选优,应选大场。

# 【本章小结】

决策是管理者为了解决问题或达到一定的目标从若干备选的行动方案中选择一个合理方案的抉择并执行选择结果的管理活动的过程。决策具有目标性、选择性、风险性的特点。正确的决策应遵循可行、择优、信息、预测、系统、程序的原则与要求。决策要经过提出问题、确定目标，拟订可行方案，对方案进行评价和优选，方案的实施与反馈四个阶段。影响决策的因素包括社会因素、组织条件、个人因素和时间因素。

决策可以从不同角度去分类，不同类型决策作用的范围或所解决问题是不同的。决策的方法有多种，最主要有决策的软方法与硬方法。前者最主要是一种集体决策的方法，主要有德尔斐法、头脑风暴法、缺点列举法、对演法、名义小组法、哥顿法、电子会议法；决策的硬方法针对确定性决策、非确定性决策、风险性决策的不同可采用不同的择优方法或选择方案。

## 【推荐阅读】

管理决策经典案例：

http://www.doc88.com/p-690165603326.html

## 【阅读资料】

### 让员工参与企业决策

在传统概念里，企业的"决策"和"执行"的角色分工是这样的：公司高层管理人员或者仅仅只是老板，常常是靠"拍脑袋"决策，而通常情况下，员工在某项公司决策出台之前是毫不知情的，甚至大多数中、基层管理人员也统统被蒙在鼓里。然而，在决策公布后的第一时间里，他们即被要求开始彻底高效地执行，且必须全力以赴地把这个由最高管理层描绘于纸上的蓝图在最短的时间内转化为现实。

可想而知，在这种传统框架里，"决策"与"执行"必将问题百出。首先，因为决策靠"拍脑袋"，很容易出现决策错误。为什么"拍脑袋"现象如此盛行？主要原因是，我们的管理人员大多缺乏财务知识，不知道自己的决策结果与最终的财务报表数据之间有什么联系，将怎样影响整个组织的表现。要知道，一名优秀的管理人员必须熟练掌握两种语言：财务语言和数据分析语言。事实上，组织里大大小小的主管，无论所作的决策看似多么微小，都必将直接影响到组织的整体表现。一旦决策错误，那么执行效果越佳，则后果越严重。

其次，随之而来的是严重的"执行"问题。决策虽精彩，但执行往往不到位。也许在追究执行的问题之前，先听听员工和中、基层主管的感受，这样才会对突破传统观念和切实解决执行问题更有帮助。

其实，有些员工不理解决策的含义，不知道自己该做些什么，更谈不上是不是努力地去做了。有些部门认为与其手忙脚乱地去跟着高层决策瞎转悠，还不如安安分分地先完成自己部门的目标。有些主管开始埋怨，认为这项决策和自己的本职工作根本不相干，甚至相背离。

因此,我们不难得出这样的结论:企业仅靠少数高层管理决策不行,或者仅仅只是靠老板"拍脑袋"决策更不行。要让员工参与企业决策!

不可讳言,中国员工最缺乏的是财务敏锐度和与公司相一致的价值观。因此,总感觉到企业现金流、利润及财务表现是遥不可及的东西,是个人所无法影响的。而事实上,员工的每个决定和行为都或多或少地影响着企业的收入或支出,恰当的决定和行为将贡献于整体利润表现。

由于员工缺少与公司一致的价值观,因此企业要把"为股东创造价值"和"为员工谋取福利"统一起来。创建和培育这种企业文化,使其成为全公司上下共同努力的目标,并让所有员工,至少是所有管理人员都能说同一种语言,即一种能体现财务和经营敏锐度的语言,从而使全员参与到决策中来。而不是仅仅依靠一小部分高层管理人员或财务专家甚至靠老板"拍脑袋"来制订所谓的决策。

我们可以看出,这样做其实阐述了两个步骤:第一步,让所有的管理人员和员工都学会运用一种共同的语言,也就是掌握财务和经营的共同理念和知识;第二步,运用所掌握的共同语言来积极影响和理解决策,从而创造更大的价值。

事实证明,如果员工能参与到决策制订中来,他们就能更加深入地理解决策的内涵,明白决策的重要性,知道自己应在哪些方面为实现该决策贡献自己的力量。当然,在参与决策之前,必须让员工具备足够的判断和审视能力,了解公司的整体经营面貌,分析和使用财务报表和数据等决策依据。这样,才能创造一个全新的公司文化,每位员工都能清晰地看到自己对整体组织的价值贡献,所有成员目标一致,共同努力,才能获取巨大成功。

(价值中国　王先琳)

## 【思考与练习】

### 一、重点概念

决策　程序化决策　非程序化决策　确定型决策　风险型决策　不确定型决策

### 二、选择题

1. 决策的(　　)是针对"最优化"原则提出的。

A. 择优原则　　　　B. 系统原则　　　　C. 信息原则　　　　D. 预测原则

2. (　　)属于组织的高层决策,是组织高层领导者的一项主要职责。

A. 战略决策　　　　B. 战术决策　　　　C. 业务决策　　　　D. 程序化决策

3. (　　)的决策过程通常可通过惯例、已有的规章制度、标准工作流程等来加以解决。

A. 战略决策　　　　B. 战术决策　　　　C. 程序化决策　　　　D. 非程序化决策

4. (　　)的决策结果更多取决于决策者个人的经验、直觉和性格等。

A. 确定型决策　　　　B. 风险型决策　　　　C. 不确定型决策　　　　D. 程序化决策

5. 在通常情况下,与个人决策相比,群体决策的效率相对(　　),质量(　　)。

A. 较高,较高　　　　B. 较高,较低　　　　C. 较低,较高　　　　D. 较低,较低

6. 关于决策,以下说法正确的是(　　)。

A. 依照科学的决策程序就可以取得正确的决策结果

B. 决策不会受到决策者价值观和经验的影响

C. 最科学的决策方法就是量化的决策方法

D. 以上都不对

7. (　　)的设计是为了弥补专家会议法的缺陷,通过"背靠背"的信息沟通与循环反馈,使预测意见趋于一致的方法。

A. 头脑风暴法　　　　B. 德尔菲法　　　　C. 哥顿法　　　　D. 名义小组法

8. 以下选项中,(　　)是影响组织决策的主要因素。

A. 个人特质　　　　B. 技术水平　　　　C. 外部环境　　　　D. 非正式组织

E. 组织文化

9. 决策的过程有着一般的规律性,包含以下(　　)活动阶段。

A. 分析问题　　　　B. 确定目标　　　　C. 制订可行方案　　　　D. 分析评价方案

E. 选定方案

10. 德尔菲法的优点有(　　)。

A. 便于独立思考和判断　　　　　　　B. 重视少数人的意见

C. 不存在组织者主观影响　　　　　　D. 低成本实现集思广益

E. 应用范围广泛

### 三、判断题

1. 程序化决策就是偶发事件的决策,已经形成一套解决问题的处理程序与方法。(　　)

2. 高层管理者一般从事的是非程序化的决策,而中层和基层管理者多从事程序化决策。

(　　)

### 四、思考题

1. 什么是决策?它有哪些基本类型?

2. 在决策的过程中有哪些注意事项?具体包括哪些步骤?

3. 简述决策应该遵循的基本原则。

4. 头脑风暴法和德尔菲法有何异同?

5. 定量决策法和定性决策法有何优缺点?在实际决策中应该如何综合运用定量决策法和定性决策法?

6. 简述决策树法的适用情况和步骤。

7. 盈亏平衡法的基本原理是什么?

### 五、计算题

已知某企业固定成本10万元,单位售价15元,单位变动成本10元,试计算:

(1)达到产量盈亏平衡点的销售额。

(2)目标利润20万元的销售额。

### 六、案例分析题

#### 淘宝的提价风波

2011年10月10日,淘宝商城(微博)发布了《2012年招商续签及规则调整公告》,将技术服务年费从以往的6 000元提高至3万元和6万元两个档次,涨幅5~10倍;同时,商铺的违约保证金数额全线提高,由以往的1万元涨至5万元、10万元、15万元不等。淘宝此举是"为促进商家更积极、严肃地进行其在淘宝商城的经营行为,建立商业信任体系"。但这立即引起了广大中小卖家的强烈不满。10月11日,5万多名网友结集YY语音,对部分淘宝商城的大卖家实施"拍商品、给差评、拒付款"的操作行为。通过这种方式,淘宝商城大卖家的评级、退货率等信用指标遭到毁灭性打击,整个淘宝的经营秩序被搅乱。韩都衣舍、欧莎、七格格等网店巨头纷纷被逼得撤下货架上的商品,遭受了巨大损失。淘宝随后采取多项措施,包括恢复被攻击的各大卖家的信用评级、修改规则等,但面对众多熟知淘宝规则,甚至以淘宝网(微博)店为生的"攻击者"还是捉襟见肘。面对此景,马云表态:"我们做了最该做的事。"淘宝商城总裁张勇表示:"对互联网暴力,对恶意攻击其他商家的行为,我们不会容忍,也绝不会因为这个而妥协。"在此情况下,淘宝竞争对手则乘势而进,QQ商城表示:"从今年年底到明年三月的促销旺季期间,QQ商城都不会收费。"同时,"我们会参照过去行业的最低标准,充分考虑商户需求,去制订未来的收费标准。"由于涉及现实社会数万人的切身利益,在国家有关部门的催促下,马云(微博)被迫给出了相当大的让步,如对新老用户区别对待,保障金由阿里巴巴(微博)集团和用户各出一半等,淘宝此次风波才告平息。

决策是事关一个组织发展的重大事件,决策涉及方方面面,必须谨慎决策。

**案例思考:**淘宝此次提价在哪些方面欠缺考虑?你认为科学决策应该考虑哪些问题?

### 七、管理实战

1.实战项目:学生职业生涯决策,请用所学的决策知识并根据个人实际情况,在自己大学毕业后,你是继续深造还是就业进行职业生涯决策。

2.实战目标:掌握决策相关内容,熟悉决策过程。

3.实战要求:写出学生职业生涯决策报告书。

# 第6章

# 计 划

**管理格言:凡事预则立,不预则废。**

| 本章内容结构 | | 重要性指数 |
|---|---|---|
| 6.1 计划工作概念与分类 | 6.1.1 计划工作概念 | |
| | 1)计划的含义 | ★★★★ |
| | 2)计划的内容 | ★★★★ |
| | 3)计划的特征 | ★★★ |
| | 4)计划的作用 | ★★★ |
| | 6.1.2 计划的分类 | ★★★ |
| 6.2 计划的编制、执行与调整 | 6.2.1 计划的编制 | |
| | 1)计划编制的程序 | ★★★★ |
| | 2)计划编制的原则 | ★★★ |
| | 3)计划编制的基本方法 | ★★★★ |
| | 6.2.2 计划的执行——目标管理 | |
| | 1)目标管理的产生与概念 | ★★★★ |
| | 2)目标管理的特点 | ★★★ |
| | 3)目标管理的基本过程 | ★★★★ |
| | 6.2.3 计划的调整 | |
| | 1)滚动计划法的概念与思想 | ★★★★ |
| | 2)滚动计划法的特点 | ★★★ |

## 【案例导入】

### 何时能到

曾经有人做过这样一个实验:组织甲、乙、丙三组人沿着公路步行,分别向10千米外的3个村子行进。

甲组不知道去的村庄叫什么名字,也不知道它有多远,只被告知跟着向导走就是了。这个组刚走了两三千米时就有人叫苦了,走到一半时,有些人几乎愤怒了,他们抱怨为什么要大家走这么远,何时才能走到。有的人甚至坐在路边,不愿再走了。越往后,人的情绪越低,七零八落,溃不成军。

乙组知道去哪个村庄,也知道它有多远,但是路边没有里程碑,人们只能凭经验估计大致要走两小时。这个组走到一半时才有人叫苦,大多数人想知道他们已经走了多远了,比较有经验的人说:"大概刚刚走了一半的路程。"于是大家又簇拥着向前走。当走到3/4的路程时,大家又振作起来,加快了脚步。

丙组最幸运。大家不仅知道所去的是哪个村子,它有多远,而且路边每千米处都有一个里程碑。人们一边走一边留心看里程碑。每看到一个里程碑,大家便有一阵小小的快乐。这个组的情绪一直很高涨。走了七八千米以后,大家确实都有些累了,但他们不仅不叫苦,反而开始大声唱歌、说笑,以消除疲劳。最后的两三千米,他们越走情绪越高,速度反而加快了。因为他们知道,要去的村子就在眼前了。

上述实验表明,要想带领大家共同完成某项工作,首先要让大家知道要做什么;其次要指明行动的路线,这条路线应该是清楚的、快捷的。也就是说,要提出实现目标的可行途径,即计划方案,这些是有效开展工作的前提。甲、乙、丙三组的目的是明确的,都是要分别到达10千米外的3个村子。也就是说,做到了让大家知道要做什么。但是,如何完成这个目的,三组的途径有很大的不同,甲组的路线是最模糊的,没有一点阶段性的目标,效果最差;而丙组设定了一些具体的阶段性目标,取得了完全不同的效果。这就是计划在起作用。到底什么是计划,计划的内容是什么,有什么作用,如何来搞好计划管理,这就是本章要讲述的内容。

# 6.1　计划工作概念与分类

"一年之计在于春,一天之计在于晨。"一年要有所收获在于这一年初的计划,一天要达到目的在于这一天开始时的计划。一句俗语道出了计划的重要性。一个管理专家讲:"明年之计在于岁末,明天之计在于今晚。"他把计划列在了先人一步,更加强调了计划的预先性。"先人一步""先知先觉",在竞争激烈的今天,"先"为重要,说明了计划的重要性和预先性。计划是管理过程中的重要环节之一,也是管理的首要职能。只有计划确定了之后,管理的其他职能、活动才能进行,并且会随着计划和目标的改变而改变。一旦计划确定之后就要根据计划进行组织、人员配备、指导与领导、控制等项工作。因此,计划是最基本的一项管理工作。

## 6.1.1　计划工作概念

### 1)计划的含义

计划就是通过一定的科学方法,制订实现决策方案的具体、详细和周密的行动安排。

计划有两种意思,从名词的角度上,计划就是对将来的事情作出打算、谋划或规划;从动词的角度上,计划是指计划工作,就是为组织未来的发展确定目标,并为实现组织目标进行资源安排,制订计划、执行计划以及检查计划执行情况等一系列管理过程。计划是计划工作中计划编制的结果。

### 2）计划的内容

计划的内容,就是根据社会的需要以及自身能力,确定出组织在一定时期内的奋斗目标,通过计划的编制、执行、检查和调整,合理组织、安排各种经营管理活动,有效地利用组织的人力、物力、财力、信息、知识等综合资源,优化资源配置,使组织取得最佳的经济效益和社会效益。

计划工作的核心内容是要回答 5W2H。

What——做什么? 目标和内容。即预先决定做什么,明确活动的内容与要求。

Why——为什么做? 原因。即明确计划工作的目的与原因。

Who——谁去做? 人员。即规定此计划由哪些部门和人员负责实施。

Where——何地做? 地点。即规定在什么地方实施计划,了解计划实施的环境条件和限制,以便合理安排计划实施的空间组织和布局。

When——何时做? 时间。即规定计划中各项工作的开始和完成的时间进度。

How——怎样做? 方法。制订实现计划的措施,以及相应的政策和规则,对资源进行合理分配和集中使用,对人力、物力进行平衡,对各种派生计划进行综合平衡等。

How much——多少? 做到什么程度? 数量如何? 质量水平如何? 费用产出如何?

实际上,一个完整的计划还应包括控制标准和考核指标的制订,也就是告诉实施计划的部门或人员,做成什么样,达到什么标准才算是完成了计划。

---

**【推荐阅读】**

要组织一次泰游活动,应该如何做计划? 策划书应包括哪些内容? 链接下面的地址看其他人是如何做的,其所做的策划中存在什么问题。

http://www.charganyouth.cn/fanwen/a/201112/3222.html

---

---

**【课堂讨论】**

班级组织一次烧烤活动,如果你是班干部,你怎样制订此活动的计划,此活动应该包括哪些内容?

---

### 3）计划的特征

#### （1）计划的目标性

目标是计划工作的基础,所有的计划都必须围绕目标来展开。企业要达成目标,必须通过计划的工作去实现。制订计划的意义就在于明确目标及其实现目标的手段。

#### （2）计划的首要性

计划的首要性包括两个原因:第一,其他各项职能只能在计划制订了目标以后,才能支持和保证目标顺利地实现。例如,企业只有在确定了目标以后,才能知道如何去组织各项资源更好、更有效地为实现目标服务;企业的高层才能知道如何带领员工更好地投入工作;组织也才能知道如何通过控制职能去保证计划的顺利执行和预期目标的顺利实现。第二,只有计划这项职能才能使后面的各项职能取得一致性和连贯性。当企业的目标和计划确定以后,组织的各个职能都必须围绕着它去开展工作,计划才能贯穿到所有的职能当中。

（3）计划的普遍性

计划一旦制订,就要求所有的员工共同参与,它是所有员工的共同职能,因此它具有一定的普遍性。公司的高层不可能也没有足够的精力和时间去明确一些具体计划是如何制订的,这就要求公司的员工必须围绕着公司高层所制订的总体战略计划框架,根据自己的实际工作作出相应的具体计划。计划的这种普遍性也有利于提高下属的能动性和参与性,大大提高企业的活力。

（4）计划的效率性

计划的效率性表现为公司达成目标后的回报和实际按照计划所投入的比值。如果这个比值较小,就说明公司虽然完成了目标,但是自己的投入也相当大,因此这不是一个好的计划。在制订一个可行性计划的同时必须要考虑到计划的效率性,要考虑这项计划将会给公司带来什么,同时会失去什么,管理者需要通过对"舍与得"的考虑和衡量,来制订一项对公司发展能够带来更多效益的计划。

（5）计划的可预见性

计划是对公司未来发展的一种安排,是公司的蓝图,计划是有着一定预见性的。环境是不断在发生变化的,而计划正是针对环境发生变化后的一种对策,因此计划也是对公司未来发展的一种管理。

（6）计划的稳定性与弹性

计划忌朝令夕改,要求具有一定的稳定性,但同时也应具有一定的弹性,应根据环境变化进行行动方案的修正。因为计划是在预测未来环境的基础上制订的,预测不等于实际,不可能百分之百准确,因此,管理者在拟订计划之初就应该为未来可能的意外留有弹性空间,或者在计划制订之初制订备选方案。

### 4)计划的作用

哈罗德·孔茨说:"计划是从我们现在所处的位置达到将来预期目标之间架起来的一座桥梁。"具体说来,计划的作用表现在以下四个方面:

（1）计划能为组织活动提供方向

计划首先要确定整个组织的目标,然后确定每个下属工作单位的目标,以及确定长期和短期目标。在此基础上,计划还为目标规定预期结果,并且说明要去做哪些工作才能保证目标的实现。这样就为组织中各级管理人员的工作指明了方向,有利于企业通过精心分工和协作来安排经营活动,有利于把组织中全体职员的行动统一到实现组织总目标上来。

（2）计划有助于企业发现机会,减少风险

彼得·德鲁克曾指出,计划当然不能完全消除在长期决策中的风险。但无论如何,计划能帮助鉴定潜在的机会与威胁,并且能减少风险。多数组织是在变化的环境中进行经营的。它们必须做好准备接受变化,并把变化作为在动态世界中经营的不可避免的结果。而在这种不断变化的环境中,组织要获得持续的成功,就必须通过计划职能,尽可能寻找最好的行动方案,以便抓住机会,减少风险。

(3)计划有助于合理配置资源,提高工作效率

计划工作的重要任务就是使未来的组织活动均衡发展。预先进行认真的计划能够消除不必要活动所带来的浪费,能够避免在今后的活动中由于缺乏依据而进行轻率判断所带来的损失。计划可以使组织的有限资源得到合理配置,通过各种方案的技术分析,选择最有效的方案用于实施。由于有了计划,组织中各成员的努力将形成一种组织效应,提高工作效率,从而带来经济效益。

## 背景案例

### 一个温州擦鞋匠的梦想

一个温州人在街上擦皮鞋,每天都在梦想拥有街对面那栋楼房。擦鞋一天最多能擦30双,除去鞋油和吃饭,最多能剩下20元。他琢磨,如果买下对面的那栋楼,至少要500年。假如每天组织500人擦皮鞋,并向他们每人收4元,5年后,不就可以买下那栋楼了吗?于是,经过多方筹划,一个擦鞋公司诞生了。5年以后,他果然买下了那栋楼。接着他又梦想将整条街买下来,于是,又经过多方筹划,一个从事皮鞋加工、生产、销售、服务于一体的制鞋公司诞生了。5年以后,他又如愿以尝地拥有了那条街。

### 农夫的一天

有一个农夫一早起来,告诉妻子说要去耕田,当他走到40号田地时,却发现拖拉机没有油了。原本打算立刻去加油的,但是突然想到家里三四头猪还没有喂,于是返回家去。经过仓库时,望见旁边有几个马铃薯,他想起马铃薯可能正在发芽,于是又走到马铃薯田里。途中经过木材堆,又记起家中需要一些柴火。正当要去取柴的时候,看见了一只生病的鸡躺在地上……这样来来回回跑了几趟,这个农夫从早上一直到太阳落山,油也没加,猪也没喂,田也没耕……很显然,最后他什么事也没有做好。

## 【小思考】

这个温州人的成功依靠的是什么? 农夫这一天为什么一事无成?

* 有可行的规划,并为之努力,成功就成为可能;没有计划,没有统筹安排,将一事无成。

(4)计划能为管理控制工作提供标准

一个有效的、科学的计划能详细说明将要完成什么任务。如公司的五年计划明确规定:在五年内利润要增长一倍。于是这个目标就成为一个标准来衡量和控制总经理的工作执行情况。计划和控制是密不可分的,它们是管理的一对孪生子。没有计划的行动是盲目的行动,不可能进行控制。哈罗德·孔茨曾说,计划是主管人员设计控制工作的准绳。如果没有任何计划而去进行控制,是毫无意义的。控制的实质就是根据计划纠正行动的偏差,从而保

证行动方向的正确性。可见,计划为控制提供了标准,为检查和考核工作提供了尺度。

## 6.1.2　计划的分类

按照不同要求和标准,可以将计划分成不同的类型。

**(1)按照计划的期限划分**

按照计划的期限,一般可以将计划分为短期计划、中期计划和长期计划。人们习惯将1年以内的计划称为短期计划;1~3年的计划称为中期计划;3年以上的计划称为长期计划。比如我国的五年经济发展规划,就是一个长期计划。当然,这一划分标准也不是绝对的。

**(2)按照计划对企业经营影响范围和影响程度划分**

根据计划对企业经营影响范围和影响程度的不同,可以将计划分为战略计划和行动计划等。战略计划是指应用于整体组织,为组织设立总体目标和寻求组织在环境中的地位的计划。行动计划则指为了战略计划的实现,分阶段、分职能、分部门对组织的资源进行调配以便更有效率地实施战略计划、实现战略目标的过程。行动计划还可以进一步细分为详细的作业计划。战略计划与行动计划在时间框架和涉及范围上是不一致的,战略计划趋向于包含持久的时间间隔、覆盖较宽的领域和不规定具体的细节。此外,战略计划区别于行动计划与作业计划重要的一点是,战略计划的一个重要任务是设定目标,而行动计划与作业计划均是假定目标已经明确,只是提供行动方案。

**(3)按照计划的明确程度划分**

按照计划的明确程度可分为指导性计划和指令性计划(也称具体计划)。指导性计划只规定一般性的指导原则,不把管理限定在具体的目标或是特定的行动方案上。这种计划为组织指明了行动方向,但不提供实际操作指南,具有内在的灵活性。而指令性计划则具有明确规定的目标和一套可行的操作方案。组织通常根据面临的不确定性和可预见性程度的不同,选择制订这两种不同类型的计划。

**(4)按照制订计划的组织层次划分**

按照制订计划的组织层次可分为高层管理计划、中层管理计划和基层管理计划。高层管理计划由组织的高层管理人员来制订,一般以整个组织为目标,着眼于组织整体的、长远的安排,属于战略规划;中层管理计划由中层管理人员制订,一般着眼于组织中各部门的定位及相互关系的确定,既可能包含各部门的分目标等战略性质的内容,也可能包含各部门的工作方案等作业性质的内容;基层管理计划由基层管理人员制订,着眼于每一个岗位、每一个员工以及每个工作时间单位的工作安排,属于作业性内容。

**(5)按照组织的职能业务划分**

按照计划的不同功能可以对计划进行分类,对企业而言,常见的功能性计划有组织计划、生产计划、财务计划、市场开拓计划等。

①组织计划。组织计划是为了完成管理目标所进行的组织设计。它包括为完成管理目标所做的组织机构安排和人员聘任、选择与培养,是完成管理目标的基本保证。

②生产计划。生产计划是为了完成生产目标,从原材料到产品的转换所作出的程序安

排。它包括原料采购计划、库存计划、产品加工计划和产品验收计划等。如果是综合生产计划还应包括产品销售计划。产品销售计划是和市场环境紧密联系的,它推动了整个生产计划的制订与执行。

③财务计划。财务计划是关于如何筹资和如何使用资本,以便有效地促进组织业务活动的计划。换言之,它是关于组织系统货币流的控制规划。财务收支平衡,保证了组织系统的稳定性。若财务收支不平衡,将会带来两种结果:货币流减少表示组织的管理功能在衰退;货币流增加(积累)预示着组织的管理功能在扩大、发展。为了保证组织的生存和发展,起码要保持财务收支平衡,并进一步应追求财务的良性循环和货币的增值,因此,财务计划对于企业而言非常重要,它对组织的各种活动起到了保证和监督作用。预算是财务计划的一种基本表现形式。

④市场开拓计划。市场开拓计划是指企业为了扩大市场份额、增加销售量而制订的计划。这种计划可以使企业变被动为主动,有效地创造市场环境,促进企业发展。如果说企业的组织计划和生产计划主要是基于企业自身功能而制订的,那么市场开拓计划则是综合市场环境和自身功能两方面因素而制订的。对于企业的内部功能,管理者是可以控制和操纵的,但对于企业的外部环境,管理者一般难以控制和施加影响。高水平的管理者、实力雄厚的企业,往往会通过实施市场开拓计划,积极地参与市场竞争,通过自身的企业行为主动去影响市场、改造市场,在竞争中使自己不断壮大和发展。

## 6.2 计划的编制、执行与调整

### 6.2.1 计划的编制

#### 1)计划编制的程序

计划编制本身也是一个过程。为了保证编制的计划合理,确保组织目标的实现,计划编制过程中必须采用科学的方法。虽然可以用不同标准把计划分成不同类型,计划的形式也多种多样,但管理者在编制任何完整的计划时,实质上都遵循相同的逻辑和步骤。计划编制过程包括7个步骤,其先后次序如图6.1所示。

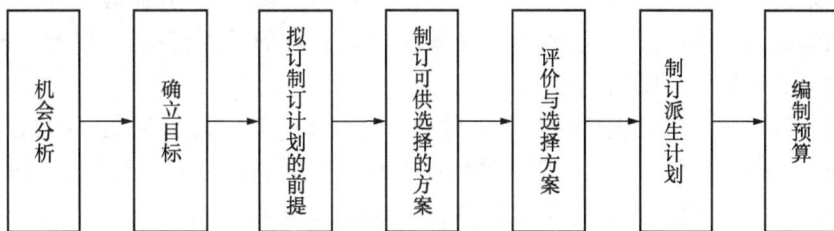

机会分析 → 确立目标 → 拟订制订计划的前提 → 制订可供选择的方案 → 评价与选择方案 → 制订派生计划 → 编制预算

**图6.1 计划编制的程序**

（1）机会分析

机会分析是在制订实际计划方案之前进行的,是对将来可能出现的机会的估计与评价。

留意外界环境中和组织内的机会是计划制订的真正起点。管理者应当根据组织所处的市场环境与地位、顾客的需求等因素进行准确的优劣势分析,实事求是地弄清楚自身面临的不确定性因素及可能把握的机会。做到知己知彼,心中有数,在估量机会的基础上,确定组织在一定时期内的可行性目标,成功地将组织所面临的问题转化为机会,这是科学有效地制订计划的前提条件。

**资料链接**

凭借低价优势,华为公司"美国梦的实现"

在当前金融危机影响下,世界经济一片萧条,外贸形势严峻,这给中国电子企业开拓国际市场增加了重重困难。但华为集团敢于硬碰硬,凭着自己的经济和技术实力以及人才实力和智慧,在金融危机的困境下,打进了美国市场。

进入美国电信市场一直是华为的奋斗目标,因为美国市场是全球的主流市场,全球电信设备最大的买主大部分集中在北美,这个市场每年的电信设备采购量是全球电信开支的一半。虽然这个成熟的市场难以渗透,但金融危机却给华为创造了突破美国市场的最佳时机。原来老牌的设备商在金融危机中元气大伤,在大家都缺钱的情况下,华为的低价优势显得极具吸引力。华为在美国市场的竞争力首先体现在性价比上。华为芯片以前直接进口需要200美元一片,而自己设计,到美国加工生产,只要10多美元。华为利用低价优势的芯片性价比以及金融危机都缺钱的这个有利时机,终于巧妙地打开了华为为之"抗战"8年的美国电信市场,被美国电信运营商 CoxCommunications 选中,为其提供端到端的 CDMA 移动网络解决方案。这对华来说是个里程碑事件。

**【小思考】**

一个人在确定自己人生奋斗目标时,是否需要考虑周围的环境?

（2）确立目标

管理者在估量机会之后,制订重大计划的第二个步骤就是确定整个组织的目标,也就是确定计划预期的结果,然后确定每个下属工作单位的目标,以及长期的和短期的目标。目标规定组织活动的预期结果,并且说明要去做哪些工作,工作的重点在哪里,以及通过策略、政策、程序、预算和规划等所要完成的任务。

组织在制订目标时,必须遵循 SMART 原则。所谓 SMART 原则,即是:①目标必须是具体的(Specific);②目标必须是可以衡量的(Measurable);③目标必须是可以达到的(Attainable);④目标必须和其他目标具有相关性(Relevant);⑤目标必须具有明确的截止期限(Time-based)。

**管理故事**

### 猴子与表的故事（手表定律）

林里生活着一群猴子,每天太阳升起的时候它们外出觅食,太阳落山的时候回去休息,日子过得平淡而幸福。

一名游客穿越森林时,手表落在了树下的岩石上,被猴子"猛可"拾到了。聪明的"猛可"很快就搞清了手表的用途,于是,"猛可"成了整个猴群的明星,每只猴子都向"猛可"请教确切的时间,整个猴群的作息时间也由"猛可"来规划。"猛可"逐渐建立起威望,当上了猴王。

做了猴王的"猛可"认为是手表给自己带来了好运,于是它每天在森林里巡查,希望能够拾到更多的表。功夫不负有心人,"猛可"又拥有了第二块、第三块表。

但"猛可"却有了新的麻烦:每只表的时间指示都不尽相同,哪一个才是确切的时间呢?"猛可"被这个问题难住了。当有下属来问时间时,"猛可"支支吾吾回答不上来,整个猴群的作息时间也因此变得混乱。过了一段时间,猴子们起来造反,把"猛可"推下了猴王的宝座,"猛可"的收藏品也被新任猴王据为己有。但很快,新任猴王同样面临着"猛可"的困惑。

这就是著名的"手表定律":只有一只手表,可以知道时间;拥有两只或更多的表,却无法确定时间。更多钟表并不能告诉人们更准确的时间,反而会让看表的人失去对准确时间的信心。

**【课堂讨论】**

手表定律给了我们什么启示? 结合组织目标制订的要求,同学们讨论一下制订组织目标要注意什么?

### （3）拟订计划的前提条件

拟订计划的前提条件,就是研究、分析和确定计划工作的环境,或者说是预测执行计划时的环境。比如,对一个工商企业来说,拟订计划的前提条件包括研究和分析企业将有什么样的环境与市场? 市场需求量有多大? 产品可以卖到什么价格? 会使用哪些技术? 成本多少? 什么样的工资率? 将如何筹集资金扩大业务? 市场的长期趋势将怎样? 等等。由于计划的未来情况比较复杂,要想对每个细节都作出预测是不可能的。因此,在拟订计划的前提条件时,应选择那些对计划来说具有关键性的、有战略意义的、对执行计划最有影响的因素进行研究与预测。

### （4）制订可供选择的方案

一个计划常常会有几个可供选择的方案。而选择方案不是找可供选择的方案,而是减少可供选择方案的数量,以便对最有希望的方案进行分析。计划制订者应当重视寻求和检查可供选择的行动方案,特别是那些不是马上看得清的行动方案。常常可能的情况是一个最不引人注目的方案,效果却是最佳的。在管理实践中,管理者发掘方案与正确选择方案具有同等重要性。

**【课堂互动】**

计划方案的制订为什么要有多个备选方案? 就像我们解数学题一样,只有一种解法吗? 你的解法是最优的吗?

（5）评价与选择方案

在找出了各种可供选择的方案并明确了它们的优缺点后，下一步就是根据前提和目标，权衡它们的轻重，对方案进行评估与选择。备选方案可能有几种情况：有的方案最有利可图，但需要投入的资金多且回收慢；有的方案看起来可能获利较少，但风险也小；还有的方案对长远规划有益等。在若干种方案并存的情况下，就要根据组织的目标来选择一个最合适的方案。

选择方案是决策的关键。作出正确的选择需要建立在前面几步工作的基础上。应当指出的是，为了保持计划的灵活性，有时会发现两个可取的方案。在这种情况下，必须确定出首先采用哪个方案，同时将另一个方案也进行细化和完善，作为后备方案。

（6）制订派生计划

派生计划是总计划下的分计划。作出决策之后，就要制订派生计划。因为几乎所有的总计划都要靠派生计划来支持，完成派生计划是实施总计划的基础。例如，一家航空公司为在激烈的市场竞争中赢得优势，决定新购一批客机以增加航班，从而获得经营的规模优势。这一基本计划需要制订很多派生计划来支持，如雇佣和培训各类人员的计划，采购和配置零部件的计划，建立维修设施的计划，制订飞行的时刻表计划，以及广告、筹资和办理保险的计划等。

（7）编制预算

计划制订的最后一步就是把计划转变为预算，使计划数字化。预算是汇总组织各种计划的一种手段，将各类计划数字化后汇总，方能分配好组织的资源。预算用数字表述计划，并把这些数字化的计划分解成与组织的职能业务相一致的各个部分。这样预算就与计划相联系，预算将资源使用权授予组织的各部门，但又对资源使用状况进行控制。

预算就是将计划压缩成一些数字以实现管理的条理化，它使管理人员清楚地看到哪些资源将由谁来使用，将在哪些地方使用，并由此涉及哪些费用计划、收入计划或实物计划以及投入量和产出量计划。管理人员只有明确了这些，才能更加自如地授权以便在限度内实施计划。

### 2）计划编制的原则

（1）前瞻性原则

计划都是对未来一定时期组织活动的规划，因此必须有一定的前瞻性。在制订计划时，必须充分估计环境的变化，以确定组织应对的措施。对组织自身的发展趋势也必须有预先估计，比如确定产品或服务的生命周期，在人力资源管理计划中要充分考虑组织未来几年的规划，组织若是扩大规模，对人才的需求是选择外部招聘还是内部培养。

（2）明确性原则

明确性是指计划的制订要具备可考核的指标。如果对是否达成所要求的目标，计划的说明很含糊，就不能起到计划的作用。同时，计划是控制的基础，没有明确的目标，控制就不可能实现。明确的计划目标方便管理者及时纠正偏差，也对事后的考核和激励起到重要作用。

（3）灵活性原则

计划的制订必须包括一定的弹性，这是因为未来环境的变化是不可控的。虽然对变化可以预测，可是由于环境的复杂性和偶然性因素的存在，以及预测技术的限制，计划不可能包括未来所有的可能性。因此，在突发状况产生时，有弹性的计划就可以避免不必要的损失。同时，过于严谨的计划容易流于形式，也可能遏制组织成员的积极性和创造性。

（4）协调性原则

协调性原则是指计划的制订要建立在各方协调的基础之上，只有这样，才能保证制订的计划符合实际情况的要求。同时，这样制订出来的计划才有可能得到各方的积极支持。此外，计划中还应包括可协调的因素，因为实际情况是在发展变化的，所以计划的实施也需要各方面的充分协调。

（5）参与性原则

计划的参与性原则是指计划的制订要求全体组织成员积极参与。这种参与不仅能够保证计划内容切实可行，还能使计划得到有效的实施。因为组织成员参与计划的制订是一种很好的激励手段，能充分调动组织成员的积极性。

### 3）计划编制的基本方法

综合平衡是编制计划的基本方法。综合平衡法是指在编制计划过程中，从系统观点出发，全面分析各方面因素，统筹安排诸要素，使其比例适当、协调运行的一种统筹技术。其中系统管理是实现综合平衡的基础和核心。

综合平衡的目的是使需要与可能之间、生产和经济效益之间、眼前利益和长远利益之间、企业利益和国家利益之间实现基本平衡，使各项指标之间在数量、时间、速度等方面取得合理的比例关系，使企业的各项资源都得到充分的利用。

就企业的生产经营计划编制而言，主要应做好以下三方面的平衡：

（1）供产销平衡

供产销平衡是企业编制计划的重要前提，主要包括以下三方面内容：

①生产与需求平衡。平衡的原则是"以销定产"。一般的做法是：首先根据经营目标和利润计划的要求按订货合同和预测的需求量先编制产品销售计划；其次依据产品销售量和产品库存编制产品生产计划；最后再根据生产计划与生产能力等的平衡情况调整销售计划和销售收入。

②生产与物资平衡。平衡的原则是"以产定供"，这实际上是企业的物资需要量与已有资源的平衡。

③生产与技术准备平衡。主要检查新产品试制和改进后的老产品重新上场的生产技术准备工作是否已经进行，以保证产品生产和试制的衔接。

（2）生产能力的平衡

生产能力的平衡包括生产任务与劳动力的平衡、生产任务与设备能力的平衡和生产任务与生产面积的平衡。

（3）资金平衡

资金平衡主要是供产销活动与流动资金的平衡。

经过以上综合平衡，理顺了关系，安排好了比例，就可以将计划以书面形式编制完成。表6.1是一个企业的年度生产经营计划示例。

表6.1　企业年度经营计划表

| 序号 | 指标名称 | 单位 | 上年预计 | 本年计划 | 本年为上年的% |
|---|---|---|---|---|---|
| 1 | 主要产品产量<br>（1）×××<br>（2）××× | 台<br>台 | | | |
| 2 | 新产品试制<br>（1）×××<br>（2）××× | 种/台<br>台<br>台 | | | |
| 3 | 质量<br>升级产品<br>成品初检合格率<br>机械加工责任废品率<br>铸件废品率 | 等级<br>%<br>%<br>% | | | |
| 4 | 物资节约<br>原煤<br>电力<br>黑色金属<br>有色金属 | 吨<br>吨<br>吨<br>吨<br>千克 | | | |
| 5 | 全员劳动生产率<br>职工平均人数 | 元/人<br>人 | | | |
| 6 | 可比产品成本降低率 | % | | | |
| 7 | 利润总额<br>纳税<br>分配利润<br>销售收入 | 万元<br>万元<br>万元<br>万元 | | | |
| 8 | 定额流动资金周转期<br>成品流动资金占有额<br>合同完成率<br>其中:××产品<br>　　　××产品 | 天<br>万元<br>%<br>元<br>% | | | |
| 9 | 附加指标<br>（1）工业总产值<br>（2）设备大修理<br>（3）设备完好率<br>（4）职工福利基金支出<br>其中×××<br>×××<br>（5）职工资金支出<br>全年每人平均资金<br>其中:××奖<br>　　　××奖 | 万元<br>台<br>%<br>元<br>元<br>元<br>元<br>元<br>元<br>元 | | | |

【推荐阅读】
　　企业编制生产经营计划需要慎重,推荐读者阅读《企业计划书的"十要"与"三忌"》,见下面链接。
　　http://www.rs66.com/a/5/22/5874.html

### 6.2.2　计划的执行——目标管理

计划制订后必须付诸实施,而计划实施最有效的方法就是目标管理。正如专家所说管理就是让大家知道你的规划、理解你的规划、理解你的实施计划和要求,同时让利益联系你我他。

#### 1)目标管理的产生与概念

目标管理(Management by Objectives,缩写为MBO)是20世纪50年代中期出现于美国,以泰罗的科学管理和行为科学理论(特别是其中的参与管理)为基础形成的一套管理制度。凭借这种制度,可以使组织的成员亲自参加工作目标的制订,实现"自我控制",并努力完成工作目标。而对于员工的工作成果,由于有目标作为考核标准,从而使对员工的评价和奖励做到更客观、更合理,因而可以大大激发员工为完成组织目标而努力。由于这种管理制度在美国应用得非常广泛,而且特别适用于对主管人员的管理,因此被称为"管理中的管理"。

1954年,德鲁克在《管理的实践》一书中,首先提出了"目标管理和自我控制"的主张。之后,他又在此基础上发展了这一主张,他认为,企业的目的和任务必须化为目标,企业的各级主管必须通过这些目标对下级进行领导,以此来达到企业的总目标。如果一个范围没有特定的目标,则这个范围必定被忽视,如果没有方向一致的分目标来指导各级主管人员的工作,则企业规模越大,人员越多时,发生冲突和浪费的可能性就越大。

所谓目标管理,又称成果管理,目标管理是由组织的各级领导与员工共同参与制订具体的、可行的且能够客观衡量效果的目标,在工作中进行自我控制,努力实现工作目标的一种管理方法。目标管理的重点是让组织中的各层管理人员都与各自的下属围绕着下属工作目标以及如何完成这些目标进行充分沟通。

现代管理强调员工要自主管理,改变过去管理者对员工的强制命令、一味地绝对服从与控制,员工缺乏自主性与主动性的状况。目标管理是员工自我管理与控制的有效方法。

#### 背景案例

朝着目标前进

父子俩在雪地上玩耍,玩打雪仗玩腻了,父亲便指着前方不远处的一棵树对儿子说:"你看到前面那棵树没有？我们来场比赛,从这里出发,一直走到那棵树那里,谁在雪地上踩踏出的脚印连成的线最直,谁就算赢了。"儿子一听,觉得这个挑战性游戏很有趣,就一口答应了。儿子小心翼翼地走着,边走边盯着自己的脚,生怕踩出的脚印不直,虽然感觉走得很直,等走到树下面的时候,回头一望,却大失所望,身后的脚印,形成了一些不规则的曲线;父亲走的时候,好像忘了自己的脚似的,眼睛目视前方那棵树,快速一路走过去,身后的脚印就如用尺子画过一样笔直。为何父亲比儿子走得直多了呢？因为父亲的眼睛一直盯着前方的目标,也就是那棵树;而儿子呢,走着走着,就把目标给忘了,等发现走偏了,只好重新矫正,反复多次,就形成了一些曲线。

- 认准目标,才能有效实现目标,才不会偏离航线。

**【小思考】**

为什么父子俩走的路会不同？这个故事给你什么启示？

### 2)目标管理的特点

目标管理的概念可以从以下几个方面来理解:

（1）目标管理是参与管理的一种形式

目标的实现者同时也是目标的制订者,即由上级与下级在一起共同确定目标。首先确定出总目标,然后对总目标进行分解,逐级展开,通过上下协商,制订出组织各部门、各层次直至每个员工的目标;用总目标指导分目标,用分目标保证总目标,形成一个"目标—手段"链。

（2）强调"自我控制"

大力倡导目标管理的德鲁克认为,员工是愿意负责的,是愿意在工作中发挥自己的聪明才智和创造性的。目标管理的主旨在于,用"自我控制的管理"代替"压制性的管理",它使管理人员能够控制他们自己的成绩。这种自我控制可以成为更强烈的动力,推动他们尽自己最大的努力把工作做好,而不仅仅是"过得去"就行了。

（3）促使下放权力

集权和分权的矛盾是组织的基本矛盾之一,唯恐失去控制是阻碍大胆授权的主要原因之一。推行目标管理有助于协调这一对矛盾,促使权力下放,有助于在保持有效控制的前提下,把局面搞得更有生气一些。

（4）注重成果第一的方针

采用传统的管理方法评价员工的表现,往往容易根据印象、本人的思想和对某些问题的态度等定性因素来评价。实行目标管理后,由于有了一套完善的目标考核体系,就能够按员工的实际贡献大小如实地评价一个人。

**管理故事**

## 家狗和狼

一匹饥饿的狼在月光下四处觅食,遇到了长得很壮实的家狗。他们相互问候后,狼说:"朋友,你怎么这般肥壮,吃了些什么好东西啊? 我现在日夜为生计奔波,正苦苦地煎熬着呢。"

狗回答说:"你若想像我这样,只要学着我干活就行。"

"真是这样?"狼急切地问,"什么活儿?"

狗回答说:"就是给主人看家,夜间防止贼进来。"

"什么时候开始干呢?"狼说,"住在森林里,风吹雨打,我都受够了。只要有个暖和的屋子住,不挨饿,做什么我都不在乎。"

"那好,"狗说,"跟我走吧!"

他们俩一起上路。狼突然注意到狗脖子上有一块伤疤,感到十分奇怪,不禁问狗这是怎么回事。狗说:"没什么。"狼继续问:"到底是怎么回事?"

"一点点小事,也许是我脖子上拴铁链子的项圈弄的。"狗轻描淡写地说。

"铁链子!"狼惊奇地说,"你是说,你不能自由自在地跑来跑去吗?"

"是的,也许不能完全随我的心意,"狗说,"白天有时候主人把我拴起来。但我向你保证,在晚上我有绝对的自由;主人把自己盘子中的东西喂给我吃,佣人把残羹剩饭拿给我吃,他们都对我倍加宠爱。"

"晚安!"狼说,"你去享用你的美餐吧,至于我,宁可自由自在地挨饿,也不愿套着一条链子过舒适的生活。"

## 【小思考】

为什么"狼"不愿进那家主人的家门,这个故事的背后隐藏了什么问题?

### 3)目标管理的基本过程

目标管理的步骤包括:

**(1)目标的设置**

目标的设置是目标管理最重要的阶段,第一阶段可以细分为四个步骤:

①高层管理预订目标,这是一个暂时的、可以改变的目标预案。即可以上级提出,再同下级讨论;也可以由下级提出,上级批准。无论哪种方式,必须共同商量决定;领导必须根据企业的使命和长远战略,估计客观环境带来的机会和挑战,对本企业的优劣有清醒的认识。对组织应该且能够完成的目标心中有数。

②重新审议组织结构和职责分工。目标管理要求每一个分目标都有确定的责任主体。因此预订目标之后,需要重新审查现有组织结构,根据新的目标分解要求进行调整,明确目

标责任者和协调关系。

③确立下级的目标。首先下级明确组织的规划和目标,然后商定下级的分目标。在讨论中上级要尊重下级,平等待人,耐心倾听下级意见,帮助下级发展一致性和支持性目标。分目标要具体量化,便于考核;分清轻重缓急,以免顾此失彼;既要有挑战性,又要有实现可能。每个员工和部门的分目标要和其他的分目标协调一致,支持本单位和组织目标的实现。

④上级和下级就实现各项目标所需的条件以及实现目标后的奖惩事宜达成协议。分目标制订后,要授予下级相应的资源配置的权力,实现权责利的统一。由下级写成书面协议,编制目标记录卡片,整个组织汇总所有资料后,绘制出目标图,形成建立一套完整的目标体系。目标体系要与组织结构吻合,从而使每个部门都有明确的目标,每个目标都有人明确责任。

（2）组织实施

目标既定,主管人员就应放手把权力交给下级成员,而自己去抓重点的综合性管理。完成目标主要靠执行者的自我控制。如果在明确了目标之后,作为上级主管人员还像从前那样事必躬亲,便违背了目标管理的主旨,不能获得目标管理的效果。当然,这并不是说,上级在确定目标后就可以撒手不管了。上级的管理应主要表现在指导、协助、提出问题,提供情报以及创造良好的工作环境方面。

（3）检查和评价

对各级目标的完成情况,要事先规定出期限,定期进行检查。检查的方法可灵活地采用自检、互检和责成专门的部门进行检查。检查的依据就是事先确定的目标。对于最终结果,应当根据目标进行评价,并根据评价结果进行奖罚。

**【推荐阅读】**

20世纪90年代,邯郸钢铁厂迅速崛起,创造了闻名全国的"邯钢经验",并引起了国务院发文转发其管理经验[《批转国家经贸委、冶金部关于邯郸钢铁总厂管理经验调查报告的通知》(国发〔1996〕3号1月3号)]。网络上有不少资料可供读者参考,其中《邯钢的"模拟市场核算,实行成本否决"》一文有助于读者更好地了解目标管理。其链接如下:

http://wenku.baidu.com/view/6119f40852ea551810a6870b.html

**资料链接**

### 邯郸钢铁的目标成本管理

邯郸钢铁在20世纪90年代,在面临原材料等日益涨价、成本上升、效益下降的情况下,推行"模拟市场核算,实行成本否决"目标成本管理法取得了明显的经济效益。邯钢根据钢铁的市场价格及企业要实现的效益,模拟市场核算,以能源、原材料和出厂产品的市场价格为参数,核算出产品的内部成本和内部利润,根据成本形成的各个生产环节,按倒推法,层层分解落实到分厂、车间、班组和个人,并成为各自的目标成本和目标利润,每个单位及个人既有实物量指标,又有价值量指标。总厂对二十八个分厂、十八个处室下达承包指标 1 022 个,分解到班组、岗位和个人的小指标 10 万多个,成本指标落实到人,形成了人人头上有指标,人人当家理财的局面。实行成本否决,完不成目标成本,扣发全部奖金和缓升浮动工资。根据目标成本及利润完成情况实行联利计酬,重奖重罚,把成本管理的权力和责任交给全体职工,形成"千斤重担众人挑,人人肩上有指标"的局面。如二炼钢管工班 8 名职工,成本开支的指标只有 6 000 元,为此,工人们既干活又算账,修旧利废,全年节约开支上万元。自 1991 年推行"模拟市场核算,实行成本否决"目标成本管理以来,先后有 27 个分厂(次)被否决全部奖金,有 6 个分厂被否决晋升浮动工资。1992 年总厂的二炼钢厂完成成本指标,年终获效益奖 63 万元,而六机厂成本指标没有完成,一分钱奖金也没拿到。奖金高的心安理得,低的也心服口服。

邯钢通过模拟市场核算,深化成本管理,加强了基础工作,企业管理发生明显变化,经济效益大幅度提高。在全国工业企业成本普遍上升的情况下,邯钢的吨钢成本逐年下降。1991 年下降 6.36%,与上年成本指标相比减少 7 290 万元,1992 年下降 4.86%,减少 9 500 万元。

---

**【课堂讨论】**

　　结合此背景资料及所学内容,讨论目标管理有什么优点?

---

### 6.2.3　计划的调整

计划与实际脱节时,就需要调整。滚动计划是对计划调整的一种有效方法。

#### 1)滚动计划法的概念与思想

滚动计划法(简称 RP),是用来编制组织的长期计划和短期计划,使组织更好适应环境的变化,保持组织运行的稳定性和均衡性,是组织进行全面计划管理、编制计划的一种科学的方法。

滚动计划法是指制订计划时,采用近细远粗的办法,根据计划的执行情况和环境的变化,执行和修订未来计划,并逐期向前推移,使组织计划始终能够较为切合实际的一种计划制订法。

滚动计划法的思想就是一个组织制订计划,尤其是中长期计划所面临的外部环境及内部条件是不断变化的,许多因素是不可控的,要准确地预测各种环境变化,制订具体详细的计划方案是不现实的。计划制订的前提与条件是在变化的,因此必须在动态中修订计划,使计划尽可能贴近实际。要发挥中长期计划对年度计划的指导作用,按照"近具体、远概略"的方法,对近期计划制订得具体细致,便于执行,对远期的计划只规定出大概的要求,使职工明确奋斗目标。每执行完一个年度的计划,就根据计划完成的情况及环境的变化,需将计划顺序向前推进一段时间,连续滚动编制。不是等全部计划执行完毕再重新制订一个时期的计划。不断地对计划进行调整、修改和补充,使组织始终有一个近细远粗,长短计划紧密衔接、主观符合客观实际的计划作指导。以五年计划为例,其具体形式如图6.2所示。

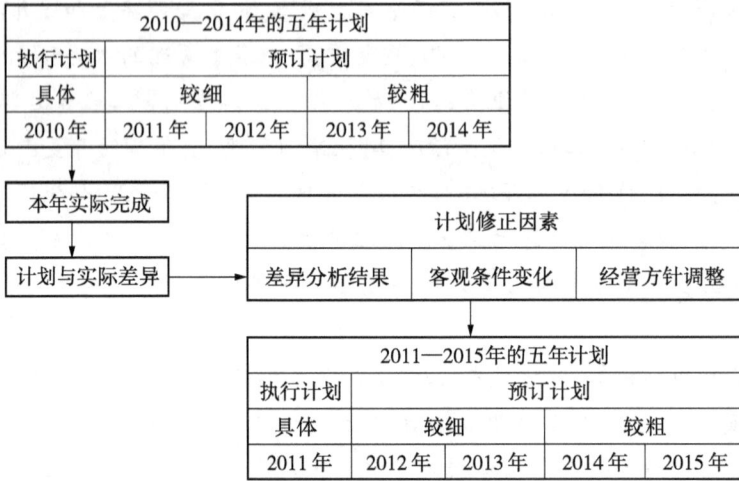

| 2010—2014年的五年计划 | | | | |
|---|---|---|---|---|
| 执行计划 | 预订计划 | | | |
| 具体 | 较细 | | 较粗 | |
| 2010年 | 2011年 | 2012年 | 2013年 | 2014年 |

本年实际完成

计划与实际差异

| 计划修正因素 | | |
|---|---|---|
| 差异分析结果 | 客观条件变化 | 经营方针调整 |

| 2011—2015年的五年计划 | | | | |
|---|---|---|---|---|
| 执行计划 | 预订计划 | | | |
| 具体 | 较细 | | 较粗 | |
| 2011年 | 2012年 | 2013年 | 2014年 | 2015年 |

**图6.2　滚动计划法的具体形式**

### 2)滚动计划法的特点

滚动计划法与传统的计划编制方法相比,有以下不同的特点:

**(1)灵活性**

滚动计划法具有较强的灵活性和适应性,能帮助组织较快地对市场作出反应,从而提高组织的应变能力和竞争能力。在商品经济的条件下,市场变化对组织运行活动影响很大,为适应这一情况,组织的各种计划就应具有较大的灵活性,及时根据市场情况,调整修正计划。这是滚动计划的优点。

**(2)预见性**

滚动计划可以连续地预测出下期计划情况及存在问题,走一步,看两步,不平衡的可以及时调整,使组织能及早采取措施,发展有利因素,克服不利因素,便于计划的贯彻执行。

**(3)准确性**

滚动计划可以使主观设想的计划比较好地与客观实际发展相结合。因为滚动计划要求随着情况的变化而进行不断的修正,可以将每个阶段运行的实际情况,以及各方面的条件变化考虑到计划中去,提高计划的准确性,使组织始终有一个较为切合实际的长期计划指导。

**(4)连续性**

滚动计划法,是在分析上期计划实际执行情况的基础上制订本期计划的,而且分阶段进行修订。因此,它既是上期计划的延续,又是编制下期计划的基础,从而使前期计划和后期计划密切衔接,同时,也便于长期计划与年度计划,年度计划与季、月度计划紧密衔接,充分发挥长期计划对短期计划的指导作用。

（5）均衡性

滚动计划法，在编制计划时既要分析上期情况又要考虑本期任务，还要预测下期情况，对于组织内部有可能做到用计划来指导各项工作，使组织的运行活动能有序均衡地进行。

**【小思考】**

同学们在刚进入高中阶段的学习时是否会对三年后确立一个奋斗的目标、努力的计划？实现没有？没有实现是什么原因导致的？

# 【本章小结】

计划是管理的首要职能。计划有两种意思，从名词的角度上，计划就是对将来的事情作出打算、谋划或规划；从动词的角度上，计划是指计划工作，就是为组织未来的发展确定目标，并为实现组织目标进行资源安排，制订计划、执行计划以及检查计划执行情况等一系列管理过程。计划要素包括5W2H。

计划是一个过程。一般遵循以下步骤：机会分析——确立目标——拟订计划的前提条件——制订可供选择的方案——评价与选择方案——制订派生计划——编制预算。

计划的执行（目标管理），又称成果管理，目标管理是由组织的各级领导与员工共同参与制订具体的、可行的且能够客观衡量效果的目标，在工作中进行自我控制，努力实现工作目标的一种管理方法。目标管理是保证计划有效实施的一种管理方法。

计划的调整，即滚动计划法。

**【思考与练习】**

**一、重点概念**

计划 目标管理

**二、填空题**

1.（　　）是管理过程中的重要环节之一，也是管理的首要职能。

2.计划要素包括5W2H，具体是指（　　）（　　）（　　）（　　）（　　）（　　）和（　　）。

3.按照计划的明确性程度可以把计划分为（　　）和（　　）两类。

4.目标管理是员工（　　）的一种方法。

**三、选择题**

1.确立目标是（　　）工作的一个主要方面。

A.计划　　　　　　B.人员配备　　　　　　C.指导与领导　　　　D.控制

2.基本建设计划、新产品的开发计划等属于（　　）计划。

A.专项　　　　　　B.综合　　　　　　C.财务　　　　　　D.生产

3.目标管理的优点有(　　　)。

A.有利于提高管理水平

B.有利于调动人的积极性、责任心,实行自我控制

C.有利于长期目标的实现

D.有利于暴露组织结构中的缺陷

4.强调在制订计划时要留有余地,不能满打满算地计划的工作原理是(　　　)。

A.限定因素原理　　　B.许诺原理　　　　C.灵活性原理　　　　D.改变航道原理

5.计划工作的核心是(　　　)。

A.确定目标　　　　　　　　　　　B.确定计划的前提条件

C.确定可供选择的方案　　　　　　D.作决策

## 四、思考题

1.联系实际谈谈计划的重要作用。

2.什么是目标管理法? 实施的过程如何?

## 五、案例分析题

### 科宁玻璃公司的经营计划

科宁是美国一家创建最早的公司之一,主要经营玻璃品生产和加工。1880 年,科宁公司成功地制造了第一个灯泡。科宁公司一直由其创始人科宁家族掌管,并一直以制造和加工玻璃为其重点。

然而,科宁的这种经营战略也给它带来了许多问题:它的骨干部门——灯泡生产在30 年前曾占领 1/3 的美国灯泡市场,而今天却丧失了大部分市场;电视显像管的生产也因激烈的竞争而陷入困境。这两条主要产品线都无法再为公司获取利润。面对这种情况,公司既希望开辟新的市场,但又不愿意放弃其传统的玻璃生产和加工。从而,公司最高层领导制订了一个新的战略计划。计划包括三个主要方面:第一,决定缩小类似灯泡和电视显像管这样低产的部门;第二,决定减少因市场周期性急剧变化而浮动的产品生产;第三,开辟既有挑战性又具巨大潜在市场的产品。

第三方面又包括三个新的领域:一是开辟光波导器生产——用于电话和电缆电视方面的光波导器和网络系统以及高级而复杂的医疗设备等,希望这方面的年销售量能达到 40 亿美元。二是开辟生物工程技术,这种技术在食品行业大有前途。三是利用原来的优势,继续制造医疗用玻璃杯和试管等,并开拓电子医疗诊断设备,希望在这方面能达到全国同行业中第一或第二的地位。

科宁公司还有它次一级的目标。例如,目前这个公司正在搞一条软复杂的玻璃用具生产线,并想向不发达国家扩展业务。很明显,科宁在进行着一个雄心勃勃的发展计划。公司希望通过提高技术、提高效率,以获得更大的利润。

但是,在进行新的冒险计划中,科宁也碰到了许多问题。例如,如果科宁真要从光波导器和生物控制等方面获得成功的话,就必须扩大其经营领域。另外,科宁给人的印象是要保持其原来的基础,而不在于获得利润。

**案例思考:**

1.请根据案例提供的材料,概述科宁公司的战略计划和策略计划。

2.你能分别列出科宁公司的中期、短期计划吗?

3. 如果你是公司的管理者,你将如何制订公司的计划?

**六、管理实战**

1. 实战项目:设计自己成立一家小公司,制订该公司的规划书。

2. 实战目标:能够利用发展战略、决策、计划相关理论制订一个组织的发展规划。

3. 实战要求:在环境分析的基础上,能够制订出该公司的发展规划报告。

# 第7章

---

# 组　织

管理格言：今天的组织需要的是由一群平凡的人，做出不平凡的事。

| 本章内容结构 | | 重要性指数 |
|---|---|---|
| 7.1　组织概述 | 7.1.1　组织的含义 | ★★★★ |
| | 7.1.2　组织的要素 | ★★★★ |
| | 7.1.3　组织的作用 | ★★★ |
| | 7.1.4　组织职能的过程 | |
| | 1）组织设计 | ★★★★ |
| | 2）组织运行 | ★★★★ |
| | 3）组织变革 | ★★★★ |
| | 7.1.5　组织的类型 | ★★★ |
| 7.2　组织结构设计 | 7.2.1　组织结构的含义、内容与原则 | |
| | 1）组织结构的含义 | ★★★ |
| | 2）组织结构的影响因素 | ★★★★★ |
| | 3）组织设计的原则 | ★★★★★ |
| | 7.2.2　组织横向结构设计 | |
| | 1）组织结构设计的时机 | ★★★★★ |
| | 2）组织结构设计的内容 | ★★★★★ |
| | 3）部门划分的含义与原则 | ★★★★★ |
| | 7.2.3　组织纵向结构设计 | |
| | 1）管理幅度与管理层次 | ★★★★★ |
| | 2）影响管理幅度的因素 | ★★★★★ |
| | 3）组织职权的配置 | ★★★★ |
| 7.3　组织结构的类型 | 7.3.1　直线制组织结构 | ★★★★ |
| | 7.3.2　职能制组织结构 | ★★★ |
| | 7.3.3　直线职能制 | ★★★★ |
| | 7.3.4　事业部制组织结构 | ★★★★ |
| | 7.3.5　矩阵制组织结构 | ★★★★ |
| | 7.3.6　多维立体组织结构 | ★★★ |
| | 7.3.7　网络型组织结构 | ★★★ |
| 7.4　人员配备 | 7.4.1　人员配备的任务 | ★★★ |
| | 7.4.2　人员配备的程序 | ★★★ |
| | 7.4.3　人员配备的原则 | ★★★ |

续表

| 本章内容结构 | | 重要性指数 |
|---|---|---|
| 7.5 组织变革 | 7.5.1 组织变革的原因、内容与模式 | |
| | 1）组织变革的原因 | ★★★★ |
| | 2）组织变革的内容 | ★★★★ |
| | 3）组织变革的模式选择 | ★★★ |
| | 7.5.2 组织变革的动力与阻力 | |
| | 1）组织变革面临两种力量的对比 | ★★★ |
| | 2）组织变革阻力的主要来源 | ★★★ |
| | 3）组织变革阻力的管理对策 | ★★★★ |
| | 7.5.3 组织变革的过程 | ★★★ |

## 【案例导入】

我国家电行业日趋激烈的市场竞争与互联网时代的到来,催生了企业组织结构的调整。过去传统的层级管理,有一个非常大的问题,即不管什么指令传达时,时间都比较长,部门相互之间扯皮。如果为了防止出现问题,管得非常细,就把他们管死了;但如果放活,又会产生非常多的漏洞,这是全球大企业都非常难解决的问题。为了改变这种状态,对消费者需求做到灵敏反应,中国家电巨擘海尔集团正在实施其2010年的战略方案:为适应网络经济,全面推行"自主经营体"。这种组织结构的调整是期望建立一个像时钟一样的创新机制,让员工迅速感知外界变化,发现客户需求,主动去创造客户价值,自主核算投入产出,主动为客户创新。

海尔的自主经营体必须具备三个要素:端到端、共同目标、"倒逼"体系。

①端到端。即市场一线经理或产品代表从客户的难题出发,到满足客户的需求为止,即从客户端的需求到满足客户端的需求。

②共同目标。即产品部定下一个目标之后,如销量、销售额、利润等,这些目标不是个人的,它是所有团队成员共同的目标,按照共同的目标来满足客户需求,解决客户问题。

③"倒逼"体系。即将用户的要求作为目标,倒逼企业内部所有流程:一线产品代表员工面对客户,将客户的难题和需求带给产品项目团队,项目团队共同来研究和解决客户问题。因此,要解决问题,员工就倒逼着领导提供资源、提供支持、提供服务,形成领导为员工服务,员工为客户服务的倒三角体系。

支撑海尔自主经营体的是"三自"体系,即自我创新、自我驱动、自我运转。

这种"三自"体系,就是要让产品项目组员工自己当家做主,关注客户需求,关注组织管理,关注组织利益,某种程度上说就是一个独立的"小企业家"。自主经营体的推行,让海尔人参与一场"全员升级行动"——成为自主经营的"老板"。从一个被动地按照指令完成任务的"打工者",到按照市场规则,通过自主经营,实现最大自我价值和最大企业价值的"经营者"。自主经营体与企业的关系,实际构成的是一种自主经营核算关系,即留足企业利润、挣够市场费用、盈亏全归自己。

海尔的自主经营体模式,不仅仅是管理方式的创新,更是管理模式的革命,是对传统管理组织结构的颠覆。

什么是组织,什么因素影响组织变革,如何科学合理地涉及组织结构,企业组织结构是如何变迁的,这就是本章要解决的问题。

# 7.1 组织概述

## 7.1.1 组织的含义

组织是管理的一项重要职能。一个企业、一个学校、机关,都要把总体任务分配给各个成员、各个部门去承担,建立起它们之间的分工同时又合作的关系,这种关系就形成了一种框架或结构。分工与合作是组织职能的两大主题。组织工作的目的就是要建立这样一种能产生有效的分工协作关系的结构。

组织的概念从一般意义来讲有两种解释。

(1)组织的实体(名词,Organizations)含义

组织的第一层含义是名词性的,组织按照一定的目的、任务和形式建立起来的结构严密、制度化的人群集体。"组织是一种实体",它是人们进行合作活动的必要条件。如企业、学校、机关、医院等。

(2)组织的过程(动词,Organizing)含义

组织的第二层含义是动词性的,是指组织工作,是为有效实现组织目标、建立组织结构、配备人员、使组织协调运行的一系列活动。组织是为了组织目标的实现,合理分派、整合组织资源的活动。组织职能内容包括设计组织结构、职权关系确定、人员配备、组织协调与变革。

【课堂互动】

企业要建立自身特色的生产组织、营销组织,这是什么意义上的组织? 企业为了打开新产品的销路,需要组织一次大规模的促销推广活动,这又是什么意义上的组织?

## 7.1.2 组织的要素

系统学派的创始人巴纳德认为,所有正式组织不论其级别和规模差别有多大,均包含共同的目标、协作的愿望和信息沟通三个要素,组织的产生和发展只有通过这三个基本要素的结合才能实现。

(1)共同目标

共同目标是针对每个组织成员来说的,是协作愿望的必要前提。没有目标就没有协作。

(2)协作愿望

协作愿望是指个人为组织目标贡献力量的愿望。这种愿望能使每一个人的力量凝聚为一个整体力量。这对组织来说是不可缺少的一项要素。若是没有协作愿望,就不可能有持久的愿作贡献的个人努力;但这种愿望也意味着个人行为控制权的转让与失去个体化。

（3）信息沟通

信息沟通是将共同目标与协作愿望联系起来，使之成为一个有机整体的动态过程，它是一切活动的基础。通过信息沟通，使成员了解组织目标，产生协作愿望，采取合理行动。

**【小思考】**

中国有两句俗话："一个和尚挑水喝，两个和尚抬水喝，三个和尚没水喝""三个臭皮匠赛过诸葛亮"，请思考为什么会出现这两种现象？

### 7.1.3 组织的作用

（1）"聚集"作用

"聚集"作用就是对人力资源、财力资源、物力资源、知识信息等加以聚集汇总。按照组织的要求，共同工作，发挥组织整体的力量，以实现个人无法单独完成的组织目标。我们通常说的"组织起来"就是这个意思。

（2）"放大"作用

"放大"作用就是把聚集的各种资源，通过组织的动作、转换，从而创造出新的功能和能量。判断一个组织的效力，就是要看它是否具备"整体大于部分之和"的作用。如果一个组织不把各种资源有效地整合起来，加以放大，那么这个组织就难以生存和发展。

（3）"承载"作用

组织是和分工合作内在地联系在一起的。组织内的各部门相互联系、分工协作、共同承担任务。古今中外，所有大规模的工程、艰苦卓绝的事业，如修筑长城、飞船上天以及改革开放等，没有哪一件不是通过组织的力量来完成的。

（4）"有序化"作用

组织可以使隶属关系及分工协作明确，责任清楚，实现人人有事做，事事有人做，人尽其才、物尽其用、工作有序。有序化还可以把无价值和不重要的要素摆在合适位置，从而大大增强组织的吸引力和抗风险能力。

（5）"调节"作用

组织是社会的基本单元，生存于社会大环境之中。它既要为社会提供各种影响，又要受社会经济、政治、文化及其他条件的制约。因此，有生命力的组织必然能随时进行自我调节，适应外部环境的变化。当今倡导的"学习型组织"就是强调用团体的不断学习随时改变心智模式，实现组织的自我超越。

此外，组织还可保持目标的一致性和政策的连续性，从而使组织不至于因此费事，即便更换了领导人也可以继续发展。

**【课堂互动】**

股份制在现代社会经济中起到了什么作用？

### 7.1.4 组织职能的过程

管理的组织职能就是设计、维护并不断改进组织结构的过程。这一过程由一系列环节构成。

#### 1)组织设计

**（1）职位设计**

组织活动首先要明确实现组织目标，应该有哪些业务与职能活动。要把实现组织目标的总任务分解为具体的工作任务，设计确定组织内从事具体管理工作所需的职务类别与数量，并对之加以分类，分析每个任职者应承担的职责，应具备的素质要求。职位设计与分析是组织设计最基础的工作。

**（2）部门设计**

将实现组织目标所必需的活动进行组合以形成可以管理的部门或单位。对组织活动的分类和组织方式不同，就形成了各种不同的组织结构类型。组织结构为组织中的分工和协作奠定了基础，有助于明确每个人所承担的任务及应当取得的成果，排除了由于分工不明确所造成的障碍和混乱，形成了一种使组织中的决策和沟通得以实现的网络。

**（3）层级设计**

要根据组织环境、组织规模、人员情况等确定纵向的等级链，确定从组织最高一级到最低一级管理组织之间应设置多少等级，同时根据每项工作的性质和内容确定相应的职责、权限。

**（4）组织结构基本框架设计**

设计承担这些管理职能和业务的各个管理层次、部门、岗位及权责关系。组织结构框架设计一来要设计纵向管理层次之间的联系，也就是要明确管理幅度问题，设计多少管理层次，明确上下级的垂直领导关系，谁领导谁，谁被谁领导，构建行政指挥体系；二来要设计横向管理部门之间的协调方式，明确各部门、岗位的责权划分，如何搞好同级部门之间的分工与合作，形成一个精干高效的组织网络。

---

**【课堂互动】**

在一个企业营销总经理负责市场部、营销部、广告部，请问营销总经理与三个部门之间涉及属于组织结构基本框架设计的哪个方面？

---

#### 2)组织运行

在组织运行阶段主要有三大内容：

**（1）人员配备与训练设计**

人员配备与训练设计即为组织结构运行配备相应的管理人员和工作人员，并训练他们适应组织结构的各要素运作方式，使他们了解组织内的管理制度或掌握所需技术等。

（2）设计管理规范与制度

设计管理规范与制度即确定组织管理中职权分配、科学授权、各种规章制度、各项管理业务的管理工作程序、管理工作应达到要求和管理人员应采用的管理方法等。

（3）反馈与修正

反馈与修正即要在组织运行过程中，根据出现的新问题、新情况，对原有组织结构设计适时进行修正，使其不断完善。

### 3）组织变革

组织活动是一个动态的过程。通过组织活动建立起来的组织结构不是一成不变的，而是随着组织内外部要素的变化而变化。当原有组织结构不再适应实现组织目标的要求时，组织结构就必须进行变革。

**资料链接**

Organizing 的过程

Organizing 的过程犹如建一栋大厦：

构成组织大厦的构建——职位；

建造大楼框架——部门；

确定大厦高度——层级；

通水、通气、通电——整合协调；

住房分配——人员分配；

翻修——组织变革。

## 7.1.5 组织的类型

众多的社会组织是可分为不同类型的。标准不同，分类也就不一样，可以用来划分组织类型的标准是很多的。不同类型的组织，其功能和特性是不同的。要深入了解组织之间的规律，有效地对组织进行科学分类是十分必要的。

（1）按组织的规模程度分类

可分为小型组织、中型组织和大型组织。比如，同是企业组织，就有小型企业、中型企业和大型企业（见表7.1）。按这个标准进行分类是具有普遍性的，不论何类组织都可以作这种划分。以组织规模划分组织类型，是对组织现象的表面的认识。

表7.1 我国企业规模划分的标准

| 行业名称 | 指标名称 | 计算单位 | 大 型 | 中 型 | 小 型 |
|---|---|---|---|---|---|
| 工业企业 | 从业人员数 | 人 | 2 000 及以上 | 300～2 000 以下 | 300 以下 |
| | 销售额 | 万元 | 30 000 及以上 | 3 000～30 000 以下 | 3 000 以下 |
| | 资产总额 | 万元 | 40 000 及以上 | 4 000～40 000 以下 | 4 000 以下 |

续表

| 行业名称 | 指标名称 | 计算单位 | 大 型 | 中 型 | 小 型 |
|---|---|---|---|---|---|
| 建筑企业 | 从业人员数 | 人 | 3 000 及以上 | 600～3 000 以下 | 600 以下 |
| | 销售额 | 万元 | 30 000 及以上 | 3 000～30 000 以下 | 3 000 以下 |
| | 资产总额 | 万元 | 40 000 及以上 | 4 000～40 000 以下 | 4 000 以下 |
| 批发企业 | 从业人员数 | 人 | 200 及以上 | 100～200 以下 | 100 以下 |
| | 销售额 | 万元 | 30 000 及以上 | 3 000～30 000 以下 | 3 000 以下 |
| 零售企业 | 从业人员数 | 人 | 500 及以上 | 100～500 以下 | 100 以下 |
| | 销售额 | 万元 | 15 000 及以上 | 1 000～15 000 以下 | 1 000 以下 |
| 交通运输业企业 | 从业人员数 | 人 | 3 000 及以上 | 500～3 000 以下 | 500 以下 |
| | 销售额 | 万元 | 30 000 及以上 | 3 000～30 000 以下 | 3 000 以下 |
| 邮政企业 | 从业人员数 | 人 | 1 000 及以上 | 400～3 000 以下 | 400 以下 |
| | 销售额 | 万元 | 30 000 及以上 | 3 000～30 000 以下 | 3 000 以下 |

（2）按组织的社会职能分类

可分为文化性组织、经济性组织和政治性组织。文化性组织是一种人们之间相互沟通思想、联络感情、传递知识和文化的社会组织。各类艺术团体、图书馆、艺术馆、博物馆、报刊出版单位等都属于文化性组织。文化性组织一般不追求经济效益，属于非营利组织。而经济性组织是一种专门以追求社会物质财富的社会组织，它存在于生产、交换、分配、消费等不同领域，工商企业、银行、保险公司等社会组织属于经济性组织。政治性组织是一种为了某个阶级的政治利益而服务的社会组织，国家的立法机关、司法机关、行政机关、政党、军队等都属于政治性组织。

（3）按组织内部是否有正式分工关系分类

可分为正式组织和非正式组织。如果一个社会组织内部存在着正式的组织任务分工、组织人员分工和正式的组织制度，那么它就属于正式组织。政府机关、军队、学校、工商企业等都属于正式组织。正式组织是社会中主要的组织形式，是人们研究和关注的重点。而如果一个社会组织的内部既没有确定的机构分工和任务分工，没有固定的成员，也没有正式的组织制度等，这种组织就属于非正式组织。非正式组织可以是一个独立的团体，比如学术沙龙、文化沙龙、业余俱乐部等，也可以是一种存在于正式组织之中的无名而有实的团体。这是一种事实上存在的社会组织，这种组织现在正日益受到重视。在一个正式组织的管理活动中，应特别注意非正式组织的影响作用。对这种组织现象的处理，将会影响到组织任务的完成和组织运行的效率。

非正式组织的存在，主要在于以下三方面因素：

①志向兴趣性因素。员工在组织生产经营活动中，由于工作中的联系而产生相似的态度和价值观，使员工在相互交往过程中容易产生共同的语言及相互理解对方的行为。这种交往的经常化，就会自然形成非正式组织。

②需求性因素。员工出于希望相互间建立良好人际关系并在相互适合对方个性的基础上而发展联系,进而成为非正式组织。如新进员工期待得到组织成员的认同以获得安全感与归属感。

③利益维护因素。公司制度与管理不公平、有争议,易使权益受损的员工因为认知相同而互相支持。如员工感到自身利益会被侵犯的时候,希望被其他非正式成员的认同并保护的欲望就更强烈,从众心理也就较严重。

非正式组织存在对正式组织管理的影响有积极和消极的方面。非正式组织的积极影响表现在:缓解工作压力,满足成员的心理需要;有利于培养员工的团队意识;有益于组织成员的沟通;有助于组织目标的实现。非正式组织的消极作用在于:可能对正式组织的工作产生极为不利的影响;非正式组织要求成员一致性的压力,可能会束缚成员个人发展;非正式组织的压力还会影响正式组织的变革,造成组织创新的惰性;非正式组织的存在还容易造成人事任用关系复杂,失去公平。

非正式组织在正式组织中是客观存在的,作为管理者要重视其存在,对非正式组织要有效利用。

①正视非正式组织的存在,接受并理解非正式组织。

②辨明非正式组织的不同性质,区别对待。

③用组织文化引导。

④牵住关键人物。

⑤鼓励管理人员成为非正式组织的成员。

⑥关注关系相对独立的员工,经常与他们进行交流沟通。

---

**【推荐阅读】**

企业交革、薪酬、福利的减少容易引起员工的对抗情绪,企业管理者应加以注意,《企业交革中应警惕非正式组织的紧密化》(文/太和顾问)一文对企业管理者应有借鉴意义:

http://finance. sina. com. cn/leadership/stragymanage/20060820/11041903716. shtml

---

# 7.2　组织结构设计

## 7.2.1　组织结构的含义、内容与原则

### 1)组织结构的含义

组织结构是组织内的全体成员为实现组织目标,在工作中进行分工协作,通过职务、职责、职权及相互关系构成的结构体系。组织结构的本质是成员间的分工协作关系。组织结构的内涵是人们的责、权、利关系。因此组织结构又称为权责结构。

现代组织是一个人造系统,为了有效实现组织目标,必须优化组织结构设计。如果缺乏良好的组织结构,没有一套分工明确、权责清楚、协作配合、合理高效的组织结构,其内在机制就不可能充分地发挥出来,一个组织如果不根据外部环境的变化及时调整和优化组织结构,就会影响管理效能的提高和组织效率的提高。因此,建立合理高效的组织结构是十分必要的。

**2)组织结构的影响因素**

**(1)组织战略**

一个组织的组织结构是其实现战略的主要工具,不同的战略要求不同的结构。著名管理学者钱德勒指出:战略决定结构,高度多样化的战略需要的就是分权式的结构。因为多样化经营战略意味着组织的经营内容涉及多方面,需要采用集权度较低的组织结构,才能从总体上推进多样化战略的实施。而单一经营战略则可选择集权度较高的组织结构。一个组织战略重心的调整,必然带来组织结构的调整。

**(2)组织环境**

环境因素可以从两个方面影响组织结构的设计,即环境的复杂性和稳定性。稳定的环境允许组织采用较为刚性的、常规的组织结构;环境越复杂多变,则组织设计就越要强调适应性,要求采用更为灵活的、可调整的组织结构。

**(3)组织的规模与生命周期**

组织的规模大小,影响管理控制的复杂性、组织的规范化程度、集权化程度等。组织规模小,组织结构简单,管理控制较易,权力集中,往往采取集权程度高的组织结构;规模大的组织,制度建设完善,管理控制规范,组织结构复杂、管理层次多,从上到下的控制就会变得非常困难,因此就要求组织采用分权式的组织结构。

任何一个组织都是有生命周期的,美国学者奎因和卡梅隆认为企业生命周期分为四个阶段:产业阶段、集合阶段、规范化阶段和精细阶段,在每个阶段,企业都有与之相应的组织结构形式(见表7.2)。

表7.2 企业生命周期各阶段的组织特征

| 项目 | 产业阶段 | 集合阶段 | 规范化阶段 | 精细阶段 |
|---|---|---|---|---|
| 产品或服务 | 单一产品或服务 | 几种产品或服务 | 产品或服务系列化 | 多重产品或服务 |
| 规范化程度 | 非规范化 | 初步规范化 | 规范化 | 规范化 |
| 集权程度 | 个人集权 | 上层集权 | 有控制的分权 | 有控制的分权 |
| 奖励标准 | 凭个人印象 | 个人印象加考核制度 | 考核和激励制度 | 按小组考核 |
| 高层管理方式 | 个人家长制 | 激励忠诚,指明方向 | 有控制的授权 | 团队方式 |
| 企业目标 | 生存 | 成长 | 扩大市场 | 创造声誉,完备企业 |

**(4)科学技术**

技术是用来设计、生产和分销组织产品与服务的技能、知识、工具、机器、计算机和设备的结合体。通常,一个企业应用的技术越是复杂,对于管理者和员工来说,对技术进行严格控制或者有效调整就越困难。因此,技术越复杂,就越需要一种分权组织结构。这样,才能提高管理者应对突发状况的能力,给予他们充分的自由来设计出解决问题的新方法。相反,技术越常规,就越适合规范的常规组织结构,因为任务很简单,生产产品和服务所需要的步骤也是事先设定好的。值得一提的是现代信息技术的发展,大量工作部门或全部可以由计算机完成,组织内部的沟通越发畅通,致使管理者的管理幅度加宽、管理层次减少,组织越来越呈现出扁平化趋势。

### 3) 组织设计的原则

国内外关于管理组织原则的论述有许多,在此不逐一介绍。结合我国的实际情况,最为有效地配置组织各种资源,实现组织目标,必须遵循以下基本原则:

①目标任务原则。即组织设计时,必须从组织要实现的目标、任务出发,并为有效实现目标、任务服务,要因事设机构。

②专业分工与协作的原则。要按照专业化的原则设计部门和确定归属,同时要有利于组织单元之间的协作。

③指挥统一原则。组织的各级机构以及个人只能服从一个上级的命令和指挥,只有这样,才能保证命令和指挥的统一,避免多头领导和多头指挥。为此,管理要按照等级链,要按照自己的系统进行,避免越级和越权行为的出现。

④有效管理幅度原则。每个管理者管理幅度大小的设计,必须确保实现有效控制。

## 背景案例

### 一个组织只能如此运作吗?

10月的某一天,产科护士长王娜给医院的院长张楠打来电话,要求立即作出一项新的人事安排。从王娜的急切声音中,院长感觉到一定发生了什么事,因此要她立即到办公室来。5分钟后,王娜递给了院长一封辞职信。

"张院长,我再也干不下去了,"她开始申述,"我在产科当护士长已经四个月了,我简直干不下去了。我怎么能干得了这工作呢? 我有两个上司,每个人都有不同的要求,都要求优先处理。要知道,我只是一个凡人。我已经尽最大的努力适应这份工作,但看来这是不可能的。让我举个例子吧。请相信我,这是一件平平常常的事。像这样的事情,每天都在发生。昨天早上7:45,我来到办公室就发现桌上留了张纸条,是林萍(医院的护士主任)给我的。她告诉我,她上午10点钟需要一份床位利用情况报告,供她下午在开会作汇报时用。我知道,这样一份报告至少要花一个半小时才能写出来。30分钟以后,孙丽(王娜的直接主管,基层护士监督员,直属于林萍)走进来质问我为什么我的两位护士不在班上。我告诉她陈刚医生(外科主任)从我这要走了她们两位,说是急诊外科手术正缺人手,需要借用一下。我告诉她,我也反对过,但陈刚坚持说只能这么办。你猜,孙丽说什么? 她叫我立即让这些护士回到产科部。她还说,一个小时以后,她会回来检查我是否把这事办好了! 我跟您说,这样的事情每天都发生好几次。一家医院就只能这样运作吗?"

【小思考】

根据此案例说明为什么会出现这种情况？违背了什么原则？陈刚主任找王娜要护士属于越级还是越位？

⑤集权和分权相结合的原则。要将高层管理者的适度权力集中和放权与基层有机结合起来。

⑥责权利相结合原则。要使每一个组织单元或职位所拥有的责任、权力和利益相匹配。

⑦稳定性和适应性相结合原则。既要保证组织的相对稳定，又要在目标或环境变化情况下能够适应或及时调整。

⑧决策执行和监督机构分设的原则。为了保证公正和制衡，决策执行机构和监督机构必须分别设置。

⑨精简高效原则。机构既要精简，又要有效率。

【课堂讨论】

褚时健是中国最具有争议性的财经人物之一，曾经是中国有名的"中国烟草大王"。1979年10月任玉溪卷烟厂厂长。1990年褚时健被授予全国优秀企业家终身荣誉奖"金球奖"。1994年，褚时健被评为全国"十大改革风云人物"。在褚时健效力红塔集团的18年中，为国家创造的利税高达991亿，加上红塔山的品牌价值400多亿，把一个破落的地方小厂打造成创造利税近千亿元的亚洲第一烟草企业。但作为国有企业的厂长褚时健，月薪只有3 000多元，执掌红塔18年的总收入不足100万元。而其继任者字国瑞，年薪加上奖金超过100万元，褚时健一辈子的工资也没有这些。1995年，在褚时健得知新的总裁要来上任，自己的签字权要交出去了。退休后每月只能靠2 000多元的退休金过日子，于是私分企业300多万美元，后东窗事发锒铛入狱。

请同学们结合类似案例，讨论为什么国有企业频发"59岁现象"？在组织设计中违背了什么原则？

【推荐阅读】

推荐读者关注《企业组织的常见问题：责权不明》一文：

http://www.is66.com/a/1137/qiyezuzhidectangjianwenti_zequanbuming_46645.html

## 7.2.2　组织横向结构设计

### 1）组织结构设计的时机

组织结构设计主要针对三种情况：一是新建组织需要设计组织结构设计；二是原来组织结构出现较大问题或组织目标发生变化；三是组织结构需要进行局部的调整和完善。

### 2）组织结构设计的内容

组织结构设计包括横向设计与纵向设计。横向结构设计主要解决管理与业务部门的划分问题,反映组织中的分工合作关系;组织纵向结构设计要解决管理层次的划分与职权分配问题,反映组织中的领导隶属关系。

### 3)部门划分的含义与原则

#### (1)部门划分的含义

部门划分就是根据每个职务所从事的工作内容和相互关系,把相近的工作归为一类,将一类工作组合成相应的管理的单元,并组成相应的机构或单位。部门是组织系统有机运转的细胞与基础。部门划分的目的,在于确定组织中各项任务的分配与责任的归属,以求分工合理,职责分明,有效达到组织目标。部门划分要根据组织环境、活动特点进行,并随之变化进行相应的调整。

#### (2)部门划分的原则

①有效实现组织目标的原则。部门划分必须有利于组织目标实现作为出发点和归宿。

②专业化原则。按专业化分工,将相似职能、产品、业务汇集到一个部门中。

③满足社会心理需要的原则。划分部门要切忌过度专业化,这样容易造成厌倦、疲劳、压力等弊端,而应按照现代工作设计原理,使员工工作实现丰富化、扩大化,尽可能使其对自己的工作感到满意。

#### (3)部门划分的方法

①按人数划分。由于某项工作必须由若干人一起劳动才能完成,因此按照人数的多少来划分部门。这种划分方法是最原始、最简单的划分方法,军队中的师团、营即为此种划分方法。这种方法仅考虑的是人力,因此,在现在高度专业化的社会有逐渐被淘汰的趋势。

这种方法主要适合于某些技术含量低的组织。

---

【课堂互动】

学校里学生班级的划分是按什么标准划分的?

---

②按时间划分。这是指将人员按时间进行分组,即倒班作业。在一些需要不间断工作的组织中,由于经济和技术的需要,常按时间来划分部门,采取轮班作业的方法。其特点是可以保证工作的连续性。

这种划分方法通常适用于生产经营一线的基层组织。

③按职能划分。它是把属于同一性质的工作任务或职能编在一起形成一个部门。如企业的主要职能部门是生产、营销、财务、人事等部门。这种划分方法的优点在于提高专业化水平,强化专业职能,减轻了上级主管承担最终成果的压力,有利于上层加强宏观控制。缺点是容易形成思维定式,容易形成部门主义,增加部门协调的难度。

这种方法较多应用于管理或服务部门划分。

④按产品划分。按产品划分是指按产品或产品系列来划分部门。这种划分的优点:可以专注某种产品的生产,做大、做优;可以形成内部以利润为目标的责任中心,有利于内部竞争、责任承担;容易适应产品或劳务的迅速发展;为"多面手"组织高层培养创造了场所。缺点:多面手管理人才难觅;容易产生部门本位利益,影响整体目标实现;会造成管理机构重

叠,管理费用增加。

这种方法主要适用于制造、销售和服务等业务部门。

---

【课堂互动】

四川长虹股份有限公司设有空调、电池、太阳能等事业部,请问这是按什么方法进行部门划分的?

---

⑤按地区划分。这是把某个地区或区域内业务工作集中起来,建立区域管理部门。其优点是:可以根据本地区需求灵活调整产品或服务,更好适应市场;就地组织生产和销售,还可以降低物流成本;可以调动各个地区的积极性,有效协调一个区域的经营活动。缺点是:需要多面手式的管理人员,管理控制难,也存在结构重叠,管理费增加等问题。

这种方法主要适用于空间分布很广的企业生产经营业务部门。

⑥按服务对象划分。这是根据服务对象或顾客来划分各个部门。其最大优点就是可以针对各类服务对象的不同要求提供针对性强、个性化的服务。缺点是成本增加,有时会引起不同服务对象的反感。

这种方法主要用于服务对象差异大,对产品与服务有特殊要求的企业。

⑦按工艺过程(设备)划分。这是把完成任务的生产工艺过程分成若干阶段,以此来划分部门,或按使用的大型设备来划分部门。这种划分方法的优点可以充分发挥专业化的优点;可以充分有效利用专业设备,使设备的维修、保管以及材料供应更为方便;同时也为发挥专业技术人员的特长以及为上级主管的监督管理提供了方便。缺点是各部门沟通协作困难;不利于全面管理人才的培养。

这种方法主要适用于生产制造企业、连续生产型企业、交通运输企业等。

(4)部门职责委派

部门划分还涉及各项具体业务工作的分配、部门职责的委派等问题。职责委派、任务分配的一个最基本的依据就是按业务工作的类似性分配任务,这就需要对业务工作的一些项目进行分类,把从事类似业务工作的集中到一个部门,从而实现职务专业化。同时,分派责任时应考虑彼此联系的密切程度。有时根据工作需要,也可能将多种性质的业务工作集中到一个部门,但这些必须是有着密切联系的,以便最有效地进行工作。在向各部门委派职责时,应注意防止发生下列问题:

①重复。把组织运行及管理的同类问题,同时委派给不同机构,使他们都有解决问题的权力和责任,这就会发生职责上重复,也等于机构设置的重复。一旦发生问题,几家来回"扯皮",相互推诿,谁都有责,谁都不负责,问题反而难以解决。如果有的特殊问题需要几个部门协作解决,那么,将该职责授予几个部门的时候,必须明确划清各自的权限和职责范围,并确定牵头部门,协调处理问题。最好的方式应该将相关职责设置一个综合管理部门。

②遗漏。某项基本的例行工作,任何机构都没有把它列为自己的工作职责,这就发生了职责的遗漏,出现有事无人管的现象,这就必然影响组织目标的实现和工作的正常进行。即使是例外工作,当重复发生时也应及时将其委派给有关部门作为例行职责。

③不当。就是将某项职责委派给了不适合完成这一职责的部门。每个机构都有其基本的职能,以及有助于完成这一职能的条件。对于某一具体工作,总有某一个部门能利用其有

利条件更好地加以完成,因此,应将工作交给能最有效解决这一问题的部门去完成。

**资料链接**

### 食品安全监管:多头管理问题突出

两会上,几位全国人大代表掰着手指头,数出了食品安全管理的七八个"婆婆",各个"婆婆",你管你的,我管我的,利益被分割了。农业部门要负责管理食用农产品的生产环境、农业投入品使用等情况;质监部门要负责制订食品安全标准,监督生产领域执行情况;卫生部门要负责食品生产经营资格及食品生产、经营、消费场所等监督管理;工商部门要负责监督流通领域食品安全标准的执行,查处取缔无照经营商家;商委要负责生猪屠宰和食盐加工、销售行业监管;药监部门要负责保健食品的初审和监督执法……从养殖到加工到市场流通再到出口,一种食品至少涉及七八个部门,少了谁你都不行。"三个和尚没水吃",一些代表无不担忧地说,这些职能本应该互相配合,共同为百姓的餐桌安全负责。可实际上,谁也说不清这条监管链的"空隙"有多大。分段管理、这么多监管部门,就对市场中、货架上、餐盘里的食品放心了吗? 回答肯定的人心里一定没有底。因食品安全引起的触目惊心案件,让你不得不质疑:这么多"婆婆",怎么就不能管好老百姓的一顿饭呢?

**【推荐阅读】**

清华同方原授权如下,读者在读后可参与本读中的人大代表意见:

http://news. xinhuanet. com/food/2005-03/08/content_2666497. html

**【小思考】**

请同学们思考为什么会出现这种情况? 应该如何解决?

## 7.2.3 组织纵向结构设计

### 1)管理幅度与管理层次

**(1)管理幅度**

管理幅度又称管理跨度,是指一名管理者能够直接有效地管理下属成员的数量。管理幅度的大小,实际上反映着上级管理者直接控制和协调业务活动量的多少。

**(2)管理层次**

管理层次是指一个组织内部从最高一级管理组织到最低一级管理组织所设立的行政等级的数目。一个组织集中着众多的员工,作为组织主管,不可能面对每一个员工直接进行指挥和管理,这就需要设置管理层次,逐级地进行指挥和管理。

**(3)管理幅度与管理层次的关系**

管理层次受到组织规模和管理幅度的影响。管理层次与组织规模成正比,组织规模越大,则管理层次就越多。在组织规模既定的情况下,管理层次与管理幅度成反比,也就是管理幅度越宽,层次越少,其管理组织结构的形式成扁平形。相反,管理幅度越窄,管理层次就越多,其管理组织结构的形式呈金字塔形。这两种典型的组织结构形态各有优缺点。

扁平形组织结构的优点是:由于管理的层次少,上下联系渠道缩短,有利于信息沟通,并可减少信息误传;管理机构减少,可以减少管理人员和管理费用,有利于提高管理指挥效率;由于扩大下级管理权限,有利于调动下级人员的积极性、主动性和提高下级人员的管理能力。其缺点是:过大的管理幅度会增加主管对下属监督与协调控制的难度;使领导者易陷于复杂的日常事务之中,无时间和精力搞好有关组织长远发展的、事关全局的战略管理;下属也少了晋升机会。

金字塔形组织结构的优点是:管理层次少,管理幅度小,利于上级对下属进行及时的指导和控制;层级之间的关系比较紧密,有利于工作任务的衔接;下属有了更多提升机会。其缺点是:影响了信息传递的速度,信息失真度大;会增加管理费用,使协调工作量增加,互相扯皮的事情会层出不穷,增加了管理的复杂性。

至于组织究竟是采取扁平形还是金字塔形组织结构,主要取决于组织规模的大小和组织领导者的有效管理幅度等因素。因为在管理幅度不变时,组织规模与管理层次成正比。规模大,层次多,呈金字塔形结构;反之,规模小,层次少,呈扁平形结构。但总的来讲组织结构的扁平化是一种普遍趋势,这反映了对人的尊重与重视。

**2)影响管理幅度的因素**

根据许多管理学家所进行的大量实证研究,影响管理幅度的因素主要有:

**(1)计划制订的完善程度**

事先有良好、完整的计划,工作人员都明确各自的目标和任务,清楚自己应从事的业务活动,则主管人员就不必花费过多的精力和时间从事指导和纠正偏差,那么主管人员的管辖幅度就可以大一些,管理幅度大,管理层次就相对少一些;反之,计划不明确不具体,就会限制一个管理人员的管辖范围,管理幅度就相对较小。

**(2)工作任务的复杂程度**

若主管人员经常面临的任务较复杂,解决起来较困难,并对企业活动具有较大影响,则他直接管辖的人数不宜过多;反之,可增大管理幅度。

**(3)员工的经验和知识水平**

当管理人员的自身素质较强,管理经验丰富,在不降低效率的前提下,可适当增加其工作量,加大管理幅度;同样,下属人员训练有素,工作自觉性高,也可采用较大的管理幅度,让他们在更大程度上实行自主管理,发挥创造性。

**(4)完成工作任务需要的协调程度**

如工作任务要求各部门或一个部门内部需要协调的程度高,则应减少管理幅度,以较为高耸的结构为宜。

**(5)组织信息沟通的状况**

当组织沟通渠道畅通,通信手段先进,信息传递及时,可加大管理幅度。

（6）管理者的水平和管理手段的先进程度

管理者水平高，管理手段先进，则管理幅度可大些。否则，就可小些。

（7）不同管理层次和工作性质

①不同管理层次。管理者的工作在于决策和用人。处在管理系统中的不同层次，决策与用人的比重各不相同。决策的工作量越大，主管用于指导、协调下属的时间就越少，而越接近组织的高层，主管人员的决策职能越重要，因此其管理幅度要较中层和基层管理人员小。

②下属工作的相似性。下属从事的工作内容和性质相近，则对每个人工作的指导和建议也大体相同。这种情况下，同一主管对较多下属的指挥和监督是不会有什么困难的。

③非管理事务的多少。主管作为组织不同层次的代表，往往必须占用相当时间去进行一些非管理性事务。这种现象对管理幅度也会产生消极的影响。

（8）组织环境变化的剧烈程度

组织环境稳定与否会影响组织活动内容和政策的调整频度与幅度。环境变化越快，变化程度越大，组织中遇到的新问题越多，下属向上级的请示就越有必要、越频繁；相反，上级能用于指导下属工作的时间和精力就越少，因为他必须花更多的时间去关注环境的变化，考虑应变的措施。因此，环境越不稳定，各层主管人员的管理幅度越受到限制。

**【推荐阅读】**

有关组织结构的纵向设计，读者可阅读《诸葛孔明读的缺失——关于管理幅度的故事》一文：

http://info.ceo.hc360.com/2006/01/16084221039.shtml

### 3）组织职权的配置

组织在确定了各部门和职位，设置好管理层次后，下一步就要考虑如何满足组织设计的系统化效果，也就是如何使整个组织结构有效运行。这就涉及组织职权的配置，要根据不同管理层次、各部门及各位的职责不同赋予其相应的职权，使他们具有完成组织任务相应的权力。职权是指由于占据组织中的职位而拥有的权力。与职权相对应的是职责，是指担当组织职位而必须履行的责任。职权是发行职责的必要条件与手段；职责则是行使权力所要达到的目的。在组织内，最基本的信息沟通就是通过职权关系来实现的。通过职权关系上传下达，使下级按指令行事，上级得到及时反馈信息，进行有效的控制，作出合理的决策。主要要处理好两个方面的问题：

（1）三种职权关系的处理

组织内的职权有三种类型：直线职权、参谋职权和职能职权。

①直线职权。是指给予一位管理者指挥其下属工作的权力，也就是具有指挥权和决策权。直线关系是一种指挥与命令的关系，是上级指挥下级的关系。正是这种上级—下级职权关系从组织内的最高层贯穿到最底层，从而形成所谓的指挥链。在指挥链中，拥有直线职权的管理者均有权指导下属人员的工作，并不需要征得他人意见而作出某些决策。直线职

权是组织中一种最基本、最重要的职权,缺少了直线职权的有效行使,整个组织的运转就会出现混乱,甚至陷于瘫痪。

②参谋职权。是指管理者拥有某种特定的建议权或审核权,可以评价直线方面的活动情况,进而提出建议或咨询。参谋关系则是一种服务和协助的关系,授予参谋人员的是思考、筹划和建议的权力。参谋职权的产生是由于组织规模不断扩大,使得直线管理者所面临的管理问题日益复杂,因此仅凭直线人员个人的知识和经验已显得很不够,于是需要借助参谋职能来支持、协助,为他们提供建议,帮助他们行使直线指挥权力。

③职能职权。是指某个职位、某个部门所拥有的原属直线主管的那部分权力。随着管理活动的日益复杂,主管人员不可能通晓所有专业知识,为了提高管理效率,主管人员可能将职权关系做某些变动,把一部分本属于自己的直线职权授予参谋人员或某个部门的主管人员,这便产生了职能职权。职能职权介于直线职权和参谋职权之间,是一种有限的权力,只有在被授权的职能范围内有效。职能职权是组织职权的一个特例,例如一个公司的总经理拥有统揽全局管理公司的职权,他为了节约时间,加速信息的传递,就可能授权财务部门直接向生产经营部门的负责人传达关于财务方面的信息和建议,也可能授予人事、采购、公共关系等顾问一定的职权,让其直接向直线组织发布批示等。

---

**【课堂互动】**

过去在军队里有句俗语:"参谋不带长,放屁都不响",为什么? 在这里参谋拥有什么类型的职权?

---

### (2)处理好三种职权关系

直线与参谋本质上是一种职权关系,而职能职权介于直线职权与参谋职权之间。直线与参谋的关系,从理论上来说,应该是参谋人员作为助手而为直线管理人员服务,这样能保证更好的工作效率。但在实际上,直线职权与参谋职权、职能职权之间往往会发生矛盾,通常表现为两种倾向:①虽然保持了命令的一致性,但参谋、职能作用不能充分发挥。当参谋人员喋喋不休地向直线管理人员提意见时,直线管理人员会认为参谋干扰了自己的工作,产生对参谋人员的不满,轻视参谋人员,这样就会对直线人员失去约束力。②参谋作用发挥不当,破坏了直线人员的统一指挥。有些参谋人员对下级的一些低层管理者发号施令,造成下级人员没有统一指挥,造成多头领导。

在管理工作中,应处理好这三种职权之间的关系。

①注意发挥参谋职权的作用。从直线与参谋的关系看,参谋是为直线主管提供信息,出谋划策,配合主管工作的。此外,发挥参谋作用,应注意以下几点:

a.参谋应独立提出建议。参谋人员多是某一方面的专家,应让他们根据客观情况提建议,而不应该左右他们的建议。为了提高建议的科学性,直线人员应该给参谋人员提供较多的信息,给参谋人员提供调研的机会与便利,提高建议的科学性、可行性。

b.直线主管不为参谋左右。参谋应多谋,直线应善断。直线主管应充分尊重参谋人员的专业地位,认真对待参谋的意见和建议,但要切记,直线主管是决策者。两者之间的关系是"参谋建议、直线命令"的关系。

②适当限制职能职权。限制职能职权的使用,就要求做到以下几点:

a. 限制使用的范围。职能职权的动用常限于解决"如何做""何时做"等方面的问题,若无限扩大到"在哪儿做""谁来做""做什么"等方面的问题,就会取消直线人员的工作。

b. 限制使用的级别。职能职权不应越过上级下属的第一级。如人事科长或财务科长的职能职权不应越过生产经理这一级。

### (3)集权与分权

①集权与分权的含义。集权与分权是研究组织结构特别是纵向管理系统内的职权划分问题,是指组织中决策权的集中与分散。所谓"集权",即职权的集中化,也就是指决策权在很大程度上向处于较高管理层次的职位集中的组织状态和组织过程。所谓"分权",即职权的分散化,也就是决策权在很大程度上分散到处于较低管理层次的职位上。

在一个组织中,绝对的集权或绝对的分权都是不可能的。绝对的集权就是最高主管把所有的权力都集中在自己手里,这就意味着他没有下属,因而也就不存在组织;绝对的分权就是最高主管不再有任何职权,他不再是领导者,也不存在完整的组织了。因此,某种程度的分权和某种程度的集权,对组织都是必要的。

②集权与分权的标志。集权与分权在组织中只是一个程度问题,衡量集权与分权的标志主要有:

a. 决策的数量。组织中较低管理层次作出的决策数目越多,则分权的程度越高;反之,上层决策数目越多,则集权程度越高。

b. 决策的范围。组织中较低层次决策的范围越广,涉及的职能越多,则分权程度越高。

c. 决策的重要性。若较低层次作出的决策越重要,影响面越大,则分权程度越高;相反,如下级作出的决策越次要,影响面越小,则集权程度越高。

d. 决策的审核。组织中较低层次作出的决策,上级要求审核的程度越低,分权程度越高;如果作出的决策,上级要求审核的程度越高,分权程度越低。

③影响集权与分权的因素。影响集权与分权的因素主要有以下几种:

a. 决策的代价。决策付出的代价的大小,是决定集权与分权程度的主要因素。一般来说,从经济标准和诸如信誉、士气等无形标准来衡量的决策代价越高的决策,越不适宜交给下层决策者。重大决策的正确与否影响重大,因此往往不宜授权。

b. 政策的一致性。如果希望保持政策的一致性,那么集权程度就高些;如果希望政策不一致,那么分权的程度就高些。

c. 组织的规模。组织规模越大,管理层次和管理部门越多,为了提高管理效率,分权程度就应高些;相反,如果组织规模较小,集权程度就应高些。

d. 组织的成长方式。如果组织是靠组织内部积累由小到大逐级发展起来的,则集权程度较高;若组织是由并购或联合发展起来的,则分权程度较高。

e. 管理哲学。主管人员的个性和他们的管理哲学,对组织的集权与分权的程度影响较大。

f. 管理人员的数量及素质。如果管理人员数量充足、经验丰富、训练有素、管理能力强,则可较多地分权;反之,趋向集权。知名国际战略管理顾问林正大说:"权力就像放风筝,部属能力弱就要收一收,部属能力强了就要放一放。"

g. 控制技术与手段。如果控制技术与手段比较完善,主管人员对下属的工作和绩效控制能力强,则可较多地分权。

h.经营环境条件和业务活动性质。环境稳定,采用集权比较好;反之,采用分权好。

## 资料链接

### 集权与分权关系的处理

集权与分权是一个组织设计时最重要的问题,在处理这两者关系时要做到:

第一,关键问题要大权独揽,上令下达,不让组织走错路。

第二,事务性问题要小权分散,各司其职。

第三,疑人不用,权衡利弊,用而有度,依事择人。

第四,用人不疑,信任下属,不听谗言,不滥加干涉。

④集权与分权的优劣势分析。在一个组织中过分的集权与分权都是对组织有害的。

a.过分集权的优劣势。集权的优势主要体现在可以提高行政效率,使组织总体政策高度统一,达到决策执行的高效率与组织的高稳定性。但其弊端表现在:降低决策的质量和速度。在规模相对比较大的组织中,高层主管距离组织运行第一线现场较远,如果管理权力过于集中,现场发生的问题需要经过层层请示、汇报后由高层人员处理,这样作出的决策,不仅难以保证其应有的准确性,而且时效性也会受到影响,贻误商机;降低组织的适应能力。过分集权的组织,可能使各个部门失去自我适应和自我调整的能力,从而削弱组织整体的应变能力;致使高层管理者陷入日常管理事务中,难以集中精力处理企业发展中的重大问题;降低组织成员的工作热情,并妨碍对后备管理队伍的培养。管理权力的高度集中,不仅会挫伤下层管理人员和作业人员的工作主动性和创造性,而且也使他们丧失了在实践中锻炼和提高自己能力的机会,缺乏参与思想,久之会产生思想依赖,失去思考能力,从而可能对组织的长远发展造成不利的影响。

## 背景案例

### 只有你才能干吗?

在纽约,哈默有一个客户:当他在自己的办公室时,除了要与客户电话联络外,他还要处理公司大大小小的事情,桌子上的公文一大堆等他去处理,每天都忙得不可开交。

每次到加州出差,哈默都要约他早上六点三十分见面,他必然会提前三个小时起床,处理公司传来的传真,做完后,再将传真回送给他的公司。哈默曾与他谈论,觉得他做得太多,而他的员工只做简单的工作,甚至不必动脑筋去思考、去回答他的客户,也不必负担任何的责任与风险。像他这种做法,好的人才不可能留下奉陪到底。

而这位客户说,员工没有办法做得像他一样好,对此,哈默向他说明两点:

"第一,如果你的员工像你这么聪明,做得和你一样好的话,那他就不必当你的员工,早就当老板了。第二,你从不给他机会去尝试,怎么知道他做得不好呢?"

他进而又说,身为领导者,就必须明白:请别人为你做事,你才可能从他们中发现有才能的人。给他们机会,为你完成更多的工作,也可以说是训练他们承担额外的工作。

因此,作为管理者,不可能什么事都自己做,必须有心栽培值得你信赖的有潜力的员工,耐心地教导他们。刚开始的学习阶段,难免发生错误,致使公司蒙受损失,但只要不是太大的损失,不会动摇公司的根本,就把它当作训练费用。你一定要脱身去处理首要的事情,因为它可能关乎整个企业的前途。适时放手让你身边的人承担责任,并考核他们的表现。当他们妥善地完成工作时,就要让他们知道自己做得不错。

在哈默的劝说下,这位客户改变了自己的工作方式,学会了放权让有能力的员工去处理事情,最终他的公司取得了相当不错的业绩。

企业的发展壮大不能光靠一个或几个管理者,必须依靠广大员工的积极努力,借助他们的才能和智慧,群策群力才能逐步把企业向前推进。再能干的领导,也要借助他人的智慧和能力,这是一个企业发展的最佳道路。

b.过分分权的优劣势。分权的优势是可以使组织高层脱离繁杂的日常事务,更好考虑组织的战略事宜;可以快速有效地应对市场变化,部门或个人作为相对独立的个体,会有更高的工作热情与更智能的应变能力,在市场中会更加灵活地采取应对行动,提高市场竞争能力;有利于培养后备管理者。但其弊端表现在:过分分权容易造成部门本位利益思想严重,行动缺乏协调,缺乏组织整体利益考虑,影响组织整体利益;部门权力太大,容易造成管理失控,命令失效,统一指挥难以实现;高层领导协调难度加大。

(4)授权

分权可以通过两种途径来实现:一是改变组织设计中对管理权限的制度分配;二是促成主管人员在工作中充分授权。管理者的授权行为是促进组织达到分权状态的重要途径。

①授权的含义。所谓授权,是指上级把自己的职权(主要是指决策权)授给下属,使下属拥有相当的自主权和行动权。授权的含义包括三个方面:

a.委派任务。向被授权人交代任务。

b.委任权力。赋予被授权人完成授予的任务所需要的权力。

c.明确责任。要求被授权人对上级委任的工作和任务负全部责任。负责不仅包括完成指标的任务,也包括向上级汇报任务执行情况和成果等。

授权的本质含义就是:管理者不要去做别人能做的事,而只做那些必须由自己来做的事。任何一个管理者,其时间、精力、知识和能力都是有限度的,一个人不可能事必躬亲去承担实现组织目标所必需的全部任务。授权可以使管理者的能力在无形中得以延伸。真正的管理者必须知道如何有效地借助他人的力量去实现组织的目标。

**资料链接**

### 成功的企业管理者都熟谙授权之道

詹森维尔公司是一个美国式家族企业,规模不大,但自从1985年下放权力以来,企业发展相当迅速。CEO斯达尔的体会是:"权力要下放才行。一把抓的控制方式是一种错误,最好的控制来自人们的自制。"

斯达尔下放权力的主要手段是由现场工作人员来制订预算。刚开始时,整个预算过程是在公司财务人员的指导下完成的。后来,现场工作人员学会了预算,财务人员就只是把把关了。在自行制订的预算指导下,工作人员自己设计生产线。需要添置新设备时,他们会在报告上附上一份自己完成的现金流量分析,以证实设备添置的可行性。

为了让每一位员工更有权力,斯达尔撤销了人事部门,成立了"终身学习人才开发部",支持每一位员工为自己的梦想而奋斗。每年向员工发放学习津贴,对学有成效的员工,公司还发给奖学金。自从实行权力下放以来,公司的经营形势十分好,销售额每年递增15%,比调资幅度高出整整一倍。

● 善于授权才能调动下属的积极性,才能有利于下属的培养。

②授权的原则。为了使授权取得良好的效果,需要灵活运用以下原则:

a. 适当原则。为达到某一目标,而通过一定程序进行的一定限度内的授权。

b. 责任原则。授权的同时要明确下属的责任,也就是带责授权。

c. 可控原则。授权不仅要适当,还要可控。

d. 信任原则。领导者对将要被授权的下属一定要有充分的了解和考察,一旦授权就要对下属给予充分信任,即"疑人不用,用人不疑"。

e. 考绩原则。领导者授权后,就要定期对下属进行考核,对下属的用权情况给予客观的评价,并与下属的切身利益结合起来。

③授权的方式。授权是一种带有权变色彩的行为,要因时、因地、因人制宜。人们站在不同的角度,根据不同的标准,可以将其分成不同的类型。

a. 根据在授权时所凭借的媒介的不同,可以将授权分为口头授权与书面授权。

口头授权,是上级领导利用口头语言对下属所作的工作交代,或者是上下级之间根据会议所产生的工作分配。这种授权形式一般适合于临时性与责任较轻的任务。

书面授权,是上级领导利用文字形式对下属工作的职责范围、目标任务、组织情况、等级规范、负责办法与处理规程等进行明确规定的授权形式。这种授权形式适合比较正式与长期的任务。

b. 根据授权的规范性程度的不同,可以将领导授权分为正式授权与非正式授权。

正式授权是领导主体根据法律规定并按照法定程序所进行的授权活动,即下属行政人员根据其合法地位获得相应职权的过程。

非正式授权是指无法律特别规定或组织体系之外的非程序性授权,带有随机性,因机遇与需要而定,往往是临时性的。

c. 根据工作内容的重要性程度、上下级的水平与能力等综合情况,可以将领导授权分为充分授权、不充分授权、制约授权和弹性授权等形式。

充分授权也称为一般授权,是指上级行政主体在下达任务时,允许下属自己进行决策,并能进行创造性工作。

不充分授权,也称为特定授权或刚性授权,是指上级行政主体对于下属的工作范围、内容、应达成的目标和完成工作的具体途径等都有详细规定,下级行政主体必须严格执行这些规定。

制约授权,又称为复合授权,是指上级行政主体将某项任务的职权分解授给两个或多个子系统,使子系统之间产生互相制约的作用,以免出现疏漏。

弹性授权,又称动态授权,是指在完成任务的不同阶段采用不同的授权形式。

【课堂互动】

在财会工作中坚持会计与出纳必须分设,这种授权属于什么授权方式?

④授权步骤。简单授权没有必要划分步骤,而较为规范的授权可以划分为以下几个步骤:

a.下达任务。授权的目的在于完成任务,实现目标。权力的分配和委任来自实现组织目标的客观需要。因此,首先要明确被授权人所承担的任务。

b.授予权力。领导者要将完成任务、实现目标所需的相应类型和程度的权力授予下级。要做到权责对等,并使尽责与一定的利益挂钩。

c.监控与考核。在授权过程中,即下级运用权力推进工作的过程中,要以适当的方式与手段,进行必要的监控,以保证权力的正确运用与组织目标的实现。在工作任务完成后,要对授权效果、工作实绩进行考核与评价。

**资料链接**

古狄逊定理认为一个累坏了的管理者,是一个最差劲的管理者,结合本节所学知识,讨论一下怎么避免这种情况。如何合理授权,请看文章"企业管理者:如何有效授权"http://www.rs66.com/a/11/34/qiyeguanlizhe_ruheyouxiaoshouquan_39543.html。

# 7.3 组织结构的类型

组织结构形式是管理组织结构设置的具体模式,组织职能设计完成后,就可以进行组织结构框架设计,它包括纵向结构设计和横向结构设计两方面。横向设计解决部门划分问题,建立分工协作关系;纵向设计解决层次划分问题,建立领导隶属关系。通过机构、职位、职责、职权及它们之间的相互关系,实现纵横结合,组成不同类型的组织结构。

## 7.3.1 直线制组织结构

组织的管理工作,均由组织最高领导直接指挥和管理,不设专门的职能机构,最多有几名助手协助最高领导工作。要求组织领导者精明能干,具有多种管理专业知识和生产技能知识。直线制是一种最早的和最简单的组织结构形式。以企业为例,其结构如图7.1所示。

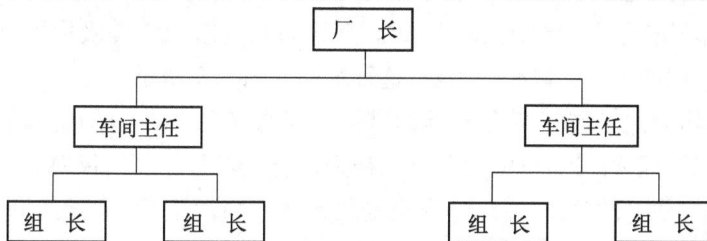

图7.1 直线制组织结构示意图

这种组织结构形式的优点是:管理机构简单,管理费用低;指挥命令系统单纯,命令统一;决策迅速,责任明确,指挥灵活;直接上级和下级关系十分清楚,维护纪律和秩序比较容易。缺点:一个人的精力有限,管理工作简单粗放;成员之间和组织之间横向联系差;没有专业管理分工,要求生产行政领导具有多方面的管理业务和技能,每日忙于日常业务无法集中精力研究组织重大战略问题。

只适宜于技术较为简单、业务单纯、组织规模较小的组织。

### 7.3.2　职能制组织结构

职能制是指设立若干职能部门,各职能部门在自己的业务范围内都有权向下级下达命令和指示,即各级负责人除了要服从上级直接领导的指挥外,还要受上级各职能部门的领导,以企业为例,其结构如图7.2所示。

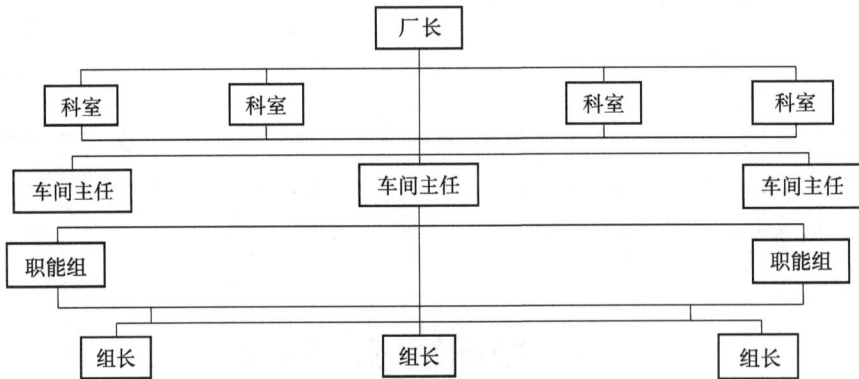

**图 7.2　职能制组织结构图**

这种组织形式的优点是:管理分工较细,职责容易明确;可以充分发挥职能机构的专业管理功能,可减轻高层管理者的负担,提高专业管理水平。但这种结构的缺点是:容易出现多头领导,政出多门,破坏统一指挥原则;横向协调困难。

这种组织形式适用于任务较为复杂的社会管理组织和生产技术复杂,各项管理需要具有专门知识的企业。

### 7.3.3　直线职能制

直线职能制又称直线参谋职能制,或生产区域制,是指以直线为基础,在各级行政负责人之下设置相应的职能部门,分别从事专业管理,作为该领导的参谋,实行主管统一指挥与职能部门参谋、指导相结合的组织结构形式。直线职能制组织结构吸取了直线制和职能制的长处,避免了它们的短处。以企业为例,这种结构如图 7.3 所示。

这种组织结构的优点是:把直线制组织结构和职能制组织结构的优点结合起来,既能保持统一指挥,又能发挥参谋人员的作用;分工精细,责任清楚,各部门仅对自己应做的工作负责,效率较高;组织稳定性较高,在外部环境变化不大的情况下,易于发挥组织的集团效率。缺点是:部门间缺乏沟通,协调工作较多;容易发生直线部门与职能部门(参谋部门)职权冲突,系统刚性大,适应性差。

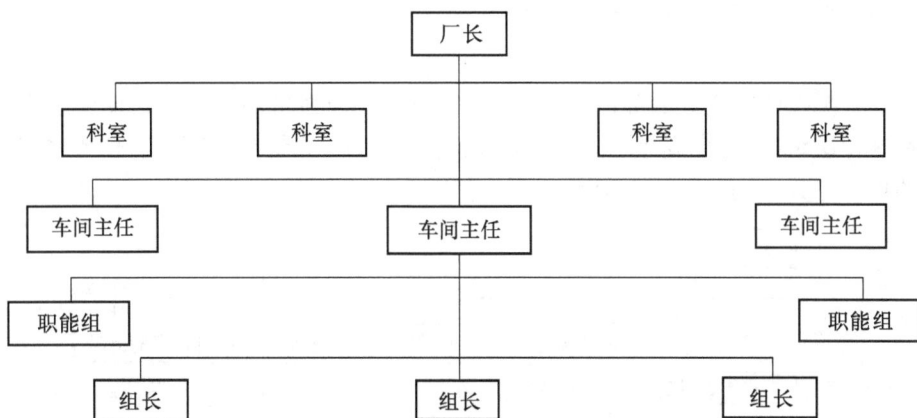

**图7.3 直线职能组织结构图**

直线职能制组织结构是现实中运用得最为普遍的一个组织形态,多数企业和一些非营利组织经常采用这种组织形式。

### 7.3.4 事业部制组织结构

这种类型结构的特点是,组织按地区或所经营的各种产品和事业来划分部门,各事业部独立核算,自负盈亏,适应性和稳定性强。如图7.4所示。

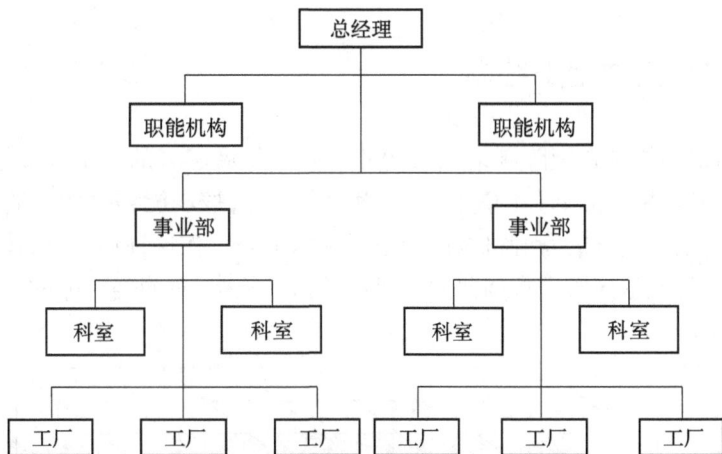

**图7.4 事业部制组织结构图**

这种组织结构的优点是:有利于组织最高管理者摆脱日常事务而专心致力于组织的战略决策和长期规划;事业部独立核算,有利于比较与内部的竞争,调动各事业部的积极性和主动性,并且有利于公司对各事业部的绩效进行考评;便于组织专业化生产,形成经济规模;有利于培养高层管理者。这种组织结构形式的缺点是:机构重叠,管理费用较高,且事业部之间协作较差。

这种组织形式主要适用于产品多样化和从事多元化经营的组织,也适用于市场环境复杂多变或所处地理位置分散的大型企业和巨型企业。

### 7.3.5 矩阵制组织结构

这是一种把按职能划分的部门同按产品、服务或工程项目划分的部门结合起来的组织结构。在这种组织中,每个成员既要接受垂直部门的领导,又要在执行某项任务时接受项目负责人的指挥。其结构如图7.5所示。

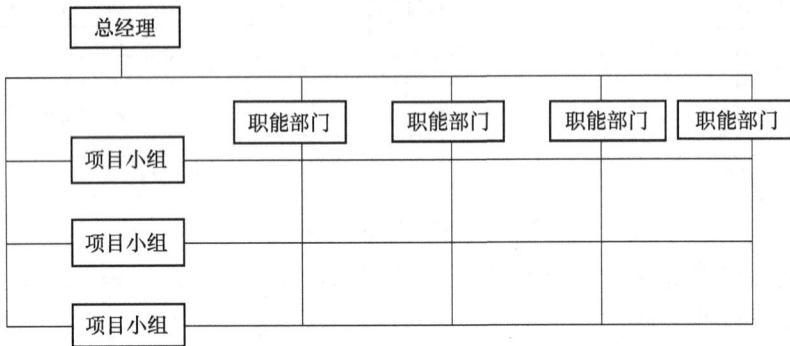

**图7.5 矩阵制组织结构图**

这种结构的主要优点是:责任性和适应性较强,有利于加强各职能部门之间的协作和配合,并且有利于开发新技术、新产品和激发组织成员的创造性。其主要缺点是:组织结构稳定性较差,双重职权关系容易引起冲突,同时还可能导致项目经理过多、机构臃肿。

这种组织主要适用于科研、设计、规划项目等创新较强的工作或者单位。

### 7.3.6 多维立体组织结构

多维立体组织结构是在矩阵制组织结构的基础上发展起来的。所谓多维,是指组织中存在多种管理机制。按产品划分的事业部成为利润中心;按职能划分的专业参谋机构成为专业成本中心;按地区划分的管理机构成为地区利润中心。在这种体制下,按产品划分的事业部与专业参谋机构、地区管理机构共同组成产品指导机构,对同类产品的产销活动进行指导,如图7.6所示。

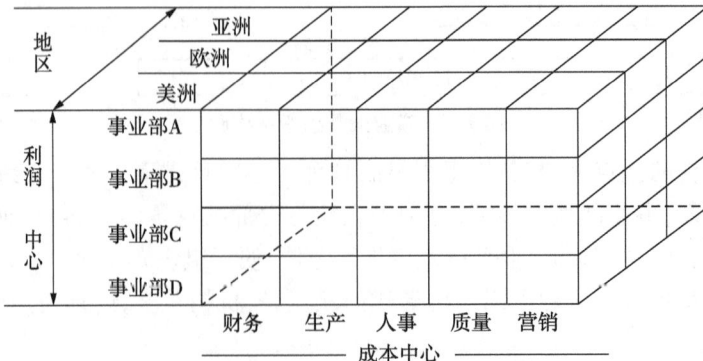

**图7.6 多维立体组织结构示意图**

它是在矩阵组织结构的基础上加上其他内容而形成的。

这种组织形式的最大特点是有利于形成集思广益、信息共享、共同决策的协作关系。由于这种组织形式比较复杂,比较适用于规模相当大的企业。如巨型跨国公司或跨全球大公司。

### 7.3.7 网络型组织结构

网络型组织结构是利用现代信息技术手段,适应与发展起来的一种新型的组织机构。网络型组织结构是目前正在流行的一种新形式的组织设计。网络型组织结构是一种只有很精干的中心机构(核心公司),以契约关系的建立和维持为基础,依靠外部机构进行制造、销售或其他重要业务经营活动的组织结构形式(见图7.7)。被联结在这一结构中的各经营单位之间并没有正式的资本所有关系和行政隶属关系,只是通过契约纽带,透过一种互惠互利、相互协作、相互信任和支持的机制来进行密切的合作。采用网络型结构的组织,核心公司所做的就是通过公司内联网和公司外互联网,创设一个"关系"网络,与独立的制造商、销售代理商及其他机构达成长期协作协议,使他们按照契约要求执行相应的生产经营功能。由于网络型企业组织的大部分活动都是外包、外协的,因此,公司的管理机构就只是一个精干的经理班子,负责监管公司内部开展的活动,同时协调和控制与外部协作机构之间的关系。网络型组织进一步的发展形态就是虚拟组织。

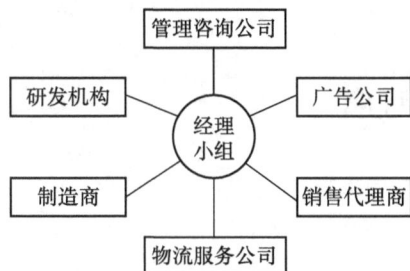

**图7.7 网络型组织结构图**

网络型组织结构的优点是:降低管理成本;提高管理效益;实现了企业全世界范围内供应链与销售环节的整合;简化了机构和管理层次,实现了组织充分授权式的管理。缺点是:网络型组织结构需要科技与外部环境的支持。

网络型组织结构并不是对所有的企业都适用,它比较适合于玩具和服装制造企业。它们需要相当大的灵活性以对时尚的变化作出迅速反应。网络组织也适合于那些制造活动需要低廉劳动力的公司。

## 7.4 人员配备

人员配备是组织根据目标和任务需要正确选择、合理使用、科学考评和培训人员,以合适的人员去完成组织结构中规定的各项任务,从而保证整个组织目标和各项任务完成的职能活动。

### 7.4.1 人员配备的任务

**（1）物色合适的人选**

为组织各部门物色合适的人选是人员配备的首要任务。它根据岗位工作需要，经过严格的考察和科学的论证，找出或培训为己所需的各类人员。

**（2）促进组织结构功能的有效发挥**

只有使人员配备尽量适应各类职务性质要求，从而使各职务应承担的职责得到充分履行，组织设计的要求才能实现，组织结构的功能才能发挥出来；如果人员的安排和使用不符合各类职务的要求，或人员的选择与培养不能满足组织设计的预期目标，企业组织结构的功能则难以得到有效发挥。

**（3）充分开发组织人力资源**

人力资源在组织各资源要素中占据首要地位，是组织最重要的资产。现代市场经济条件下，组织之间的竞争实质是人才的竞争，而竞争的成败很大程度上取决于人力资源的开发程度。在管理过程中，通过适当选拔、配备和使用、培训人员，可以充分挖掘每个成员的内在潜力，实现人员与工作任务的协调匹配，做到人尽其才，才尽其用，从而使人力资源得到高度开发。

### 7.4.2 人员配备的程序

人员配备一般经过下述几个步骤：

**（1）制订用人计划**

制订用人计划，就是要使用人计划的数量、层次和结构符合组织的目标任务和组织机构设置的要求。确定用人的需要量，主要要考虑以下几方面的因素：

①组织规模。一个组织规模越大，在其他条件相同的情况下，其业务量越大，所需人员数量也就越多。

②业务的多少与复杂程度。一个组织其业务越多、越复杂，环节越多，所需的人员越多。

③业务部门的数目。在特定性质和特定的业务条件下，组织机构设置时层次越多，职能分工越细致，业务部门的数目就越多，所需人员的数量也越多。

④组织未来发展。随着组织未来业务发展及规模扩大的需要，组织需要增加储备各种人员。

**（2）确定人员的来源**

人员来源即从外部招聘还是从内部重新调配。一般认为，内部调配有以下优点：①组织内人员对组织情况较为熟悉，适应的过程大大缩短，上任后能很快进入角色。②选任时间较为充裕，对备选对象可以进行长期考察，全面了解，做到用其所长，避其所短。③利于鼓舞士气、提高工作热情，调动组织成员的积极性。④手续简单，费用低。但内源选任也有其缺陷，表现为：①"近亲繁殖"，形成思维定式，不利于创新。②易形成错综复杂的关系网，任人唯亲,拉帮结派,给公平、合理、科学的管理带来了困难。③备选对象范围狭隘,挑选人员供给不足。

外部招聘也有其优点和不足。其优点是:①人员来源广泛,选择空间大。②外部招聘的人员不受现有模式的约束,能给组织带来新鲜空气和活力,有利于组织创新和管理革新。③有利于平息和缓和内部竞争者之间的紧张关系。组织中空缺的管理职位可能有好几个内部竞争者希望得到。每个人都希望有晋升的机会。如果员工发现自己的同事,特别是原来与自己处于同一层次具有同等能力的同事提升而自己未果时,就可能产生不满情绪,懈怠工作,不听管理,甚至拆台。从外部选聘可能使这些竞争者得到某种心理上的平衡,从而有利于缓和他们之间的紧张关系。外部招聘管理人员的缺点是:①难以在短时间准确地判断其管理才能。②费用高。由于外聘员工需要通过大众媒体刊登招聘广告,并组织专家进行测评等,因而需要支出大量费用。③阻断了内部员工升迁阶梯,易对内部员工积极性的造成打击。

一个组织选聘人员究竟内部调配还是外部招聘,要视具体情况而定。一般而言,高层主管一般采用外部招聘;基层和中层管理者可采用内部调配。在组织成长期多用外部招聘,稳定期多用内部调配。

(3)制订各岗位标准

对各岗位应聘人员根据岗位标准要求进行考察,确定备选人员。

(4)确定人选,开展岗前培训

根据岗位"应知"和"应会"要求,对聘用人员进行岗前培训,以确保能适用于组织需要。

(5)配置岗位,动态调整

将所定人选配置到合适的岗位上,并根据业务发展,人员素质的改变,对人员岗位进行动态调整。

(6)业绩考评

对员工的业绩进行考评,并据此决定员工的续聘、调动、升迁、降职或辞退。

**资料链接**

### 岗位轮换:组织与员工发展双赢

加拿大北电网络公司把轮岗作为促进员工职业发展的重要手段。在北电网络,员工工作两年后,通常可以根据工作的需要或自己的要求交换彼此的岗位。公司高层之所以这样做,是基于这样一种考虑:要想留住人才,单靠物质奖励是难以奏效的。因为员工个人的物质水平随着时间的推进提高,薪金的奖励作用在慢慢降低。对于北电网络公司来说,轮岗提供了职业发展的空间,留住了优秀人才。而在员工看来,在交换工作岗位的过程中,不但享受到了类似"跳槽"的新鲜和乐趣,而且从中学到了不少东西,对自己日后的职业发展大有好处。

- 岗位轮换既解决了职工在一个岗位工作久了产生的职业倦怠感,又可以促进员工全面发展。

**【推荐阅读】**

轮岗制度对企业有什么重要性,请阅读文章"轮岗制度,企业都需要":

http://www.doc88.com/p-33479499524.html

### 7.4.3 人员配备的原则

（1）经济效益原则

组织人员配备计划的拟订要以组织需要为依据，以保证经济效益的提高为前提，它既不是盲目地扩大职工队伍，更不是单纯为了解决职工就业，而是为了保证组织的正常进行。

（2）任人唯贤原则

这就要求在人事选聘方面，从实际需要出发，大公无私、实事求是地发现人才、爱护人才，本着求贤若渴的精神，重视和使用确有真才实学的人。这是组织不断发展壮大，走向成功的关键。

（3）因事择人原则

就是员工的选聘应以职位的空缺和实际工作的需要出发，以职位对人员的实际要求为标准，选拔、录用各类人员。

（4）量才使用原则

就是根据每个人的能力大小安排到适合的工作岗位上，使其聪明才智得到充分发挥。

（5）程序化、规范化原则

员工的选拔必须遵循一定的标准和程序。科学合理地确定组织员工的选拔标准和聘任程序是组织聘任优秀人才的重要保证。只有严格按照规定的程序和标准办事，才能选聘到真正愿为组织的发展作出贡献的人才。

**资料链接**

"懒蚂蚁效应"

日本北海道大学进化生物研究小组对三个分别由 30 只蚂蚁组成的黑蚁群的活动进行了观察。结果发现。大部分蚂蚁都很勤快地寻找、搬运食物，少数蚂蚁却整日无所事事、东张西望，人们把这少数蚂蚁称为"懒蚂蚁"。

有趣的是，当生物学家在这些"懒蚂蚁"身上作上标记，并且断绝蚁群的食物来源时，那些平时工作很勤快的蚂蚁表现得一筹莫展，而"懒蚂蚁"们则"挺身而出"，带领众蚂蚁向它们早已侦察到的新的食物源转移。

原来"懒蚂蚁"们把大部分时间都花在了"侦察"和"研究"上了。它们能观察到组织的薄弱之处，同时保持对新的食物的探索状态，从而保证群体不断得到新的食物来源。这就是所谓的"懒蚂蚁效应"。

- 企业在用人时，既要选择脚踏实地、任劳任怨的"勤蚂蚁"，也要任用运筹帷幄，对大事、大方向有清晰头脑的"懒蚂蚁"。

# 7.5 组织变革

## 7.5.1 组织变革的原因、内容与模式

### 1）组织变革的原因

任何设计得再完美的组织,在运行了一段时间以后都必须进行变革,这样才能更好地适应组织内外条件变化的要求。组织变革是适应内外条件的变化而进行的,以改善和提高组织效能为根本目的的一项活动。一般来说,引起组织变革的主要因素,可以归纳为:

（1）战略

组织在发展过程中需要不断地对其战略的形式和内容作出不断的调整。新的战略一旦形成,组织结构就应该进行调整、变革,以适应新战略实施的需要。

企业战略可以在两个层次上影响组织结构:一是不同的战略要求开展不同的业务和管理活动,由此就影响到管理职务和部门的设计;二是战略重点的转移会引起组织业务活动重心的转移和核心职能的改变,从而使各部门、各职务在组织中的相对位置发生变化,相应地就要求对各管理职务以及部门之间的关系作出调整。

（2）环境

环境变化是导致组织结构变革的一个主要影响力量。一个组织的结构是适应一定环境条件建立起来的,随着外部环境变化,要提高组织生存与发展能力、提高组织效率,必然要实现组织变革。

（3）技术

组织的任何活动都需要利用一定的技术和反映一定技术水平的特殊手段进行。技术以及技术设备的水平,不仅影响组织活动的效果和效率,而且会对组织的职务设置与部门划分、部门间的关系,以及组织结构的形式和总体特征等产生相当程度的影响。比如,信息技术的推陈出新,在促进传统非程序化决策向程序化决策的转化以及组织内外部高强度的信息共享和交流的同时,使许多重大问题的决策趋于集权化而次要问题的决策可以分权化,这样就使长期管理实践中被作为一项组织原则提出来但很难实现的"集权与分权相结合"问题获得了解决的途径。

（4）组织规模和成长阶段

组织的规模往往与组织的成长或发展阶段相关联。伴随着组织的发展,组织活动的内容会日趋复杂,人数会逐渐增多,活动的规模和范围会越来越大,这样,组织结构也必须随之调整,才能适应成长后的组织的新情况。组织变革伴随着企业成长的各个时期,不同成长阶段要求不同的组织模式与之相适应。例如,企业在成长的早期,组织结构常常是简单、灵活

而集权的。随着员工的增多和组织规模扩大,企业必须由创业初期的松散结构转变为正规、集权的,其通常的表现形态就是职能型结构。而当企业进入多元产品阶段和跨地区市场经营阶段后,分权的事业部结构可能更为适宜。企业进一步发展进入集约经营阶段后,不同领域之间的交流与合作以及资源共享、能力整合、创新力激发问题越发突出,这样,以强化协作为主旨的各种创新型组织形态便应运而生。总之,组织在不同成长阶段所适合采取的组织模式是各不一样的。

**资料链接**

"多面手"的王厂长

某地方生产传统工艺品的企业,伴随着我国对外开放政策,逐渐发展壮大起来。销售额和出口额近十年来平均增长15%以上。员工也由原来的不足200人增加到了2 000多人。企业还是采用过去的类似直线型的组织结构,企业一把手王厂长既管销售,又管生产,是一个多面全能型的管理者。最近企业发生了一些事情,让王厂长应接不暇。其一,生产基本是按订单生产,基本由厂长传达生产指令。碰到交货紧,往往是厂长带头,和员工一起挑灯夜战。虽然按时交货,但质量不过关,产品被退回,并被要求索赔。其二,以前企业招聘人员人数少,王厂长一人就可以决定了。现在每年要招收大中专学生近50人,还要牵涉到人员的培训等,以前的做法就不行了。其三,过去总是王厂长临时抓人去做后勤等工作,现在这方面工作太多,临时抓人去做,已经做不了做不好了。凡此种种,以前有效的管理方法已经失去作用了。

**【小思考】**

请从组织工作的角度分析该企业存在的问题,并提出建议措施。

### 2)组织变革的内容

组织变革具有互动性和系统性,任何一个因素的变革都会带来其他因素的变化,各阶段由于环境不同,变革的内容和侧重点也不同。总的来讲涉及三个方面:

（1）对人员的变革

对人员的变革就是要使员工在态度、技能、期望、认识和行为上进行变革。

（2）对结构的变革

对结构的变革包括权力关系、协调机制、集权程度、职务与工作设计等其他结构参数的变化。

（3）对技术与任务的变革

对技术与任务的变革包括对作业流程与方法的重新设计、修整和组合,包括更换机器设备,采用新工艺、新技术和新方法等。

**【课堂互动】**

随着市场经济的深入发展,我国政府机构的改革按照"大社会,小政府"思路进行改革,精简合并了许多部委,请问这是政府组织哪方面的变革?

### 3）组织变革的模式选择

一个组织需要变革,不变革,会灭亡。然而有些组织变革了,反而加快了灭亡。这就涉及变革模式的选择。组织变革有两种模式:一种是激进式变革。力求在短时间内,对企业组织进行大幅度的全面调整,以求彻底打破初态组织模式并迅速建立目的态组织模式。另一种是渐进式变革。通过对组织进行小幅度的局部调整,力求通过一个渐进的过程,实现初态组织模式向目的态组织模式的转变。激进式变革能够以较快的速度达到改革的目标,因为这种变革模式对组织进行的调整是大幅度的、全面的,可谓是超调量大,所以变革过程就会较快;与此同时,超调量大会导致组织的平稳性差,严重的时候会导致组织崩溃。这就是为什么许多企业的组织变革反而加速了企业灭亡的原因。与之相反,渐进式变革依靠持续的、小幅度变革来达到改革的目标,即超调量小,但波动次数多,变革持续的时间长,这样有利于维持组织的稳定性。

**资料链接**

#### 俄罗斯改革的休克式疗法

1991 年底,苏联解体,俄罗斯联邦独立,继承了苏联的大部分家底。丰厚的遗产曾令叶利钦喜上眉梢。但喜悦是短暂的,问题随即出现。俄罗斯一大堆半死不活的企业,外加 1 万亿卢布内债和 1 200 亿美元外债,让新总统寝食难安。作为苏共的反对派,叶利钦认为,20世纪 50 年代以来的改革全是零打碎敲、修修补补,白白断送了苏联的前程。既然是改革,就应该大刀阔斧,否则不足以振衰起敝。此时,年仅 35 岁的盖达尔投其所好,在同样年轻的萨克斯的点拨下,炮制了一套激进的经济改革方案,叶利钦"慧眼识珠",破格将盖达尔提拔为政府总理,任命萨克斯为总统首席经济顾问。在此二人的设计和主持下,1992 年初,一场"休克疗法"式改革在俄罗斯联邦全面铺开。"休克疗法"有关键三步:放开物价、紧缩财政和货币政策、大规模私有化,当初这"三板斧"把玻利维亚从绝望中挽救过来,但在俄罗斯,奇迹却没有重现。1992 年 12 月,盖达尔政府解散,"休克疗法"宣告失败。当于此际,俄罗斯GDP 几乎减少了一半,GDP 总量只有美国的 1/10。

**【课堂讨论】**
我国的经济体制改革是从农村开始,逐步推向城市,由企业逐步过渡到事业单位、行政单位,这种变革属于什么变革模式? 好处是什么?

## 7.5.2 组织变革的动力与阻力

### 1）组织变革面临两种力量的对比

组织变革时常面临着动力和阻力这两种力量的较量。对待组织变革所表现出来的推动和阻止这两种不同的态度以及由此产生的方向相反的作用力及其强弱程度的对比,会从根本上决定组织变革的进程、代价,甚至影响到组织变革的成功和失败。

组织变革的动力,指的就是发动、赞成和支持变革并努力去实施变革的驱动力。总的说来,组织变革的动力来源于人们对变革的必要性及变革所能带来好处的认识。比如,组织内外各方面客观条件的变化,组织本身存在的缺陷和问题,各层次管理者(尤其是高层管理者)居安思危的忧患意识和开拓进取的创新意识,变革可能带来的权力和利益关系的有利变化,以及能鼓励革新、接受风险、赞赏失败并容忍变化、模糊和冲突的开放型组织文化,这些都可能形成变革推动力量,引发变革的动机、欲望和行为。

组织变革中的阻力,则是指人们反对变革、阻挠变革甚至对抗变革的制约力。这种制约组织变革的力量可能来源于个体、群体,也可能来自组织本身甚至外部环境。组织变革阻力的存在,意味着组织变革不可能一帆风顺,这就给变革管理者提出了更严峻的变革管理的任务。

成功的组织变革管理者,应该既注意到所面临的变革阻力可能会对变革成败和进程产生消极的、不利的影响,为此要采取措施减弱和转化这种阻力;同时变革管理者还应当看到,人们对待某项变革的阻力并不完全是破坏性的,而是在妥善的管理或自理下转化为积极的、建设性的。比如,阻力的存在至少能引起变革管理者对所拟订变革方案和思路予以更理智、更全面的思考,并在必要时作出修正,以使组织变革方案获得不断的完善和优化,从而取得更好的组织变革效果。

### 2)组织变革阻力的主要来源

#### (1)个体和群体方面的阻力

个体对待组织变革的阻力,主要是因为固有的工作和行为习惯难以改变、就业安全需要、经济收入变化、对未知状态的恐惧以及对变革的认知存有偏差等而引起。群体对变革的阻力,可能来自自上而下的群体规范的束缚,群体中原有的人际关系可能因变革而受到改变和破坏,群体领导人物与组织变革发动者之间的恩怨、摩擦和利害冲突,以及组织利益相关群体对变革可能不符合组织或该团体自身的最佳利益的顾虑等。

#### (2)组织的阻力

来自组织层次的对组织变革的阻力,包括现行组织结构的束缚、组织运行的惯性、变革对现有责权利关系和资源分配格局所造成的破坏和威胁,以及追求稳定、安逸和确定性甚于革新和变化的保守型组织文化等,这些都是可能影响和制约组织变革的因素。此外,对任何组织系统来说,其内部各部门之间以及系统与外部之间都存在着强弱程度不等的相互依赖和相互牵制的关系,改动某方面也会受到其他方面的制约。这种制约力量需要变革管理者在设计组织变革方案时就事先予以周密的考虑,以便安排合适的变革广度、深度和进度。

#### (3)外部环境的阻力

组织的外部环境条件也往往是形成组织变革力量的一个不可忽视的来源。比如,与充分竞争的产品市场会推动组织变革相对比,缺乏竞争性的市场往往造成组织成员的安逸心态,束缚组织变革的进程;对经理人员经营企业的业绩的考评重视不足或者考评方式不正确,会导致组织变革压力和驱动力的弱化;全社会对变革发动者、推进者的期待和支持态度及相关的舆论和行动,以及企业特定组织文化在形成和发展中所根植的整个社会或民族的文化特征,这些都是重要的影响企业组织变革成败的力量。

### 3)组织变革阻力的管理对策

#### (1)加强与员工的教育沟通

员工对变革的阻碍有时源于对变革的不了解,因此应该加强与员工沟通,帮助他们了解变革的缘由,说明变革能够带给他们的好处;通过个别会谈、备忘录、小组讨论或报告等教育员工。最终加强管理者与员工的互信,减少阻力。

#### (2)强化普通员工对变革工作的参与

提高普通工作人员对行政组织变革的参与程度。既可以吸收和集中普通工作人员的智慧,又可以增强他们的心理满足感和成就感,减少思想阻力,从而促进变革顺利进行。普通工作人员参与变革活动包括共同选择和拟订变革方案,共同分享情报资料,及时将进展情况、取得成绩和存在问题公之于众,并加强思想交流和信息沟通,对出现的问题尽量采取民主协商的方式解决,从而尽量降低组织变革的阻力,推动变革前进。

#### (3)促进与支持

要强化革新行为,对改革中表现出新态度、新行为的团体和个人给予积极的宣传和充分的肯定。其具体方法包括公开表扬、宣传报道、物质鼓励、提职提薪等。要对变革受影响员工提供一系列支持性措施,如员工心理咨询和治疗、新技能培训、各种福利保障、补偿以及短期的付薪休假等,妥善安排变革受冲击人员,使得他们有更好的适应能力。

#### (4)谈判与妥协

若在变革中阻力太大,为了减少阻力,节省时间与成本,对少数有影响力的人物可以以某种有价值的东西来换取阻力的减少。

为了减少改革的阻力,必要的妥协、退让、劝说,是降低改革的期望值也是必需的。

#### (5)改变变革中的力量对比

组织变革的动力和阻力并不是各自分开的,而是相互作用和影响着,形成一个错综复杂的力场。改变组织变革力量及其对比的策略有三类:一是增强或增加驱动力;二是减少或减弱阻力;三是同时增强动力与减少阻力。有实践表明,在不消除阻力的情况下增强驱动力,可能加剧组织中的紧张状态,从而无形中增强对变革的阻力;在增加驱动力的同时采取措施消除阻力,会更有利于加快变革的进程。

#### (6)进行必要的人事调整,做好组织保证

一般在进行重大的行政组织变革与发展之前都需要对行政组织中某些关键性职位进行人事调整,选拔对改革有推动作用人员,撤换阻碍变革的人员,以便从宏观的组织体系上保证未来的改革与发展能够顺利进行。但同时这种人事调整范围不宜过宽过频,以期最大限度地减少因改革和发展而带来的震荡。

## 7.5.3 组织变革的过程

成功而有效的组织变革,通常需要经历解冻、改革、冻结这三个有机联系的过程。

（1）解冻

解冻是改革前的心理准备阶段。由于任何一项组织变革都或多或少会面临来自组织自身及其成员的一定程度的抵制力，因此，组织变革过程需要有一个解冻阶段作为实施变革的前奏。解冻阶段的主要任务是发现组织变革的动力，营造危机感，塑造出改革乃是大势所趋的气氛，并在采取措施克服变革阻力的同时具体描绘组织变革的蓝图，明确组织变革的目标和方向，以形成待实施的比较完善的组织变革方案。

（2）改革

改革是变革过程中的行为转换阶段。改革或变动阶段的任务就是按照所拟订变革方案的要求开展具体的组织变革运动或行动，以使组织从现有结构模式向目标模式转变，这是变革的实质性阶段，通常可以分为试验与推广两个步骤。这是因为组织变革的涉及面较为广泛，组织中的联系相当错综复杂，往往"牵一发而动全身"，这种状况使得组织变革方案在全面付诸实施之前一般要先进行一定范围的典型试验，以便总结经验，修正进一步的变革方案。在试验取得初步成效后再进入大规模的全面实施阶段。还有另一个好处，那就是可以使一部分对变革尚有疑虑的人们能在试验阶段便及早地看到或感觉到组织变革的潜在效益，从而有利于争取更多组织成员在思想和行动上支持所要进行的组织变革，并踊跃跻身于变革的行列，由此实现从变革观望者、反对者向变革的积极支持者和参加者转变。

（3）冻结

冻结是变革后的行为强化阶段。组织变革行动发生了之后，个人和组织都有一种退回到原有习惯了的行为方式中的倾向。为了避免出现这种情况，变革的管理者就必须采取措施保证新的行为方式和组织形态能够不断地得到强化和巩固。这一强化和巩固的阶段可以视为一个冻结或者重新冻结的过程。缺乏这一冻结阶段，变革的成果就有可能退化消失，而且对组织及其成员也将只有短暂的影响。

【小思考】

随着改革开放，企业劳动用工制度发生了根本性变革，铁饭碗被彻底打破，为了适应新的用工制度的变化，国家2007年新修订出台了《劳动合同法》《劳动法》，请问国家出台法律法规、有关制度目的是什么？属于变革的哪个阶段？

【推荐阅读】

组织如何搞好变革，推荐大家阅读组织变革实践的几点体会，http://www.rs66.com/a/11/36/zuzhibiangeshijiandejidiantihui_42181_4.html。

# 【本章小结】

组织概念有一般含义和管理学方面的含义。作为一个社会组织均由共同的目标、协作的愿望和信息的沟通三个基本要素构成。组织具有聚集、放大、承载、有序和调节功能。

组织结构设计是组织职能的关键。组织结构是组织内的全体成员为实现组织目标,在管理工作中进行分工协作,通过职务、职责、职权及相互关系构成的结构体系。组织结构的本质是分工协作关系。组织结构涉及组织的管理幅度的确定、组织层次的划分、组织机构的设置、各单位之间的联系沟通方式等问题。

常见的组织结构的类型有直线制、职能制、直线职能制、事业部制、矩阵制等。

组织结构设计完成后必须搞好人员配备工作,并处理好集权与分权的关系。

组织整合必须处理正式组织与非正式组织的关系、直线人员与参谋人员的关系等。

组织因种种原因必须实现变革。组织变革需要经历解冻、改革、冻结这三个有机联系的过程。

## 【阅读资料】

### 管理培训生制度——培养企业所需管理人才的一种有效方式

如何拥有企业的中坚力量——中层管理人才,方法无外乎两种:外部猎取(空降)或内部培养(提拔)。

在企业快速发展过程中,往往会造成人才的瓶颈,这是人才的积累和发展跟不上企业发展速度。企业究竟需要什么样的人才呢? 答案不能一概而论,不同阶段的企业对于人才的需求截然不同。

创业阶段,企业家们通常事必躬亲,直接关注业务的每一个环节,恨不得每件事都亲力亲为。这时候老板最需要的是一群具有创新能力、敢想敢干的开拓者。而随着企业发展,组织规模扩大,管理幅度和难度不断加大,正是这个时候,企业最容易陷入发展瓶颈。抛开专业能力不谈,这个时候老板最需要的是执行力超强、能将高层决议高效传达并实施,且具有一定组织管理能力的中层骨干! 事实上,这类人才正是市场上最为匮乏的人力资本。

对此,一些企业想到了"外来的和尚好念经",纷纷将钞票砸向猎头,开始挖墙脚,搬来"空降兵"。不过,大量事实证明,外来和尚的经常常并不好念——他们虽然能力上基本符合要求,但通常是由于新企业更高的薪资待遇才选择跳槽,并且本已小有成绩并形成了自己的风格,一时间难以适应新环境,更谈不上对企业文化的认同和归属感。因此,挖墙脚或能解决一时的用人难题,但绝非长久之计。

对于这些填补中层管理空缺的人才,文化的融合要更重于能力——适应企业环境、接受并认同企业文化、愿意和企业共同成长。

如何解决外来和尚不适应企业文化这种现状呢? 管理培训生制度正是在这样的背景下应运而生的一种人才培养机制。

管理培训生制度(Management Trainee,简称MT)是企业内部培养选拔人才的一种制度。广义上是一个企业人才发展战略的重要组成部分,是其培养未来中高层管理人才的机制,是企业集中资源对具备高管理潜能的年轻人进行一段较为系统全面训练、为其管理生涯打下良好基础的一种制度安排。

管理培训生的招募对象是面向应届毕业生的。应届毕业生有他们独特的优势。一是刚刚走出校园,对社会的接触和认识很有限,企业很容易把自身的文化和价值观灌输给他们,同时,应届毕业生的学习能力和创新意识也很强,能带来一股新鲜活力。

作为国外舶来品的管理培训生制度,数十年前最初由一些跨国公司引入中国,之后一些本土大型企业仿效,目前也慢慢扩大范围至中小企业。这项制度之所以能够有效就在于:一来外部市场上中高层管理人才十分稀缺,竞争激烈,需要开拓招聘渠道;二来按照自己要求自己去培养的后备人才更符合企业文化和才能要求。

正是因为MT的目的在于选拔未来的管理人员,因此与企业其他选拔手段相比,最主要的不同在于其看重的是领导潜质和学习能力,而不是现在已有的经验。因此对比社会招聘中大部分岗位都要求有相关工作经验,MT通常是通过管理推动业务的岗位。这种制度不适合选拔技术性人才,更主要适合像人力资源部、市场部、储运部、采购部等对综合管理分析能力要求较高的部门。

## 【练习与思考】

### 一、名词解释

组织　组织结构　管理幅度　管理层次　集权

### 二、填空题

1.组织内外部环境的变化,都要求对(　　)进行调整,以适应变化。

2.授权包括(　　)、(　　)、(　　)三个步骤。

3.组织变革有(　　)和(　　)两种模式。

4.组织变革的内容包括(　　)、(　　)和(　　)。

5.管理宽度是指主管人员(　　)地监督、管理其(　　)的人数。

6.跨国公司设置中国事业部、欧洲事业部、非洲事业部,这是按(　　)设置部门。

### 三、选择题

1.直线型组织结构一般只适用于(　　)。

A.大型组织　　　　　　　　　　　B.产品单一的小型组织

C.需要职能专业化管理的组织　　　D.跨国公司

2.职能型组织结构的最大缺点是(　　)。

A.横向协调差　　　　　　　　　　B.多头领导

C.不利于培养上层领导　　　　　　D.适用性差

3.事业部制组织结构产生于20世纪(　　)。

A.20年代　　　　　　　　　　　　B.30年代

C.40年代　　　　　　　　　　　　D.50年代

4.组织中主管人员监督管辖其直接下属的人数越是适当,就越是能够保证组织的有效运行是组织工作中(　　)的内容。

A.目标统一原理　　　　　　　　　B.责权一致原理

C.管理幅度原理　　　　　　　　　D.集权与分权相结合原理

5.组织规模一定时,组织层次和管理宽度呈(　　)关系。

A.正比　　　　　　　　　　　　　B.指数

C.反比　　　　　　　　　　　　　D.相关

6. 管理宽度小而管理层次多的组织结构是( )。

A. 扁平结构 　　　　　　　　　 B. 直式结构

C. 直线型组织结构 　　　　　　 D. 直线职能式组织结构

7. 在财会工作中,会计与出纳职权分离,属于( )。

A. 充分授权 　　　　　　　　　 B. 制约授权

C. 职能授权 　　　　　　　　　 D. 弹性授权

8. 制订制度,以巩固组织改革成果,这是组织变革( )阶段。

A. 解冻 　　　　B. 改革 　　　　C. 冻结

### 四、判断题

1. 组织战略要服从组织结构。 （ ）

2. 管理宽度组织中一名管理人员管辖的下属人员的数量。 （ ）

3. 直线制组织结构的最大优点是实现了指挥统一。 （ ）

4. 职能制组织结构的缺点之一是形成了多头指挥。 （ ）

5. 过早或过迟发动变革都可能导致变革的失败。 （ ）

6. 在处理组织的职权关系时,应充分发挥参谋职权,并尽可能限制职能职权。 （ ）

### 五、问答题

1. 什么是组织工作? 它包括哪些内容?

2. 什么是管理幅度? 影响管理幅度的主要因素有哪些?

3. 什么是事业部制? 有哪些优缺点?

### 六、案例分析题

#### SAM 公司

SAM 公司是一家国内最大摩托车修配市场的配件供应商,其下属经销商遍布华南、华东、华北及西北 21 个省区的大型专业摩配市场共 400 多家。这 400 多家经销商包括省级总代理及地区经销商,每一省区均有一位业务主管负责经销商管理。

十几年来,SAM 公司培养了一批优秀的业务人员和一批忠诚度较高的经销商队伍,其营销中心已按照现代市场营销的理念调整架构,设市场部、销售部及客户服务部对四大区进行垂直管理。

公司在 2002 年调整策略,计划由代理制转为密集分销制,在自家后院广东省进行密集分销试点。这样一来,SAM 公司必将面临组织结构的调整与内部沟通机制的重塑。于是,公司抽调 8 名精干的业务主管组成专案部,与市场部、销售部及客户服务部并列形成营销中心的四驾马车,并把广东市场从四大区中分离出来变成广东特区,直属专案部管理。

专案部的干部并未脱离对原来的业务区域的管理,反而在广东市场密集分销活动中对公司的政策有了透彻的了解,并对供应系统的作业流程和产品质量控制的状况有了全新的认识。这样一来,彻底改变了营销中心与供应中心的矛盾。SAM 公司又干脆撤销供销协调会议与营销工作会议这两个看似必要而实质上已变成官僚机构的组织。

现有的企业沟通机制变得灵活而畅通,公司运行以客户的满意与问题的解决为中心,打破了原有机械式、制式化程度高的运作模式。一年后,广东区密集分销取得成功,专案部遂把此运作模式以专案形式推广到华南、华东、华北及西北大区,这样,市场份额将由原来的 17.5% 增长到 25%,销售额将由 2000 年的 1.8 亿元增长到 3 亿元。

**案例思考**：试用组织有关理论，阐述 SAM 公司改革后的组织结构特点。

### 七、管理实战

1. 实训目的：让学生知道一个企业或学校的组织机构设计。

2. 组织形式：有任课教师组织学生到一个企业或对自己学校的组织结构进行调查，知晓组织机构的关系。

3. 要求画出企业或学校组织机构图，并分析这样的组织机构有无问题。

### 八、管理定律分析

#### 木桶定律

盛水的木桶是由许多块木板箍成的，盛水量也是由这些木板共同决定的。若其中一块木板很短，则此木桶的盛水量就被短板所限制。这块短板就成了这个木桶盛水量的"限制因素"（或称"短板效应"）。若要使此木桶盛水量增加，只有换掉短板或将短板加长才行。人们把这一规律总结为"木桶定律"，又称为"短板理论"。

请同学们根据木桶定律和组织理论写一篇改变短板效应的小论文。

# 第8章

---

# 领 导

**管理谚语：领导的艺术在于沟通的技巧和真诚。**

| 本章内容结构 | | 重要性指数 |
|---|---|---|
| 8.1 领导的作用及影响力 | 8.1.1 关于领导的概念 | ★★★★ |
| | 8.1.2 领导的作用 | ★★★★ |
| | 8.1.3 领导影响力 | ★★★★★ |
| | 8.1.4 领导与管理的关系 | ★★★ |
| 8.2 领导理论 | 8.2.1 人性假设理论 | |
| | 1)人性假设与领导方式 | ★★★ |
| | 2)人性假设理论的演进 | ★★★★ |
| | 8.2.2 领导理论 | |
| | 1)领导特性理论 | ★★★ |
| | 2)领导行为方式理论 | ★★★★ |
| | 3)权变(或情境)领导理论 | ★★★ |
| 8.3 协调与沟通 | 8.3.1 协调 | |
| | 1)协调的概念 | ★★★ |
| | 2)协调的范围 | ★★★ |
| | 3)协调的内容 | ★★★ |
| | 8.3.2 沟通 | |
| | 1)沟通的概念及其重要性 | ★★★ |
| | 2)有效沟通的原则 | ★★★★ |
| | 3)信息沟通过程 | ★★★★ |
| | 4)沟通的类型 | ★★★ |
| | 5)信息沟通的障碍及其克服 | ★★★★ |

## 【案例导入】

搜狐公司董事局主席兼CEO的张朝阳有什么管理之道？有记者就这个简单的问题向搜狐的几位副总裁讨教时，奇怪的事情发生了——几位副总裁一时都反应不过来，不知道从何说起。张朝阳手下的4位副总裁可以享受到更多的权力，分担各自所管业务的全部指挥权。王建军一人担负了搜索、游戏、技术等多个业务，王昕包揽了市场、广告等业务线，主管焦点房产网的宫宇同时负责无线业务,全权操纵搜狐网内容的李善友将这描述为"充分授权"。

张朝阳谈他自己现在的感悟,一是不作为,二是不焦虑。他坦诚自己受了老子道德经的影响,也学着要无为而治。管理一个这么大型的企业,明摆着不可能事事亲力亲为,只要他的部下人人都能各司其职,企业这架机器就能正常运行。作为公司的大老板,他的任务就是要任人唯贤,把担子合理地、信任地分摊给自己的部下,给他们一定的权限,明确他们的职责和目标,激发部下的才智和积极性,并用完善的制度去考核他们,以自己的无为(不插手干预)来达到更好地管理和发展公司的目的。

搜狐的管理考核很重视结果。认定了目标,全力拼搏,过程自己把握。这种管理模式称为"结果导向"。这种无形的管理,甚至让副手们都感觉不到他的存在,却又个个自觉奋力前行。在业界,"自信、向上"是大家对搜狐员工普遍的评价。管理上"抓大"的张朝阳,却又是一个不会"放小"的老总。"他常常会直接给我提一些改进意见,有时候具体到页面设计上。"

张朝阳赌性不强,不喜欢走极端,管理上很讲究拿捏分寸,从不激烈地批评下属。

张朝阳式太极拳管理造就了搜狐的今天。一个组织的发展与领导者的领导方式密切相关,到底什么是领导,一个组织的领导到底采用什么样的领导方式,受制于哪些因素这就是本章要讲述的内容。

# 8.1 领导的作用及影响力

## 8.1.1 关于领导的概念

什么是领导? 领导的概念可以从不同角度去理解,会有不同的认识,领导一词可以从名词和动词两个方面来理解:从名词角度来讲,领导(名词属性 leader)即领导者,是指为实现组织目标,进行决策、计划、组织、控制和委派职责等工作而去指挥或引导下属的人或集团。领导者可以分为领导个体和领导团队;从动词角度,领导(动词属性 leading)即领导工作,是指领导者利用组织所赋予的职权和个人所具有的能力,指挥、命令和引导、影响下属为完成组织目标而努力工作的过程。

从动词角度来讲,领导这个概念包含三方面内容:①领导是影响、作用下属的过程,有受其领导的下属人员;②领导行为包括指挥、带领和激励等活动,这些都是能够影响下属行为的活动;③领导的目的是有效实现组织目标。

领导工作包括必不可少的三个要素:领导者、被领导者和特定环境。也就是说领导效率是领导者、被领导者和特定环境三个要素相互作用的结果。

$$领导效率 = f(领导者,被领导者,特定环境)$$

【课堂互动】

张校长是我们的好领导,这是什么意义上的概念? 中央决定由习近平出任中央全面深化改革领导小组组长,亲自领导国家的有关改革的大政方针的制定,这是什么意义上的领导?

资料链接

### 领导四要素

1. 让你的员工感到他很重要。

2. 推动你的远见、目标,并说服员工与你一起共进退。

3. 你想别人怎样对你,你就怎样对别人。

4. 为你的行为负责,也要为你的员工负责,千万别推卸责任。

## 8.1.2 领导的作用

领导的作用主要有以下四个方面:

(1)指挥作用

有人将领导者比作乐队指挥,一个乐队指挥的作用是通过演奏家的共同努力而形成一种和谐的声调和正确的节奏。由于乐队指挥的才能不同,乐队也会作出不同的反响。领导者不是站在群体的后面去推动群体中的人们,而是站在群体的前列去促使人们前进并鼓舞人们去实现目标。

(2)激励作用

领导者为了使组织内的所有人都最大限度地发挥其才能,以实现组织的既定目标,就必须关心下属,激励和鼓舞下属的斗志,发掘、充实和加强人们积极进取的动力。

领导有效激励下属的一个基础就是要了解你的下属。作为一个领导,若对员工的家庭环境、背景、兴趣和专长等一无所知,有时工作会很难开展。有句俗话说:"士为知己者死。"一个领导对他的员工要达到这种"知"的程度,是需要付出很大努力。

背景案例

### 你对你的下属了解多少?

在一次招聘会上,某公司经理大胆录用了玛丽,不仅仅因为她有多年的工作经验,更重要的是,她在原来的公司上班时,曾经很不留情面向业务经理提出过建议。事实证明,她的建议是正确的,可她却无法再待下去。

玛丽刚来这里上班,恰逢酷暑。她顶着烈日,穿梭在各个客户、公司之间。第一、二季度,她的业绩很好。可后来,她上班常常迟到,连基本销售任务都没有完成。在一次职工大会上,经理点名批评了玛丽。她将头埋得很低,但经理仍然发现她流泪了。

经理的心里也很不是滋味,散会后,他叫住了玛丽。原来,玛丽的妈妈在三个月前摔了一跤,从此瘫倒在床,她不得不伺候妈妈的吃喝拉撒。

经理很惭愧,员工有困难,他居然一无所知。他决定为玛丽做点什么。于是,经理拨通了老板的电话。然后他找到玛丽,向她真诚地说了一声"对不起",玛丽的眼泪一下子就涌了出来。经理代表公司领导转告玛丽,在她妈妈患病期间,她早上可以不到公司报到,自己灵活掌握时间跑业务。玛丽很是感动,她的眼睛告诉经理她不会让大家失望。

果然,玛丽的销售业绩又上来了。最让经理感动的是,她还为新员工汤姆解了围。汤姆在与客户谈业务签单时,被对方钻了空子。200万元的货已经按签单发出去一半了,可对方的货款迟迟没有到位。公司决定派一位有经验的销售员工一同前往。没想到玛丽竟主动提出愿意前去讨债,可她的家里不能没有她呀。

公司领导立即召开会议,决定为玛丽家请一位保姆,解除她的后顾之忧。玛丽与对方足足周旋了半个月,终于如数追回了欠款。

- "士为知己者死。"如果作为经理的你,对你的下属有一定的"知"的程度,相信你的下属会心甘情愿地完成你交给他的任务,甚至超额完成任务。

### (3)协调作用

在组织实现其既定目标的过程中,人与人之间、部门与部门之间发生各种矛盾和冲突及在行动上出现偏离目标的情况是不可避免的。因此,领导者的任务之一就是协调各方面的关系和活动,保证各个方面都朝着既定的目标前进。

### (4)沟通作用

领导者是组织的各级首脑和联络者,在信息传递方面发挥着重要作用,是信息的传播者、监听者、发言人和谈判者,在管理的各层次中起到上情下达、下情上达的作用,以保证管理决策和管理活动顺利地进行。

## 8.1.3 领导影响力

领导实质上是一种对他人的影响力,即管理者对下属及组织的行为与心理的影响力。影响意味着使他人的态度和行为发生改变。而要产生这种影响,领导者就必须拥有比被领导者更大的权力,这种权力是领导者对他人施加影响的基础。换句话说,领导是由权力派生而来的。

所谓权力,是指一个人主动影响他人行为的潜在能力。这里"潜在"的意思就是说,一个人可能拥有一定的权力,但他可能根本就未行使这种权力。例如,一支足球队的教练有权开除表现不好的队员,但是由于队员们意识到教练拥有这种权力因而严格要求自己,这样教练实际上很少真正行使这方面的权力。

领导影响力由两部分构成:一是职位权力影响力;二是非职位权力影响力。

### (1)职位权力影响力

职位权力是由组织正式授予管理者的一种法定权力。这种权力与特定的个人没有必然的联系,它同职务相联系。职权是管理者实施领导行为的基本条件,没有这种权力,管理者就难以有效影响下属。职位权力影响力主要有三种:

①法定权。是指组织内各领导职位所固有的合法的、正式的权力。这种权力可以通

过领导者利用职权向直属人员发布命令、下达指示来直接体现,有时也可借助组织内的政策、程序和规则等得到间接体现。工人对不符合质量标准的产品要进行返工,是因为他知道质量标准是必须遵守的,返工是合法的要求。连队士兵听从连长指挥向敌军阵营发起猛攻,因为连长具有这种人们所接受的合法的职权。这种权力是组织的等级指挥链所规定的。

②奖赏权。是指领导者为了鼓励和肯定某一行为,而借助物质或精神的方式给予员工强化和刺激。如提供奖金、提薪、升职、赞扬、理想的工作。由于被领导者感觉到领导者有能力使他们的需要得到满足,因而愿意追随和服从他。可以说,领导者所控制的奖赏手段越多,而且这些奖赏对下属越是显得重要,那么他拥有的影响力就越大。

③强制权。是指领导者对下属在精神或者物质上施加威胁、强行要求下级服从的权力。如降薪、扣发奖金、降职、批评、调换工作岗位。强制权力和奖赏权力都与法定权力密切相关,如采购员可以向生产现场提前或拖延供应急需的零部件而发挥影响力,交通警察可以对违反交通规则的驾驶员发出违章罚款单或扣留驾驶执照,这些权力的行使都是与其所担负的工作和职务相关的。

**背景案例**

### 分黄油的人

布莱德利议员进入参议院的时候,他头上有两个光环,他不但是普林斯顿最优秀的学生,之前还曾经是美国职业篮球联赛的著名球星。有一次他被邀请去一个大型宴会上发表演讲。这位自信的立法议员坐在贵宾席上,等着发表演讲。这时候一个侍者走过,将一块黄油放在他的盘子里,布莱德利立刻拦住了他。"打扰一下,能给我两块黄油吗?"

"对不起,"侍者回答道,"一个人只有一块黄油。"

"我想你一定不知道我是谁吧。"布莱德利高傲地说道,"我是罗氏奖学金获得者、职业篮球联赛球员、世界冠军、美国议员比尔·布莱德利。"

听了这句话,侍者回答道:"那么,也许您也不知道我是谁吧。"

"这个嘛,说实在的,我还真不知道。"布莱德利回答道,"您是谁呢?"

"我嘛,"侍者不紧不慢地说道,"我就是主管分黄油的人。"

● 管理启示:俗话说"县官不如现管",侍者虽然不如布莱德利的权力大,却能够在分黄油时拥有决策权,该案例说明了法定权的重要性。

(2)非职位权力影响力

非职位权力影响力,也可以说是个人权力,这种权力与领导者所处的职位无关,它是由于领导者自身的某些特殊条件才具备的。非职位权力影响力主要有三种:

①专长权。指由个人的特殊技能或某些专业知识而产生的权力。如律师、医生、大学教授和企业中的工程师可能拥有相当大的影响力。与之相反,一个身居领导职位的人,因为缺少某种专门知识,可能缺乏相应的专家权力。但这也并非必然构成严重问题,因为领导是通过别人的工作来实现组织目标的。专业方面的不足可以通过别的手段来弥补。

②感召权。是指由于领导者的特殊品格、个性或个人魅力而形成的权力。这是与个人

的品质、魅力、经历、背景等相关的权力。例如,黑人领袖马丁·路德·金,尽管法定的权力很小,但凭着他人格的力量,有力地影响着许多人的行为。同样的情形还见于电影明星、战斗英雄和其他具有表率作用的榜样人物身上。

正式组织中优秀的领导者应该是兼具职位权力影响力和非职位权力影响力的领导。仅有职位权力的领导者只会是指挥官,而不能成为令人信赖和敬佩的领袖。非正式组织的领导者并不拥有职位权力,但却能使周围的人对他一呼百应,其影响力就主要来源于其个人的力量。这从一个侧面说明,正式组织的领导者应该加强个人素质的修炼,以便在拥有职位权力的同时获得更大的个人权力。

## 8.1.4 领导与管理的关系

被誉为"领导力第一大师"的哈佛商学院教授约翰·科特说:"管理者试图控制事物,甚至控制人,但领导人却努力解放人与能量。"这句话实际上道出了领导与管理之间的辩证关系:领导和管理互不相同——管理的工作是计划与预算、组织及配置人员、控制并解决问题,其目的是建立秩序;领导的工作是确定方向、整合相关者、激励和鼓舞员工,其目的是产生变革,显然,这也正是领导力的运行轨迹。

具体地说,领导通常关注意义和价值,关注所要达到的目标是否正确,是否值得。领导关注做人,关注人的尊严、人的价值、人的潜能、人的激励和发展。如果说管理侧重技术和手段,侧重过程和方法,那么领导侧重人文和目的,侧重结果和艺术。另外,管理是更加侧重权力作用,而领导则更加侧重魅力作用和影响力。

其实任何组织、团体乃至国家,都必须既有领导又有管理。只有领导而无管理,则领导的意图和目的往往比较难以实现;同样,如果只有管理而无领导,管理的愿望和目的同样也难以达到。"南辕北辙"中的这个马车夫技术高明,是属于正确地做事,或许具有管理才能。但他却南辕北辙,根本方向错了,也就是说,管理水平再高,也不能达到企业的目标,因为他是做不正确的事。总之,领导者是决策者,管理者是执行者。

可以说:管理的目标是为了减少错误,领导的目标是为了寻求成功。

**资料链接**

### 宽容是领导者的成功之道

任何管理者,都必须同人打交道。有人把管理定义为"通过别人做好工作的技能"。一旦同人打交道,宽容的重要性立即就会显示出来。人与人的差异是客观存在的,所谓宽容,本质就是容忍人与人之间的差异。不同性格、不同特长、不同偏好的人能否凝聚在组织目标和愿景的旗帜下,靠的就是管理者的宽容。

宽容是一种坚强,而不是软弱。宽容所体现出来的退让是有目的、有计划的,主动权掌握在自己的手中。无奈和迫不得已不能算宽容。只有勇敢的人,才懂得如何宽容,懦夫决不会宽容,这不是他的本性。宽容是一种美德。

- 只有宽容才会团结大多数人与你一起认知方向,只有妥协才会使坚定不移的正确方向减少对抗,只有如此才能达到你的正确目的。

【课堂互动】

一个市长在任时领导能力强,对下属颐指气使,下属对其唯唯诺诺,退休后其下属对他不理不睬,这是为什么? 袁隆平研究员是中国国家杂交水稻工作技术中心主任暨湖南杂交水稻研究中心主任,被誉为中国杂交水稻之父,人们对袁隆平敬佩有加,主要是为什么?

应该如何提高领导者的影响力? 推荐读者阅读管理者如何获得领导力,http://www.rs66.com/a/11/34/guanlizheruhehuodelingdaoli_39326_3.html。

# 8.2 领导理论

## 8.2.1 人性假设理论

### 1)人性假设与领导方式

在管理活动中,领导者采取什么样的领导方式,在很大程度上取决于领导者对人性的假设。所谓"人性假设"是指领导者在管理活动中对人的本质属性的基本看法。在我国古代对人的本性有"性恶说""性善说"。西方管理理论在其发展的不同的阶段对人的本性认识也各不相同。对人的本性认识因阶级、社会发展不同时期、不同管理学派等而有所不同。人性假设问题是一切管理思想和管理行为的认识基础,直接决定着管理者的领导方式。有什么样的人性假设,就会形成与之相适应的领导方式。

领导方式是指领导者实施领导行为所采取的各具特色的基本方式与风格。不同的管理者,由于管理观念、自身素质、所处环境的不同,领导方式有很大的差别。而不同的领导方式直接关系到领导的成效。管理者必须选择适宜、科学、有效的领导方式。

### 2)人性假设理论的演进

随着管理实践的发展和科学技术的进步,在社会发展的不同阶段,人们在生产经营活动中所处的地位不同,人们对管理中人性的认识也在不断地变化,先后经历了"经济人"假设、"社会人"假设、"自我实现人"假设、"复杂人"假设等阶段。

(1)"经济人"假设

在传统管理阶段,亚当·斯密最早提出了"经济人"假设。"经济人"观念认为,人的一切行为是最大限度满足自己的经济利益。人天生好逸恶劳,缺乏进取心,逃避责任,以自我为中心,漠视组织的要求。既然人的本性如此,管理者在管理活动中应采用严格监管和控制的领导方式,必须强调服从和惩罚。

(2)"社会人"假设

随着人际关系学说的产生,形成了管理中的"社会人"人性假设。"社会人"观点认为,人不是孤立存在的,而是归属于某一工作集体,并受这一集体的影响。人的行为不单纯地追求金钱收入,而且还有追求人与人之间的友情、安全感、归属感等方面的社会的和心理的欲望。满足职工的欲望,提高士气,是提高劳动生产率的关键。因此,要重视人际关系的协调,重视非正式组织的作用,鼓励职工参与管理。与这种人性观相适应,管理上采取一种重视人际关系,鼓励职工参与的领导方式。

(3)"自我实现人"假设

随着管理实践的进一步发展,行为科学的盛行,在管理界出现了"自我实现人"的人性观。"自我实现人"的观点认为,人特别注重自身社会价值,以自我实现为最高需要。与这种人性观相适应,管理者采用一种重视贡献,实现自我控制的领导方式。

(4)"复杂人"假设

"经济人""社会人"及"自我实现人"的观念,都从某一角度反映了人的一些本质属性,具有其合理性。但是,任何人都不可能是单纯具有某一方面属性的,而且,也会因人、随条件不同而不同。于是,提出了"复杂人"假设。这个观念认为,人是复杂的,其需要是多种多样的,其行为会因时、因地、因条件的不同而不同。与这种人性观相适应,管理者应采用权变领导方式。

**资料链接**

鞭 策

拿破仑在一次打猎的时候,看到一个落水男孩,一边拼命挣扎,一边高呼救命。这河面并不宽,拿破仑不但没有跳水救人,反而端起猎枪,对准落水者,大声喊道:你若不自己爬上来,我就把你打死在水中。那男孩见求救无用,反而增添了一层危险,便更加拼命地奋力自救,终于游上了岸。

- 对待自觉性比较差的员工,一味地为他创造良好的软环境、去帮助他,并不一定让他感受到"萝卜"的重要,有时还离不开"大棒"的威胁。偶尔利用你的权威对他们进行威胁,会及时制止他们消极散漫的心态,激发他们发挥出自身的潜力。

**【小思考】**

在摩托罗拉公司的管理中一直慎用物质奖励,他们认为对一个年轻的大学生来讲有了发明创造、作出了贡献,这本身就是对你最大的奖励,说明你实现了自身价值。请问这种管理思想是基于什么样的"人性假设"?

## 8.2.2　领导理论

有关领导理论的研究涉及三个方面,即领导特性理论、领导行为理论和领导权变理论。

### 1)领导特性理论

领导特性理论主要研究作为一个领导者应该具有哪些素质或特性,从而了解究竟何种人才适合充任领导者。领导特性理论试图确定能够造就伟大管理者的共同特性,以便按此标准衡量与选拔领导者。

领导特性理论按其对领导特性来源的不同可以分为传统的特性理论与现代特性理论。传统的特性理论认为领导者所具有的特性是天生的,是由遗传决定的;现代特性理论认为领导者的特性和品质是在实践中形成的,是可以通过教育训练培养的。

领导者应当具有哪些特性呢? 研究者说法不一:

1949 年,亨利(W. Henry)在调查研究的基础上,提出了天才领导者的十二种特性:①成就需要强烈;②工作积极努力,乐于工作,勇于承担具有挑战性的任务;③用积极的态度对待上级;④组织能力强;⑤决断力强;⑥自信心强;⑦思维敏捷;⑧富于进取精神;⑨讲求实际,不尚空谈;⑩忠于职守,尽心尽力;⑪独立性强,从不过分依赖别人;⑫同上级较为亲近,而同下级保持一定的距离。

1969 年,吉伯(C. A. Gibb)认为天才的领导者应具备七种先天特性:①善言辞;②外表英俊潇洒;③智力过人;④具有自信心;⑤心理健康;⑥有支配他人的倾向;⑦外向而敏感。

1971 年美国管理学家吉赛利(Edwin E. Ghiselli)在其《管理才能探索》一书中,研究探索领导者有八种个性特征和五种激励特征。八种个性特征包括:①才智:语言与文辞方面的才能;②首创精神:开拓新方向、创新的愿望;③督察能力:指导别人的能力;④自信心:自我评价较高;⑤适应性:为下属所亲近;⑥决断能力;⑦性别(男性或女性);⑧成熟程度。五种激励特征包括:①对工作稳定的需求;②对金钱奖励的需求;③对指挥别人的权力需求;④对自我实现的需求;⑤对事业成就的需求。

吉赛利的这些性格的研究,需要说明的是:①才智和自我实现对于取得成功关系重大。②指挥别人的权力的概念并不很重要。③督察能力基本上是指运用管理职能来指导下级的能力。④性别这一特征与管理成功与否没有多大关系。

美国普林斯顿大学包莫尔(W. J. Baumol)提出了企业家应该具备的十个条件,比较有代表性:合作精神;决策能力;组织能力;精于授权;善于应变;敢于求新;敢担风险;勇于负责;尊重他人;品德高尚。

斯托格迪尔(R. M. Stogdill)"新特性论"把这些领导特性归纳为六类:①身体性特性:包括体力、年龄、身高等;②社会背景性特性:包括教育、经历、社会地位、社会关系等;③智力性特性:包括知识、智商、判断分析能力等;④个性特性:包括热情、自信、独立性、外向、机警、果断等;⑤与工作有关的特性:包括责任感、首创性、毅力、事业心等;⑥社交性特性:包括指挥能力、合作、声誉、人际关系、老练程度等。

有关领导特性研究的理论尽管不统一,但大致可以从这些特性研究成果中,窥见出一个成功的领导者应该具有的特性,为选拔与考察领导者提供了可资参考的特性要求。

---

**【课堂讨论】**

你认为一个成功的领导者应具有哪些特性?

---

**【课堂讨论】**

你认为一个成功的领导者应具有哪些特性? 为了深入了解该内容,链接下面的地址进入领导力五力模型。

http://baike.so.com/doc/5655098.html。

**资料链接**

### 21世纪企业家十条标准

开阔视野,要具有全球性眼光;

要向前看,改进战略性思想;

将远见卓识的具体目标结合起来;

具有管理各种不同人物和各种不同资源的能力;

要能不断改进质量、成本、生产程序和新品种的能力;

具有准确的判断力,富于创新精神并能造就社会新的变革;

要具有创造性管理的才能;

要善于掌握情况,各种信息和通晓决策过程;

要具有适应新的形势,不断变革的能力;

要具有较强的协调和沟通的能力和知识。

#### 2)领导行为方式理论

领导才能与追随领导者的意愿都是以领导方式为基础的。因此许多人开始从研究领导者的内在特征转移到外在行为上。这就是领导者的行为方式理论。领导行为方式理论主要研究领导者在领导过程中的具体行为以及不同的领导行为对部属的影响,以期寻求最佳的领导行为。领导行为理论研究的目的在于提高对各种具体的领导行为的预见性和控制力,改进工作方法和领导效果。研究的侧重点在于确定领导者应具有什么样的领导行为以及哪一种领导行为的效果最好。这里只着重介绍几种比较有代表性的理论。

##### (1)三种领导方式理论

美国管理学家怀特(Ralph K. White)和李皮特(Ronald Lippett)所提出的三种领导方式理论是权威式(Authoritarian)、民主式(Democratic)及放任式(Laissez-faine),是一般人所最熟悉的分类。

①权威式领导是指领导者个人决定一切,布置下属执行。这种领导者要求下属绝对服从,并认为决策是自己一个人的事情。

这种领导方式的优点是决策迅速统一,责任清楚,可保证管理目标在最短的时间内得以实现。缺点是容易造成决策失误,会使下属缺乏工作的主动性,形成依赖性,引起成员的消极自卑,甚至会导致下属的不满与反抗,对下属的主动行为构成障碍。

②民主式领导是指主要政策制定由领导者发动下属讨论,共同商量,集思广益,然后决策,要求上下融洽,合作一致地工作。

这种领导方式的优点是能够充分调动下属参与管理的积极性,鼓励下属积极主动地开展工作,使下属个性得到发挥,使全体成员形成并发挥团队观念,关系融洽,凝聚力增强。缺点是不适合紧急情况下的管理,易延误时机。

③放任式领导是指组织成员或群体有完全的决策权,领导者放任自流,只管给组织成员提供工作所需的资料条件和咨询,而尽量不参与、也不主动干涉,只偶尔表示意见。工作进

行几乎全依赖组织成员、各人自行负责。

这种领导方式的优点是可以充分发挥下属的作用。缺点是缺乏领导与协调,各自为政,缺乏团队精神,组织的管理目标难以实现。

（2）领导连续流理论

美国管理学家坦南鲍姆（Robert Tannenbaum）和施莱特（Warren Schliect）提出了领导连续流（Leadership as a continum）。这种连续流也称为主管者—非主管者的行为连续流。这种理论认为领导方式有各式各样。一个适宜的领导方法取决于组织环境、下属的素质、领导的个性、能力等因素。

这种理论认为民主与专制仅是两个极端的情况,这两者中间还存在多种过渡式领导方法,它们组成了领导行为连续统一体,并具体提出了在以领导为中心的专制型领导方式到以下级为中心的民主式领导方式之间,有七种代表性的领导方式（见图8.1）。这一理论认为说不上哪种领导方式是正确的,哪种方式是错误的,领导者应根据具体情况,考虑各种因素选择图8.1中的某种领导行为。

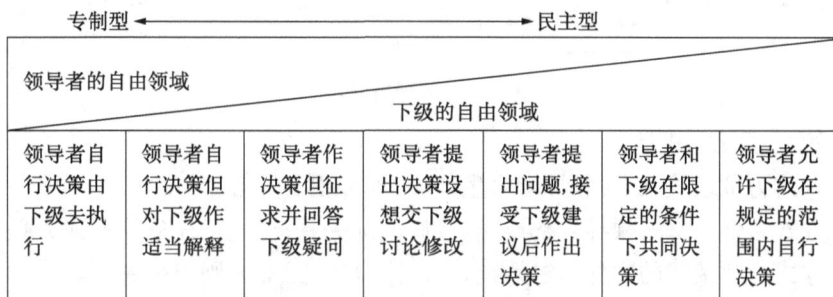

| 专制型 ← | | | | | | → 民主型 |
|---|---|---|---|---|---|---|
| 领导者的自由领域 | | | | | | |
| | | | 下级的自由领域 | | | |
| 领导者自行决策由下级去执行 | 领导者自行决策但对下级作适当解释 | 领导者作决策但征求并回答下级疑问 | 领导者提出决策设想交下级讨论修改 | 领导者提出问题,接受下级建议后作出决策 | 领导者和下级在限定的条件下共同决策 | 领导者允许下级在规定的范围内自行决策 |

**图8.1　领导行为连续统一体**

（3）管理方格理论

这是一种按照生产导向（又称抓组织）及员工导向（又称关心人）两个维度来划分领导行为的理论。

①领导行为四分图。1945年起,美国俄亥俄州立大学工商研究所对大型组织的领导行为作了一系列深入的研究。他们列出了一千多种刻画领导行为的因素,通过高度概括和归类,最后归并为两种主要领导行为,一类称作主导型结构,指领导者对于下属的地位、角色与工作方式,是否都订有规章或工作程序;另一类是关心型结构,领导和下属的相互关系体现为互相信任、互相尊重,领导平易近人、平等待人、关心群众、作风民主,通过让下属参与管理来调动积极性。根据他们的研究,这两种领导行为不是相互对立的两个端点,不是注重了一个方面必然忽视另一方面,领导者的行为可以是这两个方面的任意结合,由此,可形成四种基本领导风格,如图8.2所示。

②管理方格理论。在俄亥俄四分图的基础上,布赖克和莫顿于1964年提出了管理方格图。他们

| 高 关心型 低 | 高关心和低主导 | 高关心和高主导 |
|---|---|---|
| | 低关心和低主导 | 低关心和高主导 |
| | 低 ← 主导型 → 高 | |

**图8.2　领导风格四分图**

用一张九等分的方格图组成一个两维矩阵。横坐标表示领导者对生产的关心程度,纵坐标表示对人的关心程度。纵横共组成81个小方格,每一小格代表一种领导方式。其中有五种典型的领导方式(见图8.3)。

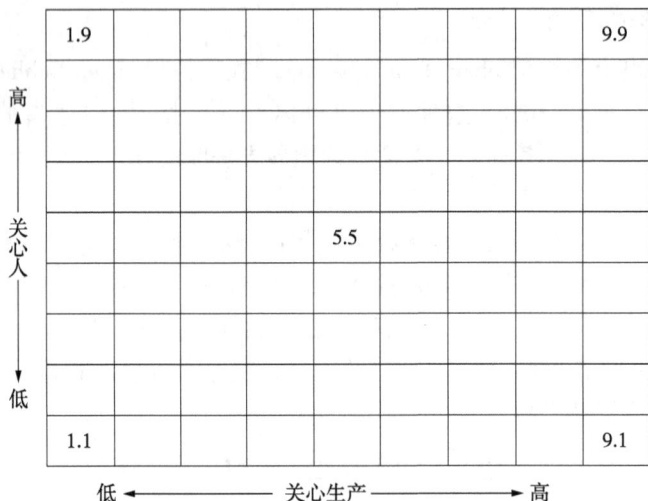

图8.3　管理方格图

五种典型的领导方式是:

①1.1方式为贫乏式领导:领导者对生产、对人都很少关心。

②1.9方式为俱乐部式领导:充分注意搞好人际关系,但生产任务得不到关心。

③9.1方式为独裁式的领导:领导者对生产高度关心,对人则很少关心。

④9.9方式为团队式领导:领导者对生产和人都极为关心,通过与职工的互敬互信,依靠协作来完成任务。

⑤5.5方式为中间式领导:领导者折中地在关心人和关心生产两者间取得平衡。

上述五种类型的前四种,相当于四分图中的四个极端方式。大多数研究者认为9.9型最好,其次是9.1型,再次是5.5型、1.9型,1.1型最差。

管理方格理论对于培养有效的管理者是有用的工具,它提供了一个衡量管理者所处领导形态的模式,使领导者较清楚地认识到自己的领导方式,并指出改进的方向。在西方国家,很多企业或事业组织都应用这个理论来训练管理人员。

（4）三维构面理论

由二维构面理论进而到三维构面理论(three dimensional theory),是20世纪70年代以来美国管理学家雷定(William J. Reddin)的贡献。他所利用的三维构面是:①任务导向(Jask oriented);②关系导向(Relationships-oriented);③领导效能(Leadership effectiveness)。

雷定把领导方式简要地分为四种基本领导方式:

①密切者(rclatcd),是指这种领导者重视人际关系,但不重视工作和任务。

②分立者(separated),是指这种领导者,既不重视工作,也不重视人际关系,与下属人员似乎各不相干,一切照规定行事,不考虑个人差异和创新。

③尽职者(dedicated),是指这种领导一心只想完成任务,铁面无私、秉公办事。

④整合者(integrated),是指这种领导兼顾群体需求及任务完成,能通过群体合作达到实

现目标,故属于整合性质。

雷定的理论特点在于第三构面——领导效能。雷定不认为上列四种领导方式中有哪一种最具效能,而是每一方式都可能发生效能,也都可能缺乏效能,因而他认为效能是另一种单独的构面。为此,雷定分别给每一方式两个名称:一个代表有效的领导方式;另一个代表无效的领导方式。

雷定认为,一种领导方式有效或无效,决定于当时所处的环境。用得对了,便是有效的领导方式;用得不对便无效。这就包含了环境因素对领导方式和领导效能的影响。

### 3)权变(或情境)领导理论

领导的作用在于领导人们的行为,而人们的行为又受其动机和态度等因素以及客观环境的影响,因此,讨论领导效能就不能脱离人们的动机和态度,以及当时当地所处的环境。决不能以为某一种领导方式可以普遍应用于所有的情况和所有的人群;相反,必须把这种环境因素,包括组织人员的动机与态度同时考虑。这就是研究领导问题的权变(或情境)理论的基本观点。

权变领导理论有两个比较著名的理论是"权变制宜"理论(The Contingency, theory of leadership)和"路径—目标理论"(Path-goal theory)

#### (1)权变理论

①菲德勒模式。美国管理学家菲德勒(Fred E. Fiedler)提出的权变理论意味着领导工作是一个过程。在这个过程中,领导者施加影响的能力取决于群体的工作环境、领导者的风格和个性,以及领导方法对群体的适合程度。按照菲德勒的理论,人们之所以成为领导者,不仅仅是由于他们的个性,而且还由于各种环境因素以及领导与环境之间的相互作用。对一个领导者的工作最起作用的三个基本因素是职位权力、任务结构和上下级关系。

a.职位权力。这是指与领导人职位相关联的正式职权以及领导者从上级和整个组织各个方面所取得的支持的程度。这一职位权力由领导者对下属所拥有的实有权力所决定。领导者拥有这种明确的职位权力时,则组织成员将会更顺从于他的领导,有利于提高工作效率。

b.任务结构。这是指任务明确程度和人们对这些任务的负责程度(分为高与低两种程度)。当工作任务本身十分明确,组织成员对工作任务的职责明确时,领导者对工作过程易于控制,整个组织完成工作任务的方向就更加明确。

c.上下级的关系。下级关系是指下属对一位领导者的信任爱戴和拥护程度,以及领导者对下属的关心、爱护程度。这一点对履行领导职能是很重要的。因为职位权力和任务结构可以由组织控制,而上下级关系是组织无法控制的。

这三个因素构成了组织环境。菲德勒按照这三个因素的不同组合,把领导者所处环境从最有利到最不利,共分为八种类型(见表8.1)。其中,三个条件具备的是领导最有利的环境,三者都缺乏的是最不利的环境。领导者所采用的领导方式应该与环境类型相适应,才能获得有效的领导。菲德勒通过对1 200个团体进行观察,收集了大量资料,分析证明在最不利和最有利的两种情况下(如表中1,2,3,8),采取以"任务为中心"的指令式领导方式,效果较好;而对处于中间环境的情况下(如表中4,5,6,7),则采用关系导向型的领导方式,效果较好。

表8.1　菲德勒领导环境与领导方式关系图

| 对领导的有利性 环境类型因素 | 有 利 | | | 中 间 状 态 | | | | 不 利 |
|---|---|---|---|---|---|---|---|---|
| | 1 | 2 | 3 | 4 | 5 | 6 | 7 | 8 |
| 上下级关系 | 好 | 好 | 好 | 好 | 差 | 差 | 差 | 差 |
| 任务结构 | 明确 | 明确 | 不明确 | 不明确 | 明确 | 明确 | 不明确 | 不明确 |
| 职位权力 | 强 | 弱 | 强 | 弱 | 强 | 弱 | 强 | 弱 |
| 领导方式 | 任务型 | | | 关系型 | | | | 任务型 |

　　②生命周期模式。这一理论是由美国管理学家赫塞和布兰查德1966年提出的。该理论的主要观点是:领导的有效性,在于把组织内的工作行为、关系行为和下属的心理成熟度(指被领导者掌握知识和经验的多少,独立工作能力的高低,承担责任的愿望以及对成就感的向往等)结合起来考虑。随着被领导者从不成熟走向成熟,领导者要不断调整工作型和人际关系型领导方式的比例,这样领导行为才能有效。领导的生命周期理论可以用四个象限来表示四种适合下属不同成熟阶段的领导方式,如图8.4所示。

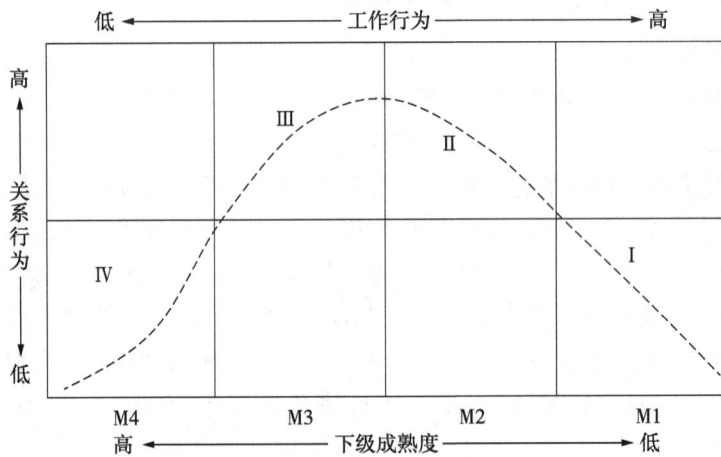

图8.4　领导生命周期图

　　图8.4中,工作行为是指领导者对下属发布指示、命令的频度和强度。从左到右逐渐提高,越靠右越趋向严格的监督控制。关系行为是指领导者与下级信息沟通的方式与强弱。越向上越趋向双向传递信息,充分信任支持下级。下级成熟度指下级管理自己行为的意愿和能力,图由中右M1至左M4成熟度逐渐提高。

　　图中曲线表示四种不同的领导方式:

　　曲线Ⅰ段——高工作,低关系(命令式领导方式);

　　曲线Ⅱ段——高工作,高关系(说明式领导方式);

　　曲线Ⅲ段——低工作,高关系(参与式领导方式);

　　曲线Ⅳ段——低工作,低关系(授权式领导方式)。

　　对于低成熟度(M1)的下级,他们通常缺少工作经验,不能自觉承担责任,因此,应采用命令式领导方式。明确规定其工作目标和工作规程,要求上级怎么说下级怎么做,一切行动听指挥。

对于较不成熟(M2)的下级,虽然他们已开始熟悉工作,也愿担负工作责任,但尚缺乏工作技能,不能完全胜任工作,这时应使用说明式的领导方式更为有效。领导既要明确地下达任务,又要教他完成任务的方法,然后听取他对这些问题的看法和意见,最后达成共识。

曲线Ⅲ段对应着比较成熟的下级(M3),最适当的领导方式是参与式。领导简要地把任务交代下去,让下级拿出实施方案交上来,修改、补充、商讨、确认后让下级去执行。领导对下级不要有过多的控制和约束,而应加强交流,鼓励下级参与决策。

授权式的领导方式(曲线Ⅳ段)则适用于高度成熟(M4)的下级。由于下级不仅具备了独立工作的能力,而且能主动完成任务并承担责任,领导只需明确布置工作目标和完成任务的期限,具体怎么干,谁去干,何时干则由下级自己定。

总之,生命周期理论告诉我们,对不同的对象应采取不同的领导方式。该理论再次说明了并不存在一种万能的领导方式,为权变理论提供了又一个有用的模型。

(2)路径—目标理论

1971年加拿大多伦多大学教授豪斯(R. J. Howse)提出一种新型的领导权变理论,这就是路径—目标理论(Path goal theories)。某些领导行为之所以有效,乃是因为在该情境之中,这种行为有助于下属人员达成和工作有关的目标。豪斯等人认为:领导是一种激励部下的过程。领导方式只有适用于不同的部下和环境时,才是有效的。该理论的核心是要求领导者用抓组织、关心生产的办法帮助职工扫清达到目标的障碍,用体贴精神关心人,满足人的需要;帮助职工通向自己预定的目标。

根据该理论,领导方式可以分为四种(见图8.5):

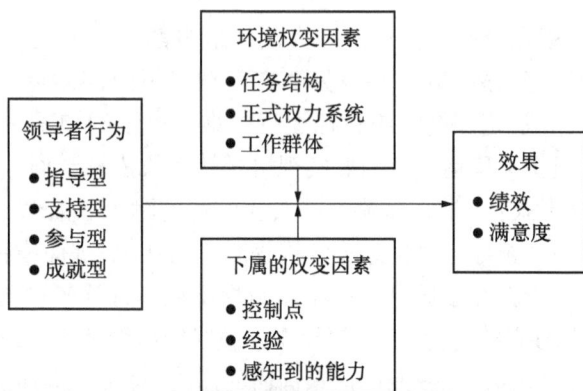

图8.5 路径—目标理论的四种领导方式

①指导型领导方式。领导者应该对下属提出要求,指明方向,给下属提供他们应该得到的指导和帮助,使下属能够按照工作程序去完成自己的任务,实现自己的目标。

②支持型领导方式。领导者对下属友好,平易近人,平等待人,关系融洽,关心下属的生活福利。

③参与型领导方式。领导者经常与下属沟通信息,商量工作,虚心听取下属的意见,让下属参与决策,参与管理。

④成就型领导方式。领导者做的一项重要工作就是树立具有挑战性的组织目标,激励下属想方设法去实现目标,迎接挑战。

路径—目标理论告诉我们,领导者可以而且应该根据不同的环境特点来调整领导方式和作风,当领导者面临一个新的工作环境时,他可以采用指示型领导方式,指导下属建立明确的任务结构和明确每个人的工作任务;可以采用支持型领导方式,有利于与下属形成一种协调和谐的工作气氛。当领导者对组织的情况进一步熟悉后,可以采用参与者式领导方式,积极主动地与下属沟通信息,商量工作,让下属参与决策和管理。在此基础上,可以采用成就指向式领导方式,领导者与下属一起制订具有挑战性的组织目标,为实现组织目标而努力工作,并且运用各种有效的方法激励下属实现目标。

**【小思考】**

你认为哪些因素影响领导方式的改变?

**【推荐阅读】**

如何才能当好领导,推荐大家阅读如何做好一个有效的管理者,http://www.rs66.com/a/11/34/ruhezuohaoyigeyouxiaodeguanlizhe_39590.html。

# 8.3  协调与沟通

领导最重要的工作就是协调和沟通。因为任何组织都是一个人造系统,一方面它要与外部发生关系,需要处理好与外部的关系;另一方面在组织内部,组织由许多子系统(或部门)、许多环节、许多人组成,在围绕组织目标运行中难免有矛盾和不一致的地方,这就需要领导进行协调,以保证组织平稳运行。而要实现协调就必须依靠沟通。任何一个管理过程,都包含两种性质的运动形式:一是物质流——人、财、物的输入、输出;二是信息流——各种信息的传递、接收和处理。领导通过信息流掌握物质流的状况,进而指挥物质流的运动。在这个意义上说,领导的职责就在于通过信息流控制物质流。领导较少与"具体的事物"打交道,而更多的是与"事物的信息"打交道。领导要想做好任何管理工作,都离不开信息和信息沟通。为了有效进行信息沟通,充分发挥信息沟通的作用,对有关沟通的一些基本问题应该有所了解。没有人员之间的沟通就不可能做到协调。事实上,领导每天所做的大部分事务,都是围绕沟通这一核心问题展开的,例如,与上司和下属的沟通,与社会公众的交流等。

## 8.3.1  协  调

### 1)协调的概念

协调,是指组织领导者从实现组织的总体目标出发,依据正确的政策、原则和工作计划,运用恰当的方式方法,及时排除各种障碍,理顺各方面关系,促进组织机构正常运转和工作平衡发展的一种管理活动。

协调职能是现代管理的重要职能。在现代管理过程中,由于管理体制不顺,权责划分不清,政出多门,互相扯皮;领导班子不团结;干部素质上的差异,导致对问题的认识和看法的不一致;决策失误、计划不周,导致执行困难;客观情况的重大变化,导致原来的工作计划无法继续实施;单位、部门之间的本位主义和个人感情上的隔阂,导致相互之间的矛盾和冲突等,使得组织管理过程中充满着各种矛盾和冲突。如果不能及时排除这些矛盾和冲突,理顺各个方面的关系,组织机构的协调运转和计划目标的顺利实现就不可能。因此,协调工作十分重要。领导者必须高度重视协调工作,认真履行好协调职能。

在一个组织中协调最有效的手段就是信息的沟通与交流。

**【小思考】**

为什么协调最有效的手段是信息的沟通与交流?

### 2)协调的范围

在组织机构运行的过程中出现的各种矛盾和冲突,都在协调的范围之内。这些矛盾和冲突按与组织的关系,可分为内部和外部两大类:对组织内部的各种矛盾和冲突的协调,称之为内部协调;对组织与其他组织、个人的矛盾和冲突的协调,称之为外部协调。无论是内部协调还是外部协调,都主要是协调好三个方面的关系:

第一,上下级之间的关系,包括上下级机关、领导与群众之间的关系。

第二,同级之间的关系,包括平行的部门、单位、职位之间的关系。

第三,社区公众之间的关系,包括所在地区的其他单位、部门、个人之间的关系。

只有把组织内部和外部这些方面的关系都协调好了,才能创造良好的内部和外部的关系环境,保证计划、决策的顺利推行和组织目标的最终实现。

### 3)协调的内容

#### (1)协调奋斗目标

不同部门、单位、人员的工作目标出现矛盾冲突,必然导致行动的差异和组织活动的不协调。因此,协调好不同部门、单位和人员之间的工作目标,是协调工作的重要内容。

#### (2)协调工作计划

计划不周或主客观情况的重大变化,是导致计划执行受阻和工作出现脱节的重要原因。因此,根据实际情况特别是重大情况变化,调整工作计划和资源分配,是协调工作的必要内容。

#### (3)协调职权关系

各部门、单位、职位之间职权划分不清,任务分配不明,是造成工作中推诿扯皮、矛盾冲突的重要原因。因此,各层级、各部门、各职位之间的职权关系,消除相互之间的矛盾冲突,需要协调。

（4）协调政策措施

政策措施不统一，互相打架，是造成组织活动不协调的重要原因，消除政策措施方面的矛盾和冲突，需要加强协调。

（5）协调思想认识

在组织管理过程中，不同部门、单位、人员对同一问题认识不一致，观点、意见不相同，往往导致行动上的差异和整个组织活动的不协调。因此，协调不同部门、单位、人员的思想认识，统一大家对某个问题的基本看法，成了协调组织活动的前提条件和协调工作的内容。

## 8.3.2 沟 通

### 1）沟通的概念及其重要性

沟通一词源于拉丁语的动词（communicare），意为"分享、传递共同信息"，英文的沟通也曾翻译为"交际"或"社交"，即社会上人与人之间使用语言等媒介进行思想、观念、感情、意志的交往、相互作用的一种行为。沟通简单地说就是信息交流，是指一方将信息传递给另一方，期待其作出反应的过程。

沟通意味着信息的传递，如果信息没有被传送到，则沟通没有发生。成功的沟通，不仅要求意义被传递，而且还需要被理解。因此，一般意义上的沟通是指信息从发送者到接受者的过程和行为。沟通使有组织的活动统一起来，沟通也是改正行为、引起变化、达到目的的手段。从领导职能而言，离开了人际沟通，组织的活动就不能开展，既不可能实现相互协调合作，也不可能进行必要而及时的协调变革。因此，信息沟通在管理活动中具有重要意义。

（1）有效沟通是正确决策的必要前提

管理者对内和对外的有效沟通，可以使企业掌握大量的各种信息，比如企业组织结构、工作业绩标准、企业计划等企业内部问题，还可以了解顾客的需要、供应商的状况、股东的要求、政府的规定，以及企业所在社区所关心的问题。这些情况为企业拟订有关产品的研制、生产数量、产品质量、市场战略、各种生产要素间的组合以及企业内各项决策提供基础资料。在信息匮乏的情况下，任何高明的管理者都无法作出正确的决策。掌握和了解尽可能全面的信息，是避免决策失误的基本保证。

（2）有效的沟通是组织目标实现的重要手段

如果没有人际沟通，一个群体的活动也就无法进行。通过有效的人际沟通，可以使组织内部分工合作更为协调一致，保证整个组织体系统一指挥、统一行动，实现高效率的管理，使组织成员团结一致，共同努力来实现组织目标。

（3）有效的沟通是履行领导职能的基本途径

领导职能的实质是指挥、协调、鼓励下属为实现组织目标而努力的过程。完成这一过程的关键在于能否有效地沟通，即领导者的意图和想法要使下属知道和理解，并且还要了解下属的愿望和需要。因此，真正发挥领导职能的是上下级的沟通。

（4）有效的沟通是改善人际关系的重要条件

组织中每个成员都有受人尊重、社交和爱的需要，人与人之间的沟通和交流可以使这些需要得到满足。经常性的沟通和交流也可以使人们彼此了解，消除彼此的隔阂和误会，消除和解决矛盾与纠纷，从而利于良好人际关系的形成。

## 管理故事

### 上帝与画眉

有一天，上帝问一只被囚在笼中的画眉，"你愿意到天堂去生活吗？""为什么要去那里呢？"画眉问。"天堂宽敞明亮，不愁吃喝。""可我现在也很好啊。我吃喝拉撒，全由主人包办，风不吹头，雨不打脸，还能天天听见主人说话、唱歌。"画眉回答说。"可是你有自由吗？"听了上帝的话，画眉沉默了。于是，上帝把画眉带到了天堂。他把画眉安置在翡翠宫住下，便忙着处理各种事务去了。一年后，上帝突然想起了画眉，便去翡翠宫看它。他问画眉，"啊，我的孩子，你过得还好吗？"画眉答道，"感谢上帝，我过得还好。""那么，你能谈谈在天堂里的生活感受吗？"上帝真诚地问道。画眉长叹一声，说，"唉，这里什么都好，就是没有人和我说话，让我无法忍受。您还是让我回到人间吧。"听了这话，上帝不禁大为感慨。

- 人与人需要交流和沟通。企业内部若是没有相互交流和相互欣赏，即使给你天堂，也注定找不到快乐自由的感觉。

**【推荐阅读】**

为什么要重视协调？协调的重要性是什么？请看文章平庸领导下跳棋，伟大领导下象棋，http://www.rs66.com/a/11/34/pingyonglingdaoxiatiaoqi_weidalingdaoxiaxiangqi_58934_2.html。

### 2）有效沟通的原则

美国著名的公共关系专家特立普、森特在他们合著的被誉为"公关圣经"的著作《有效的公共关系》中提出了有效沟通的"7C原则"：

①可信赖性（Credibility）：即建立对传播者的信赖。

②一致性（又译为情境架构）（Context）：指传播需与环境（物质的、社会的、心理的、时间的环境等）相协调。

③可接受性（Content）：指传播内容需与受众有关，必须能引起他们的兴趣，满足他们的需要。

④明确性（Clarity）：表达的明确性，指信息的组织形式应该简洁明了，易于公众接受。

⑤渠道的多样性（Channels）：指应该有针对性地运用传播媒介以达到向目标公众传播信息的作用。

⑥持续性与连贯性（Continuity and consistency）：沟通是一个没有终点的过程，要达到渗透的目的，必须对信息进行重复，但又需在重复中不断补充新的内容，这一过程应该持续地坚持下去。

⑦受众能力的差异性（Capability of audience）：沟通必须考虑沟通对象能力的差异（包括

注意能力、理解能力、接受能力和行为能力），采取不同方法实施传播才能使传播易为受众理解和接受。

### 3）信息沟通过程

沟通过程指的是信息交流的全过程。人与人之间的沟通过程可以分为六步：传递者把所要发送的信息按一定程序进行编码后，使信息沿一定的通道进行传递，接收者收到信息，先对信息进行译码处理，信息被接收者接收，接收者再将收到信息后的情况或反应发回传递者，即反馈，如图8.6所示。

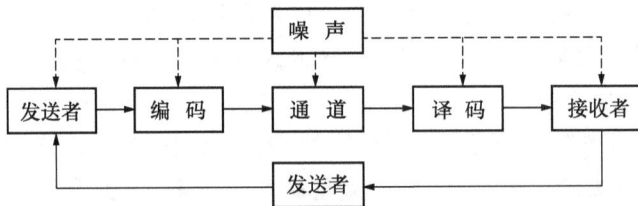

图8.6 信息沟通的基本过程

**（1）信息源**

信息源指的是发出信息、意图、观念的人，又称为发送者。信息发送者是一个沟通过程的原点，为了某种需要，他准备向接受者传递某些信息。这里所说的信息包括想法、观点、建议、计划以及各种资料等。

**（2）编码**

信息是一种抽象的意识，需要借助技术手段才能表达出来，这就是信息的编码过程。即将信息内容表达为某种或某些特定的符号，如语言、文字、手势等，这样才能得以传递。在编码的过程中，如编码发生错误，则会影响沟通的效率。

**（3）信息通道**

通道是指传递信息的媒介。对信息进行编码之后，还需要通过一定的渠道或媒介传递出去。如有文件传递、电话传递、会议传递和面对面交谈。采用哪种渠道，应根据信息性质、重要程度、保密情况、空间距离等来确定。一个具体的信息可以通过不同的通道发送。对信息沟通渠道要求畅通无阻，避免干扰，以使接收者正确无误地收到信息。

**（4）解码**

指的是信息接收者的思维过程。即把所收到的信息中的符号译成接收者可以接收的形式。这个过程也称为译码，这个译码过程关系到接收者是否能够正确理解发送者所传递的信息，译码错误，信息就会被误解。

**（5）理解**

接收者对信息的理解和接收程度，取决于他的知识水平、态度、情绪、智力情况和工作经验以及社会文化系统。同一信息，不同的接收者会有不同的理解，因而所采取的行动也不相同。

**（6）反馈**

信息传递的目的，是发送者要看到接收者采取发送者所希望的正确行动，否则，说明信息沟通发生了问题。为了查核和纠正可能产生的偏差,就要实施反馈。接收者把自己理解后的信息编码再返回发送者,发送者要据此判断自己发送的信息是否被接收者正确理解。

#### 4)沟通的类型

**(1)按沟通的组织系统分为正式沟通和非正式沟通**

①正式沟通。正式沟通指的是通过组织明文规定的渠道进行信息的传递和交流。如组织与组织之间的公函来往。在组织中,上级的命令、指示按系统逐级向下传送;下级的情况逐级向上报告,以及组织内部规定的会议、汇报、请示、报告制度等。

正式沟通的优点是,沟通效果较好,有较强的约束力,易于保密,一般重要的信息通常都采用这种沟通方式。缺点是因为依靠组织系统层层传递,因而沟通速度比较慢,而且显得刻板。

②非正式沟通。非正式沟通指的是正式沟通渠道之外进行的信息传递和交流。如员工之间私下交换意见、背后议论别人、小道消息、马路新闻的传播等,均属于非正式沟通。

非正式沟通方式的优点是沟通方便,内容广泛,方式灵活,沟通速度快,可用以传播一些不便正式沟通的信息。而且由于在这种沟通中比较容易把真实的思想、情绪、动机表露出来,因而能提供一些正式沟通中难以获得的信息。缺点是非正式沟通比较难以控制,传递的信息往往不确切,易于失真、曲解,容易传播流言蜚语而混淆视听,应予重视,注意防止和克服其消极的方面。

正式沟通,其内容和频率要适当。次数过少,内容不全,会使上情不能下达,下情不能上达;而次数过多,内容过繁,则会导致“文山”“会海”,陷入官僚主义和形式主义。管理者在力求使正式沟通畅通的同时,还应重视和利用非正式沟通渠道,使后者成为更好地掌握各种信息的一种补充形式。通常,小道消息大多出于捕风捉影,歪曲或扩大事实,但它的流行常常与正式沟通渠道不畅有关。

因此,改善的办法在于使正式沟通渠道畅通,用正式消息驱除小道传闻。

**(2)按沟通的方式分为口头沟通、书面沟通、语言沟通和非语言沟通**

①口头沟通。所谓口头沟通就是运用口头表达的方式来进行信息的传递和交流。这种沟通通常见于会议、会谈、对话、演说、报告、电话联系、市场访问、街头宣传等。

②书面沟通。书面沟通指的是用书面形式进行的信息传递和交流。例如简报、文件、通信、刊物、调查报告、书面通知等。

美国心理学家戴尔(T. L. Dahle)通过比较研究,认为兼用口头与书面沟通的沟通方式效果最好,其次是口头沟通,再次是书面沟通。

其实,口头沟通与书面沟通,各有优缺点。口头沟通的优点在于:比较灵活,简便易行,速度快,有亲切感;双方可以自由交换意见,便于双向沟通;在交谈时可借助于手势、体态、表情来表达思想,有利于对方更好地理解信息。但它也有缺点,如受空间限制,人数众多的大群体无法直接对话,口头沟通后保留的信息较少。书面沟通的优点在于:具有准确性、权威性,比较正式,不受时间、地点限制;信息可以长期保存;便于查看,反复核对,倘有疑问可据以查阅,可减少因一再传递、解释所造成的失真。它的缺点是:上了书面,不易随时修改,有时文字冗长不便于阅读,搞成书面形式也较为费时。

在管理中,口头沟通与书面沟通都是必不可少的,但用得更多的是口头沟通。通常,传递重要的、需要长期保存的信息,宜用书面沟通;传递一般性的、暂时性的、有关例行工作的信息,以口头沟通更为简便。在班组、科室中,一般说来成员不多,工作场地较为集中,担负的大多是执行性任务,因此,应特别重视口头沟通。

③语言沟通。语言沟通是借助于语言符号系统而进行的沟通。其中包括口头语言、文字语言和图表等。在面对面的直接交往中,通常所用的是口头语言。是由"说"和"听"构成语言交流情境的,因而双方心理上的交互作用表现得格外明显。

④非语言沟通。非语言沟通指的是用语言以外的即非语言符号系统进行信息沟通。如视—动符号系统(手势、表情动作、体态变化等非言语交往手段);目光接触系统(如眼神、眼色);辅助语言(如说话的语气、音调、音质、音量、快慢、节奏等);空间运用(身体距离)等。

语言沟通与非语言沟通通常是交织在一起的,这两个方面配合得越好,沟通的效果也越好。因此在沟通时,要注意保持两者在意义上的一致性,否则,如怒气冲冲地表扬人,嬉皮笑脸地批评人,怒目而视地抚摸,板着脸孔与人打招呼,都会使信息模糊而使对方难以捉摸,影响沟通效果以致招来误会,带来麻烦。

(3)按信息传播的方向分为上行沟通、下行沟通和平行沟通

①上行沟通,是指自下而上的沟通,即下级向上级汇报情况,反映问题。这种沟通既可以是书面的,也可以是口头的。为了作出正确的决策,领导者应该采取措施如开座谈会、设立意见箱和接待日制度等鼓励下属尽可能多地进行上行沟通。

②下行沟通,是指自上而下的沟通,即领导者以命令或文件的方式向下级发布指示、传达政策、安排和布置计划工作等。下行沟通是传统组织内最主要的一种沟通方式。

③平行沟通,是指同层次、不同业务部门之间以及同级人员之间的沟通。平行沟通符合过程管理学派创始人法约尔提出的"跳板原则",它能协调组织横向之间的联系,在沟通体系中是不可缺少的一环。

(4)按沟通网络的基本形式分为链式、轮式、Y式、环式和全通道式沟通

几种沟通的形态如图8.7所示。

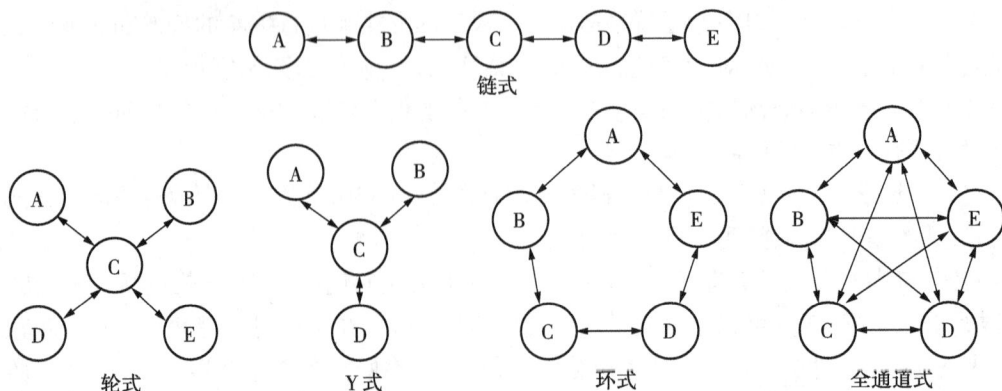

图8.7　五种沟通形态图

链式沟通属于控制型结构,在组织系统中相当于纵向沟通网络。网络中每个人处在不同的层次中,上下信息传递速度慢且容易失真,信息传递者所接收的信息差异大。但由于结

构严谨,链式沟通形式比较规范,在传统组织结构中应用较多。

轮式沟通又称为主管中心控制型沟通。该网络图中,只有一名成员是信息的汇集发布中心,相当于一个主管领导直接管理几个部门的权威控制系统。这种沟通形式集中程度高,信息传递快,主管者具有权威性。但由于沟通渠道少,组织成员满意程度低,士气往往受到较大的影响。

（5）按沟通方向的可逆性分为单向沟通和双向沟通

①单向沟通,是指信息的发送者和接收者的位置不变的沟通方式,如作报告、演讲、上课,一方只发送信息,另一方只接收信息。这种沟通方式的优点是信息传递速度快,并易保持传出信息的权威性,但准确性较差,并且较难把握沟通的实际效果,有时还容易使受讯者产生抗拒心理。当工作任务急需布置,工作性质简单,以及从事例行的工作时,多采用此种沟通方式。

②双向沟通,是指信息的发送者和接收者的位置不断变换的沟通方式,如讨论、协商、会谈、交谈等均属此类沟通。信息发送者发出信息后,还要及时听取反馈意见,直到双方对信息有共同的了解。双向沟通的优点是信息的传递有反馈,准确性较高。由于受讯者有反馈意见的机会,使他有参与感,易保持良好的气氛和人际关系,有助于意见沟通和建立双方的感情。但是,由于信息的发送者随时可能遭到受讯者的质询、批评或挑剔,因而对发讯者的心理压力较大,要求也较高;同时,这种沟通方式比较费时,信息传递速度也较慢。

**【课堂互动】**

企业做新产品的广告属于什么沟通？企业进行新产品现场演示、咨询会,这种沟通属于什么沟通？

莱维特（M. J. Leavitt）曾对单向和双向沟通作过比较研究,结论认为:①从沟通速度来说,单向沟通比双向沟通速度快;②从内容正确性来说,双向沟通比单向沟通好;③从工作秩序来说,双向沟通容易受到干扰,缺乏条理性,单向沟通显得安静规矩;④双向沟通中,接收信息的人对自己的判断较有信心,知道自己对在哪里,错在哪里;⑤对发讯人来说,在双向沟通时感到心理压力较大。

一般说来,在工作任务不紧迫,又需要准确地传递信息,或在处理陌生、复杂的问题时,要作出重要决策、决定,宜采用双向沟通方式。在上下级之间进行双向沟通时,领导者要特别注意"心理差距"对沟通的影响。处在主管地位的人,在下属的心目中往往具有一种"心理巨大性",而下属对自己则存在一种"心理微小性"。这种心理差距会造成心理上的不平衡,使人们在上级面前不敢畅所欲言,成为双向沟通的心理障碍。

要尽量减少领导者与被领导者之间的心理差距,首先要求领导者平易近人,把自己放在与对方平等的地位上,创造一种和谐的气氛。影响领导者与被领导者之间双向沟通的另一个因素,是领导者对不同意见的容忍性。双向沟通的目的是要让下级有公开和坦率地表达意见的机会。然而有些领导者却只爱听顺耳或对己有利的话,听到"坏"消息就感到不快。这时有的下级为了"顺利通过",也来个报喜不报忧,看领导脸色行事,这样,就会使双向沟通徒具形式。

**【课堂讨论】**

2007年3月13日,《信息时报》推出广州香蕉感染"蕉癌"的重头报道,主标题显示"'巴拿马病'蔓延,广州三成香蕉遭毁",副标题又称"这种致命的'香蕉癌症'正在快速扩大感染面积,广州人几年后或吃不到本地香蕉"。由于标题制作突出了"蕉癌""灭绝""致命"等让人敏感和不安的"黑色词汇",很容易造成读者的误解。在快速读报,只浏览新闻标题或简单翻阅报纸内容的情况下,读者捕捉到的信息很可能就是"香蕉致癌"! 一时间不少人误解吃了香蕉易患癌症,使得市场上广东、广西、海南等地香蕉大量滞销,光海南一个省香蕉损失将近5亿多元,蕉农损失惨重。"蕉癌"风波发生后,有关部门对权威信息的发布还是慢了半拍。官方公开而正式的辟谣是在4月5日,海南省委宣传部、省农业厅联合召开新闻发布会,澄清"香蕉致癌"讹传。此后,国家农业部新闻办公室在4月7日进一步发布辟谣消息,声明香蕉枯萎病与食用香蕉的安全性没有任何关联。这就是说,从3月18日出现"蕉癌"的传言,到4月5日海南政府部门公开辟谣,已近20天。从3月21日海南香蕉价格开始暴跌到政府采取措施,已有半个月之久。而官方辟谣之后,香蕉价格立即回升。

请同学们从此案例来看,正式沟通为什么重要? 政府在处理"蕉癌"过程中有什么失误?

### 5)信息沟通的障碍及其克服

#### (1)信息沟通的障碍

信息沟通常常会受到各种因素的影响,比如个人因素、人际因素、组织结构因素、技术因素等,使沟通受到阻碍。归纳来看,沟通障碍主要来自以下几个方面:

①语言障碍、习惯性思维产生理解差异。自从人类社会创造了语言,语言便成了人类沟通中最重要的工具。它的表达方式丰富多彩,表现包罗万象,使用范围广阔无边,在沟通功能上是其他任何方式无法比拟的。但语言本身并不是客观事物本身,而是描述客观事物、传递信息的符号,语言是思想的外壳,处于不同地域的人,对同一内容表述差异大,语音差别大,沟通困难。即使不考虑这些因素,每个人的语言修养和表达能力差别也很大,加上有些沟通者事先缺乏必要的准备和思考,或用词不当或说话模糊,听了半天不知所云。有时即使意思清楚,但接收者在译码过程中,往往会加上主观的推理综合,因而受个人的世界观、方法论、经历、经验、需要的影响,从而产生不同的理解和结论。在沟通过程中人们还经常犯一个错误,习惯性的常理思维或未听完下属情况反映凭经验乱加评论。

### 管理故事

#### 受委屈的小朋友

美国知名主持人林克莱特一天访问一名小朋友,问他说:"你长大后想要当什么呀?"小朋友天真地回答:"我要当飞机的驾驶员!"林克莱特接着问:"如果有一天,你的飞机飞到太平洋上空所有引擎都熄火了,你会怎么办?"小朋友想了想说:"我会先告诉坐在飞机上的人绑好安全带,然后我挂上我的降落伞跳出去。"当在现场的观众笑得东倒西歪时,林克莱特继续注视这孩子,想看他是不是自作聪明的家伙。没想到,接着孩子的两行热泪夺眶而出,这才使得林克莱特发觉这孩子的悲悯之情远非笔墨所能形容。于是林克莱特问他说:"为什么要这么做？"小孩的答案透露出一个孩子真挚的想法："我要去拿燃料，我还要回来！！"

**【小思考】**

在这个案例中如果你是观众听到小朋友说"我挂上我的降落伞跳出去"，你是怎么理解的？为什么现场的观众会误解这个小朋友？该案例说明在沟通中我们要注意什么？

②环节过多引起信息损耗。上传下达是组织经常采用的沟通方式，组织发展所带来的组织结构复杂化，管理层和员工之间出现了更多的层次和职权结构，由于各种因素，信息每经过一次传达就多一层丢失和错误，一般每经过一个中间环节就要丢失30%左右的信息。一项著名的关于美国公司管理沟通状况的调查显示，信息在下行传递中，好像经过一个漏斗层层过滤，如果董事会的原始信息是100%的话，口头传递经5个层次，到达最后一个受信者那里，就只剩下20%，80%的信息因为各种原因而被损失了。

究其原因，是因为人有个别差异、性别、年龄、文化程度、信仰、思维、想象不同，从而造成的结果。在上行沟通过程中，组织越大其沟通阻碍越是常见。在一个对美国和加拿大75家公司的研究中发现，组织内上行沟通的每一步骤几乎都有信息过滤和扭曲发生。当明确信息可能对自己不利时，对信息的过滤就会产生在上行路上。一些高层管理者，只喜欢听某类信息，中层管理者或秘书或行政助理，往往为了迎合高层，只回应高层感兴趣的事；另外，主管与下属的关系不良，缺乏信任，双方又不肯花时间去相互了解和真诚沟通时，下属就不会向上级提供信息。

③信誉不高，妨碍沟通。如果沟通者在接收者心中的形象不好、存有偏见，则后者对其所讲述的内容往往不愿意听或专挑毛病，有时虽无成见，但认为内容与己无关，不予理会。

**资料链接**

**第二次世界大战中的丘吉尔与希特勒**

在第二次世界大战期间，温斯顿·丘吉尔专门设立了一个办公室，它的唯一职责就是向他报告坏消息，这一点值得我们深思。不管消息有多么糟糕，丘吉尔都想一五一十地了解真相。希特勒则刚好与此相反。希特勒有听喜的癖好。他的秘书马丁·博尔曼马上就学会了适应这位暴君的脾气，从来都报喜不报忧，当德军在战场上已经处于不利局面时，他得到的消息是德军还一直在战场中处于上风，当他知道局面不利时已经为时过晚了。

● 两种信息沟通方式，产生了两种效果，一个管理者要善于听取不同的信息。凯特林是通用汽车最辉煌年代的舵手，他经常说："除了坏消息之外，什么也别告诉我，好消息会削弱我的斗志。"

④沟通要求不明，渠道不畅。有些领导者并不明确为了完成某种任务和作出正确的决策自己需要哪些信息，因此在组织渠道设计时没有明确的目标，沟通渠道就必然呈现自发的无组织状态，以致别人提供的信息并不需要，而需要的信息又没有。此外，利害冲突，地位的差异也是妨碍沟通的因素。

⑤外界环境的干扰。环境的干扰也是导致信息沟通障碍的重要原因。人们常常受到环

境设计和陈设的影响而浑然不知,环境的干扰会使信息接受者无法全面准确地接受信息发送者所发送的信息。诸如噪声大、注意力难以集中、电信突然中断、讨论问题的场合不适宜、相互传递信息又被打岔,以及室内的布置、房间的颜色、空间距离的远近等,都会对传递信息相互沟通产生影响,造成信息在传递中的损失和遗漏,甚至扭曲变形,从而造成了错误或不完整的传递。

### (2)信息沟通障碍的克服

信息沟通障碍的存在,势必会影响到各个环节之间信息沟通的效率,不利于组织计划和目标的实现,管理者应积极采取相应的措施,克服沟通中的各种障碍,保证管理活动的顺利进行。为了有效地克服沟通的障碍,需要注意下面几点:

①沟通要有认真的准备和目的性,力求表达准确。对于信息发送者来说,无论是口头交谈的方式,还是书面交流的方式,首先要明确沟通目标;要了解沟通对象性格,要善于同各种员工打交道;善于换位思考,真正理解对方心意。每次沟通之前都要事先对沟通的内容有正确和清晰的理解。重要的沟通最好事先征求他人意见,每次沟通要解决哪些问题、达到什么目的,要尽量清楚。传递信息时力求准确表达自己的意思,选择准确的词汇、语气、标点符号,注意逻辑性和条理性,言简易懂,有些地方要加上强调性的说明,要从大量的信息中进行选择,只传递与工作有密切联系的信息,以突出重点。如果信息来自各方面还需要进行统筹协调,避免沟通信息的矛盾,降低沟通效果。

### 【小思考】

联系马航MH370失联事件,请谈谈为什么大家对马来西亚政府信息沟通十分不满?

②沟通要有诚意,取得对方的信任并和被沟通者建立感情。作为管理者,沟通能否成功,不仅和沟通内容有关,而且和沟通者的品德有关。有人对经理人员的沟通作过分析,一天用于沟通的时间占70%左右,其中撰写占9%,阅读占16%,言谈占30%,用于聆听占45%,但一般经理都不是好听众,效率只有25%。究其原因,主要是缺乏诚意。要提高沟通效率,其中一个重要的技巧就是必须诚心诚意去倾听对方的意见。这样对方才会把真实想法说出来。特别是作为领导,要有民主作风,要欢迎职工发表意见,要能兼收并蓄,豁达大度,要善于听取不同的意见。要经常深入基层和实际,不仅使自己了解下级,而且使下级了解自己,从感情上建立联系。有的领导者成天忙于当仲裁者的角色而且乐于此事,想以此来说明其重要性,那是不明智的。

### 资料链接

#### 沟通要真诚

一位智者和一个朋友外出旅行。在一个危险的山谷,智者被他的朋友救了一命,执意要在石头上镌刻下这件事。后来在海边,两个人又因为一件事争吵起来,朋友给了智者一记耳光。智者捂着发烧的脸在退潮后的沙滩上写下了某某朋友打了我一记耳光这一件事。朋友看过之后问他为什么不刻在石头上呢?智者说:"我告诉石头的,都是我唯恐忘了的事情,而我告诉沙滩的,都是我唯恐忘不了的事情。"

朋友感到很惭愧,两人又和好如初。

- 智者的真诚和宽容让他赢得了友谊。管理者也应以诚待人。

③重视非语言沟通手段。在沟通时,除了语言要准确以外,还要重视非语言沟通手段的运用。可以借助手势、动作、眼神、表情等来帮助思想和感情上的沟通,表达主题、兴趣、观点、目标和用意。初次见面时,马虎而随便的握手和热情而有力的握手会给人完全不同的感受。通过坚决而有力的动作,来明确信息发送者态度的坚定和对前景的充满信心。用炯炯的目光表示信任、鼓励信息接收者接收信息理解信息,并执行信息所提出的要求,可以产生此处无声胜有声的效果。

④提倡直接沟通、双向沟通、口头沟通。美国曾找经理们调查,请他们选良好的沟通方式,55%的经理认为直接听口头汇报最好,37%喜欢下去检查,18%喜欢定期会议,25%的人喜欢下面汇报。另一项调查是问经理们在传达重要政策时认为哪种沟通最有效,共88人,选择召开会议作口头说明的有44人,亲自接见重要工作人员的有27人,在管理公报上宣布政策的有16人,通过电话通知的仅1人。这些说明口头沟通、双向沟通是比较好的沟通形式,可以及时反馈信息,又可以建立人际关系。

⑤恰当地选择沟通时机、方式和环境。沟通的时机、方式和环境对沟通的效果会产生重要影响,领导在宣布重要决定时,应考虑何时宣布才能增加积极作用,减少消极作用;有的消息适合于以公开的方式通过正式渠道传递,有的则适于以秘密的方式通过非正式沟通渠道传播;有的消息适合于在办公室沟通,有些则适宜于在家庭内沟通。此外,在沟通时应尽量排除外界环境干扰,如重要的谈话应选择安静的场所,以避免被电话、请示工作等打断。管理者在沟通信息时,一定要对沟通的时间、地点、条件等充分加以考虑,使之适应于信息的性质特点,以增加沟通的效果。

⑥疏通沟通渠道,设计固定沟通渠道,形成沟通常规。沟通渠道的任何环节出现故障都有可能严重影响效果。管理者应根据组织的规模、业务性质、工作要求等选择沟通渠道,制订相关的工作流程和信息传递程序,保证信息的上传下达渠道畅通,为各级管理者决策提供准确可靠的信息。也可以通过如召开例会、座谈会、问卷调查、领导接待日等形式传递和接收信息。

⑦掌握劝说和倾听的艺术。一个善于沟通的人,首先必须善于倾听,倾听是有效沟通的关键环节:a.创造良好的倾听环境。如有可能,可根据沟通的需要,选择好沟通的时间和地点,避免时间受限制,尽量排除所有分心的事,创造一个良好的倾听环境。b.以真诚的态度去倾听,并运用体态认真地倾听对方的谈话;保持目光接触,绝不能目光游荡或旁视;表情认真,听到精彩之处甚至入神,表明受到吸引。c.要适时进行必要的提问或回应,引导对方讲下去。只要听者洗耳恭听,就会使表达的主体感到说话的价值和吸引力已被承认,渴望得到尊重的需要和寻求"知音"的心理满足,从而,会给你以相应的感情回报。

**资料链接**

**玫琳凯·艾施女士待人接物——让下属感到他们重要**

美国玫琳凯公司创始人玫琳凯·艾施女士在接见她的下属时不管再累,总是全神贯注注视着认真地听，尽可能地说些比较亲切的话，也许只是几句简短的闲谈，如"我喜欢你的发型"或是"你的衣裳漂亮极了"，她认为只有这样才能表示对下属的尊重与关注。她之所以这样做是源于她作为一个销售人员去见一位她敬仰的一位销售经理的经历。这位销售经理作了一场激励士气的演讲，"我很渴望和他握手。我在队伍中排了三个小时，好不容易轮到我和他见面，但他从未正眼瞧过我一眼，只是从我肩膀上望过去，看看队伍还有多长，他甚至没有察觉到我正在和他握手。虽然我明白他很累，但我也是一样——在队伍中等待了三个小时，我的疲惫并不亚于他！我觉得受到了伤害和侮辱，因为他根本没有把我看在眼里"。从那时起玫琳凯便下定决心，如果有一天人们排队来和我握手，我将给每一位来到我面前的人全然关注，不管我自己是多么疲劳！

　　玫琳凯公司每个月都有一批业务督导到达拉斯的总部参观，并接受培训计划。尽管每次都有将近400名女士来接受训练，玫琳凯·艾施女士总是会抽出一天时间和她们一起上课。在她们来访期间，她会邀请她们所有人到家中吃些茶点，而且是她自己烘烤的饼干。她不止一次听到她们说："玫琳凯，我从未吃过董事长亲手烘烤的饼干。"玫琳凯·艾施女士这样做是让她们了解她是如何生活的，这对她们是件重要的事，也是她们训练旅行的高潮。她自己乐于和她们在一起，也期待她们来参观，因为她们对玫琳凯·艾施女士及公司是相当重要的。

- 你们愿意别人怎样待你们，你们也要怎样待别人。约翰·戴·洛克菲勒就说过："我会付更多的薪水给擅长待人而非擅长处理事务的人。"

　　⑧掌握说的技巧。说是沟通中应用最多、最基本的语言形式。管理者掌握说的技巧，是必备素质和基本功。

　　a.换位思考。换位思考是一种语言风格，也是一种技能。它要求发信者既要表达出自己的思想，又要顾及受信者的需求——从对方的角度出发，重视对方的需要，保护对方的自我意识。

　　b.表达积极的期望。研究发现，商人对积极的语言反应更积极，有可能对措辞积极的要求加以承诺。这就要求避免用否定的字眼或带有否定口吻的语气，消极方面根本不重要的话干脆省去，把负面信息和对方的某个受益方面结合起来叙述。

　　c.使用礼貌、友善的语言，尊重与赞美。在一般工作环境下文明用语，语气应专业但不僵硬，友善但不虚伪，自信但不骄傲。真诚，实事求是地赞美对方的长处，处处表示对其尊重，这些将使其尊重心理获得满足，会明显地有助于感情的融通。

　　d.回避忌讳的话题。在沟通中，要保守别人的秘密，不揭露别人的隐私，特别是不可涉及国家、民族、宗教等方面的禁忌。

　　e.传递信息的语言要准确、简明，以保证信息准确、迅速地传输。

　　f.善于运用体态语言。在口头表达的过程中，要注意辅以各种体态语言，如表情、手势等。

　　g.运用幽默。幽默对于调解谈话气氛，迅速消除隔阂，拉近双方心理距离，排除尴尬局面，都具有明显作用。此外，还应注意说话的数量不宜过多，声调不宜过高，速度不宜过快，并巧用停顿等。

　　总之，克服沟通障碍不只是工作方法问题，最根本的是管理理念问题。发达国家的现代企业流行的"开门政策""走动管理",是基于尊重个人、了解实情、组成团队等现代管理理念的,沟通只是实现这种理念的途径。因此,如何克服沟通障碍,以及如何建立有效沟通的渠道,不能一概而论,都应站在现代管理理念和价值观的高度,妥善加以处理。

# 【本章小结】

领导一词可以从名词和动词两个方面来理解:从名词角度来讲,领导(名词属性 leader)是指为实现组织目标,进行决策、计划、组织、控制和委派职责等工作而去指挥或引导下属的人,也称为领导者;从动词角度,领导(动词属性 Leading)是指领导者利用组织所赋予的职权和个人所具有的能力,指挥、命令和引导、影响下属为完成组织目标而努力工作的过程,称为领导工作。

领导的实质是一种影响力。领导者对他人产生影响力的基础是权力,这种权力分为职位权力和个人权力两大类。领导的作用主要是指挥、激励、协调和沟通。

现有的有关领导的理论可以分为性格理论、行为方式理论、权变(或情境)理论三大类。

领导最重要的工作就是协调和沟通。协调是指组织领导者从实现组织的总体目标出发,依据正确的政策、原则和工作计划,运用恰当的方式方法,及时排除各种障碍,理顺各方面关系,促进组织机构正常运转和工作平衡发展的一种管理职能。管理活动中的信息沟通的实质是人际沟通。沟通简单地说就是信息交流。就是指一方将信息传递给另一方,期待其作出反应的过程。信息沟通必须具备三个要素:信息的发送者、信息的接收者、所传递的信息内容。

组织内发生的沟通方式可以从不同的角度进行分类。在沟通的过程中,由于外界干扰以及其他种种原因,信息的传递不能发挥正常的作用,降低了沟通的有效性。管理者必须懂得和识别这些障碍因素,还必须掌握克服、消除这些障碍的有效方法及沟通技巧,提高沟通水平。

## 【阅读资料】

### 领导如何提高素质　独善其身

古人云:"穷则独善其身。"这里的"独善其身"主要是指要不断学习,不断提高自身素质。清朝名臣曾国藩在漫天硝烟的戎马倥偬中,每天都坚持写日记、读书、独自思考和反省,这种习惯几十年保持不变。正是依靠这种不断学习,使曾国藩无论在见识上,还是在成事能力上,都远远超越了他那个时代的同僚们,成为晚清少有的历史人物。人非圣贤,不可能一生下来就什么都知道,人的智慧和才能都是经过后天积累而获得的。对于一个企业管理者来讲,要想具备较高的领导素质,就必须像古人那样,通过不断学习、善于思考、勤于实践,来不断提高自身的智商,尤其是情商水平。具体来说要从以下六个方面狠下功夫。

**一、勤奋学习**

客观世界一刻不停地向前发展着,万事万物也都处在永不停息的发展变化之中,任何人都会随时面对这个世界的新事物、新情况,如果我们在自身素质的培养方面停滞不前,就会被扑面而来的新问题弄得眼花缭乱。尤其是作为一个全球化时代的企业领导,更不能故步自封,懒于研究新情况、漠视新变化,从而坐失新机遇。我们生活在一个天天都需要学习的时代,只有勤奋学习,永无止境,才能不断提高自身素质,才能带领自己的企业,穿越重重市场迷瘴,在日趋激烈的竞争中永立于不败之地。

美国《财富》周刊曾经指出:"未来最成功的公司,将是那些基于学习型组织的公司。"在日新月异的信息技术时代,企业唯一能持久的优势,就是具备比竞争对手学习得更快的能力。变是唯一不变的道理。要真正做到"以变应变",只有学习一条路可以走。

企业竞争就是人才的竞争。而人才的培养其实就是一个人力资源开发和管理的过程。人力资源不同于世界上的任何一种资源,人可以通过不断学习来充电,在使用过程中具有可重复使用、无损耗、能量增值等特征。因此,实现人力资源开发和管理中的效率最大化和成本最小化,最关键的途径就是学习。我们进行的各种企业内部培训就是组建学习型组织的重要步骤之一,同时也是追求人力资源低成本、高效率的重要手段。需要强调的是,一般企业实施培训等再教育项目时,注重的是智商方面的补充,譬如对专业知识和技能的进修,对相关法规和制度的了解等,但很少有注重于情商修养方面的内容。这是一种偏废。因此我们强调,只要是内部培训学习,一定要既学好专业知识和企业制度,同时也要进修好提高情商的内容,譬如强调企业领导工作艺术、重视规范经营等方面的专题讲座。在学习上讲究齐头并进,取得提升智商和情商的双赢效果。

是否勤奋学习同时还是企业文化健康发达与否的一个重要标志。一个懒于学习的企业,很难谈得上是一个有文化的企业。市场竞争的最高层次就是企业文化之间的竞争。企业领导的主要任务之一就是建好企业文化,联想、海尔之所以能站稳国内市场并迈出国门,柳传志、张瑞敏打的就是企业文化这张牌。考察它们企业文化的"活水源头",都是勤奋学习、不断进取的结果。只有通过学习,作为企业核心价值观载体的企业领导才能将他的愿景、信心和理念渗透到企业团队之中去;只有通过学习,这种企业核心价值观才能得到最大范围干部员工的认同,从而酝酿成根深叶茂的企业文化;只有通过学习,企业文化才能挖掘出广大员工身上的巨大潜能和创业激情。可以说,企业规模越大,企业文化发挥的作用就越明显,学习也越重要。

## 二、勤于实践

对于进行宏观管理和综合管理的领导来讲,丰富的阅历和实践经验是非常重要的。按常理来说,一个人的智商充分成熟在30岁之前就有可能完成,如果只从智商方面考虑,那些刚从哈佛、麻省读完的博士,甚至获得教授职称的30岁左右的年轻人似乎最够资格去竞选美国总统之位。但从情商修炼或实践阅历方面来讲,这些人说不定才刚刚开始起步。美国宪法规定,总统候选人必须至少符合两个基本条件:一是年满35周岁;二是要在美国居住生活已满14年。我国最高国家领导人也有年龄的要求,就是必须年满45周岁。这些要求恰恰体现了阅历和实践经验的重要性。中国自古以来就有"三十而立、四十而不惑、五十而知天命、六十而耳顺"的说法,其实这就是一条高度清晰化的情商修炼路线图。

勤于实践是让智商要素与实际工作相结合的唯一途径,也是克服只知"纸上谈兵"现象的灵丹妙药。从认识到实践、再从实践到认识、再落实到实践的过程,才是一个认识世界和改造世界的客观过程。一个懒于实践的人不可能真正认识世界,更谈不上改造世界。只有一个勤于实践的人才能最终把握住客观规律并从尊重客观规律的行动中获得巨大成功。我们回头看看，前面讲的企业领导的进取心和责任心、宽阔胸怀、过人胆识、执着和兴趣以及成为一个"缺不了"的人这些素质，无一不是来源于勤奋的实践而最终又超越了实践。如果不是勤于实践，不仅这些素质无从所出，而且强调这些素质也毫无任何意义。从另一层面来讲，丰富的经历就是最大的实践，而经验和教训则是你的财富。

### 三、善于思考

人类社会发展到今天，都是不断创造和思考的结果。对于一个企业管理者来讲，每天我们都将面临大量的新情况和新问题。如何积极应对这些新情况和妥善处理这些新问题，最重要的一点就是要善于动脑，善于思考。过去，有人曾经跟我开玩笑说，人类的科技进步其实都是"懒人"干出来的。比方说，从前，人们开始学走路，走累了"偷懒"就想到去骑马；马太慢了，开始研制汽车、火车，以后又是飞机、飞船等。不难看出，现代科技进步在很大程度上来源于人类对于对传统方式的不断思考和创新。思考的含义既包括正向思考，也包括逆向思考。有些时候，逆向思维往往容易产生意想不到的效果。在华夏证券电子印章系统的开发过程中，就能充分感受到逆向思维的重要性和积极作用。华夏证券系统原来共有各类印章1 170多个，其中对外具有合同法律效力的印章有140多个，可以说，这140多个印章每一个都是华夏证券的一个风险点，要把140多个"掌印官"的思想境界、道德规范完全统一起来又是相当艰难的一项工作，而每一个人一次使用印章不当，都有可能为公司带来数以百计、千计甚至数以万计的风险和损失。为了管好这些印章，管好有机会使用这些印章的人，我们可以说是费劲了心机，也花费了高昂的管理成本，文件一摞一摞地下，保险柜一批一批地买，思想上的"弦"一次一次地紧，但无论怎样都无法从根本上杜绝这些公司印章使用不当所产生的严重后果。而且，这种风险在亚太地区每一个以印章作为法律意志依据的国家和组织中，都或多或少地存在着。因为考虑到印章管理的难题，去年年初，我在同华夏证券的一位老领导谈心时受到这个老同志多年来对公司风险控制经验和教训的启发，决定利用现代发达的电子计算机技术开发一套电子印章软件，把所有有形的印章通过计算机技术进行整合使用，从而终结"掌印官"的历史，把掌印这个任务彻底交给机器，让那些不胜其烦的用印制度简捷有效。我把这个想法提交到技术专家的手中，经过公司计算机技术人员的刻苦攻关，这个系统终于开发出来了，并已经申请专利。据有关方面的专家评价说，这套电子印章系统专利一旦被推广和使用，必将在中国掀起一场"办公室里的革命"，因为它从根本上使印章的使用和管理实现了由"人治"向"法治"的彻底转型。现在想起来，我真的很珍惜当初与那位老领导谈心时那种逆向思维式的灵光一闪。一个逆向思维产生的创意解决了华夏证券最大的风险点，同时可能在中国大地上掀起一场办公室的革命。还有，如果我们以此为契机，将此当作一个产业进行发展，做大做强，就可能会为华夏证券创造出一个新的利润增长点。

### 四、不怕失败

爱迪生发明灯泡的故事相信大家都有印象，在这项发明的过程中，他经历了数千次的失败，才获得最后成功。可以说他的每一次试验都是同失败作斗争的过程，但是他的每一次"失败"都向成功靠近了一步。善于"纠错"，不怕"失败"，是他最后获得成功的关键保证。

情商虽然能帮我们减少失败，但并不等于有了高情商就不会失败了。承认失败、正视失败，善于从失败中捕捉到成功的信息，善于从失败中总结出有价值的经验教训，这本身就是一个人情商素质高的表现,同时也反映出一个人执着、自信的良好品质。

作为一个企业领导,更要有不怕失败和善于"纠错"的能力,如果他能及时发现并纠正错误,及时弥补,无疑会让他的企业避免更大的损失。但在现实工作中,越是领导地位高的人,越会存在着较一般人更大的心理障碍,很难承认自己会犯错误(从每年的干部述职报告中都能反映出这个问题,多数报告总结的都是自己工作中的闪光点,却很少有人提到自己工作中的失误或者教训)。一个企业领导固然不能放纵下属犯错误,但同时更不能放纵自己犯错误,这不仅仅关系到企业领导个人的勇气、道德水准和胸怀,更关系到这个企业的前途与命运。因为,领导者工作失误对企业产生的危害要远远大于一般员工失误对企业造成的危害。

要做到勇于纠错,就必须做到以下两点:首先要承认任何人都会犯错误。从某种程度上讲,所有成功人士都是从错误中走出来的,无论是杂货店的老板,还是跨国公司的总裁,面临的都是同样的问题,因此,自己犯了一些错误并没有什么难为情的。作为企业领导来说,最重要的是用最小的代价实现最佳的效果。其次是当企业领导发现(或经别人指出)自己犯了错误时,应该马上采取积极措施予以纠正,而不是用时间淡化它或用转移人们视线的方式解决它。只有立即改正错误,才能保证最大限度地减少由于领导者的工作失误对企业所产生的不良影响。

### 五、适应变化

美国前总统尼克松在其著作《领袖们》中有一句名言:"舵手要见风使舵。"这句话的意思是说,要想驾驭好自己的航船,就要随时掌握风向变化,顺势而为,而不是逆风扬帆。

企业管理中的风向问题,也是我们讨论得最多的话题。这个风向指的是不断发展变化的政策环境和市场趋势。就企业来说,市场、产品、客户、竞争对手等都在不停地变化当中。如果一个企业领导对这种变化缺乏足够的适应能力,那么他所领导的企业就会在复杂多变的市场经济中失去应有的生存能力和竞争能力,直至最后被淘汰。

杰克·韦尔奇在担任 GE 的 CEO 期间,针对 GE 长期以来在内部管理方面存在的问题,积极采取举措,主动向原有的管理体制开刀,特别是在解决机构臃肿、效率低下、反应迟钝等官僚主义倾向方面,进行了大刀阔斧的改革,从而使这个百年老店发生了许多新的变化。他认为"官僚主义最讨厌的就是变化,最害怕的就是速度,最反感的就是简单化"。韦尔奇的这些做法,在当时损害了一部分人的既得利益,以至于他的手下带着抱怨的情绪去质问他,到底什么时刻才能告诉员工变化结束了?"你转告他们,变化永无止境!"韦尔奇用毋庸置疑的口吻回答。韦尔奇还一再告诫他的员工:要把变化视为机遇而不是威胁。韦尔奇努力为 GE 的未来创造了良好的体制环境,从而使这个企业重新焕发出勃勃生机。

### 六、借助外脑

有人曾经说过:在创立一个企业的初始阶段,往往是一个人用脑最多的时候。但是,要想大规模地发展这个企业,仅仅依靠一个人的力量是完全不够的,必须积极依靠集体力量,善于借助"外脑"的作用。

在这方面,汉高祖刘邦是个高手。刘邦曾经说过,论"运筹帷幄",吾不如张良;论"决胜千里",吾不如韩信;论平息混乱,吾不如萧何。可就是这样一个自称才疏学浅的人,竟开创了大汉王朝四百年的基业。刘邦的成功之处就在于他能够礼贤下士、用人之长和充分借助外脑,发挥集体的力量。关于这一点,刘邦和韩信曾经有过一次非常著名的谈话。刘邦对韩信说,你看我能指挥多少兵?韩信回答说可以指挥十万。刘邦又问韩信,那你可以指挥多少兵？韩信回答，我带兵多多益善。刘邦接着问，我为什么又能管住你呢？韩信回答说，我善于带兵，你却善于管将。从这个故事中可以看出，韩信是一个善于借脑的人，但刘邦借脑的水平比他更高，因此韩信只能为刘邦打天下效命。

企业管理是一项复杂的系统工程，任何一个人都不可能熟悉所有环节和细节，也不可能对每一个环节和细节都直接进行管理。在这种情况下，要确保企业的有效运作，就必须充分调动每一个劳动者的积极性，善于借助外脑，并通过有效管理，实现企业的经营目标。只有这样，才能把企业经营管理的各项具体任务变成员工个人的自觉行动。这样既实现了管理工作的科学化和民主化，有利于优化工作决策，同时也可以避免像诸葛亮那样事必躬亲、事无巨细、分工不明、大包大揽所造成的不良后果。

（本文转载自：凤凰网财经栏目）

【思考与练习】

**一、重点名词**

领导　领导权力　协调　沟通

**二、填空题**

1. 领导的作用体现在（　　）、（　　）、（　　）和（　　）四个方面。

2. 领导是一种影响力，其影响力来自于（　　）和（　　）两方面。

3. 信息沟通必须具备（　　）、（　　）和（　　）三个要素。

4. 协调就是要搞好（　　）协调与（　　）协调。

**三、选择题**

1. 按照管理方格理论，（　　）领导方式最具战斗力。

A.1.1 型　　　　　B.9.1 型　　　　　C.1.9 型　　　　　D.5.5 型

E.9.9 型

2. 信息发送者与信息接收者彼此不断进行着信息的沟通与反馈，这种沟通属于（　　）。

A. 单向沟通　　　B. 双向沟通　　　C. 斜向沟通

3. 所有政策均由领导者决定，不受下级的影响，这种领导方式属（　　）。

A. 权威式领导　　B. 民主式领导　　C. 放任式领导

4. 企业做广告属于（　　）沟通。

A. 交互　　　　　B. 单向　　　　　C. 双向

**四、判断题**

1. 领导的影响力来自于其职位权力的大小。（　　）

2. 权力影响力的大小不取决于个人本身，而取决于职位的高低。（　　）

3. 企业派出推销人员外出推销，属于双向沟通。（　　）

**五、思考题**

1. 简述领导的作用。

2. 为什么要协调？

3. 如何实现有效的沟通？

## 六、案例分析题

### 三种领导模式

ABC公司是一家中等规模的汽车配件生产集团。最近,对该公司的三个重要部门经理进行了一次有关领导类型的调查。

#### 一、安西尔

安西尔对他本部门的产出感到自豪。他总是强调对生产过程、出产量控制的必要性,坚持下属人员必须很好地理解生产指令以得到迅速、完整、准确的反馈。安西尔遇到小问题时,会放手交给下级去处理,当问题很严重时,他则委派几个有能力的下属人员去解决问题。通常情况下,他只是大致规定下属人员的工作方针、完成怎样的报告及完成期限。安西尔认为只有这样才能导致更好的合作,避免重复工作。

安西尔认为对下属人员采取敬而远之的态度对一个经理来说是最好的行为方式,所谓的"亲密无间"会松懈纪律。

安西尔说,在管理中的最大问题是下级不愿意接受责任。他讲到,他的下属人员可以有机会做许多事情,但他们并不是很努力地去做。

他表示不能理解以前他的下属人员如何能与一个毫无能力的前任经理相处,他说,他的上司对他们现在的工作运转情况非常满意。

#### 二、鲍勃

鲍勃认为每个员工都有人权,他偏重于管理者有义务和责任去满足员工需要的学说,他说,他常为他的员工做一些小事,如给员工两张下月在伽利略城举行的艺术展览的入场券。他认为,每张门票才15美元,但对员工和他的妻子来说却远远超过了15美元。通过这种方式,也是对员工过去几个月工作的肯定。

鲍勃说,他每天都要到工厂去一趟,与至少25%的员工交谈。鲍勃不愿意为难别人,他认为艾的管理方式过于死板,艾的员工也许并不那么满意,但除了忍耐别无他法。

鲍勃说,他已经意识到在管理中有不利因素,但大都是由于生产压力造成的。他的想法是以一个友好、粗线条的管理方式对待员工。他承认尽管在生产率上不如其他单位,但他相信他的雇员有高度的忠诚与士气,并坚持他们会因他的开明领导而努力工作。

#### 三、查里

查里说他面临的基本问题是与其他部门的职责分工不清。他认为不论是否属于他们的任务都安排在他的部门,似乎上级并不清楚这些工作应该谁做。

查里承认他没有提出异议,他说这样做会使其他部门的经理产生反感。他们把查里看成朋友,而查里却不这样认为。

查里说过去在不平等的分工会议上,他感到很窘迫,但现在适应了,其他部门的领导也不以为然了。

查里认为纪律就是使每个员工不停地工作,预测各种问题的发生。他认为作为一个好的管理者,没有时间像鲍勃那样握紧每一个员工的手,告诉他们正在从事一项伟大的工作。他相信如果一个经理声称为了决定将来的提薪与晋职而对员工的工作进行考核,那么,员工则会更多地考虑他们自己,由此而产生很多问题。

他主张,一旦给一个员工分配了工作,就让他以自己的方式去做,取消工作检查。他相信大多数员工知道自己把工作做得怎么样。

如果说存在问题,那就是他的工作范围和职责在生产过程中发生的混淆。查理的确想过,希望公司领导叫他到办公室听听他对某些工作的意见。然而,他并不能保证这样做不会引起风波而使事情有所改变。他说他正在考虑这些问题。

**案例思考:**

1.你认为这三个部门经理各采取了什么领导方式?试预测这些模式各将产生什么结果?

2.是否每一种领导方式在特定的环境下都有效?为什么?

# 第9章

# 激　励

**管理格言:激励能使人的潜力得到最大限度的发挥。**

| | 本章内容结构 | | 重要性指数 |
|---|---|---|---|
| **9.1　激励的基本原理与理论** | 9.1.1　激励的基本原理 | | |
| | 1)激励的概念与构成要素 | | ★★★★ |
| | 2)激励过程 | | ★★★ |
| | 9.1.2　激励理论 | | |
| | 1)内容激励理论 | | ★★★★ |
| | 2)过程激励理论 | | ★★★★ |
| | 3)行为改造理论 | | ★★★ |
| **9.2　激励的原则与方式** | 9.2.1　激励的原则 | | ★★★ |
| | 9.2.2　激励的方式 | | |
| | 1)物质利益激励 | | ★★★★ |
| | 2)社会心理激励 | | ★★★★ |
| | 3)工作激励 | | ★★★★ |

## 【案例导入】

### 林肯电气公司的按件计酬与职业保障

　　林肯电气公司年销售额为44亿美元,拥有2 400名员工,形成了一套独特的激励员工的方法。该公司90%的销售额来自于生产弧焊设备和辅助材料。林肯电气公司的生产工人按件计酬,他们没有最低小时工资,员工为公司工作两年后,便可以分享年终奖金。在过去的56年中,平均奖金额是基本工资的95.5%。近几年经济发展迅速,员工年均收入为44 000美元左右,远远超出制造业员工年收入17 000美元的平均水平。公司自1958年开始一直推行职业保障政策,从那时起,他们没有辞退过一名员工。当然,作为对此政策的回报,员工也相应要做到几点:在经济萧条时他们必须接受减少工作时间的决定;要接受工作调换的决定;有时甚至为了维持每周30小时的最低工作量,而不得不调整到一个报酬更低的岗位上。林肯公司极具成本和生产率意识,如果工人生产出一个不合标准的部件,那么除非这个部件修改至符合标准,否则这件产品就不能计入该工人的工资中。严格的计件工资制度和高度竞争性的绩效评估系统,形成了一种很有压力的氛围,有些工人还因此产生了一定的焦虑感,但这种压力有利于生产率的提高。据该公司的一位管理者估计,与竞争对手相比,林肯公司的总体生产率是他们的两倍。该公司还是美国工业界中工人流动率最低的公司之一。前不久,该公司的两个分厂被《财富》杂志评为全美十佳管理企业。

不同的激励方法会产生不同的激励效果,到底什么是激励,激励过程如何,如何有效地激励,这就是本章所要讲述的内容。

# 9.1 激励的基本原理与理论

## 9.1.1 激励的基本原理

### 1)激励的概念与构成要素

#### (1)激励的概念

所谓激励,就是组织通过设计适当的外部奖酬形式和工作环境,以一定的行为规范和惩罚性措施,借助信息沟通,来激发、引导、保持和固化组织成员的行为,以有效地实现组织及其成员个人目标的系统活动。这一定义包含以下几方面的内容:

①激励的出发点是满足组织成员的各种需要,即通过系统地设计适当的外部奖酬形式和工作环境,来满足组织成员的外在性需要和内在性需要。

②科学的激励工作需要奖励和惩罚并举,既要对员工表现出来的符合组织期望的行为进行奖励,又要对不符合组织期望的行为进行惩罚。

③激励贯穿于组织工作的全过程,包括对员工个人需要的了解、个性的把握、行为过程的控制和行为结果的评价等。因此,激励工作需要耐心。赫兹伯格说,如何激励员工:锲而不舍。

④信息沟通贯穿于激励工作的始末,从对激励制度的宣传,员工个人的了解,到对员工行为过程的控制和对员工行为结果的评价等,都依赖于一定的信息沟通。组织中信息沟通是否通畅,是否及时、准确、全面,直接影响着激励制度的运用效果和激励工作的成本。

⑤激励的最终目的是在实现组织预期目标的同时,也能让组织成员实现其个人目标,即达到组织目标和员工个人目标在客观上的统一。

#### (2)激励的构成要素

激励是心理学的一个术语,指的是激发人的动机的心理过程。也就是在某种内部或外部条件刺激的影响下,使人产生或维持一种兴奋的精神状态。激励最显著的特点是内在驱动性和自觉自愿性。构成激励的要素主要包括:

①动机。这是构成激励的核心要素。动机是推动人们从事某项活动的内在驱动力。人的行为都是由动机驱使的,有什么样的动机,就会产生什么样的行为。激励的关键在于使被激励者产生所希望的动机,以产生有助于组织目标实现的行为。

②需要。需要是激励的起点与基础。需要是人们对某种目标的渴求和欲望。促进动机产生的原因是驱动力和诱因。驱动力是指人的内在需要,诱因是指外部环境。在外部环境的刺激下,人产生强烈的需要并导致动机的产生。

③外部刺激。这是激励的条件。外部刺激是指在激励过程中,外部环境对人的需要的影响条件与因素。

④行为。这是激励的目的。行为是指在激励状态下,人们为动机驱使所采取的实现目标的一系列动作。激励要达到的目的就是要通过恰当的激励措施和手段,使被管理者的行为朝着实现组织目标的方向发展。

上述因素相互组合与作用,构成了对人的激励。

**【课堂讨论】**

管理里有个鲶鱼效应,远洋捕虾回来在船上的水箱里放几只吃虾的鲶鱼,虾会不断逃避鲶鱼的攻击保持活力而不会死掉。在这个过程中鲶鱼对虾来讲构成了激励的什么要素? 按照这个效应,我们在激励中要重视什么?

## 资料链接

### 韦尔奇的管理之道

在通用电气董事长兼首席执行官的位置上以领导力著称的杰克·韦尔奇,在接受《华尔街日报》记者访问时,谈到了自己是如何激励员工的。原文出版于 Boss Talk(中译本为《顶级 CEO 的原则》)一书中。

**第一次从事管理工作,你是如何调动员工积极性的?**

我非常幸运地成为 GE 一个新部门——塑料制品部的第一批员工。当我雇用第一名员工时,我们组成了两人团体,我从没把自己看作老板而是同事。而后我们雇用了一个又一个新员工。

我们作好了刚刚起步时的一切准备。大家一起去我家共进晚餐,一起过周末,一起在星期六加班。我们没有任何盛大的场面,也不使用备忘录,整个部门就像一个家庭杂货店,大家共同出谋划策,而无等级之分。这就是我们常称作的"我们的生意"。

我想一个企业就应该这样运作。它是思想观念的汇集之所,而不是提供职位之地。

**现在仍然像个杂货店吗?**

事业走上正轨,难免会出现些等级制度问题,但我们的团队精神和氛围仍在。当你取得成功时,你就该去庆祝。我们过去有个"百镑单俱乐部"(Hundred-Pound-Order Club),每当我们取得一些成绩,我们都会把生产线停下来,大家一起到"百镑单俱乐部"庆祝。今天在GE 的各个部门,这种精神仍然存在。

**挫折是否有助于你完善管理方式?**

刚开始时,就像 GE 的其他几个新员工一样,我负责一个小项目。那时的奖励制度不合理,到了年底,每人都得到了 1 000 美元加薪,我觉得我应得的不止这些,便打算离开,但老板要求我留下。类似的情况再也没有发生过。

这个经历让我意识到在 GE 这样的大公司里人们常会遇到此类挫折。你要把车驶入大停车场,停在一排排的车之间,走进办公室,一些笨蛋告诉你要做什么,该怎么做。这根本不是你对生活的期望。如果你的成绩不被认可,遇人不淑,的确很可怕。

**你对雇员有什么忠告?**

我让他们了解到在这个公司不能甘于碌碌无为,因为许多人都是在碌碌无为中了此一生。他们没有适合自己的工作,或者蔫头耷脑,甚至连搞乱的心思都没有。

我鼓励他们勇敢地展示自己,说出自己的看法,争取上司的赏识。我告诉他们:"如果 GE 不能让你改变窝囊的感觉,你就应该另谋高就。"我会辞掉那些让员工产生这样心态的经理和那些不能与员工打成一片的经理。

**你一般花多少时间处理员工的问题?**

至少一半的时间,你看(他掏出一个大笔记本,上面画满了图表,每个部门都有相关的图表,反映每个员工的情况),这是一个动态的评估,每个人都知道自己所处的位置。

第一类占10%,他们是顶尖人才;次一些的是第二类,占15%;第三类是中等水平的员工,占50%,他们的变动弹性最大;接下来是占15%的第四类,需要对他们敲响警钟,督促他们上进;第五类是最差的,占10%,我们只能辞退他们。

根据业绩评估,每个员工都会知道他们处在哪一类,这样就没有人会对我说:"嗨,以前人们都说我很棒,现在只有你说我很差劲。"

**你的评估将决定是否给予他们股票期权作为奖励,是吗?**

第一类员工会得到股票期权,第二类中的大约90%和第三类中的50%会得到股票期权。第四类员工没有奖励。

图表是最好的工具,哪些人应该得到奖励,哪些人不应该受奖,哪些人应该打道回府,你该如何奖励这些人? 如果你爱惜员工就拥抱他们,亲吻他们,培育他们,给他们一切!

### 2)激励过程

心理学、行为科学认为,人的需要产生动机,确定行为目标,激励起着强化和推动行为的作用。激发人的动机的心理过程模式可以表示为:需要引起动机,动机引起行为,行为又指向一定的目标。这就是说,人的行为都是由动机支配的,而动机则是由需要引起的,人的行为都是在某种动机的策动下为了达到某个目标的活动。当人们有了某种需要且未得到满足之前,就会处在一种不安和紧张状态之中,从而成为从事某项活动的内在驱动力。心理学上把这种驱动力称为动机。动机产生以后,人们就会寻找能够满足需要的目标,而一旦目标确定,就会进行满足需要的活动。活动的结果可能发生两种情况:

①实现了目的,满足了需要,这会产生一个反馈,告诉此人原有的需要已得到满足,于是在新的刺激下,又会产生新的需要。

②行为没有实现目的,也会有反馈,产生某种挫折感,这时又可能产生两种行为:一是他可能越挫越勇,采取建设性行为,以继续实现目的;二是他可能变得灰心丧气,采取防御性行为,放弃原有的目的。

人的行为过程是一个周而复始、不断进行、不断升华的循环。人的个体行为活动过程的基本模式如图9.1所示。

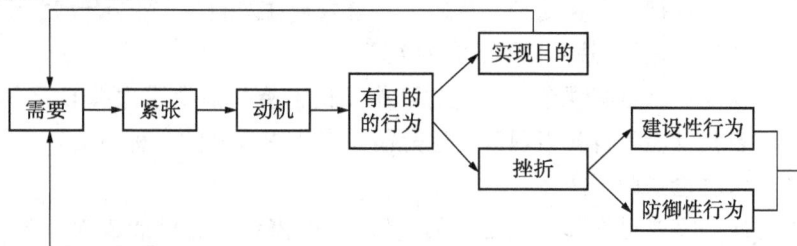

**图9.1 人的行为模式图**

**【小思考】**

我们每个人一生中会面临许多挫折,请问面对挫折我们应该保持一种什么样的心态?

### 9.1.2 激励理论

激励理论主要研究人动机激发的因素、机制与途径等问题。这些理论大致可划分为三类:内容激励理论、过程激励理论和行为改造理论。

#### 1)内容激励理论

该理论重点研究激发人的动机的诱因,也就是满足人们需求的内容,即人们需要什么就满足什么,从而激起人们的动机。主要包括马斯洛的"需要层次论"、赫茨伯格的"双因素论"、麦克莱兰的"成就需要激励理论"等。

#### (1)马斯洛的需求层次论

美国管理心理学家马斯洛认为人类有五种主要的需求,由低至高依次排成一个阶层,低层次的需求获得满足后,才有可能产生出下一个高层次的需求。马斯洛将需要分为五级:生理需要、安全需要、社交需要、尊重需要和自我实现需要,如图9.2所示。

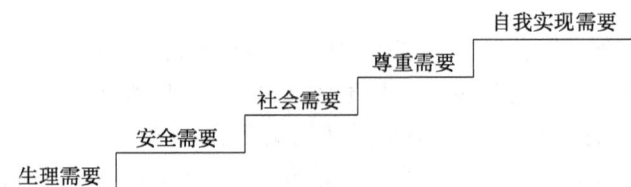

**图9.2 马斯洛的需要层次**

①生理需要。这是人类最基本的需要,包括人体生理上的主要需要,即衣、食、住、行、医药等生存的基本条件。

②安全需要。随着生理需要得到满足,继而就会产生高一层的需要——安全的需要。这是对安全、稳定以及免于痛苦、恐惧、病痛等的需要,如希望工作有保障不要失业,要求避免职业病的侵袭,希望解除严密的监视等。

③社会需要。这是感情和归属方面的需求。从感情上说,希望朋友之间、同事之间的关系融洽,希望得到他人的友情或爱情。从归属上说,每个人都有一种属于某一团体或群体的愿望,希望成为其中的一员,并相互照顾和关心。

④尊重需要。这是指自尊和受别人尊敬。自尊表现在对自信、独立、成就、信心、知识等的需求。受别人尊敬就是得到别人的认可、赞赏等。

⑤自我实现需要。这是实现个人的理想和抱负的需要。如要求发挥自己的潜在能力,要求最大限度地自我发展和自我表现等。这是需要层次中最高的一种需要。

马斯洛的需求理论强调了两点:

①只有低层次的需要得到部分满足以后,高层次的需要才有可能成为行为的重要决定因素。五种需要是按次序逐级上升的。当下一级需要获得基本满足以后,追求上一级的需

要就成了驱动行为的动力。但这种需要层次逐渐上升并不是遵照"全"或"无"的规律，即一种需要100%的满足后，另一种需要才会出现。事实上，社会中的大多数人在正常的情况下，他们的每种基本需要都是部分地得到满足。

②马斯洛把基本需要分为高、低二级，其中生理需要、安全需要、社交需要属于低级的需要，这些需要通过外部条件使人得到满足，如借助于工资收入满足生理需要，借助于法律制度满足安全需要等。尊重需要、自我实现需要是高级的需要，它们是从内部使人得到满足的，而且一个人对尊重和自我实现的需要，是永远不会感到完全满足的。高层次的需要比低层次需要更有价值，人的需要结构是动态的、发展变化的。因此，通过满足职工的高级需要来调动其生产积极性，具有更稳定、更持久的力量。

马斯洛理论的意义在于：管理者可以通过提供下属未能满足的需要，达到激发下属工作意愿的目的。

## 管理故事

### 小猴进城

小猴想进城，可没人拉车。他想呀想，终于想出了一个好主意。他在车上系了三个绳套：一个长，一个短，一个不长也不短。他叫来了小老鼠，让他闭上眼，拉长套。又叫来小狗，让他闭上眼，拉短套。他再叫来小猫，在小猫背上系了一块肉骨头，让小猫闭上眼，拉不长不短的绳套。小猴爬上车，让大家一齐睁开眼。

小老鼠看见身后有猫，吓得拉着长套拼命跑；小猫看见前面有只老鼠拉着套就使劲追；小狗看见猫背上的肉骨头，馋得直往前撺。就这样小猴快快活活地坐在车里，不一会儿就进了城。

- 调动员工的积极性，最重要的是要分析员工的不同需要，为员工设置看得见的目标，让他们感到有奔头、有动力。在这个寓言故事中，小猴分别为小猫准备了小老鼠，为小狗准备了肉骨头，使小猫、小狗不仅看得见，而且几乎伸手可及。无疑，小老鼠对小猫、肉骨头对小狗都是具有相当诱惑力的，这使小猫、小狗无法不使劲地拉车。

【课堂讨论】

马斯洛需求理论是一种"投其所好"的理论，"小猴进城"这个管理寓言，小猴为什么能够很快进城？要对一个组织的员工进行激励，你是管理者应该怎么做？讨论完后，学生应该提交一篇课程论文。

---

（2）成就需要论

成就需要论是美国哈佛大学心理学家戴维·麦克利兰提出的。成就需要不讨论人的基本生理需求，主要讨论在人的基本生理需要得到满足的条件下，人们还有哪些需要？

成就需要激励理论的主要特点是：它更侧重于对高层次管理中被管理者的研究，如它所研究的对象主要是生存、物质需要都得到相对满足的各级经理、政府职能部门的官员以及科学家、工程师等高级人才。由于成就需求理论的这一特点，它对于企业管理以外的科研管理、干部管理等具有较大的实际意义。麦克利兰认为：人还有权力、友谊和成就这三种需要。

①权力需求。权力是管理成功的基本要素之一,个人的权力在不同阶段表现不同,它有一个发展过程。一般的变化是从依赖别人→相信自己→控制别人→为全社会追求权力。权力有个人和社会权力之分。

②友谊需求。负有全局责任的领导者把友谊看得比权力更重要。

③成就需求。具有挑战性成就会引起人的快感,增加奋斗的精神,对行为起主要影响作用。

该理论认为,有成就需要的人,对胜任和成功有强烈的要求,同样,他们也担心失败,他们乐意甚至热衷于接受挑战,往往为自己树立有一定难度而又不是高不可攀的目标,他们敢于冒风险,又能以现实的态度对付冒险,绝不以迷信和侥幸心理对付未来,而是对问题善于分析和估计。他们愿意承担所做工作的个人责任,但对所从事的工作情况希望得到明确而又迅速的反馈。这类人一般不常休息,喜欢长时间地工作,即使真出现失败也不会过分沮丧。一般来说,他们喜欢表现自己。成就需要强烈的人事业心强,喜欢那些能发挥其独立解决问题能力的环境。只要对他提供合适的环境,他就会充分发挥自己的能力。权力需要较强的人有责任感,愿意承担需要的竞争,并且能够取得较高的社会地位的工作,喜欢追求和影响别人。不同的人对三种需求的排列层次和比例不同,个人行为主要决定于其中被环境激活的那些要素。具有高成就需求的人具有事业心强、比较实际、敢冒风险的特点,他们对企业和国家有重要作用,而高成就需求的人才可通过教育和培训来造就。

### (3)赫茨伯格的双因素理论

双因素理论是由美国心理学家弗雷德里克·赫茨伯格(Frederick Herzberg)于1959年提出的。20世纪50年代后期,赫茨伯格为了研究人的工作动机,对匹兹堡地区的200名工程师、会计师进行了深入的访问调查,提出了许多问题,如在什么情况下你对工作特别满意,在什么情况下对工作特别厌恶,原因是什么,等等。调查结果发现,使他们感到满意的因素都是工作的性质和内容方面,使他们感到不满意的因素都是工作环境或者工作关系方面。赫茨伯格把前者称为激励因素,后者称为保健因素。1959年,赫茨伯格在广泛调查的基础上写作出版了《工作与激励》一书,正式提出了激励的双因素理论。

使职工不满的因素与使职工感到满意的因素是不一样的。使职工不满意的因素,主要是由工作本身以外的条件引起的,主要是公司政策、工作条件、工资、安全以及各种人事关系的处理不善。赫茨伯格发现,这些因素改善了,虽不能使职工变得非常满意真正激发积极性,却能够解除职工的不满,因此他称为保健因素。意即虽不能治疗疾病,但能防止疾病。

使职工感到满意的因素,主要是工作本身引起的。比如,工作富有成就感;工作成绩能得到承认;工作本身富有挑战性;职务上的责任感;个人发展的可能性。这些因素的满足,能够极大地激发职工的热情和积极性。而缺乏它们时,又不会产生多大的不满足感。这些因素就被称为激励因素。

双因素理论强调:不是所有的需要得到满足都能激励起人的积极性。只有那些被称为激励因素的需要得到满足时,人的积极性才能最大程度地发挥出来。如果缺乏激励因素,并不会引起很大的不满。而保健因素的缺乏,将引起很大的不满,然而具备了保健因素时并不一定会激发强烈的动机。赫茨伯格还明确指出:在缺乏保健因素的情况下,激励因素的作用也不大。保健因素和激励因素在一个组织中不可或缺,两者是一种并驾齐驱的关系。

在一个组织中宣传教育或思想政治工作的任务之一在于使两种因素结合起来,统一于调动积极性之中。一方面,要促使领导者注意满足保健因素,将"不满意"降到最低限度;另一方面,又要尽力提供激励因素,提高"满意度"。同时,要使保健因素与激励因素联系起来,使保健因素转为激励因素。如奖金与个人的工作能力、成绩挂钩,使之成为一种奖励内在积极性的激励因素,而不是"大锅饭""人人有份"的保健因素。

赫茨伯格的双因素理论与马斯洛的需要层次理论有很大的相似性。马斯洛的高层需要即赫茨伯格的主要激励因素,而为了维持生活所必须满足的低层需要则相当于保健因素。可以说,赫茨伯格对需要层次理论作了补充。他划分了激励因素和保健因素的界限,分析出各种激励因素主要来自工作本身,这就为激励工作指出了方向。马斯洛模式与赫伯格模式的比较如图9.3所示。

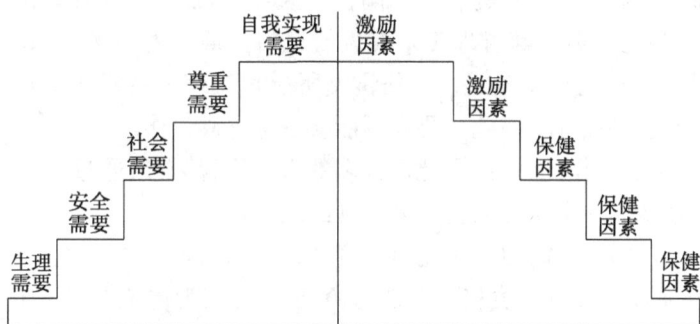

图9.3　马斯洛模式与赫茨伯格模式比较图

## 管理故事

### 白帆和木桨

渔船在宽阔的江面上撑起白帆顺流而下。白帆鼓满了风,推送着渔船飞速前进。看着自己的功劳,白帆不禁有些陶醉,它欣赏着自己在水中的倒影——那就像一片巨大的白蝴蝶的翅膀,多威风! 多神气!

于是,白帆嘲笑起躺在船舷旁默默无闻的木桨:"木桨啊,你这个又懒惰又无能的家伙! 渔船乘风破浪,飞快地前进,全靠有我这张帆! 你呢,什么事情也不能干,只会呆呆地躺在那里睡懒觉!"

木桨一声不吭,也不辩白,好像真的睡着了。正在这时,风停了,渔夫解开缆绳,把白帆刷地从桅杆上扯下卷了起来。接着,渔夫拿起木桨,点破江水划动起来,渔船便又冲波踏浪地前进了。

白帆焦急地喊起来:"为什么把我卷起来呢? 为什么使用那无能的木桨呢?"

"哈哈,现在你该明白了吧?"木桨带着哗哗的水声说,"你只能在顺风的时候借助风力,神气十足! 而我,虽然本事不大,却能够逆风而上!"

- 尺有所短,寸有所长。任何东西都不是一无是处的,就像白帆能借风行船,木桨能逆流而上同样对船很重要一样,企业里的每一个员工也都有着各自不同的优点,只要环境、条件许可便都能发挥自己的长处。作为企业管理者,你应积极发掘出员工们的长处,为他们营造可以一展所长的环境。如有些员工在稳定的环境中才能安心工作,有些员工则需要面对挑战才能施展拳脚,你都应了解清楚并照顾到,才能让他们各尽其才,为企业赚取更多的利润。

**【小思考】**

一些富家子弟被父母送进了生活、学习条件很好的私立学校,然而其中许多人却并不成器,而一些在条件并不好的农村学校学习的孩子却学有所成,请用赫茨伯格的双因素理论解释为什么?

#### (4)XYZ 理论

在管理中,有人根据对人的行为看法不同,对"人性"看法存在三种理论。

①X 理论和 Y 理论。美国麻省理工学院教授道格拉斯·麦格雷氏(DougLas Mcgregor)于 1957 年首次提出 X 理论和 Y 理论。麦格雷戈所指的 X 理论主要有以下观点:

a. 一般的人天性厌恶工作,因此只要有可能就一定逃避工作。

b. 由于有这种厌恶工作的特性,因此对大多数人来说,都必须通过强迫、控制、指挥和惩罚性的威胁,才能使他们作出足够的努力来实现组织目标。

c. 一般的人宁可受人指挥,力求避免负担责任,胸无大志,只图太平。

与 X 理论相反的是 Y 理论,麦格雷戈认为,Y 理论是较为传统的 X 理论的合理替代物,Y 理论的主要观点有以下几点:

a. 工作中无论在体力和脑力方面的支出,都像在游戏或休息一样自然。

b. 外来的控制和惩罚性的威胁都不是使人作出努力来达到组织目标的唯一手段。人们在实现他们所承诺的目标任务时会进行自我管理和自我控制。

c. 对目标、任务的承诺取决于实现这些目标、任务后所能得到的报酬的大小。

d. 在适当的条件下,一般的人不但懂得接受,而且懂得寻求负有职责的工作。

e. 在解决组织所遇到的问题时所运用的较高的想象力、机智和创造性的能力,不是少数人才具有,而是大多数人所共有。

f. 在现代的工业化社会的生活条件下,一般人的潜在智能只得到了部分发挥,由于两种理论观点对人的看法不同,因此采用的管理方法也不相同,按 X 理论来看,进行管理就采用严格控制、强制方式;如按 Y 理论来进行管理,管理者就要创造一个能多方面满足员工的需要环境,使人们的智慧、能力得以充分发挥。在实现组织目标的过程中实施自我管理。

②超 Y 理论。在麦格雷戈提出 X 理论和 Y 理论之后,美国的乔伊·洛尔施和约翰·莫尔斯对此进行了试验,他们选用两个工厂和两个研究所作为试验对象,实验结果见表 9.1。

表 9.1　X 理论和 Y 理论试验结果

| 试验对象<br>理论依据 | 工　厂 | 研究所 |
|---|---|---|
| X 理论 | 效率高 | 效率低 |
| Y 理论 | 效率低 | 效率高 |

从表中看出,采用两种理论的单位都有效率高和效率低的。可见 Y 理论不一定都比 X

理论好。通过实验及分析,洛尔斯等人认为,管理方式要由工作性质、成员素质等来决定,并据此提出了超 Y 理论。其主要观点有以下几点:

a. 人的需要是多种多样的,而且随着人的发展和生活条件的变化而发生变化,每个人的需要都各不相同,需要的层次也因人而异。

b. 人在同一时间内有各种需要和动机,这样需要和动机会发生相互作用,并结合为统一的整体,形成错综复杂的动机模式。

c. 人在组织中的工作和生活条件是不断变化的,因而会产生新的需要的动机。

d. 一个人在不同单位或同一单位的不同部门工作,会产生不同的需求。

e. 由于人的需要不同,能力各异,对不同的管理方式会有不同的反应,因此没有适合于任何组织、任何时间、任何个人的统一管理方式。

## 管理故事

### 朽木可雕吗?

一个组织中总有一些"朽木",即落后、工作不积极的人。一旦一个人被贴上"朽木"的标签,往往就会被打入冷宫。

在一次工商界聚会中,几位老板谈起自己的经营心得,其中一位说:"我有三个不成才的员工,准备找机会将他们炒掉,一个整天嫌这嫌那,专门吹毛求疵;一个杞人忧天,老是害怕工厂有事;还有一个经常摸鱼不上班,整天在外面闲荡鬼混。"另一位老板听后想了想说:"既然这样,你就把这三个人让给我吧!"

这三个人第二天到新公司报到,新的老板开始分配工作:喜欢吹毛求疵的人负责管理产品质量;害怕出事的人,让他负责安全保卫及保安系统的管理;喜欢摸鱼的人,让他负责商品宣传,整天在外面跑来跑去。三个人一听职务的分配和自己的个性相符,不禁大为兴奋,兴冲冲地走马上任。过了一段时间,因为这三个人的卖力工作,居然使工厂的营运绩效直线上升,生意蒸蒸日上。

● 用人所长,避人所短,才是用人之道。

## 【小思考】

请根据背景资料说明,为什么这些"朽木"发挥了作用?

③ Z 理论。Z 理论是美国加州大学管理学院日裔美籍教授威廉·大内在研究分析了日本的企业管理经验之后,提出了他所设想的 Z 理论。按照 Z 理论,管理的主要内容有以下几点:

a. 企业对职工的雇用应是长期的而不是短期的。这样,就可能使职工感到职业有保障而积极地关心企业的利益和前途。

b. 集体决策,鼓励职工参与企业的管理工作。

c. 实行个人负责制,要求基层管理人员不机械地执行上级命令,而是创造性地去执行。中间管理人员对各方面的建议要协调统一,统一的过程就是反复协商的过程。

d. 缓慢的评价和晋升。强调对职工进行长期而全面的考察,不以"一时一事"为根据对职工表现下结论。

  e.控制机制要较为含蓄而不正规,但检测手段要正规。

  f.适度专业化职业途径。对职工要进行知识全面的培训,使职工有多方面工作的经验。

  g.全面关怀员工。管理当局要处处显示对职工的全面关心,使职工心情舒畅、愉快。

### 2)过程激励理论

  激励的过程理论重点研究从动机的产生到采取行动的心理过程,也就是行为是怎样开始、改变和终止的。过程激励理论主要有以下几种:

#### (1)公平理论

  公平理论是美国心理学家亚当斯于1965年提出来的。这一理论重点研究个人作出的贡献与所得报酬之间关系的比较对激励的影响。公平理论的基本内容是:人的劳动积极性不仅受绝对报酬的影响,更重要的是受相对报酬的影响。这种相对报酬是指个人付出劳动与所得报酬的比较值。人们都有一种将自己的投入和所得与他人的投入和所得相比较的倾向。其中,投入主要包括工龄、性别、所受的教育和训练、经验和技能、资历、对工作态度等方面。而所得主要包括工资水平、机会、激励、表扬、提升、地位以及其他报酬。

  是否感到公平,所依据的就是付出与报酬之间比较出来的相对报酬。相对报酬相等,就感到公平,否则就有不公平感受。假如甲以乙为参考进行比较,其过程如图9.4所示。

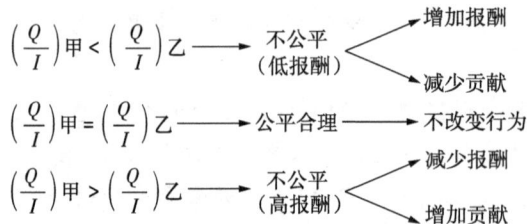

$$\left(\frac{Q}{I}\right)\!甲 < \left(\frac{Q}{I}\right)\!乙 \longrightarrow 不公平(低报酬) \begin{cases} 增加报酬 \\ 减少贡献 \end{cases}$$

$$\left(\frac{Q}{I}\right)\!甲 = \left(\frac{Q}{I}\right)\!乙 \longrightarrow 公平合理 \longrightarrow 不改变行为$$

$$\left(\frac{Q}{I}\right)\!甲 > \left(\frac{Q}{I}\right)\!乙 \longrightarrow 不公平(高报酬) \begin{cases} 减少报酬 \\ 增加贡献 \end{cases}$$

**图9.4 公平理论**

  其中,$Q$ 表示个人所得报酬的主观感觉;$I$ 表示个人所作贡献的主观感觉。

  如果当事人与他人进行比较后,感觉到公平时,心情舒畅,努力工作;当得到不公平感受时,就会出现心理的紧张、不安,从而影响人们的行为动机,导致生产积极性与生产效率的降低,旷工率、离职率必然增加。因此,在管理中,必须充分注意在工作中和待遇上的不公平、不合理现象对人的心理状况以及行为动机的影响。管理者应当在工作任务的分配过程中努力消除不公平、不合理现象,以保证有效地调动职工积极性。

---

**【课堂讨论】**

  又到期末学生评教结果反馈的日子,系主任看到王老师恭喜道:"王老师你期末学生评教又是第一名。"王老师却叹气道:"这有啥用,我付出再多,教得再好,课时费与同职称其他老师还不是一样,我教得好又没多得几个,别人教得差又没少得几个,没意思。"请问久而久之,王老师的教学积极性会受到什么影响?你觉得应该采取什么措施?

---

#### (2)期望理论

  期望理论是美国心理学家弗鲁姆于1964年提出的。其基本论点是:人们在预期他们的行动将会有助于达到某个目标的情况下,才会被激励起来去做某些事情,以达到这个目标。

弗鲁姆认为,人们对某项工作积极性的高低,取决于他对这种工作能满足其需要的程度(效价)及实现可能性(期望率)大小的评价。也就是说,激励是一个人某一行动的预期价值和将会达到目标的概率的乘积。其表达式为:

$$激发力量 = 效价 \times 期望率$$

激发力量是一个人所受激励的程度,效价是一个人对某一成果的偏好程度,而期望率是某一特别行动会导致一个预期成果实现的概率。激励作用的大小,与效价、期望率成正比,即效价、期望率越高,激励作用越大;反之,则越小。而如其中一项为零,激发力量也自然为零。

(3)综合型激励理论

综合型激励理论是由美国学者波特和劳勒于1968年提出的。这一模式较为全面地说明了激励理论的全部内容,如图9.5所示。

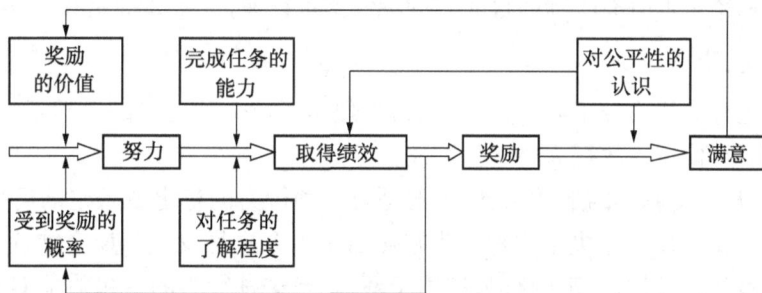

**图9.5 综合型激励理论示意图**

他们在"需要理论""双因素理论"和"期望理论""公平理论"的基础上,把激励的心理过程依次排列,并标明努力(动机所驱使的行为力量)与绩效、报酬之间的联系,也考虑到行为结果对后继行为的反馈作用。

这一激励模式表明,要使人们在工作或学习上取得较好成绩,第一步,要激励、激发人的行为动机。第二步,当人经努力取得绩效时,这绩效又成为对人的激励。此时应予恰当的评价并予报酬。第三步,报酬的公平与否会影响人的满意度,满意度又会成为新的激励。如此往复运动,使人不断取得新的成绩。

在激励模式中,除"动机""努力"之外,人的工作或学习绩效以及满意度还会受到其他因素影响。这些因素是:

①角色概念。即人对自己所担负职责的认识。角色概念明确者会尽心尽职,在位谋政,有助于努力取得成绩。

②技术、能力。一般地说,在努力程度相等时,技术、能力水平越高,绩效越大。

③评价公正。评价是报酬的前提条件,必须公正客观。所谓工作绩效评价,是指对一个人工作成果进行质量、数量分析。评价方法一般分客观法、主观法两种。客观法即根据工作成绩的数据进行质量、数量评价。主观法是主观上估计。评价形成一般有上级评价、同级评价、下级评价和局外人评价。

该激励模式意味着,要激励人工作、学习积极性,以出色完成任务,还应注意以下三个条件:

①要使人看到,他的工作或学习能向他提供他所需要的东西(即能满足他的某种需要)。

②要使人感到这些东西与他的工作或学习绩效相关联。

③要使人相信,只要他努力,就能提高工作或学习绩效。这三者缺少任何一项,都会降低积极性。

可以看出,这三个条件与弗鲁姆的期望理论所揭示的原则是一致的。

综合激励理论对于管理实践的启示如下:

①合理安排任务。要根据个人能力进行任务分工。

②合理设定目标。要设定合适的工作目标。

③奖励内容和形式多样化。要根据不同人的需要,给予不同的奖励。

④考核与奖励要公平。要进行公平考核、公平奖励,以使员工真正感到满意。

### 3)行为改造理论

行为改造理论重点研究激励的目的(即改造、修正行为)。主要理论有:

#### (1)强化理论

强化理论也称为行为修正理论,是美国的心理学家斯金纳提出的以学习的强化原则为基础的关于理解和修正人的行为的一种学说。

所谓强化,从其最基本的形式来讲,指的是对一种行为的肯定或否定的后果(报酬或惩罚),它至少在一定程度上会决定这种行为在今后是否会重复发生。斯金纳认为:人或动物为了达到某种目的,会采取一定的行为作用于环境,当这种行为的后果对他有利时,这种行为就会在以后重复出现;不利时,这种行为就减弱或消失。

根据强化的性质和目的,可把强化分为正强化和负强化。在管理上,正强化就是奖励那些组织上需要的行为,从而加强这种行为;负强化就是惩罚那些与组织不相容的行为,从而削弱这种行为。正强化的方法包括奖金、对成绩的认可、表扬、改善工作条件和人际关系、提升、安排担任挑战性的工作、给予学习和成长的机会等。负强化的方法包括批评、处分、降级等,有时不给予奖励或少给奖励也是一种负强化。

强化理论具体应用的一些行为原则如下:

①经过强化的行为趋向于重复发生。所谓强化因素就是会使某种行为在将来重复发生的可能性增加的任何一种"后果"。例如,当某种行为的后果是受人称赞时,就增加了这种行为重复发生的可能性。

②要依照强化对象的不同采用不同的强化措施。人们的年龄、性别、职业、学历、经历不同,需要就不同,强化方式也应不一样。如有的人更重视物质奖励,有的人更重视精神奖励,就应区分情况,采用不同的强化措施。

③小步子前进,分阶段设立目标,并对目标予以明确规定和表述。对于人的激励,首先要设立一个明确的、鼓舞人心而又切实可行的目标,只有目标明确而具体时,才能进行衡量和采取适当的强化措施。同时,还要将目标进行分解,分成许多小目标,完成每个小目标都及时给予强化,这样不仅有利于目标的实现,而且通过不断的激励可以增强信心。如果目标一次定得太高,会使人感到不易达到或者说能够达到的希望很小,这就很难充分调动人们为达到目标而作出努力的积极性。

④及时反馈。所谓及时反馈就是通过某种形式和途径,及时将工作结果告诉行动者。要取得最好的激励效果,就应该在行为发生以后尽快采取适当的强化方法。一个人在实施了某种行为以后,即使是领导者表示"已注意到这种行为"这样简单的反馈,也能起到正强化的作用,如果领导者对这种行为不予注意,这种行为重复发生的可能性就会减小以至消失。

⑤正强化比负强化更有效。在强化手段的运用上,应以正强化为主;同时,必要时也要对坏的行为予以惩罚,做到奖惩结合。

强化理论只讨论外部因素或环境刺激对行为的影响,忽略人的内在因素和主观能动性对环境的反作用,具有机械论的色彩。但是,强化理论有助于对人们行为的理解和引导。这并不是对职工进行操纵,而是使职工有一个最好的机会在各种明确规定的备择方案中进行选择。因而,强化理论已被广泛地应用在激励和人的行为的改造上。

（2）挫折理论

挫折理论是由美国的亚当斯提出的。挫折是指人类个体在从事有目的的活动中,指向目标的行为受到阻碍或干扰,致使其动机不能实现,需求无法满足时所产生的情绪状态。挫折理论主要揭示人的动机行为受阻而未能满足需要时的心理状态,并由此而导致的行为表现,力求采取措施将消极性行为转化为积极性、建设性行为。

挫折对人的影响具有两面性:一方面,挫折可增加个体的心理承受能力,使人猛醒,汲取教训,改变目标或策略,从逆境中重新奋起;另一方面,挫折也可使人们处于不良的心理状态中,出现负向情绪反应,并采取消极的防卫方式来对付挫折情境,从而导致不安全的行为反应,如不安、焦虑、愤怒、攻击、幻想、偏执等。

挫折具有两重性,它可以是坏事,也可以是好事。挫折可以使人失望、痛苦;使人消极、颓废,从此一蹶不振;使人产生粗暴的消极对抗行为,导致矛盾激化,甚至走上绝路。挫折也可以给人以教益,变得比较聪明和成熟;可以使人从错误中猛醒,认识错误,接受教训,真正使失败成为成功之母;可以磨炼人的意志,激励人发奋努力,从逆境中奋起。可见挫折是坏事,但如能正确对待还能变成好事,过于平静舒适的生活,反而会在挫折发生时手足无措。从这一点说,有挫折比无挫折更能锻炼人、培养人。

**资料链接**

在挫折中奋起

镭的发现者,玛丽·居里在一生的研究历程中充满了挫折,兄弟、丈夫在实验中丧生,家庭经济因为实验而捉襟见肘,一次又一次的失败,一次又一次的挫折打击着她,但她没有放弃,没有沉沦,而是在一次又一次的挫折中奋起,最终研制出镭,获得诺贝尔奖。同时也造福了人类。

- 勇于面对挫折,保持乐观心态,持之以恒方能成功。

# 9.2　激励的原则与方式

## 9.2.1　激励的原则

企业要在激烈的市场竞争中赢得胜利,必须充分依靠和调动其职工的积极性,引导员工为企业的发展目标而奋斗。管理者对员工进行激励活动,应遵循以下原则,才能取得较好的效果。

（1）按需激励原则

激励的起点是满足员工的需要,由于不同员工的需求不同,相同的激励措施起到的激励效果也不尽相同。例如年轻工作者比较重视拥有自主权和创新的工作环境;中年工作者比较重视工作与私生活的平衡及事业发展的机会;老年工作者则比较重视工作的稳定性及分享公司的利润。即便是同一位员工,在不同的时间或环境下,也会有不同的需求。并且只有满足最迫切需要（主导需要）的措施,其效价才高,其激励强度才大。

激励要因人而异。在制订和实施激励措施时,管理者必须深入地进行调查研究,了解每个员工真正的需要是什么,弄清楚员工需要层次和需要结构的变化趋势,有针对性地采取激励措施,要让员工明白他们是在为他们自己工作,他们成长步伐的快慢,只意味着他们付出的多与少,工作的勤与惰而已,激励才能收到实效。最有效的激励莫过于让下属意识到是在为自己工作。

**资料链接**

给员工真正想要的东西

许多善意的老板都以为给予员工慷慨的福利待遇就能增加企业的凝聚力,结果却发现员工变动率丝毫没有下降。罗思·卡多斯在经营他的位于波士顿地区的第一个美食连锁公司的时候就发现了这一问题。尽管他给予计时工医疗和人寿保险、带薪度假、病假工资等福利待遇,但是员工变动率平均每年竟高达300%。对于零售部门来说,这种情况虽然不足为奇,可是却让他感到很不是滋味。

正因如此,当他于两年前在马萨诸塞州梅思尼斯附近的巴恩斯特布开办第二个美食公司的时候,他尝试着采取了另外一种办法。除了保留原来给予员工的八折优惠购物待遇以外,他不再向员工提供其他福利待遇,而是增加起点工资,每隔三个月对所有员工的表现进行一次评审,对表现好的不仅提出表扬,还提升工资;他还让员工们有机会"适度地"加班工作以便多挣点钱。结果是,员工变动率大幅度地下降,而且员工们都感到很满意。

卡多斯说:"我不再给予员工我认为他们想要的东西;而是给予他们真正想要的东西,即在周末能得到数额更大的工资支票,这才是最为实际的。"

卡多斯之所以能够使员工变动率大幅度下降,而且使员工们都感到很满意,就是因为他给了员工最想要的东西,正所谓"投其所好"!

- 管理者要有效激励员工就要搞清楚员工的真正需要,这样的激励政策与措施才会产生效果。

(2)物质激励和精神激励相结合的原则

精神激励是通过满足人的精神需要的一种激励方法。精神激励能促进人们自身能力发展完善,使人们目光远大、心胸开阔、志趣高尚,把组织长远利益置于个人短期利益之上。但精神激励尽管十分重要,它不是万能的,不可能代替物质激励。在许多情况下,对员工给予适当的奖励,同样能在精神上起到鼓励和鞭策作用,它不仅可以鼓励获奖者,还可以激励未获奖者。当然,物质激励也不是万能的。可以这么说,物质激励是基础,精神激励是根本。应在两者结合的基础上,逐步过渡到以精神激励为主。

(3)合理性原则

激励的合理性原则包括两层含义:其一,激励的措施要适度,即要根据所实现目标本身的价值大小确定适当的激励量。奖励过重会使员工产生骄傲和满足的情绪,失去进一步提高自己的欲望;奖励过轻会起不到激励效果,或者让员工产生不被重视的感觉。惩罚过重会让员工感到不公,或者失去对组织的认同,甚至产生怠工或破坏的情绪;惩罚过轻会让员工轻视错误的严重性,从而可能还会犯同样的错误。其二,奖惩要公平。任何不公的待遇都会影响员工的工作效率和工作情绪,影响激励效果。取得同等成绩的员工,一定要获得同等层次的奖励;同理,犯同等错误的员工,也应受到同等层次的处罚。如果做不到这一点,管理者宁可不奖励或者不处罚。因此,要求管理者在处理员工问题时,一定要有一种公平的心态,不应有任何的偏见和喜好,不能有任何不公的言语和行为。

(4)目标结合原则

在激励机制中,设置目标是一个关键环节。目标设置必须同时体现组织目标和员工需要的要求。为那些工作能力较强的员工设定一个较高的目标,并向他们提出工作挑战。这种做法可以激发员工的斗志,激励他们更出色地完成工作。这种工作目标挑战如果能结合一些物质激励,效果会更好。

(5)明确性原则

激励的明确性原则包括三层含义:其一,明确激励的目的,让员工清楚需要做什么和必须怎么做。其二,公开有关的制度措施,特别是对于分配奖金等大量员工关注的问题。其三,表达直观,在实施物质奖励和精神奖励时都需要直观地表达它们的指标。

(6)时效性原则

要把握激励的时机,"雪中送炭"和"雨后送伞"的效果是不一样的。激励越及时,越有利于将人们的激情推向高潮,使其积极性得以保持,并连续有效地发挥其创造力。

(7)正激励与负激励相结合的原则

正激励为奖赏,是对组织成员行为的肯定,目的是鼓励其行为继续进行下去;负激励是对组织成员行为的否定,目的在于制止其行为的继续。正激励与负激励同等重要。奖要光明正大和服众,才能起到榜样作用。同时,如果员工的错误行为未遭到一定的处罚,就有可能再犯同样类似的错误。处罚是对于公司内部"法律"的维护是必需的,千万不可在人情面前打折,否则处罚的价值就永远不能升值了。

(8)引导性原则

外部激励措施只有转化为被激励者的自觉意愿,才能取得激励效果。因此,管理者必须引导员工的认识和提高员工的觉悟,使员工能充分理解组织目标与其自身目标之间的统一性。引导性原则是激励过程的内在要求。

(9)综合性原则

组织成员的需求是多层次、多种多样的、多变的,在不同的时间、地点所采取的激励措施与方法是不一样的,激励的措施与方法只有综合使用才能产生效果。

**资料链接**

### 大网与网眼

一个人看见猎人用网捕鸟,觉得有趣。他研究了一阵,发现最后把鸟卡住的不是整张网,而是一个小网眼,这使他感到奇怪:既然最后把鸟卡住的只是一个小网眼,那为什么还需要一张大网呢? 于是他用绳子做了一个小圆圈,用它来代替网。结果,这个"聪明人"一只鸟也没有捕到。

- 每一种激励法就像个网眼,而各种方法一起才构成一张激励之网。单靠一种方法是难以产生作用的,只有各种方法综合使用,才不至于掉入"聪明人"的思维陷阱之中。

【推荐阅读】

如何有效激励,推荐大家阅读领导者该如何激励下属,http://wenku.baidu.com/view/dalcd91dc5da50e2524d7f4b.html。

## 9.2.2 激励的方式

要提高激励的有效性,必须采取恰当的激励方式,形成有效的激励机制。任何激励的方式与手段,都是以形成一定量的诱因来对人的行为产生影响的。按照诱因的性质与内容,可将激励的方式分为物质利益激励、社会心理激励、工作激励三类。

### 1)物质利益激励

物质激励是指以物质利益为诱因,通过调节被管理者物质利益来刺激其物质需要的方式与手段。物质利益激励是调动人的积极性的最基本动力。在消费低水平的条件下,需求大多以物质利益为中心,绝大多数人对物质利益相当关心,物质利益对人行为的激发作用就越加明显。物质利益激励的主要形式有:

(1)薪酬激励

包括工资、奖金、各种形式的津贴及实物奖励等。商品经济条件下,人们的消费是有支付能力的消费,薪酬对于绝大多数人来讲是满足其物质消费的主要经济来源,是最重要和根本的激励因素。因此,在薪酬激励过程中,要坚持按劳分配与责权利益相结合的原则,把组织成员的收入与其贡献及组织的效益挂钩,掌握恰当刺激量。

（2）产权激励

就是将一个组织的产权卖给其员工或根据员工的贡献、业绩给予红股激励、股票期权等。产权激励是一种利益共享,可以把组织发展好坏与每个组织成员利益紧密相连,有利于增强责任心与积极性。

## 背景案例

### 利益共享

保罗·盖帝是美国的一个大富豪。一次他聘用一位叫乔治·米勒的人来帮他管理位于洛杉矶郊区的一些油田。

乔治·米勒虽然是一位很优秀的管理人才,对油田的管理也很在行,可是,每次保罗·盖帝去查看油田时,总是会发现一些浪费与不合理的地方,影响到产油的成本,使得油田利润相对降低。保罗·盖帝虽然深信乔治·米勒的才干,但对他在这方面的表现,总是觉得很不对劲,于是找乔治·米勒来沟通。

他对乔泊·米勒说:"我只不过在油田待了一个小时,就发现了许多浪费之处。如果能把这些浪费之处加以消除的话,油田的产量势必可以提高,利润自然也跟着增高。你是油田的总负责人,应该有义务把这些浪费的地方有效地控制住。"

乔治·米勒回答说:"因为那是你的油田,油田的一切都和你的切身利益有关,所以你很容易看出许多问题来。"

乔治·米勒这个回答,令保罗·盖帝心头一震。他连续好几天都在想乔治·米勒所说的这句话,最后,保罗·盖帝悟出了一个道理来。

他告诉乔治·米勒说:"从今天开始,我不付给你薪水,而是付给你油田总利润的某个百分比。油田管理得越有效率,油田的总利润当然会越高,那你的收入,自然也跟着水涨船高,反之亦然。"

乔治·米勒接受了保罗·盖帝这种挑战。从那一天开始,这个油田的管理完全改观,不但浪费不见了,而且效率也提升许多。为什么会有这样的转变呢？因为,现在这个油田不仅是保罗·盖帝的油田,也是乔泊·米勒的油田。换一个角度,由于乔治·米勒把油田视为自己的产业来管理,因此,过去保罗·盖帝发现的那些管理上的盲点,很快被乔治·米勒一项一项改善了。

这种改善的结果,不但油田的生产成本降低了许多,产量和利润也都大增了,当然,乔治·米勒的收入也跟着大增。

- 建立在利益相关基础上的激励措施,才能使员工在利益关心的基础上,关心组织发展。

（3）关怀激励

即领导者通过对下属生活上的关心照顾来激励职工。关怀激励不但可以使下属得到好的物质上的利益和帮助,而且能获得受尊重和归属感上的满足。领导者对下属关怀的内容多种多样,既包括物质上的,也包括精神上的。

**(4)处罚**

就是从经济上对下属进行惩罚,对下属偏离管理目标的行为进行约束。物质利益激励、产权激励、关怀激励都是从正面来对下属的行为进行正强化,但有时对于下属出现违反组织的规章制度、不听从领导者的指挥管理等行为也需要进行必要的处罚和经济制裁。在处罚过程中应当有充分的事实根据与政策依据;做好思想转化与疏导工作;处罚的"刺激量"要适度。

### 2)社会心理激励

社会心理激励就是管理者根据下属复杂的心理需求,以心理需求的满足为诱因,利用社会心理学、行为科学的方法来刺激与满足心理需求的方式和手段。社会心理激励的方法主要有:

**(1)目标激励**

即通过设置振奋人心的经过努力可以实现的奋斗目标来激发集体和个人的积极性。就企业而言,实行目标激励就是把企业和国家的整体目标与个人目标相结合,形成目标链。这样,人们在生产和工作中就会把自己的行动同整体目标联系起来,产生激励作用。实现目标激励的好处是:第一,能使职工看到自己的价值和责任,一旦达到目标便会有满足感。第二,有利于上下左右之间沟通信息,减少达到目标的阻力。第三,能使职工的个人利益与组织的整体目标得到统一。

**(2)领导行为激励**

即领导者通过自己的模范行为来调动下属的积极性。领导者的模范作用和带头作用,是一种无声的命令,对下属的行为有很大的激励作用。领导者优良的思想作风、工作作风与生活作风,能感染下属,教育下属。而领导者搞不正之风,就会使下属不信服,挫伤下属的积极性。领导者廉洁奉公,身先士卒,一言一行作下属的表率,关心群众,团结同事,做下属的知心朋友,就能激励下属去克服困难,完成组织目标。

**(3)榜样激励**

即通常所说的典型示范。榜样的力量是无穷的,它是一面旗帜,具有生动性和鲜明性,说服力强,容易引起人们感情上的共鸣。有了榜样,使人学有方向,赶有目标。榜样的号召力大,是一种重要的激励方法。开展榜样激励,应注意榜样来自群众,有广泛的群众基础;榜样的事迹要真实,能经得起检查和时间的考验。

**(4)教育激励**

即通过教育方式与手段,激发动机、调动下属积极性的形式。教育激励最主要的是搞好政治教育与思想教育。这就要求领导者注重探索思想政治工作的规律性,提高思想政治工作的科学性。

**(5)感情激励**

即以感情作为激励的诱因,调动人的积极性。现代人对社会交往和感情的需要是强烈的,感情激励已成为现代管理中极为重要的调动人积极性的手段。搞好感情激励就要求上下级之间建立融洽和谐的关系;促进上下级之间关系的协调与融洽;营造健康、愉悦的团体气氛,满足组织成员的归属感。

（6）尊重激励

随着人们需求层次的提高,人们渴求受到尊重,自尊的需要不断提升。领导者应利用各种机会信任、鼓励、支持下级,努力满足其尊重的需要,以激励下属的积极性。这就要求领导者尊重下级的人格;尽力满足下属对成就感的需要;支持下属自我管理,自我控制。

**资料链接**

### 松下幸之助是如何做到尊重员工的

有一天,松下幸之助在一家餐厅招待客人。一行人都点了牛排。待大家用完餐后,松下便让助理去请烹调牛排的主厨过来。

松下特别强调说:"不要找经理,找主厨。"

助理这才注意到,松下的牛排只吃了一半,心想过一会儿的场面可能会很尴尬。

主厨很快就过来了,他的表情很紧张。因为他知道请自己来的人,是大名鼎鼎的松下先生。"有什么问题吗,先生?"主厨紧张地问。

"对你来说,烹调牛排已不成问题,"松下说,"但我只能吃一半。原因不在于厨艺,牛排真的很好吃,但我已80岁高龄了,胃口大不如从前。"主厨与其他用餐者,困惑得面面相觑。大家过了好一会儿,才明白这是怎么回事。

"我想和他当面谈。因为我担心他看到只吃了一半的牛排被送回厨房,心里会很难受。"原来松下先生是怕主厨怀疑自己的烹调手艺出了问题。可以想想,如果你是主厨,听到松下先生这么说,你会有什么感受? 是不是会感到备受尊重? 其他的员工听到松下先生这么说,对松下先生则更为佩服,也会更愿意、更加努力地为松下集团工作。

● 尊重下属,关心下属,设身处地为下属考虑,才能增强下属的凝聚力。

（7）参与激励

即以让下级参与管理为诱因,调动下级的积极性和创造性。让下级参与管理,可以让员工感受到那种"我不光是一个执行者,更是一个决策者"的成就感,会把这个组织当成自己的事业来看待。既然视为自己的事业,当然会比一般人更用心了,这种用心的结果,效率自然会高起来;有利于使决策民主化;使下级有受尊重心理的满足;有利于下级提高对上级决策的认同感,降低决策实施的阻力,保证决策的顺利实施。

（8）竞赛激励

即利用人们争强好胜、不甘落后的心理,来激励人们的行为。这是人们有追求自我实现需要所决定的。领导者应结合组织的目标及任务,开展各种形式的竞赛,形成竞争的组织氛围,激发组织成员的热情、兴趣,将组织成员的积极性和行为最大限度调动到实现组织目标轨道上来。要有效实现竞赛激励作为领导者必须要设置恰当的能激发人们奋发向上的目标,形成公平的竞争环境,公正评价竞赛结果并根据该结果给予恰当的奖励。

【推荐阅读】
如何搞好社会心理激励,请阅读文章精神激励的十大黄金法则,http://www.rs66.com/a/11/37/jingshenjilideshidahuangjinfaze_93999.html。

### 3）工作激励

每个人都有对自己工作与事业的追求,希望事业有成。这种对自己工作、事业的追求,成为人们行为的最大激励。领导者必须善于调整和调动各种工作因素,千方百计地使下属满意于自己的工作,"以事业留人",以实现最有效的激励。工作激励可以通过以下途径来实现:

（1）工作的适应性

工作的适应性包括两方面的内容:一是根据每个组织成员的专长与个性,将其安排到最能发挥其优势的工作岗位上,提高组织成员的工作兴趣与工作满意度;二是一项需集体完成的团队工作,领导者应当把具有不同专长或优势、不同性格、不同素质的组织成员合理组合起来,形成一个团结、有战斗力、凝聚力强的团队,形成和谐的人际关系团队,为完成团队工作打下组织基础。

（2）工作的意义与挑战性

组织成员如何看待自己所从事的工作,直接关系到其对工作的兴趣与热情,进而决定其工作的积极性高低。人们愿意从事重要的工作,并愿意接受挑战性的工作,因为工作富有挑战性能使组织成员更快地成长与发展,这反映了人们追求实现自我价值,渴望获得别人尊重的需要。因此,领导者激励组织成员的重要手段就是向他们宣传工作的重要性,造就工作的挑战性,使组织成员充分重视和热爱本职工作。

（3）工作的完整性

人们愿意在工作中承担完整的工作。从一项工作的开始到结束,都是由自己完成的,工作的成果就是自己努力与贡献的结晶,从而可获得一种强烈的成就感。领导者应根据工作的性质与需要,以及人员情况,尽可能将工作划分成较为完整的单元分派给组织成员。使每个组织成员都能承担一份较为完整的工作,为他们创造获得完整工作成果的条件与机会。

（4）工作的扩大化与丰富化

为了解决技术发展、机械化和自动化水平的提高所形成的精细专业化分工对组织成员情绪带来的消极影响,改变简单重复劳动对人的全面发展的影响。西方国家在组织变革中积极推行"工作扩大化""工作丰富化"等制度,试图使人们对所从事的工作感到更有意义,以提高满足感。"工作扩大化"是指从横的方面扩大工作范围,即在一些重复性劳动中,为了减少工人单调、乏味的工作而扩大某些工作内容。每个工人同时承担几项工作,以增加他们对工作的兴趣。这种工作扩大化,不仅能明显地提高员工的情趣,而且赋予员工更多的责任,鼓励其自我发挥、自我控制,有利于调动员工的积极性和创造性。"工作丰富化"是指从纵向扩大工作范围,让人们的工作内容适当地向纵深发展,不仅参加一般生产,而且参加一部分管理工作,通过工作本身增加工人的责任感和成就感,从而得到更大的激励。工作的扩大化与丰富化可通过小组管理、参与管理来实现。

### （5）工作的自主性

人们出于自尊和自我实现的需要心理，期望独立自主地完成工作，而自觉不自觉地排斥外来干预，不愿意在别人的指使或强制下被迫工作。这就要求领导者能尊重下属的这种心理，通过管理规章制度的健全，组织结构的合理设置，合理的授权与分权，目标管理等措施与手段，使下属能独立自主地开展工作。

### （6）及时获得工作成果反馈

人们对于工作周期长，长时期看不到或根本看不到工作成果的工作很难有大的兴趣。而对于只要有投入，立竿见影，立即就看到产出效果的工作则兴趣较浓。这也是人们成就感的一种反映。领导者在工作过程中，应及时测量、评定组织成员的工作成就，并及时反馈，使每个成员能及时了解自己的工作情况，巩固成绩，克服缺点。

# 【本章小结】

激励指管理者运用各种管理手段，刺激被管理者的需要，激发其动机，使其朝向所期望的目标前进的心理过程。

激励理论基本上分为三类：内容型激励理论、过程型激励理论和综合型激励理论。其中内容型激励理论主要包括需要层次理论、成就需要论、双因素激励理论和 XYZ 理论。过程型激励理论主要包括期望理论、公平理论和强化理论。

管理者进行激励活动时，应遵循一些原则，才能取得较好的效果。激励的方式主要有物质利益激励、社会心理激励和工作激励三大类。

## 【阅读资料】

### 如何有效激励员工

**一、员工激励应注意的问题**

1. 激励不等于奖励

很多管理者简单地认为激励就是奖励，因此在设计激励机制时，往往只片面地考虑正面的奖励措施，而轻视或不考虑约束和惩罚措施。从完整意义上说，激励应包括激发和约束两层含义，奖励和惩罚是对立统一的。激励并不全是鼓励，它也包括许多负激励措施，如罚款、降职、淘汰激励等。

在每个企业中，员工都有各种各样的行为方式，但其中有部分行为并不是企业所希望的。对希望出现的行为，公司可以采用奖励进行强化；对不希望出现的行为，按照激励中的强化理论，可采用约束措施和惩罚措施，即利用带有强制性、威胁性的控制技术，如批评、罚款、淘汰等，来创造一种令人不快或带有压力的条件，将员工行为引导到特定的方向上。

2. 精神激励不容忽视

提到员工激励，人们往往想到的就是物质激励。许多管理者认为：员工上班就是为了挣钱,因此,金钱是对员工进行激励的最有效工具。有些管理者一味地认为只有奖金发足了才能调动员工的积极性。但在实践中,不少企业在使用物质激励的过程中耗费不少,而预期的目的并未达到,员工的积极性不高,反倒贻误了组织发展的契机。美国管理学家皮特指出:"重赏会带来副作用,因为高额的奖金会使大家彼此封锁消息,影响工作的正常开展,整个社会的风气就不会正。"

客观看待和正确理解员工的需求,尊重他们的正当需求是激励的基础,是激励的出发点。如果对于员工的需求和价值观理解错误,那激励也就无从谈起。事实上人不但有物质上的需要,更有精神方面的需要。美国的一项有关激励因素的研究表明,员工把经理对其某项完成工作的赞扬列为所有激励中最重要的。但不幸的是,在这项研究中,58%的员工说管理者一般不会给予这样的表扬。可见企业不能仅用物质来激励员工,精神激励有着不可替代的作用。

3. 平均分配等于无激励

有的企业在建立起激励制度后,员工不但没有受到激励,努力水平反而下降了。原因是没有辅以系统科学的评估标准,最终导致实施过程中的"平均主义",例如评优中的"轮庄法""抓阄法"等,打击了贡献大的员工的积极性。奖金本来是激励因素,可在实施过程中出现了偏差,使员工产生不满意感,反而抑制和消减了员工的努力水平。

一套科学有效的激励机制不是孤立的,应当与企业的一系列相关体制相配合才能发挥作用。其中,评估体系是激励的基础,有了准确的评估才能有针对性地进行激励。在激励实施的过程中,一定要注意公平原则,让每个人都感到自己受到了公平对待,必须反对平均主义,否则激励会产生负面效应。

## 二、建立有效的激励机制

### 1. 建立科学的、公正的激励机制

激励的目的是为了提高员工的积极性,影响工作积极性的主要因素有:工作性质、领导行为、个人发展、人际关系、薪酬福利和工作环境等,这些因素对于不同文化的企业所产生的影响也不同。在制订激励制度时要体现科学性,企业必须系统地分析、搜集与激励有关的信息,全面了解员工的需求,不断根据情况的改变制定出相应的政策。GE的奖励制度使员工们工作得更有效率,也更出色,其秘诀是只奖励那些完成了高难度工作指标的员工。此外,有研究表明,要让奖金真正地发挥激励作用,那么奖金的金额至少要高于被奖励者基本工资的10%。

激励必须公正,激励制度一定要体现公正的原则。一个人对他所得的报酬是否满意不是只看其绝对值,而要进行社会比较或历史比较,通过比较,判断自己是否受到了公平对待,从而影响自己的情绪和工作态度。因此,企业要在广泛征求员工意见的基础上出台一套大多数人认可的制度,并且把这个制度公布出来,在激励中严格按制度执行。

### 2. 精神激励与物质激励并重

对于一些工作表现比较突出的优秀员工,我们完全可以采用精神激励的方法,给予必要的荣誉奖励。例如,管理者可以向干得好的员工表示祝贺,最简单的方式是说一句"干得不错";或者写一张手写的条子或一封电子邮件称赞员工的行为,对他们的工作表示认可。对于渴望社会赞同的员工,管理者可以公开对他们的成绩表示认可,满足他们的成就感。也可以设计一定的级别和头衔并创造出足够的层次,以便让员工一次又一次地提升。为了加强

团队的凝聚力和激励,管理者还可以召开会议来表扬那些有成效的团队。

世界著名化妆品企业 Mary Kay 公司,每年都要为当年的销售状元举行一次集会。专门租借一个体育场召开表彰大会,请一个演艺明星,让销售状元和明星同乘一辆车徐徐进入会场。与此同时,全场的员工一起大声呼喊销售状元的名字。这种至高无上的荣誉感激励着其他员工向着销售状元的目标努力。在美国的 Fine Host 公司,其激励措施之一是把工作出色的员工的名字张贴在公司大楼内,为受到奖励的员工颁奖时,大张旗鼓地宣传。

3. 综合运用工作激励和参与激励

工作本身具有激励力量,没有人喜欢平庸,尤其对于那些年纪轻、干劲足的员工来说,富有挑战性的工作和成功的满足感,比实际拿多少薪水更有激励作用。企业可以根据自身的特点灵活运用工作激励。为了更好地发挥员工工作积极性,管理者要进行"工作设计",使工作内容丰富化和扩大化,并创造良好的工作环境。此外,还可通过员工与岗位的双向选择,使员工对自己的工作有一定的选择权。尽量把员工放在他所适合的位置上,并在可能的条件下轮换一下工作以增加员工的新奇感,培养员工对工作的热情和积极性。

人力资源管理的实践经验和研究表明,员工都有参与管理的要求和愿望,创造和提供一切机会让员工参与管理是调动他们积极性的有效方法。毫无疑问,很少有人参与商讨和自己有关的行为而不受激励的。因此,让员工恰当地参与管理,既能激励员工,又能为企业的成功获得有价值的知识。通过参与,形成员工对企业的归属感、认同感,可以进一步满足自尊和自我实现的需要。管理者要根据员工的要求,适当进行授权,让员工参与更复杂、难度更大的工作,一方面是对员工的培养和锻炼,另一方面也提高了员工满意度。

韩国精密机械株式会社实行一种独特的"一日厂长制"管理,即让员工轮流当厂长管理厂务,一日厂长和真正的厂长一样,拥有处理厂务的权力,若一日厂长对工厂管理、生产、工人工作等方面有意见时,记录在工作日记上,让相关部门员工收阅,部门主管依照批评意见纠正自己的工作。这一制度实行后,大部分员工都当过"厂长",工厂的向心力因此大为加强,实施当年即为工厂节约成本 300 多万美元。

4. 对员工分层次进行激励

根据马斯洛的需求层次理论,企业的不同层次的员工对于激励的需求是不尽相同的,很多企业在实施激励措施时,并没有对员工的需求进行认真的分析,"一刀切"地对所有人采用同样的激励手段,结果适得其反。

从事简单劳动的员工,创造的价值较低,人力市场供应充足,对于他们采用物质激励是适用的和经济的,采用物质激励会更有效。相反,高层次的技术人员和管理人员,来自于内在精神方面对成就的需要更多些,而且他们是企业价值的重要创造者,公司希望将他们留住。因此公司除尽量提供优厚的物质待遇外,还要注重精神激励和工作激励,如优秀员工奖、晋升、授予更重要的工作、创造宽松的工作环境,以及尽量提供有挑战性的工作来满足这些人的需要。

5. 了解员工需求,实施个性化激励

在管理实践中,如何对企业中的个人实施有效的激励,首先是以对人的认识为基础的。要想激励员工,必须了解其动机或需求。管理者首先要明确两点:一是没有相同的员工;二是在不同的阶段,员工有不同的需求。对于不同的员工应当考虑个体差异,具体分析,找到激励他们的因素,采取不同的激励方法,有针对性地进行激励。

例如,年轻员工比较重视拥有自主权及创新的工作环境,中年员工比较重视工作与生活的平衡及事业发展的机会,年龄较大的员工则比较重视工作的稳定性。女性员工相对而言对报酬更为看重,而男性员工则更注重企业和自身的发展。因此企业在制订激励机制时一定要考虑到企业的特点和员工的个体差异,这样才能收到最大的激励效力。

不同的员工有不同的需求,一个特定的员工在不同的时期、环境也是有不同需求的。这些需求主要是受自身的愿望变化、自身工作与生活环境的变化、社会时尚的变迁、家庭的直接或间接需求等因素影响。由于影响员工需求的因素很多,而且既可以独立变化,又可以交叉影响变化,因此我们一定要抓住员工的主导需求,才能进行有效的激励。

6.奖惩并用,引入末位淘汰机制

激励之有效,原因在于人们在事关自己切身利益的时候,就会对事情的成败分外关注,而趋利避害的本能会使面临危机的压力转变为动力。可以想象,人们在降低收入、失去工作等威胁面前,定会发奋工作。末位淘汰制是为提高组织的竞争力,通过科学的评价手段,对员工进行合理排序,对排名在后的员工,按一定的比例或数量进行调岗、降职或辞退。其目的是通过对末位的强行淘汰来增强员工的危机感和紧迫感,提高员工的工作质量和工作效率,以达到推动组织的整体进步。

许多企业对于绩效考核的分布有着硬性的要求,如伊莱克斯公司规定,绩效考核中得9分、10分的人不能超过10%;得2分的人不能低于5%,这部分人要进行改进;得1分的人小于5%,但不能是0,这部分人肯定要淘汰。韦尔奇也奉行自己的活力曲线,每年都要求GE公司的领导对他们领导的团队进行区分,必须区分出哪些人是属于最好的20%,哪些人是属于中间的70%,哪些人是属于最差的10%,表现最差的员工通常都要走人。末位淘汰要和考核制度紧密结合起来,这样能激发员工的竞争意识,使这种外部的推动力量转化成一种自我努力工作的动力,充分发挥人的潜能。

人力资源管理是运用科学的手段、灵活的制度调动人的情感和积极性的艺术。无论什么样的企业要发展都离不开人的创造力和积极性,因此企业一定要重视对员工的激励。激励的方式多种多样,企业要根据实际情况,综合运用多种激励机制,真正建立起适应企业特色、时代特点和员工需求的激励体系,激发员工的潜力和工作热情,提高企业的核心竞争力。

## 【思考与练习】

### 一、填空题

1.心理学、行为科学认为,人的(　　　)产生动机,确定(　　　)目标,激励起着强化和推动行为的作用。

2.公平理论的基本内容是:人的劳动积极性不仅受(　　　)的影响,更重要的是受(　　　)的影响。

### 二、选择题

1.激励过程就是一个由(　　　)开始,到(　　　)得到满足为止的连锁反应。

A.需要　需要　　　B.需要　动机　　　C.动机　需要　　　D.动机　动机

2.人们在通往目标的道路上所遇到的障碍就是(　　　)。

A.抑制　　　　　　B.紧张　　　　　　C.防范　　　　　　D.挫折

3. 需要层次理论是美国著名管理心理学家和行为学家亚伯拉罕·马斯洛提出来的一种激励理论,属于( )。

A. 内容型激励理论　　　　　　　　　B. 过程型激励理论

C. 行为改造激励理论　　　　　　　　D. 权变型激励理论

4. 赫茨伯格提出的双因素理论认为( )不能直接起到激励的作用,但能防止人们产生不满情绪。

A. 保健因素　　　　　B. 激励因素　　　　　C. 成就因素　　　　　D. 需要因素

### 三、判断题

1. 根据戴维·麦克利兰的研究,对一般职员来说,成就需要比较强烈。　　　　　( )

2. 表彰和奖励能起到激励的作用,批评和惩罚不能起到激励的作用。　　　　　( )

3. 高层次的专业人员和管理人员不是工作丰富化的重点对象。　　　　　　　　( )

### 四、问答题

1. 你怎样使用期望理论来提高自己的激励水平?

2. 一些管理者认为:"我们已经为员工所做的工作支付了薪水,为什么我们还要激励他们呢?"你对此有何看法?

3. 每个同学准备一张纸,回答下列问题:在你的学习生涯中,什么时候最开心? 什么时候最不开心? 然后具体分析使你开心或不开心的因素,按照双因素理论将这些因素进行分类。

4. 激励的原则有哪些? 有哪些激励方式?

### 五、案例分析题

#### 守住你的"井底之泉"

明朝开国皇帝朱元璋在地方官上任之前,总找他们谈一次话。他说,俸禄虽不丰,但像井底之泉,可以天天汲水,不会干涸,因而要老老实实地守着自己的薪俸过日子,不图非分之财。由朱元璋的"井底之泉",使人不禁想起前几年流行的高薪养廉之说。该理论的核心是要保住干部的廉洁就要大幅度地增加其工资收入,使之有优越的生活条件,不再有非分之想,这样才能有效地保住自己的廉洁。这主意不错,谁也没有与"孔方兄"结过仇,自然是多多益善了。但问题是这一理论是否符合咱中国的国情。众所周知,中国人口多,吃"皇粮"的自然也多,要像发达国家那样用高薪来供养这么多的国家公职人员,对于我们这个发展中的国家来说,钱从何来? 显然这是不现实的,于事不符,此其一。其二,于情不通。看看那些下岗职工,想想那些尚未解决温饱的贫困山区的农民,如视而不见,一味追求什么高薪,这对"先天下之忧而忧,后天下之乐而乐"的共产党员来说,从感情和道义上是难以接受的。不错,目前干部的工资虽有的像当年朱元璋描述的"井底之泉"那样,但足以养家糊口,且每月工资照发不误,就像那源源不断的泉水,只要生命尚在,毫无后顾之忧。可总有那么一些人把它和大款的泉水相比,嫌之流速慢,流量少,于是利用手中之权,在井壁四周乱找"生财之源",或贪污,或受贿,最后终被那些"污泥浊水"所淹没,造成井塌人毁的结局。以"题字"为名巧收"润笔费"的胡长清如此,为他人牵线搭桥打电话的成克杰也是这样,他们为了寻找"钱源",最后不仅失去了高贵的官位,而且丢了自家那宝贵的生命。许多人为此开除了公职,丢了饭碗,丧失了那源源不断的"井底之泉"。至此,他们才知那"井底之泉"的可贵,量虽不多,但水清质优,因为这是用自己辛勤劳动换来的,喝来舒心、安心、放心,而那来路不清的贪泉之水量虽多,但水混质杂,喝了容易"呛肺",弄不好还有生命之虞,使人憋心、愁心、担心,决非那清澈甘甜的"井底之泉"可比也。

**案例思考:**

1.对公务员实行职业保障,又称"井底之泉",这在赫兹伯格的双因素理论中属于哪类激励因素?

2."先天下之忧而忧,后天下之乐而乐",这句话反映出来的是马斯洛需求层次理论中哪类动机或需要?

# 第 10 章

# 控　制

管理格言：管理的控制工作是务使实践活动符合于计划。

| 本章内容结构 | | 重要性指数 |
|---|---|---|
| 10.1　控制的类型与要求 | 10.1.1　控制及其重要性 | |
| | 1）控制的含义 | ★★★★ |
| | 2）控制的重要性 | ★★★ |
| | 10.1.2　控制的类型 | |
| | 1）按控制信息的性质划分 | ★★★★★ |
| | 2）按控制的手段划分 | ★★★ |
| | 3）按控制的集中程度划分 | ★★★ |
| | 10.1.3　控制的前提 | ★★★★ |
| | 10.1.4　控制的基本要求 | ★★★★★ |
| | 1）适时控制 | |
| | 2）适度控制 | |
| | 3）客观控制 | |
| | 4）弹性控制 | |
| | 5）计划控制 | |
| 10.2　控制的过程与控制过程中人的行为反应 | 10.2.1　控制过程 | ★★★★★ |
| | 1）确定控制标准 | |
| | 2）衡量绩效 | |
| | 3）纠正偏差 | |
| | 10.2.2　控制过程中人的行为反应 | |
| | 1）人的行为反应 | ★★★ |
| | 2）产生控制反抗的原因 | ★★★ |
| | 3）控制过程中的行为管理 | ★★★★ |
| 10.3　管理执行力 | 10.3.1　管理执行力的概念 | ★★★★ |
| | 10.3.2　管理执行力的构成要素 | ★★★ |
| | 10.3.3　管理执行力的提高 | ★★★★ |

## 【案例导入】

### 澳柯玛：中国家电业倒下的第一块骨牌？

曾以冷柜闻名的澳柯玛，是青岛工业的"五朵金花"之一，一度与海尔、海信、青岛啤酒、双星齐肩。而如今，却陷入了资金链紧张，其冰柜、冰箱、空调三大主营业务全面瘫痪的境地，澳柯玛或将成为中国家电业倒下的第一块骨牌。进入21世纪，家电行业的市场竞争日趋激烈，家电业备受原材料涨价、价格战激烈的双面夹击之苦，家电企业的利润空间被越压越薄，澳柯玛集团面对日趋恶化的环境早就察觉，因此将大量资金投入了新领域的研发。试图选择走多元化的发展道路。澳柯玛集团及上市公司除冰柜、冰箱等主业外，还涉及空调、自动售货机、锂电池、太阳能材料等产品。除了主业有赢利，其他产业目前几乎没有一个能为上市公司或集团公司提供赢利支持。主业微薄的利润难以支撑虽然未来前景看好，却一时难以有回报的多元化，过多的"副业"耽误了澳柯玛的"主业"，家电方面的发展反而停滞不前了。盲目扩张与过急的多元化，导致过度投资，集团公司只有不断挤占上市公司的巨额资金，企业陷入了"圈钱—上马新项目—亏损—圈钱—再上马新项目"的恶性循环中。最终导致公司陷入了资金链的断裂，财务危机加剧，公司经营陷入十分危机的境地，多元化"突围"不成反陷"重围"。澳柯玛的危机从根本上就是管理的失控，盲目外延发展的结果。一个企业的发展，必须根据内外环境的变化，对自身发展的规模、速度严加控制，才能保证自身健康稳定发展。那么什么是控制？应该如何控制？应该采取哪些手段，这就是本章要讲述的内容。

# 10.1 控制的类型与要求

## 10.1.1 控制及其重要性

### 1）控制的含义

作为管理职能，控制是管理的一种手段，其含义是指：管理者为了确保组织的实际工作与计划一致，有效实现组织目标而采取的一切行动。

在实际工作中为了保证组织目标的实现，需要拟订计划，为了保证计划的实现，各级管理者根据事先确定的标准或重新拟订的标准，对下级的工作进行衡量、测定和评价，并在出现偏差时进行纠正，以防止偏差继续发展或再度发生。从这个角度来讲控制就是纠正偏差。

控制的结果一般有两种情况：一是纠正实际工作与原有计划及标准的偏差；二是纠正组织已经确定的目标及计划与变化了的内外环境的偏差。

在现代管理活动中，管理控制工作的目标主要有两个：

(1)限制偏差的累积

一般来说,工作中出现偏差是不可避免的。但小的偏差失误在较长时间里会积累放大并最终对计划的正常实施造成威胁。因此管理控制应当能够及时地获取偏差信息。

(2)适应环境的变化

制订出目标到目标实现前,总是需要相当一段时间。在这段时间,组织内部的条件和外部环境可能会发生一些变化。需要构建有效的控制系统帮助管理人员预测和把握这些变化,并对由此带来的机会和威胁作出反应。

### 2)控制的重要性

(1)控制是完成计划、实现组织目标的保证

计划是组织未来行动的谋划与运筹,是面向未来的,而未来是不确定的,在组织发展的过程中,由于内外环境因素与条件的制约,任何组织都必须通过控制及时掌握环境变化的原因、程度和趋势,不断补充、完善和调整计划,以有效控制减轻环境的各种变化对组织活动的影响,实现组织的目标。

(2)控制可以使复杂的组织活动协调、有序地运作,以增强组织活动的有效性

现代组织的各种活动日趋复杂,往往需要众多部门和人员的参与。因此,要使组织中不同层次的不同部门和人员在分工的基础上能够协调一致地工作,完善的计划是必备的基础,但还要以控制为保证,否则就可能会出现"各自为政""一盘散沙"的局面,不利于组织的运行。

(3)控制可以减少和避免管理失误造成的损失

由于组织所处的内外环境因素的影响以及组织活动的复杂性,管理失误是不可避免的。控制通过对整个管理过程的监督和检查,可以及时发现组织运行中出现的问题并采取措施纠正,能够避免和减少因管理失误而造成的损失。

(4)控制可以促进管理的创新

控制不等于监管、检查。控制不仅要保证计划完成,还要推进管理的创新。实施控制的过程要通过控制活动调动被控制者的积极性,这是现代控制的特点。在具有良好反馈机制的控制系统中,管理者、控制者通过接收被控制者的反馈,不仅能够及时了解计划执行的状况,纠正组织运行中出现的偏差,而且还可以从反馈中受到启发。面对新问题,可以激发管理者在管理上推陈出新,促进管理工作在适应环境的过程中激发创新。

## 10.1.2 控制的类型

按照控制信息的性质、控制所采用的手段、控制来源、控制点的位置、控制活动的性质和控制的内容等,可以把控制分为不同的类型。下面重点介绍前三种分类方法下的控制类型。

### 1)按控制信息的性质划分

按信息的性质,控制可以分为反馈控制、现场控制和前馈控制三种类型。

### (1)反馈控制

反馈控制是指主管人员分析以前工作的执行结果,将它与控制标准相比较,发现偏差及其原因,拟订纠正措施,指导现在和将来。控制的目的是防止已经发生或即将出现的偏差继续发展或今后再度发生。反馈控制用过去的情况来指导现在和将来,是管理控制工作的主要方式,也是最常用的控制类型。

反馈控制的优点是它为管理者提供了关于计划执行的效果究竟如何的真实信息。如果反馈显示标准与现实之间只有很小的偏差,说明计划的目的达到了;如果偏差很大,管理者就应该利用这一信息及时采取纠正措施,也可以参考这一信息使新计划制订得更有效。反馈控制还可以提高员工的积极性,因为人们希望获得评价他们绩效的信息,反馈为人们提供了这样的信息。

反馈控制具有"时滞"的缺点。从发现偏差到采取更正措施,可能有时间延迟现象,在进行更正的时候,实际情况可能已经有了很大变化,而且往往是损失已经造成了。因此,反馈控制类似于亡羊补牢。

### (2)现场控制

现场控制是指对正在进行的管理活动给予指导与监督,以保证管理活动按预定的程序和方法进行的一种控制。现场控制能及时发现偏差、纠正偏差,使损失控制在最低程度。

现场控制是一种主要为基层管理者所采用的控制方法,一般都在现场进行,做到偏差即时发现、即时了解、即时解决。现场控制主要包括:向下级批示恰当的工作方法和工作过程;监督下级的工作以保证计划目标的实现;发现不符合标准的偏差时,立即采取措施纠正。

现场控制的关键就是做到控制的及时性。它必须有赖于信息的及时获得,多种控制方案的事前储备,以及事发后的镇静和果断。这也显示出现场控制的难度。在计划的实施过程中,大量的管理控制工作,尤其是基层的管理控制工作都属于这种类型,因此,它是控制工作的基础。一个管理者的管理水平和领导能力的高低常常会通过这种工作表现出来。

在现场控制中,要避免单凭主观意志进行控制工作。控制工作的内容应该和被控制对象的工作特点相适应。例如,对简单的体力劳动采取严厉的监督可能会带来好的效果;而对于创造性的劳动,控制的内容应转向如何创造出良好的工作环境。而且,控制工作的效果往往取决于管理者的个人素质、个人作风、指导的方式方法以及下属对这些指导的理解程度。

### (3)前馈控制

前馈控制是指在执行计划之前预先规定计划执行过程中应遵守的规则和规范等,规定每一项工作的标准,并建立偏差显示系统,使人们在工作之前就已经知道该怎么做。

## 管理故事

### 扁鹊见魏文王

话说魏文王问名医扁鹊:"你们家兄弟三人,都精于医术,到底哪一位最好呢?"

扁鹊答:"长兄最好,中兄次之,我最差。"

文王再问:"那么为什么你最出名呢?"

扁鹊答:"长兄治病,是治病于病情发作之前。由于一般人不知道他事先能铲除病因,因此他的名气无法传出去;中兄治病,是治病于病情初起时。一般人以为他只能治轻微的小病,因此他的名气只及本乡里。而我是治病于病情严重之时。一般人都看到我在经脉上穿针管放血、在皮肤上敷药等大手术,因此以为我的医术高明,名气因此响遍全国。"

● 管理控制重在预防控制,防患于未然。

前馈控制的最大优点是克服了"时滞现象"。前馈控制是一种面向未来的控制,它能把握将来的发展势态,把偏差消灭在萌芽状态,力求实现损失最小、效率最高。例如,企业搞好预算、搞好计划,防止生产的盲目性;司机在驾驶汽车上坡时提前加速可以保持行驶速度的稳定。因此,前馈控制在现实中得到了广泛的应用。

## 【小思考】

过去在领导干部管理时大多实行领导干部离任审计,这是一种什么控制? 现在为什么强调对领导干部要实行全程跟踪审计? 这样做有什么好处?

### 2)按控制的手段划分

按照所采用的手段,控制可以划分为间接控制和直接控制两种类型。

#### (1)直接控制

直接控制是指着眼于提高管理者的能力和素质,使他们能够熟练地运用管理理论与技术,不断完善和改进管理工作,防止因管理不善出现不良后果的控制活动。

直接控制有以下优点:

①直接控制重视人的素质,对管理人员的优缺点有比较全面的了解,在对管理者委派任务时能有较大的准确性。对管理人员经常进行评价,并进行专门的培训,能消除他们在工作中暴露出的缺点及不足。

②直接控制可以及时采取纠正措施。由于对人员评价过程中会暴露出工作中存在的缺点,能够促使管理人员更加尽职尽责,并且自觉地纠正错误。

③可以减少损失。提高了管理人员的素质,减少了偏差的发生,就能减少偏差造成的损失。

④可以获得较好的心理效果。管理者的素质提高后,其自信心和威信也会得到提高,下级也会更加支持他们的工作,这有利于整体目标的顺利实现。

采用直接控制方法,管理人员必须对管理的原理、方法、职能以及管理的哲理有充分的理解。因此,管理人员必须不断学习,积累经验,使自己的素质不断得到提高。只有这样,直接控制的优点才能得到发挥。

#### (2)间接控制

间接控制是指着眼于发现工作中出现的偏差,根据偏差探究原因,并追究当事人责任使之改进工作的控制活动。管理者常常会觉察不到那些将要出现的问题,不能及时采取适当的纠正或预防措施。因而,间接控制是必要的。

在工作中产生偏差的原因很多,有时是制订的标准不正确,可对标准作合理的修订;有时是存在未知的不可控因素,如未来社会的发展状况、自然灾害等,因此而造成的失误是不可避免的。还有一种造成偏差原因,就是管理人员缺乏知识、判断力和经验等,在这种情况下也可以运用间接控制来纠正。间接控制还可以帮助管理人员总结经验并吸取教训,丰富他们的知识、经验和判断力,提高其管理水平。

间接控制也存在一些局限性。首先,间接控制是在出现了偏差,造成损失之后才采取措施,因此其花费的代价比较大。其次,间接控制有很多假设,如工作绩效是可以计量的、人们对工作有责任感、追查偏差原因所需要的时间是有保证的等,这在实际工作中有时是不能成立的。因此,间接控制不是普遍有效的控制方法。

### 3)按控制的集中程度划分

按集中程度与否,控制可以分为集中控制和分散控制。

#### (1)集中控制

集中控制是指在组织中建立一个相对稳定的控制中心,由控制中心对组织内外的各种信息进行统一的加工处理,发现问题并提出问题的解决方案。在集中控制中,信息处理、偏差检测、纠偏措施等都是由一个中心统一完成的。

集中控制最大的优点就是能够保证组织的整体一致性。但是,集中控制容易造成下层管理人员缺乏积极性,出现官僚主义,甚至导致组织反应迟钝,也可能出现控制中心失误而带来整个组织的坍塌。

#### (2)分散控制

分散控制是指管理系统分为不同的相对独立的子系统,每一个子系统独立地实施内部直接控制。分散控制对整个组织集中处理信息的要求相对较小,容易实现。

分散控制的优点是反馈环节少,整个组织系统反应快、时滞短、控制效率高,有利于调动子系统的积极性。在分散控制中,由于各个子系统各自独立控制,即使个别子系统出现严重失误,也不会导致整个系统出现混乱。其缺点是容易形成本位利益,造成管理失控。

**资料链接**

**高度集中的计划经济体制的弊端**

我国长期以来实行的高度集中的计划经济体制,由国家统一经营企业,企业成为行政的附属,导致政企不分,企业缺乏自主权,严格按国家计划进行生产,企业盈亏与职工收益无关,严重影响了企业积极性,导致企业活力严重不足,企业缺乏自主生存与发展的能力,国家整体经济发展差。

● 过度集中控制影响下属积极性,也难以有效控制。

## 10.1.3 控制的前提

### (1)控制要有明确完整的计划

计划是控制的标准,没有计划,就谈不上控制。实现计划是控制的最终目的。计划制订得越详细、越明确、越可行,控制也就越有效。因此,做好控制工作的前提之一就是要做好计划工作。控制本身也需要有计划。对于施控者来说,不仅要建立控制标准、控制程序,而且还必须明确控制工作的重点、方法和目标。这都说明控制工作本身也需要计划。

（2）控制要掌握足够的信息

信息是组织活动的要素,也是控制的基础和前提。控制必须依据有效的信息。控制过程实质上就是一个施控者向被控制者传递指挥和决策信息、被控制者向施控者反馈执行信息的过程。没有信息的传递,控制就不能进行,没有正确、全面、及时的信息,就难以达到控制的效果和目的。

（3）控制要有完善的控制系统与控制机调

控制系统是指由决定和被决定动态系统稳定状态的元素有机结合而成的集合。控制机制是指控制主体在控制系统中对控制对象进行调节的机制。控制系统具有以下特征：系统有一个预定的稳定状态,或必须保持的平衡状态；它是一个不断交化的动态系统；从外部环境到系统内部有信息传递；系统具有一种能保证实现系统稳定或平衡状态的可进行纠正行动的装置。

管理就是一个具有上述特征的控制系统。控制系统越完善,组织目标就越容易实现。

## 10.1.4 控制的基本要求

控制的目的是保证组织活动符合计划的要求,以有效地实现预定的目标。为此,有效的控制必须注意以下几点：

### 1）适时控制

在组织经营活动中产生的偏差只有及时采取措施加以纠正,才能避免偏差的扩大,或防止偏差对组织不利影响的扩散。及时纠偏,要求管理人员及时掌握能够反映偏差产生及其严重程度的信息。如果等到偏差已经非常明显,且对组织造成了不可挽回的影响后,反映偏差的信息才姗姗来迟。那么,即使这种信息是非常系统、绝对客观、完全正确的,也不可能对纠正偏差带来任何指导作用。

纠正偏差的最理想方法应该是在偏差未产生之前,就注意到偏差产生的可能性,从而预先采取必要的防范措施,防止偏差的产生；或者由于某种组织无力抵抗的原因,偏差的出现不可避免,那么这种认识也可指导组织预先采取措施,消除或遏制偏差产生后可能对组织造成的不利影响。

预测偏差的产生,虽然在实践中有许多困难,但在理论上是可行的,即可以通过建立组织经营状况的预警系统来实现。我们可以为需要控制的对象建立一条警报线,反映经营状况的数据一旦超过这条警戒线,预警系统就会发出警报,提醒人们采取必要的措施防止偏差的产生和扩大。

【课堂互动】
组织经营活动不适时控制有什么弊端？如何才能做到适时控制？
上网搜索,看看视频"温州红十字会管理被指严重失控"。

### 2）适度控制

适度控制是指控制范围、程度和频度要恰到好处。这种恰到好处的控制要注意以下几个方面的问题：

#### （1）要防止控制过多或控制不足

控制常给被控制者带来某种不愉快。但是如果缺乏控制则可能导致组织活动的混乱。有效地控制应该既能满足对组织活动的监督和检查需要，又要防止与组织成员发生强烈的冲突。适度的控制应能同时体现两个方面的要求：一是要认识到，过多的控制会对组织中的成员造成伤害，对组织成员行为的过度限制，会扼杀他们的积极性、主动性和创造性，会抑制他们的首创精神，从而影响个人能力的发展和工作热情的提高，最终会影响企业的效率；二是要认识到，较少的控制将不能使组织活动有序进行，也就不能保证各部门活动进度和比例的协调，将会造成资源的浪费。此外，过少的控制还可能使组织中的个人无视组织的要求，我行我素，不为组织提供所需的贡献，甚至利用在组织中的便利地位谋求个人的利益，最终导致组织的涣散和崩溃。

控制程度适当与否，受到许多因素的影响。判断控制程度和频度是否适当的标准，通常要随活动性质、管理层次以及下属受训练程度等因素而变化。一般来说，科研机构的控制程度应小于生产活动；组织中对科室人员工作的控制要少于现场生产作业的人员；对受过严格训练、能力较强的管理人员的控制要低于那些缺乏必要训练的新任管理者或单纯的执行者。此外，组织环境的特点也会影响人们对控制严厉程度的判断；在市场疲软时期，为了共渡难关，部分职工会同意接受比较严格的行为限制，而在经济繁荣时期希望工作中有较大的自由度。

#### （2）处理好全面控制与重点控制的关系

任何组织都不可能对每一个部门、每一个环节的每一个人在每一个时刻的工作情况进行全面的控制。由于存在对控制者的再控制问题，这种全面控制甚至会造成组织中控制人员远远多于现场作业者的现象。然而，事实上并不是所有成员的每一项工作都具有相同的发生偏差的概率，也并不是所有可能发生的偏差都会对组织带来相同程度的影响。因此，全面系统的控制不仅代价极高，是不可行的，而且也是不必要的。适度的控制要求企业在建立控制系统时，利用 ABC 分析法和例外原则等工具，找出影响企业经营成果的关键环节和关键因素，并据此在相关环节上设立预警系统或控制点，进行重点控制。

#### （3）要注意控制成本与收益之间的关系

任何控制都需要一定的费用，衡量工作成绩，分析偏差产生的原因，以及为了纠正偏差而采取的措施等，都需要支付一定的费用；同时，任何控制，由于纠正了组织活动中存在的偏差，都会带来一定的收益。一项控制，只有当其带来的收益超出其所需成本时，才是值得的。

【课堂互动】

在一些单位实行高度的集中管理，下属部门没有任何自主权，工作没有积极性，一切搞平均主义，这是属于控制不足还是控制过度？如何避免这种情况的出现？

### 3）客观控制

控制工作应该针对组织实际情况，采取必要的纠偏措施，或促进组织活动按原先的轨道继续前进。因此，有效的控制必须是客观的，符合组织实际的。客观的控制源于对组织经营活动状况及其变化的客观了解和评价。为此，控制过程中采用的检查、测量的技术与手段必须能正确地反映组织经营在时空上的变化程度与分布状况，准确地判断和评价组织各部门、各环节的工作与计划要求的相符或相背离程度。这种判断和评价的正确程度还取决于衡量工作成效的标准是否客观和适当。为此，组织还必须定期地检查过去规定的标准和计量规范，以使之符合现实的要求。没有客观的标准和准确的检测手段，人们对组织实际上就不易有一个正确的认识，从而难以制订出正确的措施，进行客观的控制。

### 4）弹性控制

组织生产经营过程中经常可能遇到某种突发的、无力抗拒的变化，这些变化使组织计划与现实条件严重背离。有效的控制系统应在这样的情况下仍能发挥作用，维持组织营运，也就是说，应该具有灵活性和弹性。

弹性控制通常与控制的标准有关。比如说，预算控制通常规定了组织各经营单位的主管人员在既定规模下能够用来购买原材料或生产设备的经营额度。这个额度如果规定得绝对化，那么一旦实际产量或销售量与预测数发生偏差，预算控制就可能失去意义：经营规模扩大，会使经营单位感到经费不足；而销售量低于预测水平，这可能使经费过于富绰，甚至造成浪费。有效的预防控制应能反映经营规模的变化，应该考虑到未来组织经营可能呈现出的不同水平，从而为标志经营规模的不同参数值规定不同的经营额度，使预算在一定范围内是可以变化的。一般来说，弹性控制要求组织制订弹性的计划和弹性的衡量标准。

### 5）计划控制

有效控制不是随机进行的，而是预先安排、预先计划的。必须按计划来进行控制。这就要提高控制的预见性，要搞好预测、预算，重视预先控制。即使在现场控制与反馈控制中，也要充分注意预见性问题，要建立组织的信息系统，及时捕捉信息，发现偏差，及时纠偏。有效的控制应该有预见地按既定标准、程序来控制。

## 10.2 控制的过程与控制过程中人的行为反应

### 10.2.1 控制过程

控制的对象一般都是针对人员、财务、作业、信息及组织的总体绩效。无论哪种控制，都必须根据计划的要求，确定衡量绩效的标准，把工作的结果与预定的标准相比较，找出偏差，有针对性地采取必要的纠正措施。因此，基本控制过程都包括三个步骤：一是确定标准；二是衡量绩效;三是纠正偏差。

### 1)确定控制标准

标准是人们检查和衡量工作及其结果的规范。控制标准是指计量实际或预期工作成果的尺度,是从整个计划方案中选出的对工作绩效进行评价的关键指标,是控制工作的依据和基础。确定控制标准是控制过程的第一步,要控制就要有标准,离开可比较的标准,就无法实施控制。没有一套完整的标准,衡量绩效和纠正偏差就失去了客观依据。

#### (1)控制标准的分类与要求

在实际的管理过程中,控制标准多种多样,大致有以下几种:

①定量控制标准与定性控制标准。定量控制标准就是可以用数字量化的标准,比如,营销部门全年应完成的销售量。定性控制标准,就是难以定量化的标准,比如企业的发展方向。

②实物标准与价值(财务)标准。实物标准是一种非货币化的标准,比如企业全年的产量。价值(财务)标准是用货币度量的标准,具体又分为费用标准、资金标准和收入标准。

③绝对量标准与相对量标准。绝对量标准是反映事物发展总量方面的标准,如企业销售收入。相对量标准则是两个相关事物绝对量标准的比值,如销售收入成本率。

在管理控制中,管理者需要根据管理控制的需要,制订与采用必要的控制标准。在制订与采用管理控制标准时,有效控制标准要达到以下要求:

①简明适用。即保证标准明确、不含糊,对标准的量值、单位、可允许的偏差范围等要明确说明,对标准的表述要通俗易懂,便于理解和接受。含糊的、解释起来主观随意性大的控制标准是不利于控制的。

②综合协调。管理控制工作覆盖着组织活动的各个方面,制订出来的各项控制标准不可相互冲击,应该彼此协调一致。

③可行且易操作。即标准的确定要客观,不能过高,也不能过低,要使绝大多数人通过努力都可以达到。因为建立标准的目的,是用它来衡量实际工作,并希望工作达到标准的要求。因此,控制标准的建立必须考虑到工作人员的实际情况。如果标准过高,人们将因根本无法实现而放弃努力;如果标准过低,人们的潜力又会得不到充分发挥,降低工作效果。

④相对稳定。即标准要有一定程度的稳定性,要能用于一段较长的时间,即使有弹性,也是在一定的原则范围内变化。否则,标准经常变化,会使标准缺乏权威性,并加大控制工作的难度。但这种稳定不是绝对的,控制标准也要随组织活动的发展进行必要的调整。在一般情况下,随着组织的发展和组织效率的提高,控制标准应不断提高。

⑤前瞻性。建立的标准既要符合现时的需求,又要考虑到将来的发展对控制指标的要求。

#### (2)制订控制标准的步骤

①确定控制对象。标准的具体内容涉及需要控制的对象。那么,企业经营与管理中哪些事和物需要加以控制呢? 经营活动的成果是需要控制的重点对象。控制工作的最终动机就是要促进企业有效地取得预期的活动结果。因此,要分析企业需要什么样的结果。这种分析可以从盈利性、市场占有率等多个角度来进行。

要保证企业取得预期的成果,必须在成果最终形成以前进行控制,纠正与预期成果的要求不相符合的活动。因此,需要分析影响企业经营结果的各种因素,并把它们列为需要控制的对象。影响企业在一定时期经营成果的主要因素有:

a.环境的因素。企业在特定时期内经营活动是根据决策者对经营环境的认识和预测来计划和安排的。如果预期的市场环境没有出现,或者企业外部发生了某种无法预料和抗拒的变化,那么原来计划的活动就可能无法继续进行,从而难以为组织带来预期的结果。因此,制订计划时所依据的对经营环境的认识应作为控制对象,列出各项环境控制的具体标准和标志。

## 资料链接

### 苹果公司的控制

1977 年,技术专家史狄夫·渥兹尼克和销售天才史蒂夫·乔布斯创立了苹果计算机公司。很快公司就取得了非凡的成功。但是,成功没能持续很久,部分原因是 IBM 个人计算机的问世。在 20 世纪 80 年代早期,一些观察家们认为,苹果计算机公司需要更加严格的控制和更为专业化的管理方法。百事可乐公司的约翰·斯科利被请到苹果公司来作指导。

为控制公司,斯科利采用了降低成本的方法来改善盈利状况,并与此同时增加了研究和开发费用以便使公司能保持技术上的领先地位。可后来,斯科利却受到指责,说他研究和开发费用投入不够,广告费用投入过多。为减少重复环节,降低损益平衡点以及部门间的摩擦,苹果公司重组了公司。为提高效益和效率,苹果公司引入了新的汇报程序。此外,在控制库存方面也做了大量的工作,而库存问题又往往是个人计算机公司面对的主要问题。这些措施,连同苹果公司将 Macintosh 引入 IBM 占主导的商务公司这样一个成功的战略,以及桌面印刷的普及,使苹果公司 1986 年财政年度的收入增加了 150%。

- 计划和控制是一个问题的两个方面。管理人员首先要制订计划,然后计划又成为评定行动及其效果是否符合需要的标准。计划越明确、全面和完整,控制效果也就越好。没有计划就无法衡量行动是否偏离计划,更谈不上纠正偏差。因此,计划是控制的前提。

b.资源的投入。企业经营成果是通过对一定资源的加工转化得到。没有或缺乏这种资源,企业经营就会成为无源之水、无本之木。投入的资源,不久会在数量和质量上影响经营活动的按期、按量、按要求进行,从而影响最终的物质产品,而且其取得费用会影响生产成本,从而影响经营的盈利程度。因此,必须对资源投入进行控制,使之在数量、质量以及价格等方面符合预期经营成果的要求。

c.组织的活动。输入生产经营中的各种资源不可能自然形成产品。企业经营成果是通过全体员工在不同时间和空间上,用一定技术和设备对不同资源进行不同的加工劳动才最终得到的。企业员工的工作质量和数量是决定经营成果的重要因素,因此必须使企业员工的活动符合计划和预期结果的要求。要建立员工的工作规范,以及各部门和各员工在各个时期的阶段成果的标准,以便对他们的活动进行控制。

②选择关键控制点。所谓关键控制点就是对计划目标实现具有重大影响的关键点,它

们是业务活动中的一些限定性不利因素,或是能使计划更好地发挥作用的有利因素。关键控制点有以下几个:

a. 影响整个工作运行过程的重要操作与事项。

b. 能在重大损失出现之前显示出差异的事项。

c. 若干能反映组织主要绩效水平的时间与空间分布均衡的控制点。

然而,由于不同企业和不同部门的特殊性,有待衡量的产品与服务的种类繁多,以及有待执行的计划方案多得不可胜数,因此不存在可供所有管理人员都实用的专门的控制表。美国通用电气公司在分析影响和反映企业经营绩效众多因素的基础上,建立了相应的控制标准。比如,获利能力、市场定位、生产率、产品领先地位、人员发展、员工态度、公共责任、短期目标与长期目标的平衡性等八个方面的标准。另外,管理人员在实行控制时,必须使控制行为和控制标准与其个人需要相一致。

③制订控制标准。确定了建立标准的范围之后,就应根据具体情况,选择恰当的方法制订标准。制订控制标准常用的方法有以下三种:

a. 统计分析法。统计分析法是根据企业的历史数据资料以及同类企业的水平,运用统计学方法来确定企业经营各方面工作的标准。这样订立出的标准,是以历史上统计数据的经验分析为基础的。统计分析法的优点是简便易行;缺点是对历史统计数据的完整性和准确性要求高,系统波动不能太大,否则制订的标准没有任何意义。

b. 经验估计法。经验估计法是根据管理人员和工作人员的实际工作经验,并参考有关技术文件或实物,评估计划期内条件的变化等因素,制订标准的方法。经验估计法适用于缺乏技术资料、统计资料的情况。其优点是简单易行,工作量小,但受主观因素影响大,准确性差。

c. 工程标准法。工程标准法是指对工作情况进行客观的分析,并以准确的技术参数和实测的数据为基础,通过科学计算确定标准的方法。是以精确的技术参数和实测数据为基础,又称为时间研究和动作研究。通过两者研究制订生产定额,为基层管理人员更恰当地安排工作,更合理地评估员工绩效,以及预先估计所需的人工和费用,建立了客观的标准。

### 2) 衡量绩效

标准的制订根本上是为了保证组织目标的实现。标准直接地被用于衡量实际业绩,即把实际工作成效与标准进行比较,找出实际业绩与控制标准之间的差异,并据此对实际工作作出评估。

#### (1) 对照与衡量

标准是衡量绩效的工具。如果错误地选择了标准,将会导致严重的不良后果。

控制标准具有通用性和特殊性的特点。有些控制标准是在任何管理环境中都通用,如营业额或出勤率。但是,内容广泛的控制系统中管理者之间具有多样性,因此控制的标准也各有不同。例如,一个制造业工厂的经理可以用每日的产量、单位产品所消耗的工时等进行衡量;一个政府管理部门的负责人可用每天起草的文件数、每天发布的命令数的平均时间等来衡量;销售经理可用市场占有率、每笔合同的销售额等来进行衡量。

如果有了恰如其分的标准以及准确测定下属工作绩效的手段,那么对实际或预期的工作进行评价就比较容易。但是,有些工作和活动的结果是难以用数量标准来衡量的。例如,对大批量生产的产品制订工时标准和质量标准是简单的,但对顾客订制的单件产品评价其执行情况就比较困难了;对管理人员的工作评价要比对普通员工的工作评价困难得多,而他们本身和他们的工作又恰恰非常重要。管理人员既是计划的制订者,又是计划的执行者和监督者,他们的工作绩效不仅决定着他们个人的前途,而且关系到整个组织的未来,因此不能由于标准难以量化而放松或放弃对其的衡量。有时可以把他们的工作分解成能够用目标去衡量的活动,或者采取一些定性的标准。

（2）衡量的方法

为了对实际工作的绩效作出较为客观的衡量,在确定了标准以后,首先需要收集必要的信息,这是衡量绩效的关键。一般来讲,可以通过个人观察、统计报告、口头汇报和书面报告四种方法取得必要的信息,以此衡量实际工作绩效。

①个人观察。这种方法提供了关于实际工作的最直接和最深入的第一手资料。观察可以包括非常广泛的内容,因为任何实际工作的过程总是可以观察到的。个人观察的显著优势是可以获得面部表情、声音语调以及急慢情绪等,它是常被其他来源忽略的信息。

②统计报告。随着信息技术的发展,计算机的广泛应用使统计报告的制作日益方便。这种报告不仅有计算机输出的文字,还包括许多图形、图表,并且能按管理者的要求列出各种数据。需要注意的是,这种统计数据可以清楚有效地显示各种数据之间的关系,但它们对实际工作提供的信息是有限的。因为它只能提供一些关键的数据,忽略了其他许多重要因素。

③口头汇报。通过口头汇报的形式获得信息十分方便,如会议、一对一的谈话或电话交谈等。这种信息可能是经过过滤的,但是它快捷、有反馈,同时可以通过语言词汇和身体语言来扩大信息,还可以录制下来,像书面文字一样能够永久保存。

④书面报告。书面报告比较精确和全面,与口头报告相比要显得正式一些,且易于分类存档和查找。

利用这四种方法所获得的信息分别有其长处和缺点。管理者在控制活动中将它们结合起来,可以大大丰富信息的来源并提高信息的准确程度。只要能够综合使用,就能获得较好效果。

### 3）纠正偏差

根据衡量和分析的结果采取适当的措施,是控制过程的最后一个步骤。衡量和分析的结果通常有两种情况:结果较令人满意或发现偏差。当衡量绩效的结果比较令人满意时,可维持原状。如果发现偏差,就要分析偏差产生的原因,采取不同的措施。

（1）分析偏差产生的原因

偏差可能是由不同的原因造成的。对造成偏差的原因进行正确的分析,是采取措施的依据。

偏差造成的原因是多种多样的,很可能是环境变化、人员不称职、技术设备条件跟不上、制度不完善和策略失误等,都有可能造成绩效不足。有时偏差也可能是计划或标准本身有误造成的。即使是同一偏差,也可能是由不同的原因造成的。例如,企业利润的下降,可能是由于生产成本的增加,或者是因为产品质量的下降,还可能是竞争对手采取了有效的策略,甚至是由于市场上出现了替代性产品等。

**管理故事**

### 老农移石

在一块老农的农田中,多年以来横放着一块大石头。这块石头碰断了老农的好几把犁头,还弄坏了他的中耕机。老农对此无可奈何,巨石成了他种田时挥之不去的心病。

一天,在又一把犁头打坏之后,想起巨石给他带来的无尽麻烦,终于下决心搬移这块巨石。于是,他找来撬棍伸进巨石底下,却惊讶地发现石头埋在地里并没有想象那么深、那么厚,稍使劲道就可以把石头撬起来,再用大锤打碎,清出地里。刹那间,老农脑海里闪过多年被巨石困扰的情景,再想到可以更早些就把这桩头疼事处理掉,他禁不住一阵苦笑。

- 从这则寓言故事中,我们可以领悟出企业管理中的道理:遇到问题应立即弄清根源,有问题要立即处理,决不可拖延。

### (2)纠正偏差

根据偏差产生的不同原因,采取不同的纠正措施。如果偏差是由于绩效不足所产生的,管理者就应该采取纠正措施。这种措施的具体方式可以是:管理策略的调整、组织结构的完善、及时进行补救、加强人员培训以及进行人事调整等。

在采取措施时,管理者要决定是应该采取立即纠正行动,还是彻底纠正行动。立即纠正行动是立即将出现问题的工作矫正到正确的轨道上。彻底纠正行动,首先要弄清工作中的偏差是如何产生的,为什么会产生,然后再从产生偏差的地方开始进行纠正行动。

在日常管理工作中,许多管理者常以没有时间为借口而不采取彻底纠正行动,或者因为采取彻底纠正行动会遇到思想观念、组织结构调整及人事安排等方面的阻力,而满足于救火式的应急控制。事实证明,作为一个有效的管理者,对偏差进行认真的分析,永久性地纠正这些偏差是非常有益的。但也要看到解决组织中存在的问题既要立即、坚决彻底,又要有长期思想准备,有些问题不是一朝一夕能够解决的,要有打持久战的准备。

**管理故事**

### 治驼背的医生

有个自称专治驼背的医生,招牌上写着:"无论驼得像弯弓那样的,像虾那样的,像饭锅那样的,经我医治,着手便好!"

有个驼背信以为真,就请他医治。他拿了两块木板,不给驼背开药方,也不给他吃药,把一块木板放在地上,叫驼背趴在上面,用另一块木板压在驼背的身上,然后用绳索绑紧。接着,便自己跳上板去,拼命乱踩一番。驼背连声呼叫求救,他也不理会,结果,驼背算是给弄直了,人也"呜呼哀哉"了。

驼背的儿子和这医生评理,这医生却说:"我只管把他的驼背弄直,哪管他的死活!"

- 在处理问题上,中国人特别喜欢这么几个词:立竿见影,药到病除,快刀斩乱麻。出发点也许不错,但这样做的后果却往往"欲速则不达"。这种解决问题的方式是典型的"消防队员式",适合解决突发事件等非结构性问题。如果对涉及企业战略、制度建设、员工发展等系统化、结构性问题也采取这种方式,那么,在貌似解决了一个问题的同时,往往会埋下无穷的隐患!

### (3)修订标准

不合理的标准也可以造成工作的偏差。指标有时会定得太高或太低,原有的标准随着时间的推移可能不适应新的情况。这时,就需要调整标准了。

在现实生活中,实际工作与目标之间的差距非常大时,发生偏差的部门及其员工往往首先想到的是标准本身。如销售人员可能会觉得定额太高致使他们没有完成销售计划。人们不大愿意承认绩效不足是自己努力不够的结果,作为一个管理者对此应保持清醒的认识。如果你认为标准是恰当的,就应该坚持,否则就应作出适当的修改。

## 10.2.2 控制过程中人的行为反应

在管理控制中无论是施控系统,还是受控系统,其核心都是人,管理控制从根本上讲是靠人去完成的。那么在管理控制中人既是管理控制的力量,但也会形成在管理控制中的阻力——抵制。控制与抵制几乎是管理控制中必然的伴生物。管理者必须分析与研究管理控制中人的因素,正确估价控制中的行为反应,因势利导,才能实施有效控制。

### 1)人的行为反应

管理控制是管理者试图使管理活动能够达到预期计划的一项活动,为了实现预期计划,管理者必然使控制的目标要求更高、管理控制制度更加严格,这些控制措施如果对受控者影响不大,他会漠然处置,持容忍和观望态度;若这些控制措施会改变受控者行为方式、增强受控者的劳动强度、影响受控者的既得利益,势必会造成受控者对控制的敌视、不满与愤怒。

这些态度反映在行为上,往往表现为缺乏进取精神、消极怠工,直至扰乱与公开反抗。这些抵制情绪与行为势必影响管理控制职能与管理目标的实现,必然抵制人际关系的紧张,使控制机制失效。矛盾的加深势必形成群体对控制的抵制,使管理控制难以有效开展。

面对管理中控制与反控制矛盾的斗争,管理者可以采取的措施:一是强制控制,增加控制压力,保持高压,这势必引起更大的反抗,陷入控制—抵抗—再控制—再抵制的恶性循环。这又会形成两种结果,抵抗加剧,矛盾加剧,管理失控。受控者惧于管理权威,被迫接受控制,但造成管理者与受控者矛盾加剧,失去和谐,人际关系恶化。显然强制控制,不是控制的有效选择。二是管理者让步,放松控制。这种结果必然使受控者尝到抵制带来的好处,这就为以后采取新的管理控制措施带来了困难,放松控制也必然对有效管理秩序的形成带来影响。三是变更控制方式,寻求妥协,削弱或消除抵制,在控制中发展持久合作,以保证实施有效的控制。

### 2)产生控制反抗的原因

被管理者基于其个性及既得行为和利益的需要,对任何形式的控制总是有不满情绪与抵抗行为的。在组织控制时,没有不满情绪与抵抗行为是不可能的,管理者最关键是如何把抵制减轻到最低限度,在管理控制中,产生控制抵制的原因主要有:

(1)控制标准太高

被管理者认为管理者所制订的标准不合理或标准过高。标准过高一来可能影响被管理者的既得利益,可能使劳动强度增加,收入减少,产生抵抗;二来标准制订往往是管理者的事情,被管理者不了解,总认为是不合理的,因此从心理上产生抵抗。

(2)成果测定不正确

被管理者认为对工作成效的认定方法不当,结果不准,评价不公正。对被管理者工作成效的认定从来是困难的,因为工作成效的影响因素是多种多样的,评价工作要做到客观公正、面面俱到、统筹兼顾是不可能的,因此,往往工作成效的评价不受被管理者认可。

(3)厌恶纠偏措施

针对管理中存在的问题,管理者会出台影响力纠偏措施,这些纠偏措施会给被管理者造成利益损失、行为习惯的改变、组织形式和工作岗位调整等,势必会使被管理者产生心理上的反感,进而采取反抗行动。

(4)管理者实控的态度

管理者在实施控制中所持的态度,对于受控者来讲是一个敏感问题。在管理者实施控制中管理者态度专横、一味高压、不善于沟通的态度,势必会引起被管理者的心理与态度上的不满。

### 3)控制过程中的行为管理

要做好管理控制工作,协调好各方面的关系,在管理控制中要做好以下工作:

(1)管理者要有正确的态度

在管理控制过程中管理者与被管理者要友好交流,相互合作,共同制订与修改标准,搞好管理服务,为被管理者完成管理工作提供必要的工作平台与环境,把管理控制的好坏与被管理者的经济利益切实挂钩,充分理解与支持下属,使管理控制能够得到被管理者充分理解与支持。

(2)加强管理沟通

在管理控制中产生的抵制情绪与行为,往往与管理者在控制过程中沟通不够有关,标准的制订与修改、工作成效测定、纠偏措施的采用等工作应充分民主,让被管理者参与,取得理解,就可以减少实施的阻力,取得谅解。

(3)提倡自我控制

控制与反控制始终是一对矛盾共生体,哪里有控制,哪里就有抵制。为了降低抵抗力,只有下放控制权,把日常管理控制的权力下放给基层与员工,实行目标管理,用目标统一员工的思想,增强行动的自觉性,增强员工参与管理的权力,减轻被控制感。

(4)要倚重工作质量保证体系去控制

在管理控制中要实现从"人治"到"法治"的转变,关键是要建立职权明晰、沟通畅通、工作成果可以及时展示的工作质量保证体系及规章制度体系,使管理规范有序地进行。

(5)要靠企业文化去控制

管理控制归根结底是要做好人的工作,而人的意识、行为规范是需要组织环境去熏陶与影响,因此企业需要把先进的控制理念深化为企业文化,通过对被管理者的奖惩去引导员工行为,以实现有效控制。

## 10.3　管理执行力

加强组织的控制,是为了实现组织既定的计划,实现组织的目标,控制从某种意义上就是要加强组织的管理执行力。

### 10.3.1　管理执行力的概念

有关执行力的概念多种多样,人们从不同的角度对管理执行力的理解是不同的。《执行》一书中对执行力的定义为:执行力不仅是一个战术层面上的问题,也是一个战略层面上的问题,它是一个系统工程,更是一门学问,它必须充分融入一个公司的各个方面,渗透它的战略、目标、文化等各个方面。联想集团总经理柳传志从人力资源角度阐述了什么是执行力:执行力就是积极选拔合适的人到合适的岗位上,即选好人、用好人。默克顿认为:执行力就是每个员工在每个阶段都能做到一丝不苟。

一个单人的执行力可表现为办事速度,对问题与事情分析深度还有广度,掌控事物发展规律之后采取办法的正确程度;从一个组织来讲,组织的执行力是一个系统和团队。组织的执行力是一个系统的、团队的执行力。执行力是组织管理成败的关键。只要一个组织有好的管理模式、管理制度,好的管理者,充分调动全体员工的积极性,管理执行力就一定会得到最大的发挥,一个组织就会成为百年老店。组织要实现争创一流的宗旨,解决管理中存在的问题,就必须在员工中打造一流的管理执行力。一个执行力强的组织,必然有一支高素质的员工队伍,而具有高素质员工队伍的组织,必定是充满希望的组织。要提高组织的执行力,不仅要提高企业从上到下的每一个人的执行力,而且要提高每一个单位、每一个部门的整体执行力,只有这样,才会形成组织的系统执行力,从而形成组织的管理执行力、竞争力。

我们认为管理执行力,是指贯彻组织战略意图,完成组织预定目标的操作能力。简单地说,管理执行力就是在一个组织中把管理规划、战略、计划变成行动,把行动变成结果,从而保质保量完成任务的能力。执行能力的强弱因人而异,同样一件事情不同的人去做,往往会产生不同的结果。管理执行力是一个组织竞争力的核心,是把组织战略、规划转化成为效益、成果的关键。

提高组织的管理执行力分为三个层次:一是在管理某些环节、某些方面提高执行力;二是在管理全过程,系统整体性地提高管理执行力;三是创新规划,创新执行力。管理执行力三个层次的执行是逐步支撑的,第一个层次是第二个层次的保障,第二个层次是第三个层次的保障,只有到了第三个层次的执行,组织的效率才能真正提升。

## 管理故事

### 给猫挂铃铛

有一群老鼠开会,讨论怎样应对猫的袭击。一只被认为聪明的老鼠提出,给猫的脖子挂一个铃铛。这样,猫行走的时候,铃铛就会响,听到铃声的老鼠不就可以及时跑掉了吗?大家都公认这是一个好主意。可是,由谁去给猫挂铃铛呢?怎样才能挂得上呢?这些细节问题却无法解决。于是,"给猫挂铃铛"就成了鼠辈空话,人类笑话。

- 任何一个战略决策和规章法案,都要想到细节,重视细节。任何对细节的忽视,都可能导致决策的失误,更无从谈执行了。

## 10.3.2 管理执行力的构成要素

### (1)计划

计划是管理执行的目标。提高管理执行力必须有的放矢,只有制订了科学的计划,明确了组织的奋斗目标,提高管理执行力才有了奋斗的目标,才能依靠目标凝聚人心与资源。

### (2)沟通

沟通是提高执行力的前提。现代组织是由许多部门、许多人所组成的,只有加强沟通,才有好的理解力,才会有好的执行力。好的沟通是成功的一半。通过沟通,群策群力,集思广益,可以在执行中分清战略的条条框框,适合的才是最好的。通过自上而下的合力使企业执行更顺畅!

### (3)协调

协调是手段。要完成组织的计划,需要协调内部资源,把资源协调在计划或组织目标上,形成积势,确保计划、战略目标完成。

### (4)反馈

反馈是保障。管理执行的效果要经过反馈来得知。因此,提高管理执行力,需要组织建立信息反馈系统动态了解管理执行情况,及时动态调整,以确保计划、目标的实现。

### (5)责任

责任是关键。组织的计划、目标的实现要通过绩效考核来实现,要有责权制度作保证,要强化监督检查环节,做到奖罚分明,才能提高团队及个人的执行能力。

### (6)决心

决心是基石。管理执行力的提高贵在按照计划与目标,坚定不移地去贯彻执行,才会取得好的结果,机会往往在犹犹豫豫中错失。

## 10.3.3 管理执行力的提高

要建立起一个健全的组织执行力,必须要包含有以下的内容:企业组织的执行框架、企业的执行流程、执行团队和企业的执行语言(执行工具)等。

（1）要有计划，要构建组织管理机制

提高管理执行力，首先必须有计划，按目标去努力，没有计划，没有奋斗目标，管理行动就失去了依据，失去了奋斗的目标。

要实现计划，就需要构建组织管理机制，也就是要根据组织目标，搞好组织结构的顶层设计，形成组织的基本管理架构，形成组织合理的治理结构、组织架构、管理流程、用人的机制及制度体系等，使组织内部信息流畅、责任清晰、权责明确、运转协调有序。这些基本的制度架构决定一个组织对内外部"冲击"的反应方式及速度，决定了组织运作顺畅与否。任何在组织中的管理环节、组织结构上的不宜之处，都可能导致企业在执行力上的阻滞，降低企业的运作效率。

**资料链接**

**台湾某家电企业组织扁平化的改革**

台湾某家用电器公司曾在 1997 年作过一次组织扁平化的改革。该公司当时进行组织改造的原因：一是 1996 年家电产业受整体经济景气低迷及市场饱和的影响，公司营运获利大幅度降低，未来市场前景未卜；二是全球产业的趋势转向新兴的科技电子信息市场发展，使高度成熟的家电业倍感压力。为了抛开企业包袱，提高公司形象及经营绩效，公司设立了革新小组，对部门进行了调整和组织扁平化。原公司人事架构共有 9 级，任务分派不清，许多人的工作是重复的。扁平化之后，削减了 20% 经理级以上的主管人员，把原来 9 级缩减为 3 个层级，在扁平化的组织架构下，公司初步分为营业本部、电子事业部和家电事业部。事业部之下则设战斗体，事业部设有总经理 1 名，各战斗体之下设经理和专员。这样一来，削减了中间主管，缩短了决策过程，明确了职责，下面直接对董事长和总经理负责，从而提高了总体的生产力。

- 减少组织层次，可以有效提高组织效率。

【小思考】

你认为，为什么调整组织结构有利于执行力的提高？

（2）建立有执行力的管理团队

组织的发展需要资金、技术、人才，更需要的是一支有战斗力的管理团队，提高领导力是提高执行力的关键。而这个管理团队，首先要有核心人物，其次取决于这一团队的价值取向和整体素质。

要发挥团队的整体优势，营造有效的管理执行力，从客观上讲，要努力营造一种"团队协作"的整体氛围，强调工作中的"三办事"原则，即按程序办事、按制度办事、按客观规律办事。执行程序的人要对"事"负责，而不是对"人"负责，淡化个人的作用，强调遵守同一条规则，直接完成工作的终端。如果再有管理者的有效组织与领导，必能奏响华丽乐章。

组织管理团队卓越的领导艺术和技能，可以大大提升企业在执行任务时的方向感和效率,将企业的执行能力带入一个更高的境界。

### (3)明确各级的责、权、利

管理层责、权、利是否明晰对执行力的影响较大,不同的管理层次的管理者应拥有权力、利益,应与其相承担的责任密切相关。为此,为了增强管理执行力,在管理中必须要将组织目标细化,分解落实到每个部门、每个人头上,形成一个目标体系,根据承担的职责赋予相应权力去保证责任的完成,再通过利益调节给予动力保障,就能调动大家完成目标的积极性,责任不清、权利不够、利益不匹配,管理的执行力提高就成问题了。

### (4)制订各种工作执行流程,注重管理细节

一个组织的工作执行流程多种多样,比如战略流程、人员流程、管理流程和各种运营流程等。工作执行流程的制订,是保证组织各项工作有序按要求执行的保证。为此,组织应根据自身环境,根据技术发展需要,科学制订各种工作执行流程,严格按流程培训组织成员,严格按工作流程加强监控,就有助于管理执行力的提高。

一个管理流程往往是由许多细节组成的,要提高管理执行力,就必须注重每个管理细节,"细节决定成败"。

### (5)打造一支有战斗力的员工队伍

一个组织执行力的提高,归根结底依靠组织成员素质与能力的提高,这是提升组织执行力的根本。

人们往往过高估计高层领导在组织的作用,认为组织最大的资产就是领导人的智慧和资源,从而忽视了下属能力的培育与发展。人力资源的挖掘、培育与使用是组织执行力的重要着力点。组织人力资源管理最为迫切的是构建符合组织战略、能使人才价值充分发挥的平台,这就需要搞好基于组织战略及高效流程运作为导向的岗位分析、优化重组及人才考评、激励、约束原则、机制等,力求让每个岗位上的员工都理解其所在岗位的基本职责,明白这个岗位对实现组织战略目标的重要性,并能按照组织的战略目标要求来规划其行为,形成组织发展的合力。

### (6)建立管理制度,并保证严格执行

随着组织的发展、规模的不断扩大,一个组织有效秩序的维护,管理工作的完成最终要靠制度作保证。因为组织成员需要一个开放、透明的管理制度,需要建立一个顺畅的内部沟通渠道。缺乏制度的管理,必然会导致管理流程混乱。

有了制度更需要按制度严格执行,否则制度就形同虚设。在制度执行中,领导以身作则,身体力行,就能带动下属遵守制度。执行力从某种意义上说就是执行制度的能力。

## 管理故事

### 曹操割发代首

建安三年夏四月,曹操出征张绣途中,下了一道命令,各位将士经过麦田时,不得践踏庄稼,否则一律斩首。一日曹操正在骑马行军途中,忽然一只斑鸠受惊从田中飞出,曹操坐骑因此受惊蹿入麦田,踏坏一大片麦子。曹操立即叫来行军主簿,要求军法处置,主簿十分为难,曹操却说:我自己下达的禁令,现在自己违反了,如果不处罚,怎能服众呢?当即抽出随

身所佩之剑要自刎,左右随从急忙解救,这时谋士郭嘉急引《春秋》"法不加于尊"为其开脱。此时曹操便顺水推舟,说一句"既《春秋》有'法不加于尊'之义,吾故免死",但还是拿起剑割下自己一束头发,掷在地上对部下说:"割发权代首。"叫手下将头发传示三军,将士们看后,更加敬畏自己的统帅,没有出现不遵守命令的现象。这就是曹操"割发代首"的故事。

- 严格执行制度,领导身先士卒,起表率的作用,是提高执行力之道。

### (7)寻求执行工具

要提高管理执行的效果与效率,必须寻求各项工作有效的执行工具。所谓执行工具,就是根据各项工作的具体特点所形成的分析问题、判断问题、解决问题的方法与程序。执行工具可以让它的员工按统一的方式来处理工作中出现的问题,可以做到用统一的语言来进行沟通,而不至于"你讲你的,我做我的"。每个组织需要根据自身特点、环境发展,有创见地建立与完善执行工具。

**资料链接**

#### 敖包相会的传说

一曲"敖包相会"使得内蒙古的敖包名声远扬。去过内蒙古你就会知道,原来"敖包"并非是蒙古包,而是一种由大小石块堆积而成的圆形实心的包状"建筑"。在敖包上面,竖立有木幡杆,上面还挂有一些五色彩带。在蒙古语中,敖包就是"堆"的意思。它通常建在山顶、湖畔或者滩中醒目之处。据说在敖包旁绕三圈,然后再捡三块石头丢到包上,这样就会得到神灵的庇佑。并且,每年阴历六月举行的"祭敖包"的宗教活动也是蒙古人最隆重的仪式之一。

蒙古人之所以愿意为敖包"添砖加瓦",就在于他们有信仰。

- 没有信仰,制度就形同虚设;没有信仰,就不会产生执行力。机关管理理念,同样可以产生执行力!

### (8)塑造执行文化

一个组织执行力的提高,有赖于形成一种提升管理执行力的文化氛围。要在管理的理念层面、制度层面、执行层面形成一种重视执行力、注重执行流程、研究执行工具、讲求执行效果的组织执行文化,以此来感染与影响组织成员,提升组织整体执行力。

### (9)进行执行效果的评估与检查

管理执行必须形成一个闭环控制体系,关键是要加强管理执行的评估与检查。根据管理细化目标对照实际执行结果,分析评估每个部门与个人计划执行情况,并依据评估与检查结果进行有力度的奖惩,就可以保证管理执行力的提高。

**资料链接**

#### 起死回生

东北有家大型国有企业因为经营不善破产,后来被日本一家财团收购。厂里的人都在翘首以盼日本人能带来什么先进的管理方法。出人意料的是,日方只派了几个人来,除了财务、管理、技术等要害部门的高级管理人员换成了日本人外,其他的根本没动。制度没变,人没有变,机器设备没变。日方就一个要求:把先前制订的制度坚定不移地执行下去。结果怎样? 不到一年,企业就扭亏为盈了。

- 有制度、有标准,不坚持执行,制度和标准都会流于形式,不能真正贯彻落实。

**【课堂讨论】**

现在有人认为"执行力是一个组织管理成败的关键",为什么? 你觉得怎样才能提高一个组织的执行力?

# 【本章小结】

控制是为了确保组织的目标以及为此而拟订的计划的实现,各级管理者根据事先确定的标准或重新拟订的标准,对下级的工作进行衡量、测定和评价,并在出现偏差时进行纠正,以防止偏差继续发展或再度发生。控制的重要性表现在两个方面:控制是一项普遍而广泛的管理职能;控制是一项存在于管理活动全过程中的管理职能。

按照不同的标准,控制可以划分为不同的类型:反馈控制、现场控制和前馈控制;直接控制和间接控制;正式组织控制、群体控制和自我控制等。

控制工作要适时、适度、弹性、客观、有计划地进行。

基本控制过程都包括三个步骤:一是确定标准;二是衡量绩效;三是纠正偏差。标准是衡量实际工作绩效的尺度,制订标准是控制的基础。衡量绩效就是控制中信息反馈的过程,衡量绩效是根据衡量和分析的结果采取适当的措施。控制中要注意人的行为反应。

管理执行力,是指组织内各部门和人员形成一个有战斗力的团队,以提高贯彻组织战略意图,完成组织预定目标的能力。

**【阅读资料】**

### 企业管理要注意的问题

大多企业在初具规模时,想到的都是如何快速发展,如何快速壮大。企业实现国际化、现代化、信息化、多元化、企业上市等,已成为他们的发展目标或手段。企业发展有远大的理想与目标,固然可喜可贺,然而,一招不慎,全盘皆输。企业在追求快速发展时,倒闭、破产、严重不景气的企业举不胜举,如巨人、三株、秦池、爱多 VCD 等知名企业。企业在发展过程中,千方百计保证其不失败,不破产倒闭,则成功大半。

**一、防止企业在经营战略上出现失误**

每个企业在发展过程中,或多或少都有自己的战略目标,宝庆集团也不例外。企业的成功与否,取决于战略的成功与否。正确的战略,会促使企业的发展,而错误的战略,则很有可能导致企业的失败。从古至今,从国外到国内,无不重视战略,《孙子兵法》始为"计";三国争雄,成于"谋";现代企业,古为今用,洋为中用,几乎百分之百的成功企业,都将"战略"放在第一位。

如何防止企业在经营战略上的失误,我想,主要应防止出现以下失误:防止企业经营盲目多元化;防止企业经营太单一化;防止企业扩张过快,致使其他各方面跟不上企业的快速扩张需要。

### 二、防止资金出现危机

企业的失败,导火线都只有一条:企业资金跟不上企业发展需要,资金链断裂,导致资金瓶颈。导致资金瓶颈现象的原因,则具有综合性、复杂性。集团如何保证长远快速发展,我认为资金是关键因素之一,企业在发展过程中,一定要防止资金出现危机。巨人集团当时如果勤俭节约,不铺张浪费,事先作好储备以应不测,再在银行贷款一两千万元,再投入三四千万元,巨人集团的历史也许将永久改写,史玉柱将更加辉煌。同样,亚细亚的失败也一样,如果加强内部控制,勤俭节约,也许真正能做到"中原之行哪里去? 郑州亚细亚!"

### 三、防止企业管理机制跟不上企业的发展

无论是国外的企业,还是中国的企业,尤其是中国的民营企业,一般都有两个过渡期:一为企业权力交接过渡期;二为企业发展过渡期。这两个过渡期,都是企业的敏感期与危险期。

### 四、防止企业文化跟不上企业的发展,企业管理的最高境界是用文化来管理企业

企业由资本原始积累期向管理机制阶段发展的时候,会初步形成企业文化的概念。这时,企业大多员工对企业文化都有一种表面的认识,或者是道听途说的认识,但并不能理解企业文化的真正内涵,知其一而不知其二,只知有用,并不知到底如何用之。企业文化,是管理的更高层次,它以企业经营者的个人经营思想为核心,灌输着企业理念、经营思想、伦理道理、社会价值、价值观念、营销体系等系列,决定着企业的核心竞争能力。因此,企业在发展过程中,要有意识地确立及灌输企业文化。

### 五、防止人才跟不上企业的发展

人才是企业宝贵的资源,企业在做大、多元化发展时必须培养与储备与之相适宜的人才队伍,否则,缺乏人才支持,庸才管理,只会失败。

### 六、防止信息、技术跟不上时代发展的变化需要

信息与技术是企业的财富。在信息社会,不建立信息系统,不及时捕捉、处理、利用信息,就会贻误时机;技术进步加快,产品寿命周期缩短,不加强技术革新,不搞好技术储备,也会被淘汰。

### 七、防止企业在发展过程中不愿改变现状

许多创业者因把握住难得的一次两次机会,把企业扩大,使其初具规模。当时的成功经验影响其一生,成为决策者以后的决策依据,大多决策、经营模式、管理模式等都一成不变。市场经济在不断变化,信息、技术、消费观念等也在不断变化。不进则退,生命在于运动,企业的可持续发展,在于不断推陈出新。企业发展到一定的程度后,原有的经营模式、管理体制、企业机制等已不适应企业的发展需要,这时,如果企业不愿改变现状,只会开始衰败,甚至破产、倒闭。如"福特汽车"历经了20世纪六七十年代的暗淡时期,"派克"经历了六十的市场严重萎缩期,"爱多VCD"的昙花一现。

### 八、防止恶性竞争

许多企业人士都认为：一定要战胜竞争对手。其实，这是一种错误的观点。企业实现双赢，才是企业制胜的法宝。如果一定要拼个你死我活，那样只会造成恶性竞争，大伤公司元气，人、财、物都将受到严重挫伤。

公司在选择项目时，最好选择在当时、当地具有权威性、唯一性的项目，以便将风险降低到最低程度。

### 九、防止内部失控

企业做大之后，人数将大大增加，企业也将更加复杂，各种各样的问题也将产生。企业做大之后，一旦业务跨省、跨国经营，因最高决策者精力有限，不可能面面俱到，往往顾到了这里，顾不了那边，最容易出现的问题是内部失控。内部失控的最大危害有资金管理失控和人员管理失控。这些失控现象，都能导致企业的倒闭、破产。

内部失控，导致企业衰败、倒闭、破产的例子大有所在：

资金管理失控的典型有郑州亚细亚集团。亚细亚集团为20世纪90年代中国较大的连锁超市集团，由于不注重加强内部控制，结果导致北京、上海、深圳、广州的商场管理失控，资金漏洞较大，本来只要一百元就能做得了的事情，结果领导硬要说几百甚至几千元，经营成本大幅度攀升，一年的管理成本便要几亿元，而企业经营业绩只有几亿元，短短一年多时间，亚细亚集团严重亏损，致使倒闭。

人员管理失控的典型例子举不胜举，主要体现在：子公司、分公司各自为政，不服从总公司的领导；员工对企业不负责任，没有忠诚度；员工做一些违背社会道德的事情；一些公司骨干辞职，要么自己开公司，进行同一产品的开发，同企业竞争，削弱公司势力，要么带着技术、市场到其他公司发展，严重削弱公司的竞争力；企业内部关系复杂，将社会上的一些不良习气带入企业，阻碍企业的正常发展；企业老资格与新一代不能融洽等。

### 十、注重企业核心竞争力的培育

任何企业的长期可持续发展，从表面上来看，是人才的竞争与发展，但从实质上来看，是一个企业的核心竞争能力的可持续发展。企业的核心竞争力，不是单纯技术方面的竞争力，也不是企业单纯资金上的优势，而是集企业经营、经营理念、企业机制、人才机制、企业势力、企业文化、核心技术等为一体的系列整合。企业要发展，继续做大做强，就得从各个方面入手，不断改革，不断创新，不断解决矛盾，在矛盾中前进，在改革中进步。

古人云："乱生于治，怯生于勇，弱生于强。"企业越是强大的时候，就越应该注重企业核心竞争力的培育，因为现在企业的竞争，不是竞争对手的优势，而是攻对方的弱势。同类产品企业之间竞争，如移动与联通，TCL与海尔、康佳等之间的竞争，都是攻克其对手弱点，占领相应市场。企业核心竞争力，是一个长期形成的过程。

【思考与练习】

一、重点概念

控制　前馈控制　反馈控制　现场控制　管理执行力

二、填空题

1.要搞好管理控制,控制要符合(　　)、(　　)、(　　)、(　　)和(　　)的要求。

2. 控制的核心是（　　　）。

3. 控制的过程分为（　　　）、（　　　）和（　　　）三个阶段。

### 三、选择题

1. 将工作执行的结果与计划相比较，风险偏差，采取纠偏措施，这种控制是（　　　）。

A. 现场控制　　　　　B. 反馈控制　　　　　C. 前馈控制

2. 对正在进行的活动所给予的指导与监督属（　　　）。

A. 现场控制　　　　　B. 反馈控制　　　　　C. 前馈控制

### 四、判断正误

1. 搞好预测与计划属于前馈控制。　　　　　　　　　　　　　　　　　（　　　）

2. 企业资产负债率指标属于绝对量指标。　　　　　　　　　　　　　　（　　　）

### 五、思考题

1. 控制可以分为哪些类型？各有哪些特点？

2. 控制的基本要求是什么？

3. 控制的基本过程包括哪些步骤？根据对绩效的衡量和分析结果，通常采取哪些措施？

4. 如何提高管理执行力？

### 六、案例分析题

#### 企业高精度管理——6西格玛模式

一项全新的管理模式在美国摩托罗拉和通用电气两大巨头中试行并取得立竿见影的效果后，逐渐引起了欧美各国企业的高度关注，这项管理便是6西格玛模式。

该模式由摩托罗拉公司于1993年率先开发，采取6西格玛模式管理后，该公司平均每年提高生产率12.3%，由于质量缺陷造成的费用消耗减少了84%，运作过程中的失误率降低99.7%。该模式真正名声大振，是在20世纪90年代后期，通用电气全面实施6西格玛模式取得辉煌业绩之后。通用电气首席执行官杰克·韦尔奇指出："6西格玛已经彻底改变了通用电气，决定了公司经营的基因密码（DNA），它已经成为通用电气现行的最佳运作模式。"通用电气1995年始引入6西格玛模式，此后6西格玛模式所产生的效益呈加速度递增，1998年公司因此节省资金75亿美元，经营率增长4%，达到了16.7%的历史最高纪录；1999年6西格玛模式继续为通用电气节省资金达150亿美元。

#### 一、6西格玛模式的基本概念

西格玛原文为希腊字母sigma，学过概率统计的人都知道其含义为"标准偏差"。6西格玛意为"6倍标准差"，在质量上表示每百万坏品率（Parts Per Million，简称PPM）少于3.4，但是，6西格玛模式的含义并不简单指上述这些内容，而是一整套系统的理论和实践方法。应用于生产流程，它着眼于揭示每百万个机会中有多少缺陷或失误，这些缺陷和失误包括产品本身、产品生产的流程、包装、转运、交货延期、系统故障、不可抗力等。大多数企业运作在3~4西格玛的水平，这意味着每百万个机会中已经产生6 210~66 800个缺陷。这些缺陷将要求生产者耗费其销售额的15%~30%进行弥补。另外，一个6西格玛模式的公司仅需耗费年销售额的5%来矫正失误。6西格玛模式的理念要求企业从上至下都必须改变"我一直都这样做，而且做得很好"的惯性思维。也许你确实已经做得很好，但是距6西格玛模式的目标却差得很远。

6西格玛模式不仅专注于不断提高，更注重目标，即企业的底线收益。假设某一大企业有 1 000 个基层单元,每一基层单元用 6 西格玛模式每天节约 100 美元,一年以 300 天计,企业一年将节约 3 千万美元。通过该模式企业还可清晰地知道自身的水平、改进提高的额度、离目标的距离差多少。

### 二、6 西格玛模式的推动者和无边际合作

在企业集团内部,规范的 6 西格玛模式项目一般是由称为"6 西格玛模式精英小组(Six Sigma Champion)"的执行委员会选择的。这个小组的职责之一是选择合适的项目并分配资源。一个公司典型的 6 西格玛模式项目可以是矫正关键客户的票据问题,比如在通用电气,削减发票的缺陷以争取加快付款;也可以是改变某种工作程序提高生产率。领导小组将任务分派给黑带管理(黑带管理是 6 西格玛架构中的中坚力量。黑带"BlackBelts"之下是绿带"GreenBelts",这些人构成了一个公司推行 6 西格玛模式的动力),黑带管理们再依照 6 西格玛模式组织一个小组来执行这个项目。

小组成员对 6 西格玛模式项目进行定期的严密监测。流程图成为项目管理的中心,因为它概括了工作的流程并且界定了一个项目内容。流程图关注特定的问题或环节,比如瓶颈、弱链接以及延误区。

对于通用电气的黑带,6 西格玛模式意味着应顾客需求而表现出来的管理行为。一些高层管理人员认为他们学到了宽容失败和奖励成功,并且给予雇员自主决定的权力,无须过多地从上到下干预。

### 三、6 西格玛模式在中国

有些公司,像从事软件生产的希捷技术公司,三年多来,一直在中国使用 6 西格玛模式,并且对其大肆赞赏。高级工程师陈明说:6 西格玛模式提高了我们的产品率并削减了巨大的成本。当前它只应用在制造工艺上,但将很快推广到设计程序中。人们普遍认为 6 西格玛模式将有助于中国参与国际市场竞争,使他们争取更多的市场份额和削减制造成本。到 1992 年,70% 的摩托罗拉员工已完成了 6 西格玛模式的学习课程。在摩托罗拉(天津)公司,经理们在招募高级职位雇员时,已开始从应聘者中物色那些具有成为黑带潜力的人才。而位于广东开平的霍尼韦尔工业聚合物有限公司,1996 年 8 月与开平涤纶集团合资,1998 年开始推行 6 西格玛模式,至 2000 年,全公司已培养出 4 位黑带,43 位绿带。全厂所有专业人士及管理人员都参加过 6 西格玛模式的培训并有各自的革新项目。2000 年一年内 6 西格玛模式项目给公司节约费用 300 多万美元,占整个销售额的 10%,今年计划至少可节省 200 多万美元。由此可知,它已成为世界一流公司在面临成本压力环境时的管理工具。据我们所知,有许多合资企业和民营企业也在寻求这方面的技术和培训。

**案例思考:**

1. 看完此案例你有什么看法?

2. 请用控制理论分析以上案例。

### 七、管理实战

1. 实战项目:研究和分析学校的教学质量保证体系。

2. 实战目标:通过对学校教务处或二级学院(系)的教学质量保证体系的调查,使学生对所在学校或二级学院(系)教学管理控制系统有初步认识;通过对教学质量控制系统的了解,培养学生具备初步的管理控制技术和方法的运用能力。

3. 实战要求:写出学校教学质量保证体系的实训报告。

# 第 11 章

# 管理创新

管理格言:创新有时需要离开常走的大道,潜入森林你就肯定会发现前所未见的东西。

| 本章内容结构 | | 重要性指数 |
|---|---|---|
| 11.1 管理创新的概述 | 11.1.1 管理创新的概念 | ★★★★ |
| | 11.1.2 管理创新的分类 | ★★★ |
| | 11.1.3 管理创新的方法 | ★★★ |
| 11.2 管理创新的内容 | 11.2.1 观念创新 | ★★★ |
| | 11.2.2 技术创新 | ★★★ |
| | 11.2.3 组织创新 | ★★★ |
| | 11.2.4 环境创新 | ★★★ |
| | 11.2.5 文化创新 | ★★★ |
| | 11.2.6 制度创新 | ★★★ |
| 11.3 管理的创新发展 | 11.3.1 企业流程再造 | ★★★★ |
| | 11.3.2 学习型组织 | ★★★★ |
| | 11.3.3 远景管理 | ★★★ |
| | 11.3.4 顾客关系管理 | ★★★★ |
| | 11.3.5 标杆管理 | ★★★★ |
| | 11.3.6 价值管理 | ★★★ |
| | 11.3.7 知识管理 | ★★★ |
| | 11.3.8 虚拟管理 | ★★★ |

## 【案例导入】

### "倒金字塔"管理法

20 世纪 70 年代末,石油危机造成世界范围内的航空业不景气,瑞典的北欧航空公司也不例外,每年亏损 2 000 万美元,公司濒于倒闭。在这个危机时刻,一位朝气蓬勃、极具领导才能的年轻人——杨·卡尔松受命于危难之中,担任了北欧航空公司的总裁。卡尔松接任后采用了新的管理方法,一年后,北欧航空公司赢利 5 400 万美元。这一奇迹在欧洲、美洲等广为传颂。

卡尔松来到北欧航空公司时,公司一片萧条,人心惶惶,员工们不知道公司会走向何处。

卡尔松利用三个月时间,在仔细研究了公司的状况后向所有员工宣布,他要实行一个全新的管理方法。他给它起名字叫"Pyramid Upside Down",我们简称为倒金字塔管理法,也有人称之为倒三角管理法。

卡尔松认为:人人都想知道并感觉到他是别人需要的人;人人都希望被作为个体来对待;给予一些人以承担责任的自由,可以释放出隐藏在他们体内的能量;任何不了解情况的人是不能承担责任的,反之,任何了解情况的人是不能回避责任的。卡尔松的"倒金字塔"管理模式就是在这样一种思维的指导下产生的。

传统的管理构架是:

最上层:决策者、总经理;

中间层:中层管理者(部门经理,车间主任等);

最下层:一线工作人员,也叫政策的执行者。

卡尔松的"倒金字塔"构架是:

最上层:一线工作人员(卡尔松将其称之为现场决策者);

中间层:中层管理者;

最下层:总经理、总裁(卡尔松将自己称之为政策的监督者)。

"倒金字塔"管理法总的含义是"给予一些人以承担责任的自由,可以释放出隐藏在他们体内的能量"。那么这种管理方法出现了什么效果呢? SAS 公司采用这种方法三个月之后,公司的风气就开始转变,他开始让员工感觉到,我是现场决策者,我可以对我分内负责的事情作出决定,有些决定可以不必报告上司。把权力、责任同时下放到员工身上,而卡尔松作为政策的监督者,他负责对整体进行观察、监督、推进。

卡尔松的"倒金字塔"管理法体现了管理创新,在公司产生了良好的管理效果,那么什么是管理创新,管理创新包括什么内容,这就是本章要讲述的内容。

# 11.1  管理创新的概述

组织、领导与控制是保证计划目标的实现所不可缺少的。从某种意义上来说,它们属于管理中的"维持职能",其任务是保证系统按预定的方向和规则运行。但在动态环境中生存的社会经济系统仅有维持是不够的,还必须不断调整系统活动的内容和目标,以适应环境变化的要求,这涉及经常被人们忽视的管理中的"创新职能"。

创新首先是一种思想及在这种思想指导下的实践,是一种原则以及在这种原则指导下的具体活动,是管理的一种基本职能。

## 11.1.1  管理创新的概念

经济学家约瑟夫·熊彼特于 1912 年首次提出了"创新"的概念。

创新是指人们为了发展的需要,运用已知的信息,不断突破常规,发现或产生某种新颖、独特的有社会价值或个人价值的新事物、新思想的活动。创新的本质是突破,即突破旧的思维定势,旧的常规戒律。

管理创新则是指组织形成一创造性思想并将其转换为有用的产品、服务或作业方法的过程,也即富有创造力的组织能够不断地将创造性思想转变为某种有用的结果。当管理者说到要将组织变革成更富有创造性的时候,他们通常指的就是要激发创新。

有三类因素将有利于组织的管理创新,它们是组织的结构、文化和人力资源实践。

①从组织结构因素看,有机式结构对创新有正面影响;拥有富足的资源能为创新提供重要保证;单位间密切的沟通有利于克服创新的潜在障碍。

②从文化因素看,充满创新精神的组织文化通常有以下特征:接受模棱两可,容忍不切实际,外部控制少,接受风险,容忍冲突,注重结果甚于手段,强调开放系统。

③在人力资源这一类因素中,有创造力的组织积极地对其员工开展培训和发展,以使其保持知识的更新;同时,它们还给员工提供高工作保障,以减少他们担心因犯错误而遭解雇的顾虑;组织也鼓励员工成为革新能手;一旦产生新思想,革新能手们会主动而热情地将思想予以深化、提供支持并克服阻力。

**资料链接**

#### 约瑟夫·熊彼特说创新

约瑟夫·熊彼特(Joseph Alois Schumpeter,1883 年 2 月 8 日—1950 年 1 月 8 日)是一位有深远影响的奥地利政治经济学家,其后移居美国,一直任教于哈佛大学。其终生与凯恩斯间的瑜亮情节是经济学研究者中的一个热门讨论题目,虽然他的经济学说并不如凯恩斯在生前就获得很大的回响,但研究者都认为他对于经济学科的思想史有着很大的贡献。约瑟夫·熊彼特的重要学说主张包括:景气循环、创新、资本主义的创造性破坏、精英民主理论。

"创新(Innovation)"——将原始生产要素重新排列组合为新的生产方式,以求提高效率、降低成本的一个经济过程。在熊彼特经济模型中,能够成功"创新"的人便能够摆脱利润递减的困境而生存下来,那些不能够成功地重新组合生产要素之人会最先被市场淘汰。熊彼特认为,因创新而获取暂时性垄断权,并由此而获得超额回报,这超额回报即"熊彼特租金"。

"资本主义的创造性破坏(The Creative Destruction of Capitalism)"——当景气循环到谷底的同时,也是某些企业家不得不考虑退出市场或是另一些企业家必须要"创新"以求生存的时候。只要将多余的竞争者筛除或是有一些成功的"创新"产生,便会使景气提升、生产效率提高,但是当某一产业又重新是有利可图的时候,它又会吸引新的竞争者投入,然后又是一次利润递减的过程,回到之前的状态。因此说每一次的萧条都包括一次技术革新的可能,这句话也可以反过来陈述为:技术革新的结果便是可预期的下一次萧条。在熊彼特看来,资本主义的创造性与毁灭性因此是同源的。但熊彼特并不认为资本主义的优越性便是由于其自己产生的动力而不停地推动自身发展,他相信资本主义经济最终将因为无法承受其快速膨胀带来的能量而崩溃于其自身的规模。

## 11.1.2　管理创新的分类

管理创新可以从不同的角度去考察。

（1）根据创新内容的不同，管理创新划分为管理观念创新、管理手段创新和管理技巧创新

管理观念创新是指为了取得整体优化效益，打破陈规陋习，克服旧有思想束缚，树立全新的管理观念。管理观念创新是一种管理思维和管理理念的综合性创新，它对管理决策、管理执行、管理监督等一系列环节具有重大的指导价值。

管理手段创新是指创建能够比以前更好地利用资源的各种组织形式和工具的活动，可进一步细分为组织创新、制度创新和管理方法创新。其中，组织创新是指创建适应环境变化与生产力发展的新组织形式的活动，制度创新是指形成能够更好地适应环境变化和生产力发展的新规则的活动，管理方法创新是指创造更有效的资源配置工具的各种活动。

管理技巧创新是指在管理过程中为了更好地实施调整观念、修改制度、重组机构，或更好地进行制度培训和贯彻落实、员工思想教育等活动所进行的创新。

（2）根据创新的程度，管理创新可分为渐变性创新和创造性创新

从创新的一般定义看，创新既指对原有事物的改变，也指新事物的引入。渐变性创新主要基于对原有事物的改进，创造性创新更多的是基于新事物的引入。例如，根据实践情况对现有的管理思想的实现方法加以改进或对运用范围加以拓展，应属于"渐变"性管理创新。根据环境的新变化提出新的管理思想，并在此基础上形成新的管理模式或管理方法，应属于"创造"性管理创新。在实践中，管理创新还可归结为以下三种类型的管理创新：

①重大创新：始于管理观念创新，从根本上改变原有管理思想或管理手段的创新。如企业再造理论，它的提出就是源自对传统的分工理论前提条件的否定。

②一般创新：管理基本思想改变不大，创新发生在管理手段和技巧上，而且与原方法相比变化不大，即主要是根据实际情况对现有管理思想的实现手段或运用领域、范围进行改进，管理技巧创新一般属于此类。

③综合创新：既有管理思想的改变，又有管理手段或管理技巧的改变，但变化程度不大的这类管理创新。如股份合作制、员工持股制度等。

（3）从创新的规模以及创新对系统的影响程度来考察，可分为局部创新和系统创新

局部创新是指对产品的一部分功能或技术要素进行创新，局部创新的结果表现为现有产品的不断完善。

系统创新是一项创新的组织管理技术，是对组成系统的诸要素、要素之间的关系、系统结构、系统流程及系统与环境之间的关系进行动态的、全面组织的过程，以促进系统整体功能不断升级优化。系统创新是欲使整个系统发生质变或部分质变的创新，系统创新的结果表现为更新换代产品的推出。

局部创新具有风险小，见效快的特点，故几乎所有企业都对其较为重视。但充分利用局部创新的同时，应看清其固有的局限性，那就是它无法保证企业摆脱现有竞争对手的围追堵截，也很难对企业的长足发展作出贡献。实践证明，几乎企业的每一次突破性进展都源于系统创新，如果企业一味强调局部创新，忽视对企业系统创新能力的培养，就极有可能陷入局部创新的战略盲点。

（4）从创新与环境的关系来分析,可分为消极防御型创新与积极攻击型创新

防御型创新是指由于外部环境的变化对系统的存在和运行造成了某种程度的威胁,为了避免威胁或由此造成的系统损失扩大,系统在内部展开的局部或全局性调整。

攻击型创新是在观察外部世界运动的过程中,敏锐地预测到未来环境可能提供的某种有利机会,从而主动地调整系统的战略和技术,积极地开发和利用这种机会,谋求系统的发展。

（5）从创新的组织程度上看,可分为自发创新和有组织的创新

任何社会经济组织都是在一定的环境中运转的开放系统,环境的变化对系统的存在和存在方式产生一定的影响,系统内部与外部直接联系的各子系统接收到环境变化的信号以后,必然会在其工作内容、工作方式、工作目标等方面进行积极或消极的调整,以应付变化或适应变化的要求。

有组织的创新包含两层意思:①系统的管理人员根据创新的客观要求和创新活动本身的客观规律,制度化地检查外部环境状况和内部工作,寻求和利用创新机会,计划和组织创新活动。②与此同时,系统的管理人员要积极地引导和利用各要素的自发创新,使之相互协调并与系统有计划的创新活动相配合,使整个系统内的创新活动有计划、有组织地展开。

## 资料阅读

### 微创新

微创新是指用户体验上的创新,即从用户体验的角度去改善用户使用的体验,从用户使用产品的所有流程开始,在产品上作了一些改进,给用户创造价值。"微创新"一词出自360安全卫士董事长周鸿祎。周鸿祎在2010年中国互联网大会"网络草根创业与就业论坛"上指出一个方向:"用户体验的创新是决定互联网应用能否受欢迎的关键因素,这种创新叫'微创新','微创新'引领互联网新的趋势和浪潮。"周鸿祎称:"你的产品可以不完美,但是只要能打动用户心里最甜的那个点,把一个问题解决好,有时候就是四两拨千斤,这种单点突破就叫'微创新'。尤其是对于小公司,因为大公司复制有优势。对于这一点,创业者没有什么可抱怨的,这就是现状,唯一要抱怨的就是自己没有创新。要作出'微创新',就要像钻进用户的心里,把自己当成一个老大妈、大婶那样的普通用户去体验产品。模仿可以照猫画虎,但肯定抓不住用户体验的精髓。"

【课堂讨论】

请观看新闻视频:"清华本科生当城管 或成管理创新风向标。"请讨论:为什么清华本科生当城管有可能成管理创新风向标?

http://v.baidu.com/kan/8Zu9？fr=v.hao123.com/search & page=videoMultiNeed.

## 11.1.3 管理创新的方法

管理创新的方法很多,思考问题的切入点和操作方式各不相同,最主要的方法包括头脑

风暴法(参见第 5 章 10.3 节)、综摄法、逆向思维法、奥斯本检核表法。这里介绍几种最常用的创新方法:

### (1)综摄法

综摄法又称提喻法、分合法,是由美国麻省理工学院教授戈登在 1952 年发明的一种开发潜在创造力的方法。它是以已知的东西为媒介,把毫不相关、互不相同的知识要素结合起来创造出新的设想,也就是吸取各种产品和知识精华,综合在一起创造出新产品或知识。这样可以帮助人们发挥潜在的创造力,打开未知世界的窗口。综摄法有两个基本原则:

①异质同化,即"变陌生为熟悉"。在创新没有产生前或问题没有解决前,他们对我们来说都是陌生的,异质同化就是要求我们在碰到一个完全陌生的事物或问题时,要用所具有的全部经验、知识来分析、比较,并根据这些结果,作出很容易处理或很老练的态势,然后利用熟悉的方法、原理和已有的知识去分析对待它,从而提出新设想。

②质异化,即"变熟悉为陌生"。这是综摄法的核心,是对某些早已熟悉的事物,根据人们的需要,从新的角度或运用新知识进行观察和研究,以摆脱陈旧固定看法的桎梏,产生出新的创造构想,即将熟悉的事物化成陌生的事物看待。

综摄法的操作步骤如下:第一,模糊主题。和头脑风暴法相反,主持人在会议开始时并不把研究目标和具体要求全部展开,而是将与设计课题本质相似的问题提出来讨论。第二,类比设想。由于提出的问题十分抽象,与会者可以凭想象漫无边际地发言。当随意提出来的想法中有利于接近主题时,主持人及时加以归纳,并给予正确的引导。第三,论证可行。将类比所得到的启示进行技术、经济等方面的可行性研究,并编制具体的实施计划。

### 资料链接

#### 放在外面的电梯

过去,有一家酒店因业务做得十分红火,安装的电梯不够用,经理打算再增加一部。专家们被请来了,他们研究认为:唯一的办法是在每层楼都打个洞,直接安装新电梯。就在专家们坐在酒店里商谈工程细节时,他们的谈话恰巧被一位正在扫地的清洁工听到了。清洁工对他们随口说道:"每层楼都打个洞,肯定会弄得尘土飞扬,到处乱七八糟。"专家答道:"这是难免的了,谁让酒店当初设计时没有想到多装一部电梯呢?"清洁工想了一会儿,说道:"我要是你们,就把电梯装在楼外面。"专家们听了清洁工的话陷入了沉思,但马上他们为清洁工的这一提议拍案叫绝。从此,建筑史上出现了一个新生事物——室外电梯。

- 灵犀一点,渐进思想(经验)是创新的最大敌人。

### (2)逆向思维法

逆向思维是顺向思维的对立面。逆向思维是一种反常规、反传统的思维。顺向思维的常规性、传统性,往往导致人们形成思维定式,是一种从众心理的反映,因而往往使人形成一种思维"桎梏",阻碍着人们创造力的发挥。这时如果转换一下思路,用逆向法来考虑,就可能突破这些"桎梏",取得出乎意料的成功。逆向思维法由于是反常规、反传统的,因而它具有与一般思维不同的特点。

①普遍性。逆向性思维在各种领域、各种活动中都有适用性,由于对立统一规律是普遍适用的,而对立统一的形式又是多种多样的,有一种对立统一的形式,相应地就有一种逆向思维的角度,因此,逆向思维也有无限多种形式。如性质上对立两极的转换:软与硬、高与低等;结构、位置上的互换、颠倒;上与下、左与右等。不论哪种方式,只要从一个方面想到与之对立的另一方面,都是逆向思维。

②批判性。逆向是与正向比较而言的,正向是指常规的、常识的、公认的或习惯的想法与做法。逆向思维则恰恰相反,是对传统、惯例、常识的反叛,是对常规的挑战。它能够克服思维定势,破除由经验和习惯造成的僵化的认识模式。

③新颖性。循规蹈矩的思维和按传统方式解决问题虽然简单,但容易使思路僵化、刻板,摆脱不掉习惯的束缚,得到的往往是一些司空见惯的答案。其实,任何事物都具有多方面属性。由于受过去经验的影响,人们容易看到熟悉的一面,而对另一面却视而不见。逆向思维能克服这一障碍,往往出人意料,给人以耳目一新的感觉。

**资料链接**

### 缺陷与创新

有一个故事说,一位裁缝在吸烟时不小心将一条高档裙子烧了一个窟窿,致使其成为废品。这位裁缝为了挽回经济损失,凭借其高超的技艺,在裙子四周剪了许多窟窿,并精心饰以金边,然后,将其取名为"凤尾裙"。不但卖了个好价钱,还一传十、十传百,使不少女士上门求购,其生意十分红火。该裁缝这种思维方式确实值得称道。

缺陷与市场,从寻常眼光看,确实存在着难以逾越的鸿沟,但是尺有所短,寸有所长,商品本身存在着某些方面的不足,对于一定的市场而言,也许的确是缺陷,是不容许的,但从另一角度看,又何尝不是潜在的市场呢? 只要善于寻找两者的最佳结合点,就可以创造出市场,开辟出新天地,市场经济的实践告诉人们,唯思路常新才有出路。墨守成规、邯郸学步,亦步亦趋的经营思维方式在今天已难以取得商战的胜利了。

成功的喜悦总是属于那些不落俗套、富于创意、勇于实践的人们。

### (3)奥斯本检核表法

奥斯本检核表法是指以该技法的发明者奥斯本命名、引导主体在创新过程中对照九个方面的问题进行思考,以便启迪思路、开拓思维想象的空间、促进人们产生新设想、新方案的方法。九个大问题:有无其他用途、能否借用、能否改变、能否扩大、能否缩小、能否代用、能否重新调整、能否颠倒、能否组合。

奥斯本检核表法是一种产生创意的方法。在众多的创新技法中,这种方法是一种效果比较理想的技法。由于它突出的效果,被誉为创新之母。奥斯本检核表法的核心是改进,通过变化来改进。

其基本做法是:首先,选定一个要改进的产品或方案;然后,面对一个需要改进的产品或方案,或者面对一个问题,对照检核表进行思考,并由此产生大量的思路;最后,根据第二步提出的思路,进行筛选和进一步思考、完善。

奥斯本检核表法的优点很突出,它使思考问题的角度具体化了。它也有缺点,就是它是改进型的创意产生方法,你必须先选定一个有待改进的对象,然后在此基础上设法加以改进。它不是原创型的,但有时候也能够产生原创型的创意。比如,把一个产品的原理引入另一个领域,就可能产生原创型的创意。

---

**【课堂讨论】**

你是否注意到,我们身边一些警示语的表达方式正在悄然改变?比如将"请勿践踏草坪"变为"小草正在睡觉,别去打扰她",请分析其内含的创新方法。

---

# 11.2 管理创新的内容

管理创新涉及许多方面,为了便于分析,我们以社会经济生活中大量存在的企业系统为例来介绍创新的内容。

---

**【课堂讨论】**

请观看新闻报道"香港大黄鸭创新理念引热议"。讨论:你如何评价香港大黄鸭的创新?创新点主要体现在哪些地方?

http://tv.sohu.com/20130906/n386018482.shtml.

---

## 11.2.1 观念创新

管理观念又称为管理理念,指管理者或管理组织在一定的哲学思想支配下,由现实条件决定的经营管理的感性知识和理性知识构成的综合体。一定的管理观念必定受到一定社会的政治、经济、文化的影响,是企业战略目标的导向、价值原则,同时管理的观念又必定折射在管理的各项活动中。

企业管理观念创新主要包括以下几个方面的内容:

①知识价值观。改变对知识的陈旧认识,确立知识是创造价值主要的、直接的因素的创新观念,具有头等重要的意义。

②竞争优势观。应该利用知识寻找出把现有知识最大限度地转化为生产力的有效方法,让企业拥有更大的竞争优势,以便在激烈的市场竞争中取胜。

③知识更新的观念。知识的更新不仅包括创造新知识,而且包括摒弃旧知识,在一个组织内,新知识不是由个人创造的,而是在整个企业范围内通过团队或群体共享知识与专长来产生的。

管理观念的创新大体经历了五个阶段:管理的效率观念、管理的择优观念、管理的有序观念、管理的权变观念、管理的人本观念。

【课堂讨论】

目前各城市的主要汽车交通站牌都设有电子显示屏,以提示下一班公共汽车到站的时间,既能方便等车人更合理地安排时间,同时更能提高全社会的经济效益。若从技术上看,虽说落实这种想法并不是很难,但却没有引起相关部门的重视,似乎只为这几分钟的提示而耗费精力去设置电子显示屏,并进行技术调试及后期的不断修正根本不合算。请从观念创新的角度对这一现象作深入讨论。

## 11.2.2 技术创新

技术创新,指生产技术的创新,包括开发新技术,或者将已有的技术进行应用创新。科学是技术之源,技术是产业之源,技术创新建立在科学道理的发现基础之上,而产业创新主要建立在技术创新基础之上。

技术或依附于物质产品而存在,或为物质产品的实体形态而服务。因此,不论是何种内容的技术创新,最终都会在一定程度上促进产品竞争力的提高,从而提高企业竞争力。企业的技术创新主要表现在要素创新、要素组合方法的创新以及产品创新三个方面。

(1)要素创新

企业的生产过程是一定的劳动者利用一定的劳动手段作用于劳动对象使之改变物理、化学形式或性质的过程。参与这个过程的要素包括材料、设备以及企业员工三类。相应的要素创新则为材料创新、设备创新和人事创新。

(2)要素组合方法的创新

利用一定的方式将不同的生产要素加以组合,是形成产品的先决条件。要素的组合包括生产工艺和生产过程的时空组织两个方面。

工艺创新既要求根据新设备的要求,改变原材料、半成品的加工方法,也要求在不改变现有设备的前提下,不断研究和改进操作技术和生产方法,以求使现有设备得到更充分的利用,使现有材料得到更合理的加工。

生产过程的组织创新要求企业不断地研究和采用更合理的空间布置和时间组合方式,以提高劳动生产率、缩短生产周期,从而在不增加要素投入的前提下,提高要素的利用效率。如福特创造的流水生产线。

(3)产品创新

产品是企业向外界最重要的输出,也是组织对社会作出的贡献。产品创新包括产品的品种和结构的创新。品种创新要求企业根据市场需求的变化,根据消费者偏好的转移,及时地调整企业的生产方向和生产结构,不断开发出用户喜欢的产品;结构创新在于不改变原有品种的基本性能,对现有产品结构进行改进,使其生产成本更低,性能更完善,使用更安全,更具市场竞争力。

综合来看,技术创新一方面通过降低成本而使企业产品在市场上更具价格竞争优势;另一方面通过增加用途、完善功能、改进质量以及保证使用而使产品对消费者更具特色吸引力,从而在整体上推动企业竞争力不断提高。

**资料链接**

### 改进冰箱的创新

前几年,冰箱在日本市场上严重滞销,零售价以每年5%的幅度下跌,各厂家叫苦不迭。然而在1998年2月到1999年2月的一年中,冰箱的销售量比上年同期却增加了6.1%。为什么?答案在于日本冰箱厂家的技术创新。

三菱公司发现-18℃时会把肉食冻硬,而0℃左右的冷藏室又无法冻肉,两者都有缺点。于是,开发制造了新的-7℃的冷冻室。日立公司则提供了25分钟内将食品速冻的冷冻室(是普通冰箱冷冻速度的3倍),提高了保鲜度,且节电50%。三洋公司将超市出售肉类生鲜食物的"冷气帘(冷气循环)"技术用到冰箱中,提高了防腐性功能,将保鲜期提高了1倍。松下公司则听取家庭主妇的意见,提高了冰箱的方便性。正是这些技术改进,使冰箱市场由冷变热。

改进也是创新。日本的经验还告诉我们,创新不分大小,小小的创新也蕴含着大大商机。

## 11.2.3　组织创新

任何组织机构,经过合理的设计并实施后,都不是一成不变的。它们如同生物的机体一样,必须随着外部环境和内部条件的变化而不断地进行调整和变革,才能顺利地成长、发展,避免老化和死亡。应用行为科学的知识和方法,把人的成长和发展希望与组织目标结合起来,通过调整和变革组织结构及管理方式,使其能够适应外部环境及组织内部条件的变化,从而提高组织活动效益的过程,就是组织创新。

对于企业来说,组织创新的主要内容就是要全面系统地解决企业组织结构与运行以及企业间组织联系方面所存在的问题,使之适应企业发展的需要,具体内容包括企业组织的职能结构、管理体制、机构设置、横向协调、运行机制和跨企业组织联系等方面的变革与创新。

(1)职能结构的变革与创新

要解决的主要问题包括:第一,走专业化的道路,分离由辅助作业、生产与生活服务、附属机构等构成的企业非生产主体,发展专业化社会协作体系,精干企业生产经营体系,集中资源强化企业核心业务与核心能力。第二,加强生产过程之前的市场研究、技术开发、产品开发和生产过程之后的市场营销、用户服务等环节,同时加强对信息、人力资源、资金与资本等重要生产要素的管理。

(2)组织体制的变革与创新

企业组织体制是指以集权和分权为中心,全面处理企业纵向各层次特别是企业与二级单位之间权、责、利关系的体系。其变革与创新要注意以下问题:

①在企业的不同层次,正确设置不同的经济责任中心,包括投资责任中心、利润责任中心、成本责任中心等,消除因经济责任中心设置不当而造成的管理过死或管理失控的

问题。

②突出生产经营部门的地位和作用,管理职能部门要面向一线,对一线既管理又服务,根本改变管理部门高高在上,对下管理、指挥监督多而服务少的传统结构。

③作业层实行管理中心下移。作业层承担着作业管理的任务。可以借鉴国外企业的先进经验,调整基层的责权结构,将管理重心下移到工段或班组,推行作业长制,使生产现场发生的问题,由最了解现场的人员在现场迅速解决,从组织上保证管理质量和效率的提高。

（3）机构设置的变革与创新

考虑横向上每个层次应设置哪些部门,部门内部应设置哪些职务和岗位,怎样处理好它们之间的关系,以保证彼此间的配合协作。改革方向是推行机构综合化,在管理方式上实现每个部门对其管理的物流或业务流,能够做到从头到尾、连续一贯的管理,达到物流畅通、管理过程连续。其次是推行领导单职制,即企业高层领导尽量少设副职,中层和基层基本不设副职。

（4）横向协调的变革与创新

自我协调、工序服从制度,实行相关工序之间的指挥和服从;主动协作、工作渗透的专业搭接制度,在设计各职能部门的责任制时,对专业管理的接合部和边界处,有意识地安排一些必要的重叠和交叉,以保证同一业务流程中的各个部门能够彼此衔接和协作;对大量常规性管理业务,在总结先进经验的基础上制订制度标准,大力推行规范化管理制度。

（5）运行机制的变革与创新

建立企业内部的"价值链",上下工序之间、服务与被服务的环节之间,用一定的价值形式联结起来,相互制约,力求降低成本、节约费用,最终提高企业整体效益。改革原有自上而下进行考核的旧制度,按照"价值链"的联系,实行上道工序由下道工序考核、辅助部门由主体部门评价的新体系。

（6）跨企业组织联系的变革与创新

前面几项组织创新内容,都是属于企业内部组织结构及其运行方面的内容,除此之外,还要考虑企业外部相互之间的组织联系问题。重新调整企业与市场的边界,重新整合企业之间的优势资源,推进企业间组织联系的网络化,这是企业组织创新的一个重要方向。

## 11.2.4 环境创新

环境创新不是指企业为适应外界变化而调整内部结构或活动,而是指通过企业积极的创新活动去改造环境,去引导环境朝着有利于企业经营的方向变化。例如,通过企业的公关活动,影响社区、政府政策的制定;通过企业的技术创新,影响社会技术进步的方向;等等。就企业而言,环境创新的主要内容是市场创新。

市场创新主要是指通过企业的活动去引导消费,创造需求。新产品的开发往往被认为是企业创造市场需求的主要途径。其实,市场创新的更多内容是通过企业的营销活动来进行的,即在产品的材料、结构、性能不变的前提下,或通过市场的地理转移;或通过揭示产品新的物理使用价值,来寻找新用户;或通过广告宣传等促销工作,来赋予产品以一定的心理使用价值,影响人们对某种消费行为的社会评价,从而诱发和强化消费者的购买动机,增加产品的销售量。

### 11.2.5 文化创新

文化在交流的过程中传播,在继承的基础上发展,都包含着文化创新的意义。文化发展的实质,就在于文化创新。文化创新,是社会实践发展的必然要求,是文化自身发展的内在动力。

企业文化创新是指为了使企业的发展与环境相匹配,根据本身的性质和特点形成体现企业共同价值观的企业文化,并不断创新和发展的活动过程。企业文化创新的实质在于企业文化建设中突破与企业经营管理实际脱节的僵化文化理念和观点的束缚,实现向贯穿于全部创新过程的新型经营管理方式的转变。面对日益深化、日益激烈的国内外市场竞争环境,越来越多的企业不仅从思想上认识到创新是企业文化建设的灵魂,是不断提高企业竞争力的关键,而且逐步深入地把创新贯彻到企业文化建设的各个层面,落实到企业经营管理的实践中。

企业文化创新要以对传统企业文化的批判为前提,对构成企业文化诸要素包括经营理念、企业宗旨、管理制度、经营流程、仪式、语言等进行全方位系统性的弘扬、重建或重新表述,使之与企业的生产力发展步伐和外部环境变化相适应。

(1)企业领导者应当加强自身修养,担当企业文化创新的领头人

从某种意义上说,企业文化是企业家的文化,是企业家的人格化,是其事业心和责任感、人生追求、价值取向、创新精神等的综合反映。他们必须通过自己的行动向全体成员灌输企业的价值观念。正如我国著名企业家张瑞敏就他个人在海尔公司充当的角色时所说"第一是设计师,在企业发展中如何使组织结构适应企业发展;第二是牧师,不断地布道,使员工接受企业文化,把员工自身价值的体现和企业目标的实现结合起来"。

企业文化创新的前提是企业经营管理者观念的转变。因此,进行企业文化创新,企业经营管理者必须转变观念,提高素质。第一,要对企业文化的内涵有更全面、更深层次的理解;第二,要积极进行思想观念的转变,牢固树立适应市场要求的全新的发展观念、改革观念、市场化经营观念、竞争观念、效益观念等;第三,要认真掌握现代化的管理知识和技能,在文化上要积极融入世界,为企业走国家化道路作好准备;第四,要有强烈的创新精神,思维活动和心理状态要保持一种非凡的活力。

(2)企业文化创新与人力资源开发相结合

人力资源开发在企业文化的推广中起到不可替代的作用,全员培训是推动企业文化变革的根本手段,相应的激励和约束机制是企业文化创新的不竭动力。现代企业间的竞争主要是人才的竞争,也是企业凝聚力的较量。这归根结底又是以人为本的企业文化的竞争。顽强的企业团队精神,是企业获得巨大成功的基础条件。要把企业成千上万名员工凝聚起来,只靠金钱是不够的,企业必须具备共同的价值观、目标和信念。对共同价值的认同会使员工产生稳定的归属感,从而吸引和留住人才。事实证明,企业只有形成了优秀的企业文

化,才能打造一支战无不胜的员工队伍。

(3)建立学习型组织

企业间的竞争就是人才的竞争,实际上应该是学习能力的竞争。如果说企业文化是核心竞争力,那么其中的关键是企业的学习能力。建立学习型组织和业务流程再造,是当今最前沿的管理理念。知识经济、知识资本成为企业成长的关键性资源,企业文化作为企业的核心竞争力的根基受到前所未有的重视。企业要生存与发展,提高企业的核心竞争力,就必须强化知识管理,从根本上提高企业综合素质。

---

**【课堂讨论】**

请在线观看视频:阿里巴巴从"独孤九剑"到"六脉神剑"的企业文化。

讨论:①请评价阿里巴巴的"武侠文化"。②从"独孤九剑"到"六脉神剑",阿里巴巴的企业文化有哪些改变和创新?

http://www.wasu.cn/Play/show/id/90736.

---

## 11.2.6　制度创新

制度创新(Institutional Innovation)是指在人们现有的生产和生活环境条件下,通过创设新的、更能有效激励人们行为的制度、规范体系来实现社会的持续发展和变革的创新。所有创新活动都有赖于制度创新的积淀和持续激励,通过制度创新得以固化,并以制度化的方式持续发挥着自己的作用。

制度创新的核心内容是社会政治、经济和管理等制度的革新,是支配人们行为和相互关系的规则的变更,是组织与其外部环境相互关系的变更,其直接结果是激发人们的创造性和积极性,促使不断创造新的知识和社会资源的合理配置及社会财富源源不断地涌现,最终推动社会的进步。

制度创新是指引入新的制度安排,如组织的结构、组织运行规范等。大的如整个国家的经济体制,小的如具体企业的组织形态、运行机制。

作为市场微观基础的企业组织,制度创新可以从以下几个方面入手:

(1)企业产权制度创新

西方市场经济国家在产权明确界定的情况下,实行公司制度,即"先定产权,后定公司"。而我国很多企业是在产权关系还没有理顺的情况下实行公司制度,然后再推动产权关系的改造,即"先有公司,后定产权",因而在我国产权制度改革和创新更为重要。

(2)人事制度的创新

企业领导者应从独裁式的管理向民主管理、聘任优秀职业经理人管理企业过渡,要打破企业中各种亲属关系盘根错节的局面,坚持"能者上、平者让、庸者下"的用人原则,建立一套能吸引多方面人才、能让优秀人才脱颖而出的激励、淘汰机制,要注重职工的教育与培训,为员工学习提供良好的条件,并要力争使企业成为"学习型组织"。

(3)分配和激励制度创新

完善激励机制,要给员工赋予职业上的成就感,还要能够慷慨奖励作出重大贡献的高级管理人员和科技人员,如送股份、给予期权等,使其通过自身的努力,获得应得的劳动报酬,同时又有一定的资本收益,使其在工作中能充分发挥积极性、主动性和创造性,真正成为企业的主人。要进行分配制度创新,积极探索,推行经营者年薪制,提高经营者的经营责任感,想方设法加强管理,促进企业各项经济指标的完成。比如,微软提供股票选择权给所有员工作为报酬,结果创造了无数百万富翁甚至亿万富翁,也巩固了员工的忠诚度,减少了员工的流动。

(4)以市场为导向的过程管理制度创新

一方面,目标管理是企业管理制度的重要内容,但管理制度要以过程展开,将时空结合起来,运用现代管理思维的时效观念和动态观念,强调管理的过程和过程的管理。另一方面,现代企业管理制度的建立,必须以市场为导向,既重视市场、技术、经济因素,又考虑社会环境因素。企业要按用户的要求去开发产品、开展业务,以销定产。

(5)科学决策、制度化管理创新,"依法治企"

决策必须改变领导拍板定夺的现象,克服家长制、长官意志的管理弊端,普遍实行民主管理,通过职工民主建立健全多项规章制度及实施规划,要集思广益、多思善思把科学决策作为企业管理制度的关键一环。要着力于实现管理制度化、规范化和法制化,建立一种制度规范和一种运行秩序,以便使企业健康地发展。

(6)质量管理制度创新

企业要建立健全各项质量责任制,认真实行质量否决制度。严格按《产品质量法》宣传贯彻的标准来实施产品的开发和生产,积极采用国际标准,严格按照标准组织生产和进行产品检验。有条件的企业要积极申请质量体系认证或产品质量认证。努力抓好服务质量和设计质量,开展质量改进和全面质量管理,搞好全员全过程的质量控制。

制度创新的基础就是文化创新,没有文化的创新,制度创新是一句空话。制度创新是企业文化创新的主要现实表征。企业在深化改革、完善企业制度的过程中,应切实重视企业文化的建设,把创新与企业文化结合起来,以企业文化创新为载体推动制度创新,真正为企业健康注入持久的文化推动力。

## 管理故事

### 以愚困智

北宋时,有个叫徐铉的人以博学多才闻名于世。

一次,江南选派徐铉进京纳贡。按照惯例,朝廷要派一位陪同的押伴使。朝中众人都因没有徐铉的学问大,怕被他耻笑而不敢前往陪行,宰相也委实感到有些棘手,只得奏请宋太祖定夺。

宋太祖深知徐铉的学问和为人,便传旨要求呈上一份不识字的殿侍名单。宋太祖看了一眼名单,用笔随便一点,说:"此人可以。"众大臣颇感惊讶,皇上怎么会派一个如此愚笨的人去陪同满腹经纶的徐铉呢?

被点名的殿侍还没弄清楚怎么回事,就被糊里糊涂地派到了江南。

当这位殿侍陪伴徐铉上路后,从渡江开始,徐铉便妙语连珠、语惊四座,令同船的人叹服不已，唯独陪同他的这位殿侍默不作声，除了点头应是，其他的时候一言不发。

徐铉好生奇怪，不知这人学问深浅，便饶有兴致地与他攀谈，卖弄自己的学问，满以为这样会使对方感到自惭形秽。

谁知殿侍仍旧点头称是，既不发表意见，也不回答问题。

这样一连几天，徐铉深感没趣，傲气渐失，只好乖乖地随殿侍来到京城。

- 是领导都爱才。可如何驾驭那些恃才傲物的人？是呕心沥血找到一位比他更有才气的人去降服，然后恶性循环吗？其实，运用相生相克的反向思维，懂得组合特质完全不同的人，往往是解决问题并且一举多得的诀窍。

---

【课堂讨论】

认真阅读上述案例，讨论以下问题：①宋太祖的领导艺术；②宋太祖的领导艺术属于何种管理创新；③宋太祖的创新方法。

---

# 11.3　管理的创新发展

## 11.3.1　企业流程再造

企业流程再造最早由美国的 Michael Hammer 和 Jame Champy 提出，在20世纪90年代达到了全盛的一种管理思想。强调以业务流程为改造对象和中心、以关心客户的需求和满意度为目标、对现有的业务流程进行根本的再思考和彻底的再设计，利用先进的制造技术、信息技术以及现代的管理手段，最大限度地实现技术上的功能集成和管理上的职能集成，以打破传统的职能型组织结构，建立全新的过程型组织结构，从而实现企业经营在成本、质量、服务和速度等方面的戏剧性改善。

企业流程再造的原则为：整合工作流程、由员工下决定、同步进行工作、流程的多样化、打破部门界限、减少监督审核、减少扩充协调、提供单点接触、集权分权并存。其特色为：

①以客户为中心。全体员工以客户而不是上司为服务中心，每个人的工作质量由顾客作出评价并与绩效挂钩，而不是公司领导。

②企业管理面向业务流程。将业务的审核与决策点定位于业务流程执行的地方，缩短信息沟通的渠道和时间，从而整体提高对顾客和市场的反应速度。

③注重整体流程最优化的系统思想。按照整体流程最优化的目标重新设计业务流程中的各项活动，强调流程中每一个环节的活动尽可能地实现增值最大化，尽可能减少无效的或非增值的活动。

④重视发挥每个人在整个业务流程中的作用。提倡团队合作精神，并将个人的成功与其所处流程的成功当作一个整体来考虑。

⑤强调面向客户和供应商来整合企业业务流程。企业在实施 BPR 的过程中，不仅要考

虑企业内部的业务流程还要对企业自身与客户、供应商组成的整个价值链的业务流程进行重新设计,并尽量实现企业与外部只有一个接触点,使企业与供应商的接口界面化、流程化。

⑥利用信息技术手段协调分散与集中的矛盾。在设计和优化企业业务流程时,强调尽可能利用信息技术手段实现信息的一次处理与共享机制,将串行工作流程改造成为并行工作流程,协调分散与集中之间的矛盾。

**资料链接**

### 凤凰浴火

香港中文大学教师李天生,曾用凤凰浴火的神话来比喻企业为什么实施流程再造工程。这个神话说的是:古代埃及神话中有只凤凰,传说每500年会飞出阿拉伯,到埃及的赫里奥波里斯城,在神坛上把自己焚毁牺牲,然后从灰烬中再生,变得又年轻又漂亮……

【课堂讨论】
请讨论分析以上案例中所蕴含的企业流程再造思想。

## 11.3.2 学习型组织

学习型组织,美国学者彼得·圣吉(Peter M. Senge)在《第五项修炼》一书中提出此管理观念,企业应建立学习型组织,其含义为面临变迁剧烈的外在环境,组织应力求精简、扁平化、弹性因应、终身学习、不断自我组织再造,以维持竞争力。

学习型组织应包括五项要素:

①建立共同愿景。愿景可以凝聚公司上下的意志力,透过组织共识,大家努力的方向一致,个人也乐于奉献,为组织目标奋斗。

②团队学习。团队智能应大于个人智能的平均值,以作出正确的组织决策,通过集体思考和分析,找出个人弱点,强化团队向心力。

③改变心智模式。组织的障碍,多来自于个人的旧思维,例如固执己见、本位主义,唯有通过团队学习,以及标杆学习,才能改变心智模式,有所创新。

④自我超越。个人有意愿投入工作,专精工作技巧的专业,个人与愿景之间有种创造性的张力,正是自我超越的来源。

⑤系统思考。应通过信息搜集,掌握事件的全貌,以避免见树不见林,培养综观全局的思考能力,看清楚问题的本质,有助于清楚了解因果关系。

学习型组织废弃了使管理者和工人之间产生距离的纵向结构,同样也废弃了使个人与个人、部门与部门相互争斗的支付和预算制度。团队是横向组织的基本结构。伴随着生产的全过程,人们一起工作为顾客创造产品。在学习型组织里,实际上已经排除了老板,团队成员负责培训、安全、安排休假、采购,以及对工作和支付的决策。

部门之间的界限被减少或消除,而且组织之间的界限也变得更加模糊。公司之间以前所未有的方式进行合作,新兴的网络组织和虚拟组织是由若干个公司组成,它们就是为了达到某种目的而联合起来,这些新的结构提供了适应迅速变化着的竞争条件所需的灵活性。

**【小思考】**

根据你的理解,什么是学习型组织? 你个人应该如何融入学习型组织?

### 11.3.3 远景管理

远景(Vision),或译作愿景、远见,在20世纪90年代盛极一时。所谓远景,由组织内部的成员所制订,由团队讨论,获得组织一致的共识,形成大家愿意全力以赴的未来方向。所谓远景管理,就是结合个人价值观与组织目的,通过开发远景、瞄准远景、落实远景的三部曲建立团队,迈向组织成功,促使组织力量极大化发挥。

远景形成后,组织负责人应对内部成员作简单、扼要且明确的陈述,以激发企业内部人员士气,并应落实为组织目标和行动方案,具体推动。

一般而言,企业远景大都具有前瞻性的计划或开创性的目标,作为企业发展的指引方针。在西方的管理论著中,许多杰出的企业大多具有一个特点,就是强调企业远景的重要性,因为唯用借重远景,才能有效地培育与鼓舞组织内部所有人,激发个人潜能,激励员工竭尽所能,增加组织生产力,达到顾客满意度的目标。

企业的远景不只专属于企业负责人所有,企业内部每位成员都应参与构思制订远景与沟通共识,通过制订远景的过程,可使得远景更有价值,企业更有竞争力。

### 11.3.4 顾客关系管理

最早发展客户关系管理的国家是美国,在1980年初便有所谓的"接触管理",即专门收集客户与公司联系的所有信息,到1990年则演变成包括电话服务中心支持资料分析的客户关怀。最近开始在企业电子商务中流行。

CRM的核心是客户价值管理。客户是企业的一项重要资产,客户关怀是CRM的中心,客户关怀的目的是与所选客户建立长期和有效的业务关系,在与客户的每一个"接触点"上都更加接近客户、了解客户,最大限度地增加利润和市场占有率。

CRM能够有效地解决企业面对顾客的复杂烦琐事务,为企业提供迅速反应顾客需求、弹性响应市场变化、缩短顾客服务时间与流程、增加顾客服务满意度等效益。

CRM的三大功能为:①行销管理的功能。分析市场价格变化、预测市场趋势以及妥善规划市场活动管理。②销售管理的功能。整合企业的行销资源,统合一切的行销信息。③顾客管理的功能。提升顾客满意度,抓住核心顾客的需求,开发潜在顾客市场,同时提供线上平台查询接口与通过线上记录,随时响应顾客的问题和抱怨,且实时检讨服务流程和进度。

### 11.3.5 标杆管理

标杆管理起源于20世纪70年代末80年代初,在美国学习日本的运动中,首开标杆管理先河的是施乐公司,后经美国生产力与质量中心系统化和规范化。标杆管理的概念可概括为:不断寻找和研究同行一流公司的最佳实践,并以此为基准与该企业进行比较、分析、判断,从而使自己企业得到不断改进,进入或赶超一流公司,创造优秀业绩的良性循环过程。其核心是向业内或业外最优秀的企业学习。通过学习,企业重新思考和改进经营实践,创造自己的最佳实践,这实际上是模仿创新的过程。

标杆管理是一种有目的、有目标的学习过程。通过标杆管理,企业能够明确产品、服务或流程方面的最高标准,然后作必要的改进来达到这些标准。标杆管理是一种能引发新观点、激起创新的管理工具,它对大公司或小企业都同样有用。标杆管理为组织提供了一个清楚地认识自我的工具,便于发现解决问题的途径,从而缩小自己与领先者的距离。

标杆管理通常包括标准标杆管理、流程标杆管理、结果标杆管理,值得注意的是,标杆管理往往会以同行、同业、竞争者作为比较的对象,但忽略了真正该见贤思齐的对象,以致不能发挥标杆管理的真正效果。

**资料链接**

宝钢的标杆管理

宝钢是中国最大的现代化钢铁联合企业,在多年的建设与发展过程中着眼于提升企业的国际竞争力,始终坚持技术创新,形成了自己的鲜明特色和优势。为了跻身于世界第一流钢铁企业之林,宝钢在2000年引入实施了标杆管理作为技术创新管理工具,选定了164项生产经营指标作为进行标杆定位的具体内容,选择了45家世界先进钢铁企业作为标杆企业。

宝钢的标杆管理是比较成功的,其管理成效也非常显著。其将标杆管理运用到企业的各个方面。并且将标杆企业选择为本行业的佼佼者,最大可能地为宝钢提供了借鉴优势。同时借鉴了其他行业经验,在特定方面可以引用了"外援"。标杆管理的引入和实施为宝钢的技术创新提供了一种可信、可行的奋斗目标,极大地增强了宝钢的技术创新体系对外部环境变化的反应能力。

向标杆看齐,才能努力到达行业先进水平。

## 11.3.6 价值管理

价值管理(Value Management)的观念,在企业中广泛地被引入管理行为,定义为:依据组织的远景,公司设定符合远景与企业文化的若干价值信念,并具体落实到员工的日常工作上,一般的工作性质或问题,只要与公司的价值信念一致,员工即不必层层请示,直接执行工作或解决问题。

美国管理学者肯尼斯·布兰佳在《价值管理》一书中,认为唯有公司的大多数股东、员工和消费者都能成功,公司才有成功的前提。为达到此"共好"的组织目标,组织必须逐步建立能为成员广泛接受的"核心信念",并且在内部工作与外部服务上付诸实施,成为组织的标准行为典范,才能获得顾客满意。

价值管理对企业的好处,在于不仅能够传承落实公司的远景,更能设定企业员工守则、工作信条等方法,在组织内部进行各种层面的沟通,凝聚组织、团体、团队与个人的目标成为共同信念,以增加组织成员的生活品质满意度,最终作好顾客服务,持续保持组织的竞争力。

### 11.3.7 知识管理

知识管理是网络新经济时代的新兴管理思潮与方法,知识管理是指在组织中建构一个人文与技术兼备的知识系统,让组织中的信息与知识,通过获得、创造、分享、整合、记录、存取、更新等过程,达到知识不断创新的最终目的,并回馈到知识系统内,个人与组织的知识得以永不间断的累积,从系统的角度进行思考,这将成为组织的智慧资本,有助于企业作出正确的决策,以适应市场的变迁。

APCQ(美国生产力和质量中心)对知识管理的定义是:知识管理应该是组织一种有意识采取的战略,它保证能够在最需要的时间将最需要的知识传送给最需要的人。这样可以帮助人们共享信息,并进而将之通过不同的方式付诸实践,最终达到提高组织业绩的目的。

知识管理要遵循以下三条原则:①积累原则。知识积累是实施知识的管理基础。②共享原则。知识共享,是指一个组织内部的信息和知识要尽可能公开,使每一个员工都能接触和使用公司的知识和信息。③交流原则。知识管理的核心就是要在公司内部建立一个有利于交流的组织结构和文化气氛,使员工之间的交流毫无障碍。

一个组织要进行有效的知识管理,关键在于建立起系统的知识管理组织体系。这一体系所实现的功能主要包括以下几个方面:组织能够清楚地了解它已有什么样的知识和需要什么样的知识;组织知识一定要能够及时传递给那些日常工作中只适合需要它们的人;组织知识一定要使那些需要它们的人能够获取;不断生产新知识,并使整个组织的人能够获取它们;对可靠的、有生命力的知识的引入进行控制;对组织知识进行定期的检测和合法化;通过企业文化的建立和激励措施使知识管理更容易进行。

### 11.3.8 虚拟管理

虚拟管理是对虚拟团队进行管理与协调,从而提高团队效率,是网络时代的需求。它是指公司成员分布于不同地点时的管理,同时也指团队成员并不一定由单一公司成员组成。它的理想状态是跨越时间、空间和组织边界的实时沟通和合作,以达到资源的合理配置和效益的最大化。

虚拟团队管理的核心问题是信任的建立和维系。从广义来看,信任是对一个人、团队或组织正直、公平和可靠的信仰或信心。其中,虚拟团队是指在虚拟工作环境下,由一些跨地区、跨组织的成员通过通信和信息技术的连接来完成共同任务的组织。

虚拟管理主要形式有虚拟实践社团、人力资源外包、员工自助式服务。

虚拟管理因为虚拟的特征存在着潜在的隐患:

①信任为企业的经营管理者与员工的沟通带来了生机,却也为虚拟团队的管理层带来了一个两难的境地。为了团队的高效工作,经营管理者必须足够地信任团队的每个成员,然而,团队成员又如何把自己的信任寄托给一个自己看不见的"虚拟化组织"呢?

②在知识经济时代,员工不再是"人力资源",而应该是"人力资产"。他们所代表的无

形资产在很多企业中已经远远超过了有形资产的价值,在高科技领域尤其如此。作为高价值的无形资产的代表者,他们可以轻易离开现在所处的团队,尤其是以信任而非控制为主导管理思想的团队。这一风险的存在往往会引发恶性循环;投资者为回避风险,急于尽快收回投资,不惜采用短期行为;与此同时,管理层迫于投资者的压力,只有拼命压榨现有员工,而这一切又将加速员工的离开。

③消除虚拟团队中存在的恶性循环,最理想的方法是改变"员工"的角色定位,把他们从"劳动者"的角色转换为"会员"的角色。作为会员,他们要签订会员协议,享有相应的会员权利和责任,最重要的是参与公司的管理。

④"劳动者"转换为"会员",虽然不能等同于把所有权拱手让给他们,但这一改变无疑会削减企业所有者的权力。因此,股东的角色也必须相应地从"所有者"转换为"投资者",他们追求回报,但同时又要承担风险。另外,他们也不能越过"会员"转卖公司,或是轻易向管理层发号施令。

# 【本章小结】

管理创新是指组织形成一创造性思想并将其转换为有用的产品、服务或作业方法的过程。有三类因素将有利于组织的管理创新,它们是组织的结构、文化和人力资源实践。

管理创新可划分为管理观念创新、管理手段创新和管理技巧创新;渐变性创新和创造性创新;局部创新和系统创新;消极防御型创新与积极攻击型创新;自发创新和有组织的创新。

管理创新最常用的方法:头脑风暴法;综摄法又称提喻法、分合法;逆向思维法;奥斯本检核表法。

管理创新的内容包括:观念创新、技术创新、组织创新、环境创新、文化创新和制度创新等。

管理创新发展包括:企业流程再造、学习型组织、远景管理、客户关系管理、标杆管理、价值管理、知识管理、虚拟管理等。

## 【阅读资料】

### 德鲁克的创新观念

创新与企业家精神,一个在企业管理中并不算多新鲜的话题,但是德鲁克先生却给我们带来了深邃的理解与洞见,令人回味无穷。

经理们往往以为创新属于"灵光乍现",或者"聪明的创意",德鲁克却清醒地告诫我们,这种思想将给企业经营实践带来危险。"只要你不断尝试聪明的创意,你就会取得成功",这种观点犹如"只要你不断投钱到老虎机中,你就会赢得大满贯",在老虎机的游戏中往往投得越多,输得越多。因此无论成功的故事多么诱人,那都是凤毛麟角,或者是极大投入之后的极小产出,企业家要放弃以聪明创意为基础的创新,真正的企业创新应该是注重"机遇"的把握,而不是"冒险"的赌注。

如何有效把握创新的机遇来源,德鲁克从七个方面给了我们诠释和指导,包括:意外事件、不协调事件、程序的需要、产业和市场结构、人口统计数据、认知的变化、新知识。细细品来,创新就在脚下,值得不断"反刍"。企业家如果能够敏锐地把握这些机遇,创新实际上将给企业带来"稳健的快速发展",而不是"孤注一掷"的冒险,而这才是企业家真正的"创新精神"。

当我们惊叹德鲁克给我们带来观念的颠覆时,在深层次更应感谢德鲁克先生带给中国企业家的信心和鼓励。因为毕竟"灵光乍现"和聪明绝顶的人可遇而不可求,作为企业长期发展更需要平凡人日积月累的持续增长,而不是过山车式的跌宕命运。当我们对"创新"既充满期望又满怀担心时,德鲁克让更多的经理人、企业家有信心去学习、去实践,通过不断的努力与实践,把创新更多地当成可以学会的"技能",而不是高不可攀的"才气"。

## 【思考与练习】

### 一、名词解释

管理创新　头脑风暴法　观念创新　文化创新

### 二、填空题

1. 有三类因素将有利于组织的管理创新,它们是(　　)、(　　)和(　　)。
2. 根据创新内容的不同,管理创新可划分为(　　)创新、(　　)创新和(　　)创新。
3. 从创新的规模以及创新对系统的影响程度来考察,管理创新可划分为(　　)创新和(　　)创新。
4. 综摄法的两个基本原则是(　　)和(　　)。

### 三、选择题

1. 管理创新最核心的内容是(　　)。

A. 观念创新　　　　B. 组织创新　　　　C. 文化创新　　　　D. 制度创新

2. 在众多创新方法中,被誉为创新之母的方法是(　　)。

A. 头脑风暴法　　　B. 综摄法　　　　C. 逆向思维法　　　D. 奥斯本检核表法

### 四、思考题

1. 企业管理观念创新主要包括哪几个方面的内容?
2. 作为市场微观基础的企业组织,制度创新可以从哪几个方面入手?
3. 简述远景管理。

### 五、案例分析题

#### 春兰的创新型矩阵管理

在"第八届中国机械行业企业管理现代化创新成果奖"大会上,"春兰创新型矩阵管理"夺得新中国成立以来我国企业管理领域评选的唯一特等奖。

春兰的创新型矩阵管理有一个"16字方针",主要内容是"横向立法、纵向运行、资源共享、合成作战"。前8个字重点解决集团和产业公司集权与分权的矛盾,力求放而不乱,提高运行效率。所谓"纵向运行",指保留"扁平化"按产业公司运行的特点,以产业为纵向;"横向立法",是指针对原来管理有所失控的问题,将集团的法律、人力、投资、财务、信息等部门划为横向部门,负责制订运行的规则,并依据规则对纵向运行部门实施监管。这样一来,横向部门"立法"并监管,纵向部门依然大权在握,能充分发挥主观能动性和积极性,不过是在"法"定的圈子里,要依"法"运行。"16字方针"中的后8个字,重点解决原来资源不能共享的问题。把横向职能部门划分为A系列和B系列,制订运行规则,"立法"的是横向中的A系列;B系列则负责实现对春兰内部资源的共享,为产业公司提供专家支持和优质服务。比如春兰的整个法律事务,在公司总部设一名法律副总裁,分管法律事务工作,对首席执行官负责;集团下设法务处,在法律副总裁的领导下,具体实施对集团所属各子公司法务工作的指导和管理;集团所属子公司根据工作需要设立法务部门,在子公司负责人领导下开展本单位的法务工作,业务上接受集团公司法务处的指导和管理。按照原先的运行制度,48个部门都需要律师。而根据矩阵管理模式现在只设立一个法律顾问组,为集团所有部门使用,大大节约了管理成本,而且容易规范化。

**案例思考:**

1."春兰创新型矩阵管理"在哪些方面体现出管理的创新性?

2.春兰管理创新的内容属于何种创新?

**六、管理实战**

1.实战项目:管理创新。

2.实战目标:能够按照管理创新的方法,解决实际问题,培养创新思维及意识。

3.实战要求:大学的学生食堂一般都有一个普遍的现象:中午放学后的一段时间,学生打饭排长队,拥挤不堪。老师将学生分成四个小组,每个小组在头脑风暴法、综摄法、逆向思维法、奥斯本检核表法等创新方法中选择一种方法,对上述现象提出自己的创新管理方案,要求对这一现象有所改进。

# 参考文献

[1] 周鸿. 管理学原理与方法[M]. 北京:机械工业出版社,2012.

[2] 季辉. 管理学基础[M]. 北京:高等教育出版社,2011.

[3] 王风彬. 管理学[M]. 4 版. 北京:中国人民大学出版社,2011.

[4] 赵伊川. 管理学[M]. 2 版. 大连:东北财经大学出版社,2011.

[5] 李训. 管理学[M]. 北京:人民邮电出版社,2013.

[6] 杨文士. 管理学[M]. 3 版. 北京:中国人民大学出版社,2011.

[7] 周三多. 管理学[M]. 3 版. 北京:高等教育出版社,2011.